Gläubigerschutz gegen den Mißbrauch einer private limited company

Europäische Hochschulschriften
Publications Universitaires Européennes
European University Studies

Reihe II
Rechtswissenschaft

Série II Series II
Droit
Law

Bd./Vol. 4273

PETER LANG
Frankfurt am Main · Berlin · Bern · Bruxelles · New York · Oxford · Wien

Ellen Reinbach

Gläubigerschutz gegen den Mißbrauch einer private limited company

Eine Darstellung anhand einer Gesellschaft des englischen Rechts mit Sitz in Deutschland nach Inspire Art

PETER LANG
Europäischer Verlag der Wissenschaften

Bibliografische Information Der Deutschen Bibliothek
Die Deutsche Bibliothek verzeichnet diese Publikation in der Deutschen Nationalbibliografie; detaillierte bibliografische Daten sind im Internet über <http://dnb.ddb.de> abrufbar.

Zugl.: München, Univ., Diss., 2005

D 19
ISSN 0531-7312
ISBN 3-631-54206-2

www.peterlang.de

Vorwort

Die vorliegende Schrift wurde Anfang September 2004 bei der juristischen Fakultät der Ludwig-Maximilians-Universität als Dissertation eingereicht. Literatur und Rechtsprechung bis zu diesem Zeitpunkt konnten berücksichtigt werden.

Meinem Doktorvater Herrn Prof. Dr. Lorenz Fastrich bin ich für die großzügige Unterstützung, die vielfältigen Anregungen und die schnelle Durchsicht des Manuskriptes zu großem Dank verpflichtet. Ohne seine stetige Diskussionsbereitschaft wäre die zügige Auseinandersetzung mit der hochaktuellen Thematik nicht möglich gewesen. Schließlich möchte ich auch Herrn Prof. Dr. Horst Eidenmüller meinen Dank aussprechen für die kurzfristige Verfassung des Zweitgutachtens.

Ich widme die Arbeit meinen Eltern und meiner Schwester.

München, im April 2005 — Ellen Reinbach

Inhaltsverzeichnis

Entscheidungsregister ... XI

Abkürzungsverzeichnis ... XIX

A. Einführung ... 1

§ 1 Ausgangspunkt der Untersuchung ... 1
I. Bestimmung des Gesellschaftsstatuts ... 2
II. Bisheriger Schutz des inländischen Rechtsverkehrs ... 3
1. Sitztheorie ... 3
2. Alternative Lösungskonzepte ... 6
a) Ordre Public ... 7
b) Eingeschränkte Gründungstheorie ... 7
c) Überlagerungstheorie ... 8
d) Differenzierungstheorie ... 9
e) Kombinationslehre ... 10
f) Entscheidung nach Fallgruppen ... 10
3. Zusammenfassung ... 11
III. Vorrang der Niederlassungsfreiheit ... 11
1. Rechtsprechung des EuGH ... 11
a) Centros ... 12
b) Überseering ... 13
c) Inspire Art ... 14
2. Folgerungen ... 17
a) Reichweite des Schutzbereichs der Niederlassungsfreiheit ... 18
b) Eingriff in den Schutzbereich ... 27
c) Rechtfertigung von Eingriffen ... 28
(1) Gläubigerschutz ... 28
(2) Mißbrauch der Niederlassungsfreiheit ... 37
d) Ergebnis ... 43
IV. Konsequenz aus der Rechtsprechung des EuGH: Geltung der Gründungstheorie ... 44
1. Gründungstheorie ... 44
2. Europarechtliche Zulässigkeit der Alternativlösungen ... 48
V. Zusammenfassung ... 48

B. Gläubigerschutz bei einer in Deutschland ansässigen private limited company mit inländischem Tätigkeitsschwerpunkt ... 51

§ 2 Gläubigerschutz bei der englischen private limited company ... 51
I. Kapitalaufbringung und -erhaltung bei der private limited company ... 54
1. Kapitalaufbringung ... 54
a) Share Capital ... 54

b) Erfüllung der Einlageforderung 56
2. Kapitalerhaltung 62
a) Gewinnausschüttung 64
b) Kapitalherabsetzung 73
c) Erwerb eigener Anteile 75
d) Financial Assistance 81
3. Zusammenfassung 87
II. Haftungsdurchgriff im englischen Recht 88
1. Lifting the veil at common law 91
2. Statutory lifting of the veil 107
a) Fraudulent trading 108
b) Wrongful trading 113
c) Misfeasance 131
d) Phoenix companies and abuse of company names 132
e) Misdescription of the company 136
3. Zusammenfassung 137
III. Directors' duties, Haftung und Disqualifizierung 138
1. Directors' duties 139
a) Inhaber eines Anspruchs wegen breach of duty in equity und im common law 140
b) Fiduciary duties of directors 143
c) Common law duties of care, skill and diligence 151
d) Folgerungen 152
2. Company Directors Disqualification Act 1986 154
a) Disqualifizierungstatbestände 156
b) Einleitung eines Disqualifizierungsverfahrens 161
c) Territoriale Anwendbarkeit 162
d) Zusammenfassung 164
IV. Transparenz und Publizität der Gesellschaftsverhältnisse 165
1. Offenlegung der unternehmensbezogenen Daten 167
2. Sonderprüfungen 169
3. Zusammenfassung 171
V. Die Private Limited Company in der Insolvenz 172
1. Transactions at an undervalue 174
2. Preferences 176
3. Transactions defrauding creditors 177
4. Sonstige Anfechtungstatbestände 178
5. Zusammenfassung und Vergleich mit den deutschen Anfechtungstatbeständen 179
§ 3 Folgerungen für die Diskussion über ein gläubigergefährdendes Regelungsgefälle zwischen dem Recht der GmbH und dem der private limited company 183

§ 4 Lösungsansätze zur Realisierung des Gläubigerschutzes in kritischen Fallgruppen 189
I. Mindestkapital 190
II. Verantwortlichkeit der Gesellschafter und Geschäftsführer 193
1. Haftung wegen existenzvernichtenden Eingriffs 193
2. Unterkapitalisierung 208
3. Eigenkapitalersatzrecht 209
4. Haftung gemäß § 31 GmbHG wegen rückzahlungsbedingter Kapitalverminderung 214
5. Insolvenzverschleppungshaftung und Insolvenzantragspflicht 216
6. Allgemeines Zivilrecht 222
III. Firmenrecht und Registerpublizität 225
IV. Insolvenzanfechtung 229
V. Strafvorschriften 229
VI. Verhältnis der Anspruchsnormen zueinander 229
VII. Fazit 230

C. Zusammenfassung der Ergebnisse und Ausblick 231

§ 5 Zusammenfassung 231
§ 6 Ausblick 235

Literaturverzeichnis 239

Sachregister 255

Entscheidungsregister*

Aberdeen Rly Co v Blaikie Bros [1854] 1 Macq 461 146
Acatos & Hutcheson plc v Watson [1995] 1 BCLC 218 79
A Company, Re [1985] BCLC 333, CA 100
A Company, Re (No. 005009 of 1987), ex parte Copp [1989] BCLC 13 121
A Company, Re (No. 001418 of 1998) [1991] BCLC 197 112
Accrington Corpn Steam Tramways Co, Re [1909] 2 Ch D 40 67
Adams v Cape Industries plc [1990] Ch D 433, CA 91, 92, 94, 96, 98, 99, 101, 102, 103, 109, 201, 206
Agip (Africa) Ltd v Jackson and Others [1991] Ch D 547 68
Allen v Hyatt [1914] 30 TLR 444 140
Allied Carpets plc v Nethercott [2001] BCC 81 .... 68, 70
Amalgamated Investment & Property Co v Texas Commercial Bank [1982] QB 84, CA 93
Ammonia Soda Co Ltd v Chamberlain [1918] 1 Ch D 266 .... .65
An inquiry into Mirror Group Newspapers plc, Re [1999] 1 BCLC 690 170
Andreae v Zinc Mines of Great Britain Ltd [1918] 2 KB 454 58
Arctic Engineering Ltd & Ors, Re [1986] 1 WLR 686 156
Athenaeum Life Assurance Society, Richmond's Case, Re [1858] 4 K. & J. 305 60
Atkins v Wardle [1889] 5 TLR 734, CA 136
Atlas Maritime Co SA v Avalon Maritime Ltd, The Coral Rose [1991] 4 All ER 769 .... 96, 97, 99, 202
Augustus Barnett & Son Ltd, Re [1986] 2 BCC 905 .... 109, 110
Aveling Barford Ltd v Perion Ltd [1989] BCLC 626 .... 64, 68, 70, 71, 72, 150

Baden Delveaux and Lecuit v Société Générale [1993] 1 WLR 509 68
Bairstow v Queens Moat Houses plc [2000] 1 BCLC 531 .... 69, 70, 85
Bamford v Bamford [1970] Ch 212 .... 139, 145
Bank of Credit and Commerce International (Overseas) Ltd v Akindele [2000] 4 All ER 377 68
Bank of Tokyo Ltd v Karoon [1986] 3 All ER 468 93
Banque de l'Indochine v Euroseas Group Finance Co Ltd [1981] 3 All ER 198 136
Barings plc (No 5), Re, Secretary of State for Trade and Industry

* Das Register enthält nur zur englischen Rechtslage zitierte Entscheidungen

v Baker (No 5) [1999] 1 BCLC 433 .... 151, 155
Barton Manufacturing Co Ltd, Re [1999] 1 BCLC 740 175
Bath Glass, Re [1988] BCLC 329 .... 159, 160, 161
BDG Roof-Bond Ltd v Douglas [2000] 1 BCLC 401 78
Belmont Finance Corporation Ltd v Williams Furniture Ltd (No 2) [1980] 1 All ER 393 68
Bishopsgate Investment Ltd v Maxwell (No 2) [1993] BCLC 1282...... 106, 145, 152, 154, 203
Blum v O.C.P. Repartition SA [1988] BCLC 170 136
Bolton, Re [1930] 2 Ch D 48 61
Bond v Barrow Haematite Steel Co [1902] 1 Ch 353 66
Bonus Breaks Ltd, Re [1991] BCC 546 .... 120, 135
Boscawen v Bajwa [1996] 1 WLR 328 68
Boulting v Association of Cinematograph, Television and Allied Technicians [1963] 2 QB 606 146
Bradcrown, Re [2001] BCLC 547 160
Brady v Brady [1988] 2 All ER 617 .... 82, 84, 141
Brian D Pierson (Contractors) Ltd, Re [2001] 1 BCLC 275 .... 115, 123, 130
Briess v Woolley [1954] AC 332 111
Bristol v West Building Society v Mothew [1998] Ch 1 146
British Airways Board v Parish [1979] 2 Lloyd's Rep 361 136
Burnham Marketing Services Ltd, Re [1993] BCC 518 161

Canadian Aero Service Ltd v O'Malley [1973] 40 DLR (3d) 371.... 69, 146, 201
Cardiff Savings Bank, Re: The Marquis of Bute's Case [1892] 2 Ch 100 151
Carney v Herbert [1985] AC 301 PC 84
Castiglione Erskine & Co Ltd, Re [1958] 1 WLR 688 76
Central London Property Trust Ltd v High Trees House Ltd [1947] KB 130 140
Chan v Zacharia [1984] 154 CLR 178 147
Centrebind Ltd, Re [1967] 1 WLR 377 135
Charterhouse Investment Trust Ltd v Tempest Diesels Ltd [1986] BCLC 1 82
Chase Manhattan v Israel-British Bank Ltd [1981] Ch D 105... 68
Chaston v SWP Group plc [2003] BCC 140 81
China Steam Ship Co., Re, Dawes's Case [1868] LR 6 Eq 232 60
City Equitable Fire Insurance Co. Ltd, Re. [1925] 1 Ch 407 .... 139, 151
City Investment Centres Ltd, Re [1992] BCLC 956 161
Civil Service Co-operative Society v Chapman [1914] 30 TLR 679 .... .136

CMS Dolphin Ltd v Simonet and another [2001] 2 BCLC 704..... 102, 148, 206
Cohen v Selby [2001] 1 BCLC 176 .... 115, 126, 131, 132, 144, 152
Commissioners for Corporate Affairs v Bracht [1989] VR 82 155
Commissioners of Customs and Excise v Hedon Alpha Ltd [1981] QB 818 125
Continental Assurance Co of London plc, Re [2001] All ER 229 Ch D 116, 126
Cook v Deeks [1916] 1 AC 554, PC 147, 149, 150
Cowan v Scargill [1984] Ch 270 .... 139, 229
Creasey v Breachwood Motors Ltd [1993] BCLC 480 101
Criterion Properties plc v Stratford UK Properties LLC [2003] BCC 50 145

D D J Matthews (Joinery Design) Ltd & Anor, Re [1988] BCC 513..161
Deaduck Ltd, Re [2000] 1 BCLC 148 160
Denham & Co, Re [1883] 25 Ch D 752 68
DHN Food Distributors Ltd v Tower Hamlets London Borough Council [1976] 1 WLR 852 .... 91, 93
Diplock, Re [1948] Ch D 465 68
D'Jan of London Ltd [1994] 1 BCLC 561 .... 115, 132, 151, 152
DKG Contractors Ltd, Re [1990] BCC 903 .... 126, 132, 131, 152
Dovey v Cory [1901] AC 477 70
DPC Estates Pty Ltd v Grey [1974] 1 NSWLR 443 .... 69, 201
Durham Fancy Goods Ltd v Michael Jackson Fancy Goods Ltd [1968] 2 QB 839 136

Eastern and Australian Steamship Co, Re [1893] WN 31 67
El Ajou v Dollar Land Holding [1994] 2 All ER 685 67
Esparto Trading Co., Re [1879] 12 Ch D 191 60
European Assurance Society Arbitration, Manisty's Case [1873] 17 SJ 745 60
Evling v Israel & Oppenheimer Ltd [1918] 1 Ch 101 67
Exchange Banking Company, Re, Flitcroft's Case [1882] 21 Ch D 519 .... 64, 69, 70
Exchange Travel (Holdings) Ltd, Re [1996] BCC 933 177
Extrasure Travel Insurances Ltd v Scattergood [2002] All ER 307, Ch D 144, 145
Exxon Corpn v Exxon Insurance Consultants International Ltd [1981] 2 All ER 495 227

Facia Footwear Ltd v Hinchcliffe [1998] 1 BCLC 218 142

FG (Films) Ltd, Re [1953] 1 All ER 615 99
Firestone Tyre and Rubber Co Ltd v Lewellin [1957]
1 WLR 464, HL 99
Floor Fourteen Ltd, Re, Lewis v IRC [2001] 2 BCLC 392, CA 113, 127
Foss v Harbottle [1843] 2 Hare 461 143
Fulham Football Club Ltd v Cabra Estates plc [1994] BCLC 363 145
Funtime, Re [2000] 1 BCLC 247 160

Galeforce Pleating Co Ltd, Re [1999] 2 BCLC 704 161
Gencor ACP Ltd v Dalby [2000] 2 BCLC 734 .... 92, 102, 202, 206
Gerald Cooper (Chemicals) Ltd., Re [1978] 2 Ch D 262 109
Gething v Kilner [1972] 1 WLR 337 140
Gilford Motor Co Ltd v Horne [1933] Ch D 935, CA 100, 140, 202, 206
Goldsmith (Sickelsmere) Ltd v Baxter [1970] Ch D 85 136
Goodfellow v Nelson Line [1912] 2 Ch 324 149
Gramophone and Typewriter Co Ltd v Stanley [1908]
2 KB 89, CA 99
Grayan Building Services Ltd, Re [1995] Ch 241 160
Guinness v Land Corporation of Ireland [1882] 22 Ch D 349 62

H, Re [1996] 2 All ER 391, CA 100, 206
Hallett's Estate, Re [1882] 13 Ch D 698 68
Halt Garage(1964) Ltd, Re [1982] 3 All ER 1016 .... 71, 72
Hansraj Gupta v Asthana [1932] LR 60 Ind. App. 1 56
Harris v Church Commissioners for England [1992] 1 WLR 1241 139
Heald v O'Connor [1971] WLR 497 85
Helbert v Banner [1871] LR 5 HL 28 59
Heron International Ltd v Lord Grade [1983] BCLC 244 140
Hilton International Ltd v Hilton [1989] 1 NZLR 442 68
Hogg v Cramphorn Ltd [1967] Ch 254 145
Holdsworth & Co v Caddies [1955] 1 WLR 352, HL 93
House of Fraser plc, Re [1987] 1 BCLC 293 affd unter House of
Fraser plc v ACGE Investments Limited [1987] 1 BCLC 478 .... 74, 170
Howard Smith Ltd v Ampol Petroleum Ltd [1974] AC 821 145
Hutton v West Cork Rly Co [1993] 23 Ch D 654 .... 143, 144
Hydrodam (Corby) Ltd, Re [1994] 2 BCLC 180 .... 121, 122

Industrial Consultants Ltd v Cooley [1972] 2 All ER 162 132
International Credit and Investment Co (Overseas) Ltd v Adham
[1998] BCC 134 100
International Sales & Agencies v Marcus [1982] 3 All ER 551 68

JJ Harrison (Properties) Ltd v Harrison [2002] 1 BCLC 162 ... 85, 146
Jones v Lipman [1962] 1 All ER 442 ... 100, 101, 202, 206

Karak Rubber Co v Burden (No. 2) [1972] 1 WLR 602 ... 85
Katz v McNally [1997] BCC 784 ... 127
KayTech International plc, Re, Potier v Secretary of State for Trade & Industry [1999] BCC 390 ... 122, 163
Keatinge v Paringa Consolidated Mines Ltd [1902] WN 15 ... 57
Keypack Homecare Ltd, Re (No 2) [1990] BCLC 440 ... 160
Kingston Cotton Mill Co, Re (No 2) [1896] 1 Ch D 331 ... 70
Kinsela v Russell Kinsela Pty Ltd [1986] 4 ACLC 215 ... 140, 141, 142

Lands Allotment Co, Re [1894] 1 Ch D 616 ... 85
Learoyd v Whiteley [1887] 12 AC 727 ... 139
Lightning Electrical Contractors Ltd, Re [1996] BCC 950 ... 135
Linvale Ltd, Re [1993] BCLC 654 ... 159
Littlewoods Mail Order Stores Ltd v Commisioners of Inland Revenue [1969] 1 WLR 1241 ... 91
Lo-Line Electric Motors Ltd, Re [1988] Ch D 477 ... 154, 161
London and Paris Banking Corp, Re [1874] LR 19 Eq 444 ... 174
Lonrho Ltd v Shell Petroleum Co Ltd [1981] 2 All ER 456 ... 141
Lubbe v Cape plc [2000] 4 All ER 268, HL ... 97
Luciana Temperance Billard Halls (London) Ltd, Re [1966] 2 WLR 5 ... 74

MacPherson v European Strategic Bureau Ltd [2000] 2 BCLC 683 ... 71
Maidstone Buildings Ltd, Re [1971] 1 WLR 1085 ... 108
MC Bacon Ltd, Re [1990] BCLC 607 ... 113, 127, 175
Mercantile Trading Co, Re, Stringer's Case [1869] 4 Ch App 475 ... 68
Metropolitan Coal Consumers' Association v Scimgeour [1895] 2 QB 604 ... 58
Morphites v Bernasconi [2003] 2 WLR 1521 ... 110, 111, 177
Morris v Kanssen [1946] AC 459, HL ... 138
Movitex Ltd v Bulfield [1988] BCLC 104 ... 146, 149
Moxham v Grant [1899] 1 QB 480 ... 70
MT Realisations Ltd v Digital Equipment Co Ltd [2003] BCC 415 ... 82
Multinational Gas and Petrochemical Co v Multinational Gas and Petrochemical Services Ltd [1983] Ch 258 ... 140, 152

National Funds Assurance Co, Re [1878] 10 Ch D 118 ... 69
National Patent Steam Fuel Co., Re, Barton's Case [1859] 4 De G & J 46 ... 60

Neilson v Stewart [1991] SC 22 HL 85
Neptune (Vehicle Washing Equipment) Ltd v Fitzgerald (No 2) [1995] BCC 1000 .... 144, 150
New Balkis Eersteling Ltd v Randt Gold Mining Co. [1904] AC 165 60
Nicholson v Permakraft (NZ) Ltd [1985] 1 NZLR 242 .... 140, 142
Niemann v Smedley [1973] VR 796 56
Ngurli v McCann [1954] 90 CLR 425, 440 145
North-West Transportation Co Ltd v Beatty [1887] 12 AC 589 149
Northern Counties Securities Ltd v Jackson & Steeple Ltd [1974] 1 WLR 1133 149

Oasis Merchandising Services Ltd, Re, Ward v Aitken [1997] 1 All ER 1009, CA 113, 127
Official Receiver v Doshi [2001] 2 BCLC 235 130
Official Receiver v Vass [1999] BCC 516 163
Ooregum Gold Mining Co of India v Roper [1892] AC 125, HL 59
Ord v Belhaven Pubs Ltd [1998] 2 BCLC 447, CA 94, 101, 103, 105, 142, 203
Oshkosh B'Gosh Inc v Dan Marbel Inc Ltd [1989] BCLC 507 136

Pantone 485 Ltd, Re [2002] 1 BCLC 266 140
Park Business Interiors Ltd v Park [1992] BCLC 1034 58
Park House Properties Ltd, Re [1997] 2 BCLC 530 160
Patrick Lyon, Re [1933] 1 Ch D 786 110
Penrose & Another v Official Receiver [1995] BCC 311 .... 120, 135
Peskin v Anderson [2000] 2 BCLC 1 140
PFTZM Ltd, Re [1995] BCC 280 121
Piercy v S Mills & Co Ltd [1920] 1 Ch 77 145
Plaut v Steiner [1989] 5 BCC 352 84
Polly Peck International plc (No 3), Re [1996] 1 BCLC 428 .... 94, 206
Power v Sharp Investments Ltd [1994] 1 BCLC 111, CA 179
Precision Dippings Ltd v Precision Dippings Marketing Ltd [1986] Ch D 447 .... 68, 70
Produce Marketing Consortium Ltd, Re [1989] 5 BCC 569 .. 116, 115, 117, 125, 126, 130
Purpoint Ltd, Re [1991] BCC 121 .... 119, 125
R v Campbell [1983] 78 Cr App R 95 155
R v Goodman [1992] BCC 625 156
R v Grantham [1984] QB 675, CA 110
R v Sinclair [1968] 1 WLR 1246 110

Randt Gold Mining Co., Re [1904] 2 Ch D 468 60
Regal (Hastings) Ltd v Gulliver[1942] 1 All ER 378, 386, (1967] 2 AC 134n, 144, HL 69, 147, 149
Regentcrest plc v Cohen [2001] 2 BCLC 80 144
Revlon Inc v Cripp & Lee Ltd [1980] FSR 85 93
Ridge Securities Ltd v IRC [1964] WLR 479 .... 71, 201
Rolled Steel Products (Holdings) Ltd v British Steel Corpn [1985] 3 All ER 52 85
R W Peak (Kings Lynn) Ltd, Re [1998] 1 BCLC 193 78

Sarfax Ltd, Re [1979] 1 Ch D 592 110
Scottish Co-operative Wholesale Society Ltd v Meyer [1959] AC 324, HL 93
Scottish & Newcastle Breweries Ltd v Blair [1967] SLT 72 136
Seagull Manufacturing Co Ltd, Re (No 2) [1994] Ch 91 163
Secretary of State for Trade and Industry v Arif [1997] 1 BCLC 34… 161
Secretary of State for Trade and Industry v Deverell [2000] 2 BCLC 133 .... 121, 122
Secretary of State for Trade and Industry v Gray [1995] 1 BCC 554, CA 154
Secretary of State v McTighe (No 2) [1996] 2 BCLC 477 160
Selangor United Rubber Estates v Cradock (No. 3) [1968] 1 WLR 1555 .... 85, 140, 143
Sevenoaks Stationers (Retail) Ltd, Re [1991] 1 BCLC 325, 329 .... 154, 159
Shapland Inc, Re [2000] BCC 106 177
Sherborne Associates Ltd, Re [1995] BCC 40 .... 117, 120, 127, 128
Smith and Fawcett Ltd, Re [1942] Ch D 304 .... 69, 144
Smith, Stone & Knight Ltd v Birmingham Corpn [1939] 4 All ER 116 98
Smith v Chadwick [1884] 9 App Cas 187 111
Smith v Croft (No. 2) [1988] Ch D 114 85
South Western Mineral Water Co Ltd v Ashmore [1967] 1 WLR 1110 84
Southard Ltd, Re [1979] 3 All ER 556 96
Surrey Leisure Ltd, Re [1999] 2 BCLC 457 160
Sykes (Butchers) Ltd, Re, Secretary of State for Trade and Industry v Richardson [1998] 1 BCLC 110 177

Tech Textiles Ltd, Re, Secretary of State for Trade and Industry v Vane [1998] 1 BCLC 259 155
The Albazero [1977] AC 744, CA 93
The Roberta [1937] 58 L.L.R. 159 93

Thorby v Goldberg [1964] 112 CLR 597 145
Thorne v Silverleaf [1994] BCC 109 135
Tintin Exploration Syndicate v Sandys [1947] 177 LT 412 57
Transvaal Lands Company v New Belgium (Transvaal) Land and Development Company [1914] 2 Ch 488 146
Trevor v Whitworth [1887] 12 AC 409 .... 60, 62, 63, 64, 75, 80
Trustor AB v Smallbone [2001] 2 BCLC 436 .... 94, 102, 202, 206
Twinsectra Ltd v Yardley [2002] 2 All ER 377 86

Unit 2 Windows Ltd, Re [1985] 1 WLR 1383 132

Vedelago, Re [1992] 8 ACSR 135 56

Walker v Wimborne [1976] 50 ALJR 446 140
Wallersteiner v Moir [1974] 3 All ER 217 .... 80, 81, 85, 91, 95, 99
Welfab Engineers, Re [1990] BCC 78 175
West Mercia Safetywear Ltd v Dodd [1988] BCLC 250 .... 123, 142
Westmid Packing Services Ltd, Re, Secretary of State for Trade and Industry v Griffiths [1998] 2 BCLC 646 .... 151, 154
White & Osmond (Parkstone) Ltd, Re 30 June 1960, unreported 110
White Star Line, Re [1938] Ch D 458 58
William C Leitch Bros Ltd, Re [1932] 2 Ch D 71 110
Wills v Corfe Joinery Ltd [1997] BCC 511 177
Woolfson v Strathclyde Regional Council [1978] SC 90, HL... .... 92, 93, 99
Wragg, Re [1897] 1 Ch D 796, CA 58
Wright v Atlas Wright (Europe) Ltd [1999] 2 BCLC 301 78

Yukong Line Ltd of Korea v Rendsburg Investments Corp of Liberia, The Rialto (No 2) [1998] BCC 870 .... 98, 141, 142

Abkürzungsverzeichnis

a.A. ....anderer Ansicht
a.a.O. ....am angegebenen Ort
ABl. EG ....Amtsblatt der Europäischen Gemeinschaften
AC ....Appeal Cases (Law Reports)
ACSR ....Australian Corporations and Securities Reports (Law Reports)
affd ....affirmed
a.E. ....am Ende
AG ....Die Aktiengesellschaft (Zeitschrift)
All ER ....All England Law Reports (Law Reports)
Anh. ....Anhang
Art. ....Artikel
art. ....article(s)
AT ....Allgemeiner Teil

BayObLG ....Bayerisches Oberstes Landesgericht
BCC ....British Company Cases (Law Reports)
BCLC ....Butterworth's Company Law Cases (Law Reports)
BB ....Der Betriebsberater (Zeitschrift)
BerGesVR ....Berichte der Deutschen Gesellschaft für Völkerrecht (Zeitschrift)
Beschl. ....Beschluß
BGB ....Bürgerliches Gesetzbuch
BGBl ....Bundesgesetzblatt
BGH ....Bundesgerichtshof
BGHSt ....Entscheidungen des Bundesgerichtshofs in Strafsachen
BGHZ ....Entscheidungen des Bundesgerichtshofs in Zivilsachen
BVerfGE ....Entscheidungen des Bundesverfassungsgerichts
bzw. ....beziehungsweise

Can. Bar Review Canadian Bar Review (Zeitschrift)
Canb LR ....Canberra Law Review (Zeitschrift)
CA ....Companies Act; Court of Appeal
CDDA ....Company Directors Disqualification Act
ch ....chapter(s)
Ch App ....Chancery Appeal (Law Reports)
Ch D ....Chancery Division (Law Reports)
c.i.c. ....culpa in contrahendo
CLJ ....Cambridge Law Journal (Zeitschrift)
CLRSG ....Company Law Review Steering Group

Co ....company
Co Law ....Company Lawyer (Zeitschrift)
Corpn ....corporation

DB ....Der Betrieb (Zeitschrift)
De G. & J. ....De Gex & Jones' Chancery Reports (Law Reports)
d.h. ....das heißt
DLR ....Dominion Law Reports (Law Reports)
D & O ....Directors' & Officers' (Versicherung)
DNotZ ....Deutsche Notar-Zeitung (Zeitschrift)
DStR ....Deutsches Steuerrecht (Zeitschrift)
DTI ....Department of Trade and Industry

ECFR.....................European Company and Financial Law Review (Zeitschrift)
EGV ....EG-Vertrag, Vertrag zur Gründung der Europäischen Gemeinschaft
EG ....Europäische Gemeinschaft
Einl. ....Einleitung
EU ....Europäische Union
EuGH ....Europäischer Gerichtshof
EuGVVO................Verordnung über die gerichtliche Zuständigkeit und die Anerkennung und Vollstreckung von Entscheidungen in Zivil- und Handelssachen Nr. 44/2001 vom 22.12.2000
EuInsVO ....Europäische Insolvenzverordnung Nr. 1346/2000 vom 29.05.2000
EuR ....Europarecht (Zeitschrift)
EUV ....EU-Vertrag, Vertrag über die Europäische Union (Mastrichter Fassung)
EuZW ....Europäische Zeitschrift für Wirtschaftsrecht (Zeitschrift)
EWG ....Europäische Wirtschaftsgemeinschaft
EWiR ....Entscheidungen zum Wirtschaftsrecht (Zeitschrift)
EWS ....Europäisches Wirtschafts- und Steuerrecht (Zeitschrift)

f. ....folgende
ff. ....fortfolgende
FAZ ....Frankfurter Allgemeine Zeitung
FSR ....Fleet Street Reports

GA ....Generalanwalt (beim EuGH)
GdR ....Gesellschaftsrecht in der Diskussion (Schriftenreihe der Gesellschaftsrechtlichen Vereinigung)
GesR ....Gesellschaftsrecht

GmbH ....Gesellschaft mit beschränkter Haftung
GmbHG ....Gesetz betreffend die Gesellschaften mit beschränkter Haftung i.d.F. von 20.5.1898 (RGBl. S. 846)
GmbHR ....GmbH-Rundschau (Zeitschrift)

Hare ....Hare's Chancery Reports (Law Reports)
HdB ....Handbuch
HGB ....Handelsgesetzbuch v. 10.5.1897 (RGBl. S. 219)
HL ....House of Lords

IA ....Insolvency Act
i.d.F. ....in der Fassung (vom)
i.H.v. ....in Höhe von
Ind. App. ....Indiana Court of Appeals Reports (Law Reports)
Ind LJ ....Industrial Law Journal (Zeitschrift)
insb. ....insbesondere
Ins L&P ....Insolvency Law & Practice (Zeitschrift)
InsO ....Insolvenzordnung v. 5.10.1994 (BGBl. I S. 2866)
Insolv Intel ....Insolvency Intelligence (Zeitschrift)
Insolv P ....Insolvency Practitioner (Zeitschrift)
IntGesR ....Internationales Gesellschaftsrecht
IPR ....Internationales Privatrecht
IPRax ....Praxis des Internationalen Privat- und Verfahrensrechts (Zeitschrift)
IRC ....Commissioner for Inland Revenue
i.S.v. ....im Sinne von
i.w.S. ....im weiteren Sinne
JBL ....Journal of Business Law (Zeitschrift)
JIBL ....Journal of International Banking Law (Zeitschrift)
JW ....Juristische Wochenschrift (Zeitschrift)
JZ ....Juristenzeitung (Zeitschrift)

K. & J. ....Kay & Johnson's Vice Chancellor's Reports (Law Reports)
KB ....King's Bench Division (Law Reports)
KG ....Kommanditgesellschaft
KOM ....Kommission (Europäische)

LJ ....Lord Justice
L.L.R. ....Leader Law Reports, South Africa (Law Reports)
LMCLQ ....Lloyd's Maritime and Commercial Law Quarterly (Zeitschrift)
Lloyd's Rep ....Lloyd's List Law Reports (Law Reports)

Ltd ....Limited
L.R. Eq. ....Law Reports, Equity Cases (Law Reports)
LRC ....Law Reports of the Commonwealth, Criminal Law Reports (Law Reports)
LT ....Law Times (Law Reports)

Macq ....Macqueen's Scotch Appeal Cases (Law Reports)
MLR ....Modern Law Review (Zeitschrift)
Mon LR ....Monash Law Review, Australia (Law Reports)
MR ....Master of the Rolls. Vorsitzender der Civil Division of the Court of Appeal, s. 3(2) Supreme Court Act 1981.
MünchHdB GesR...Münchener Handbuch des Gesellschaftsrechts
m.w.N. ....mit weiteren Nachweisen
MwSt. ....Mehrwertsteuer

NILQ ....Northern Ireland Legal Quarterly (Zeitschrift)
NJW ....Neue Juristische Wochenschrift (Zeitschrift)
NJW-RR ....Neue Juristische Wochenschrift Rechtsprechungsreport Zivilrecht (Zeitschrift)
No ....Number
Nr. ....Nummer(n)
NSWLR ....New South Wales Law Reports (Law Reports)
m.w.N. ....mit weiteren Nachweisen
NZG ....Neue Zeitschrift für Gesellschaftsrecht (Zeitschrift)
NZLR ....New Zealand Law Reports (Law Reports)

OJLS ....Oxford Journal of Legal Studies (Zeitschrift)
OLG ....Oberlandesgericht

p ....Penny
p.a. ....per annum
PC ....Privy Council
plc ....public limited company
para ....paragraph
Pt ....Part

QB ....Queen's Bench Division (Law Reports)

R ....Regina, Rex
r ....rule
RabelsZ ....Zeitschrift für ausländisches und internationales Privatrecht
RdW ....Recht der Wirtschaft (österreichische Zeitschrift)

Re ....with reference to, concerning
RG ....Reichsgericht
RGBl ....Reichsgesetzblatt
RIW ....Recht der Internationalen Wirtschaft (Zeitschrift)
Rly ....Railway
Rn. ....Randnummer(n)
Rs. ....Rechtssache

SA ....société anonyme
S. ....Seite(n)
s. ....section
ss. ....sections
SC ....Sessions Cases, Scotland (Law Reports)
Sch ....Schedule
SE ....Societas Europaea
SJ ....Solicitors Journal (Zeitschrift)
Slg. ....Sammlung
SLT ....Scots Law Times (Law Reports)
sog. ....sogenannt
Syst. Darst. ....Systematische Darstellung

Textslg. ....Textsammlung
TLR ....Times Law Reports (Law Reports)
Tz. ....Teilziffer(n)

u.a. ....unter anderem
U Chi Law Rev ....University of Chicago Law Review (Zeitschrift)
u.U. ....unter Umständen
UK ....United Kingdom
U Tor LJ ....University of Toronto Law Journal (Zeitschrift)
USA ....United States of America

v ....versus
v. ....von/vom
v.a. ....vor allem
vgl. ....vergleiche
VO ....Verordnung
vol. ....volume(s)
VR ....Victorian Reports, Australia (Law Reports)

WLR ....Weekly Law Reports (Law Reports)
WM ....Wertpapiermitteilungen (Zeitschrift)

WN ....Weekly Notes (Zeitschrift)

z.B. ....zum Beispiel
ZfRV ....Zeitschrift für Rechtsvergleichung, Internationales Privatrecht und Europarecht
ZGR ....Zeitschrift für Unternehmens- und Gesellschaftsrecht (Zeitschrift)
ZHR ....Zeischrift für das gesamte Handels- und Wirtschaftsrecht (Zeitschrift)
ZInsO ....Zeitschrift für das gesamte Insolvenzrecht (Zeitschrift)
ZIP ....Zeitschrift für Wirtschaftsrecht und Insolvenzpraxis
z.T. ....zum Teil
ZVglRWiss ....Zeitschrift für vergleichende Rechtswissenschaft
zzgl. ....zuzüglich

A. Einführung

§ 1 Ausgangspunkt der Untersuchung

Die Niederlassungsfreiheit nach Art. 43, 48 EG gewährleistet die grenzüberschreitende Mobilität von Gesellschaften in der Europäischen Union.[1] In Konsequenz der Urteile des Europäischen Gerichtshofs in den Rechtssachen *Daily Mail*[2], *Centros*[3], *Überseering*[4] und *Inspire Art*[5] ist von den Mitgliedstaaten die Rechts- und Parteifähigkeit einer nach dem Recht eines anderen Mitgliedstaates gegründeten Gesellschaft, die diese nach ihrem Gründungsrecht besitzt, anzuerkennen.[6] Da die Anerkennung der Rechtsfähigkeit der Gesellschaft und ihr Gesellschaftsstatut sich aufgrund des Postulats von der Einheit des Gesellschaftsstatuts nach ein und derselben Rechtsordnung richten, existiert keine von der Frage des Gesellschaftsstatuts abgesonderte Anerkennungsproblematik.[7] Somit ist das Gesellschaftsstatut nach dem Gründungsrecht der Gesellschaft zu bestimmen und diese mit ihrer jeweiligen gesellschaftsrechtlichen Organisationsstruktur im Inland anzuerkennen. Folglich verbietet sich aus europarechtlicher Sicht zumindest im Grundsatz die Anwendung von die Niederlassung ausländischer Gesellschaften erschwerenden nationalen (gesellschaftsrechtlichen) Vorschriften. Es stellt sich zudem die weitergehende Frage, in welchem Umfang nicht gesellschaftsrechtlich zu qualifizierende Vorschriften mit kollisions- oder materiellrechtlichem Gehalt, die den Schutzbereich der Niederlassungsfreiheit beeinträchtigen, der gemeinschaftsrechtlichen Rechtfertigung bedürfen.

Für die deutsche Rechtsordnung bedeutet diese Judikatur zunächst, daß ihr eine anhand der Sitztheorie erfolgende Korrektur von aus nationaler Sicht infolge der Verlegung des Hauptverwaltungssitzes einer ausländischen Gesellschaft ins Inland entstehenden unzufriedenstellenden Resultaten spätestens seit der Entscheidung des EuGH über die Vorlagefrage des BGH in der Rechtssache *Überseering*[8] verwehrt ist. Durch die Entscheidung in der Rechtssache *Inspire Art*[9] wurde der Spielraum für nationale, die Niederlassungsfreiheit beschränkende

---

[1] EuGH Rs. C-55/94, Slg. 1995, I-4165 - *Gebhard*; EuGH Rs. C-19/92, Slg. 1993, I-1663 - *Krauss*; EuGH Rs. 81/87, DB 1989, 269ff. - *Daily Mail*; EuGH Rs. C-212/97, DB 1999, 625ff. - *Centros*; EuGH Rs. C-208/00, DB 2002, 2425ff. - *Überseering*; EuGH Rs. C-167/01, RIW 2003, 957ff. - *Inspire Art*.

[2] EuGH Rs. 81/87, DB 1989, 269ff. - *Daily Mail*.

[3] EuGH Rs. C-212/97, DB 1999, 625ff. - *Centros*.

[4] EuGH Rs. C-208/00, DB 2002, 2425ff. - *Überseering*.

[5] EuGH Rs. C-167/01, RIW 2003, 957ff. - *Inspire Art*.

[6] EuGH Rs. C-208/00 = DB 2002, 2425ff., 2. Leitsatz -*Überseering*.

[7] Vgl. hierzu *Behrens* IPRax 2003, 193, 204.

[8] EuGH Rs. C-208/00, DB 2002, 2425ff. - *Überseering*.

[9] EuGH Rs. C-167/01, RIW 2003, 957, 961, Tz. 136, 143 a.E. - *Inspire Art*.

Vorschriften nochmals spürbar verengt. Aufgrund des hieraus resultierenden Aufeinandertreffens von nicht aufeinander abgestimmten Rechtsordnungen kann es trotz des in sich geschlossenen Regelungssystems der einzelnen nationalen Rechte bei grenzüberschreitenden Sachverhalten durch die Unterschiedlichkeit bzw. differierende Intensität der gesellschaftsrechtlichen Schutzsysteme und –mechanismen zu Schutzdefiziten in verschiedenen durch das jeweilige mitgliedstaatliche Recht geregelten Bereichen, etwa beim Anteilseigner-, Gläubiger- und Minderheitenschutz, der Mitbestimmung oder der Corporate Governance kommen, die die deutsche Rechtsanwendung vor das Problem der Bestimmung geeigneter Reaktionsmöglichkeiten stellen. Folglich rückt die Frage nach den aus der Umgehung nationaler Sicherungsvorschriften erwachsenden Gefahren für den inländischen Rechtsverkehr durch das Auftreten derartiger Gesellschaften ebenso in den Vordergrund wie die Suche nach adäquaten europarechtskonformen Schutzmechanismen. Zusätzliche Brisanz erhält die Frage nach derartigen Sondervorschriften vor dem Hintergrund der für den Gründungsvorgang ins Ausland ausweichenden sog. „Scheinauslands- oder Briefkastengesellschaften",[10] deren wirtschaftliche Aktivität ausschließlich im Inland stattfindet und sich somit in besonders starkem Maße auf die inländische Rechtsordnung auswirkt.

Die vorliegende Darstellung greift aus den potentiellen Problemfeldern den Aspekt des Gläubigerschutzes heraus und beschränkt sich auf die Erörterung eventueller Regelungsdefizite, die sich aus einem möglicherweise bestehenden diesbezüglichen Niveaugefälle im Vergleich des englischen Rechts der *limited company* mit dem der deutschen GmbH ergeben. Auf der Basis der dergestalt erörterten Schutzlücken wird dann die Notwendigkeit deutscher Korrekturen und ihre Vereinbarkeit mit dem Europarecht zu untersuchen sein. Die Gläubigerschutzproblematik stellt sich hierbei insbesondere hinsichtlich der Frage nach der Anwendbarkeit der Grundsätze der Existenzvernichtungshaftung, der Eigenkapitalersatzregeln, der Haftung wegen Unterkapitalisierung und Insolvenzverschleppung sowie der Geltung des deutschen Deliktsrechts.

I. Bestimmung des Gesellschaftsstatuts

Zur Ermittlung des Gesellschaftsstatuts, d.h. der Feststellung der Sachnormen, die die Rechtsstellung und -verhältnisse der Gesellschaft bestimmen, stehen im wesentlichen zwei sehr unterschiedliche Kollisionsnormen zur Verfügung. Nach der Sitztheorie richtet sich das geltende Recht nach dem tatsächlichen Verwaltungssitz der Gesellschaft, während die Gründungstheorie das am Gründungsort geltende Recht für die Gesellschaft unabhängig vom jeweiligen Verwaltungssitz für maßgeblich erklärt.

---

[10] Zur Begrifflichkeit Müko-BGB/*Kindler* IntGesR Rn. 344.

II. Bisheriger Schutz des inländischen Rechtsverkehrs

1. Sitztheorie

Mit der bisher herrschenden Meinung wurde die Frage des anwendbaren Rechts, der *lex societatis*, entgegen den aktuellen Vorgaben des EuGH nicht nach der Gründungs-, sondern der Sitztheorie determiniert.[11] Wie bereits erwähnt, bestimmt die Sitztheorie das Gesellschaftsstatut, also die kollisionsrechtliche Frage, von welcher Rechtsordnung eine Gesellschaft beherrscht wird, nach dem tatsächlichen Verwaltungssitz.[12] Der Verwaltungssitz befindet sich dort, wo die grundlegenden unternehmensleitenden Entscheidungen in laufende Geschäftsführungsakte umgesetzt werden.[13] Die Maßgeblichkeit des tatsächlichen Sitzes der Hauptverwaltung ergibt sich daraus, daß dort auch der Schwerpunkt der gewerblichen Tätigkeit der Gesellschaft liegen wird.[14] Divergieren infolge einer transnationalen Sitzverlegung Satzungs- und Verwaltungssitz, unterliegt nach der an den tatsächlichen Verwaltungssitz anknüpfenden Sitztheorie die im Inland ihren tatsächlichen Verwaltungssitz nehmende ausländische Gesellschaft fortan dem deutschen Sachrecht.[15]

Rechtsfolge der Anwendung dieser Kollisionsnorm ist die rechtliche Neuqualifikation der ausländischen Gesellschaft nach deutschem Recht mit dem Ziel, [16] „eine Art Ersatz für das verlorene Fundament“[17] bzw. die „nicht existente Rechtsperson“[18] zu erhalten. Diese ist somit, je nach Erfüllung der typusbestimmenden Merkmale, Personen- oder Handelsgesellschaft, nichtrechtsfähiger Verein oder im Fall eines „Alleingesellschafters“ u.U. lediglich Einzelkaufmann.[19]

---

[11] Vgl. als repräsentativ RG JW 1904, 231; BGHZ 25, 134, 144 = NJW 1957, 1433, 1434; BGHZ 97, 269, 271; BGH JZ 1992, 570ff.; Staudinger/*Großfeld* IntGesR Rn. 22ff., 33 und 68ff.; Scholz/*Westermann* Einl. GmbHG Rn. 86; Großkomm. AktG/*Assmann* Einl. Rn. 539ff; kritisch zur Gründungstheorie auch Müko-BGB/*Kindler* IntGesR Rn. 258ff., 267.

[12] Müko-BGB/*Kindler* IntGesR Rn. 312; Hachenburg/*Behrens* Einl. Rn. 108ff.; *Hüffer* § 1 Rn. 25.

[13] *Sandrock* Festschrift Beitzke S. 669, 683; Staudinger/*Großfeld* IntGesR Rn. 221; Müko-BGB/*Ebenroth* IntGesR Rn. 224.

[14] BGH WM 1966, 1143, 1145; Rowedder/*Schmidt-Leithoff* Einl. Rn. 303.

[15] Rowedder/*Schmidt-Leithoff* Einl. Rn. 303, 335; Müko-BGB/*Kindler* IntGesR Rn. 312; *Raiser* Kapitalgesellschaftsrecht § 58 Rn. 13.

[16] Staudinger/*Großfeld* IntGesR Rn. 312ff., 399ff.; MüKo-BGB/*Kindler* IntGesR Rn. 344; Michalski/*Leible* Syst. Darst. 2 Rn. 59f.; *Kindler* IPRax 2003, 41, 42.

[17] Staudinger/*Großfeld* IntGesR Rn. 399.

[18] LG Aurich IPRspr 1968/69 Nr. 14.

[19] Staudinger/*Großfeld* IntGesR Rn. 312ff., 399ff.; MüKo-BGB/*Kindler* IntGesR Rn. 348ff; zu Ausnahmen von dieser Regel, z.B. in Fällen einer Rück- oder Weiterverweisung auf das

Dies bedeutet die Negation der Rechtsfähigkeit der „unter falschem Recht handelnden“[20] Gesellschaft und führt letztlich, „da sich die einmal erworbene Rechtsfähigkeit nicht ohne weiteres in Deutschland fortsetzt“[21], zum Erfordernis der Neugründung der juristischen Person nach deutschem Recht mit der Folge der Anwendbarkeit der in diesem Kontext als äußerst wichtig betrachteten deutschen Gläubigerschutzvorschriften im Bereich der Kapitalaufbringung und –erhaltung.[22]
Unter dem Einfluß der europarechtlichen Entwicklung, insbesondere den Schlußanträgen von Generalanwalt *Colomer* in der Rechtssache *Überseering*[23], der in der Negierung der Klagebefugnis einer Auslandsgesellschaft, die ihren tatsächlichen Verwaltungssitz in einen anderen Mitgliedstaat verlegt hat, eine nicht zu rechtfertigende Beschränkung der Niederlassungsfreiheit sah, versuchte der BGH dem Verdikt der Europarechtswidrigkeit zu entgehen,[24] indem er die Auslandsgesellschaft, die nach dem Recht des Gründungsstaates ähnlich einer GmbH zu behandeln ist, nunmehr „*jedenfalls* [als] eine rechtsfähige Personengesellschaft“ qualifizierte.[25] In Anwendung der Grundsatzentscheidung des BGH vom 29.1.2001[26] zur Rechts- und Parteifähigkeit der Gesellschaft bürgerlichen Rechts sollte demnach jede mehrgliedrige Scheinauslandsgesellschaft als rechts- und parteifähig anzuerkennen sein.[27] Dennoch wäre auch infolge dieser Sichtweise die Neugründung der juristischen Person erforderlich, um in den Genuß der Haftungsbeschränkung zu kommen.[28]

Aufgrund des erzwungenen Statutenwechsels ist die Sitztheorie somit mobilitätsfeindlich. Sie dient der Durchsetzung gesellschafts- und ordnungspolitischer

---

Gründungsrecht oder einer staatsvertraglichen gegenseitigen Anerkennung vgl. Hachenburg/*Behrens* Einl. Rn. 115.

[20] Vgl. Staudinger/*Großfeld* IntGesR Rn. 399; *Behrens* IPRax 2003, 193, 195.

[21] BGH Vorlagebeschluß an den EuGH vom 30.3.2000 - VII ZR 370/98 in Rechtssachen *Überseering* - GmbHR 2000, 715, 716.

[22] Rowedder/*Schmidt-Leithoff* Einl. Rn. 337; Scholz/*Westermann* Einl. Rn. 120; Müko-BGB/*Kindler* Rn. 401; HdB GesR/*Jasper* § 78 Rn. 22, zum Erfordernis der Neugründung OLG Nürnberg IPRax 1985, 342.

[23] ZIP 2002, 75.

[24] Sog. „neue Sitztheorie“ *Behrens* IPRax 2004, 20, 21; *ders.* IPRax 2003, 193, 199; allerdings weist *Kindler* IPRax 2003, 41, 42 darauf hin, daß es sich hierbei um die Folge der Sitztheorie handelt, nicht um eine Alternative zu Sitz- bzw. Gründungstheorie. Vgl. auch *Leible/Hoffmann* RIW 2002, 925, 927; *Forsthoff* BB 2002, 318, 320.

[25] BGH IPRax 2003, 62.

[26] BGH NJW 2001, 1056ff.; nachf. BGH ZIP 2002, 614ff.

[27] BGH IPRax 2003, 62, 63.

[28] Hierzu wird zu einem späteren Zeitpunkt noch näher Stellung genommen.

Wertentscheidungen des Staates der tatsächlichen wirtschaftlichen Hauptaktivität der Gesellschaft, indem der Umgehung von für die Gründer unangenehmen Schutzvorschriften durch die Wahl eines liberaleren Gesellschaftsstatuts entgegenwirkt wird.[29] Dem Recht des tatsächlichen Sitzstaates kommt eine Kontrollfunktion über die in seinem Hoheitsgebiet zugelassenen Gesellschaftsformen zu,[30] deren Wahrnehmung aus der vorrangigen Betroffenheit dieses Staates durch die ansässige Gesellschaft gerechtfertigt ist. Somit ist der Sitztheorie eine „klare Stoßrichtung gegen die Entscheidung von Oasenländern... für ein sehr liberales, manchmal sogar laxes Gesellschaftsstatut" immanent „und wirkt sich [die Sitztheorie] direkt bei den sog. *pseudo-foreign-corporations* (Scheinauslands- oder Briefkastengesellschaften) aus".[31] Die Sitztheorie kann demnach als Schutztheorie verstanden werden,[32] für die auch Argumente der größeren Sachnähe, einer wirksameren staatlichen Kontrolle oder des Arbeits- und öffentlichen Wirtschaftsrechts, etwa im Bereich der Mitbestimmung, und des effektivsten Gläubigerschutzes angeführt werden.[33]

Die Schwäche der Sitztheorie besteht zunächst darin, daß ihr eine präventiv-repressive Tendenz zum Schutz vor ausländischen Eingriffen in die inländische Sozialstruktur und somit eine Vermengung des privaten Gesellschaftsrechts mit sozialpolitischen Erwägungen innewohnt,[34] da sie den Schutz öffentlicher Interessen über das Gesellschaftsrecht zu vermitteln versucht.[35] Infolge des Erfordernisses der Neugründung der ausländischen Gesellschaft nach deutschem Recht wird auf diesem Wege unter anderem die grundsätzliche Anwendbarkeit des rechtsformspezifischen Mitbestimmungsrechts sichergestellt.[36] Vor dem Hintergrund einer immer schneller voranschreitenden Integration auf dem europäischen Binnenmarkt stellt sich ferner die Frage, ob die der Sitztheorie zugrundeliegende Prämisse, daß der wirtschaftliche Schwerpunkt einer Gesellschaft dort liegt, wo auch das Schutzbedürfnis betroffener Personen am größten ist, noch zutreffend ist. Vielmehr wird die Lokalisierung der durch die Sitztheorie geschützten Personenkreise in einem einzigen Mitgliedsstaat aufgrund der interna-

---

[29] Michalski/*Leible* Syst. Darst. 2 Rn. 5f.; MüKo-BGB/*Kindler* IntGesR Rn. 313f.; *Großerichter* DStR 2003, 159.

[30] Scholz/*Westermann* Einl. Rn. 83; MüKo-BGB/*Kindler* IntGesR Rn. 313; vgl. auch Michalski/*Leible* Syst. Darst. 2 Rn. 5.

[31] Scholz/*Westermann* Einl. Rn. 83.

[32] BayObLG WM 1992, 1371, 1372; Staudinger/*Großfeld* IntGesR Rn. 34ff.

[33] BayObLG WM 1992, 1371, 1372; Staudinger/*Großfeld* IntGesR Rn. 34ff.

[34] Zur Politisierung des Privatrechts vgl. *Neuhaus* RabelsZ 46 (1982), 4, 22; ausführlich auch *Rehbinder* JZ 1973, 151, 154f. mit besonderem Bezug auf die Rechtsbeziehungen des Individuums mit Wirtschaftsunternehmen.

[35] *Neumayer* ZVglRWiss 83 (1984), 129, 130.

[36] *Behrens* RabelsZ 52 (1988), 498, 515; vgl. auch Hachenburg/*Behrens* Allg. Einl. Rn. 119.

tionalen Orientierung von Unternehmen im Binnenmarkt der Europäischen Union zunehmend erschwert.[37] Ein weiterer Einwand gegen die Sitztheorie besteht darin, daß ein von den Gründern nicht gewähltes Sitzrecht nachträglich auf die innere Organisation der Gesellschaft Anwendung findet.[38] Zudem ist die nach der Sitztheorie erforderliche Bestimmung des Verwaltungssitzes einer Gesellschaft mit Unsicherheiten behaftet.[39] Da die Sitztheorie die Nichtigkeit der Gesellschaft nach sich zieht, kann sie das Ziel des Gläubigerschutzes unter Umständen nur unvollkommen erreichen, da die Nichtanerkennung den Gläubigern die Rechtsverfolgung erschwert. Diese Konsequenz kann anhand des Rechtsstreits in der Sache *Überseering* illustriert werden. In diesem Fall hatte die Berufungsinstanz unter Aufrechterhaltung der erstinstanzlichen Entscheidung einer nach niederländischem Recht gegründeten Gesellschaft die Rechts- und Parteifähigkeit und somit die auch im Gläubigerinteresse liegende Möglichkeit zur Realisierung ihrer Forderungen versagt.[40] Die Sitztheorie macht demnach die grenzüberschreitende Verlegung des Hauptverwaltungssitzes äußerst schwierig.[41]
Aus diesen Ausführungen folgt des weiteren, daß diese Kollisionsnorm mit der Niederlassungsfreiheit nach Art. 43, 48 EG in Konflikt gerät, da ihr aufgrund der Nichtanerkennung der Gesellschaft im Falle einer Divergenz zwischen Satzungs- und Verwaltungssitz eine eindeutige Beschränkungstendenz innewohnt.

2. Alternative Lösungskonzepte

Aufgrund der Kritik an der Sitztheorie und der Tatsache, daß die Gründungstheorie lediglich als korrekturbedürftiger Ausgangspunkt angesehen wurde, entwickelten sich bereits vor der Entscheidung des Europäischen Gerichtshofs in der Rechtssache *Centros*[42] differenzierende Lehren, deren Ziel im wesentlichen in der Einschränkung des Gründungsrechts durch zwingende Normen des Sitzstaates besteht. Grundsätzlich gehen diese Lösungsansätze von der Geltung der Gründungstheorie aus, bringen jedoch ergänzend das Recht des Sitzstaates zur Anwendung.

---

[37] So bereits *Behrens* RabelsZ 52 (1988), 498, 513.
[38] Staudinger/*Großfeld* IntGesR Rn. 43.
[39] Staudinger/*Großfeld* IntGesR Rn. 40; so auch *Wiedemann* Festschrift Kegel S. 187, 196.
[40] Vgl. zu diesem Aspekt den Vorlagebeschluß des BGH vom 30.03.2000 - VII ZR 370/98 - GmbHR 2000, 715, 716.
[41] Staudinger/*Großfeld* IntGesR Rn. 40.
[42] EuGH Rs. C-212/97, DB 1999, 625ff. - *Centros*.

a) *Ordre Public*

Ein Lösungskonzept will ungeachtet der grundsätzlichen Anknüpfung an das Gründungsstatut einer ausländischen juristischen Person unter Berufung auf Art. 6 EGBGB *(ordre public)* die Anerkennung versagen, wenn diese die Sanktionierung einer Gesetzesumgehung zur Folge hätte.[43] Das soll insbesondere dann der Fall sein, wenn die Gründung zum Zweck der Umgehung einer zwingenden inländischen Norm erfolgt oder die Gesamtheit der an sich anzuwendenden Normen des Gründungsrechts gegen den *ordre public* verstößt.[44]

b) *Eingeschränkte Gründungstheorie*

Nach Auffassung von *Behrens* ist jedoch der Gesichtspunkt des *ordre public* unzureichend. Nach seiner Ansicht sind hinsichtlich des Gläubigerschutzes zwingende Vorbehalte zugunsten des Sitzrechts vorzusehen, die über Aspekte des *ordre public* hinausgehen und zum unverzichtbaren Schutz der Gläubiger, Kapitalanleger, Arbeitnehmer und Gesellschafter Geltung beanspruchen, ohne die Gesellschaft der Gefahr der Nichtanerkennung auszusetzen.[45] Im Einzelfall soll daher zum Schutz inländischer Interessen die Sonderanknüpfung von Schutznormen zulässig sein.[46] Soweit durch eine einzelfallbezogene Einschränkung der Geltung des Gründungsrechts im Wege der Sonderanknüpfung gesellschaftsrechtlicher Normen oder alternativ durch eine Umqualifizierung bisher als gesellschaftsrechtlich eingeordneter Rechtsfiguren[47] dem Gläubigerschutz Rechnung getragen werden soll, haben sich die überwiegenden Stellungnahmen in der Literatur seit der *Überseering*- und *Inspire Art*-Entscheidung des EuGH der Sichtweise von *Behrens* im Ergebnis genähert.[48] Da die Diskussion zu dieser Frage noch ebenso am Anfang steht wie die genaue Analyse der Bereiche, die einer europarechtlich zulässigen Sonderanknüpfung unterliegen, [49] soll hier da-

---

[43] *Serick* RabelsZ 23 (1958), 626, 632; *Koppensteiner* Internationale Unternehmen S. 132.

[44] *Serick* RabelsZ 23 (1958), 626, 633; *Koppensteiner Internationale Unternehmen* S. 132.

[45] Hachenburg/*Behrens Allg. Einl. Rn. 127ff.; Behrens RabelsZ 52 (1988), 498, 515 Fn. 75, 523.*

[46] *Behrens* IPRax 2003, 193, 196.

[47] *Weller* IPRax 2003, 207, 208; *ders.* DStR 2003, 1800, 1804. Auf diesen Ansatz wird sogleich und unter B. § 4 II. 1. noch näher eingegangen.

[48] Vgl. zu ähnlichen konstruktiven Ansätzen *Eidenmüller* ZIP 2002, 2233, 2242; *Eidenmüller/Rehm* ZGR 2004, 159, 165; *Leible/Hoffmann* RIW 2002, 925, 935; *dies.* EuZW 2003, 677, 682; *Geyrhalter/Gänßler* NZG 2003, 409, 413; *Großerichter* DStR 2003, 159, 168; *Kersting/Schindler* RdW 2003, 621, 624; *Forsthoff* DB 2003, 979, 981; *ders.* DB 2002, 2471, 2476; *Ziemons* ZIP 2003, 1913, 1917f.; *Schanze/Jüttner* AG 2003, 30, 33.

[49] Diesbezüglich wird auf den weiteren Gang der Darstellung verwiesen.

hinstehen, ob insofern bereits von einer herrschenden Meinung gesprochen werden kann.
Unklar ist nach der eingeschränkten Gründungstheorie von *Behrens* allerdings, welche Bereiche einer derartigen Sonderanknüpfung unterliegen sollen.[50] In Betracht kommen insofern deliktische Schutzvorschriften sowie Normen des Gesellschaftsrechts, die im Einzelfall die Nichtbeachtung der Haftungsbeschränkung auf das Gesellschaftsvermögen rechtfertigen.[51]

c) Überlagerungstheorie

Der Grundgedanke der ursprünglichen Fassung der Überlagerungstheorie von *Sandrock* ist, daß das Gründungsrecht einer Gesellschaft ihr Gesellschaftsstatut bestimmt. Demnach sind alle gesellschaftsrechtlichen Fragen grundsätzlich nach dem Gesellschaftsstatut zu beurteilen. Für den Fall, daß die Auslandsgesellschaften ihren geschäftlichen Sitz oder den Mittelpunkt ihrer Geschäftsleitung im Inland haben, soll dieses jedoch von zwingenden Normen des deutschen Gesellschaftsrechts überlagert werden, wenn die durch die inländischen Normen geschützten Personen, wie etwa Gläubiger, Minderheitsgesellschafter oder Arbeitnehmer, sich auf den gesteigerten Schutz nach dem Sitzrecht berufen.[52] Die Vorschriften des Gründungs- und Sitzstatuts gelten in diesem Fall nicht kumulativ, sondern alternativ, d.h. die Regeln des Sitzrechts verdrängen die des Gründungsstaates. Diese Lehre sieht sich insbesondere dem Einwand ausgesetzt, daß sie zu einem „Normenmix" und aufgrund der Abwendung von einem einheitlichen Gesellschaftsstatut zu Anpassungsproblemen führt.[53] Nach der ursprünglichen Form der Sandrock'schen Theorie sind alle Eingriffe des Sitzstaates in das Normengefüge der Gesellschaft vom Gründungsstaat zu akzeptieren. Vor dem Hintergrund der aktuellen gemeinschaftsrechtlichen Entwicklung hat *Sandrock* jedoch anerkannt, daß der Kreis der das Gründungsrecht überlagernden Normen des Sitzrechts, die bisher nach Wahl aller Gläubiger zu Anwendung kommen konnten, erheblich eingeschränkt werden muß,[54] da der in der Notwendigkeit, sich dem Sitzrecht anzupassen, liegende Eingriff in die Niederlassungsfreiheit einer europarechtlichen Rechtfertigung bedarf. Nach Ansicht von *Sandrock* stellen jedenfalls die Vorschriften über die Aufbringung und Erhaltung

---

[50] *Zimmer* Internationales Gesellschaftsrecht S. 215.

[51] *Behrens* IPRax 2003, 193, 206.

[52] *Sandrock* BerGesVR 18 (1978), 169, 191, 202; ders. Festschrift Beitzke 690ff.; ders. RabelsZ 42 (1978), 227, 246ff.; *ders.* ZVglRWiss 102 (2003), 447, 449f.; *Sandrock/Austmann* RIW 1989, 249, 252f.

[53] Staudinger/*Großfeld* IntGesR Rn. 65; v. *Bar* IPR Bd. 2 S. 452f.; *Ebenroth/Sura* RabelsZ 43 (1979) 315, 334f.

[54] *Sandrock* ZVglRWiss 102 (2003), 447, 450.

des Gesellschaftskapitals eine nicht gerechtfertigte Einschränkung der Niederlassungsfreiheit dar. Dies ergibt sich nach seiner Ansicht vor allem daraus, daß diese Regelungskomplexe eine für den Mißbrauchsschutz unverhältnismäßige, weil generell-abstrakte Wertung beinhalten sowie aus der Tatsache, daß die Eignung des Kapitalschutzsystems eines Landes, das „Weltmeister in der Zahl der Insolvenzen" ist, zum Gläubigerschutz fraglich ist.[55] Der revidierte Inhalt der Sandrock'schen Überlagerungstheorie besteht somit darin, daß jedenfalls die deutschen Regeln der Kapitalaufbringung und -erhaltung für eine korrigierende Überlagerung des Gründungsrechts nicht mehr herangezogen werden können.

d) Differenzierungstheorie

Ziel der Vertreter der Differenzierungstheorie mit ihren unterschiedlichen, wenn auch im Grundsatz einheitlichen Lösungsversuchen ist, Parteiautonomie im gesellschaftsinternen Bereich und optimalen Schutz von Drittinteressen in einem Konzept zu vereinen.[56] So unterscheidet *Grasmann* zwischen dem Innenverhältnis, für das das Gründungsrecht gelte, und dem Außenverhältnis, für das der Verkehrs- und Drittgünstigkeitsgrundsatz maßgeblich sein soll. Anknüpfungspunkt ist insoweit das Vornahme-, Wirkungs- oder Organisationsstatut. Folglich führt diese Lehre zu einem heterogenen Gesellschaftsstatut. Dem Innenverhältnis wird die Gründung, Verfassung und Satzung sowie die Gesellschafterstellung zugerechnet, während dem Außenverhältnis die Rechts- und Geschäftsfähigkeit, die Vertretungsmacht, die Haftung, die Publizität und die Sicherung der Kapitalaufbringung und -erhaltung unterfallen.[57] Da die Differenzierungstheorie, ähnlich der Überlagerungstheorie, zu einem Nebeneinander von nicht aufeinander abgestimmten Rechtsordnungen führt, können die gegen die Theorie von *Sandrock* entwickelten Bedenken auch hier angeführt werden, wobei aufgrund der Anwendung unterschiedlicher Normsysteme für das Innen- und Außenverhältnis die Schwächen noch deutlicher zutage treten. Dies zeigt sich unter anderem darin, daß die für das Außen- und Innenleben der Gesellschaft geltenden Vorschriften einander gegenseitig bedingen und nicht isoliert betrachtet werden können.[58] Somit führt die künstliche Differenzierung dazu, daß die einzelnen Regelungen aus ihrem Funktionszusammenhang gerissen werden.

---

[55] *Sandrock* ZVglRWiss 102 (2003), 447, 476.

[56] *Grasmann* Rn. 615ff., 745ff., 977; abweichend *Moser* Festgabe für Bürgi S. 283, 295ff., der aus Praktikabilitätserwägungen im Außenverhältnis das Orts- bzw. Sachstatut heranziehen will.

[57] *Grasmann* Rn. 615ff.

[58] MüKo-BGB/*Ebenroth* IntGesR Rn. 171.

e) Kombinationslehre

Ausgangspunkt der Kombinationslehre von *Zimmer* ist eine einheitliche Anknüpfung des Gesellschaftsstatuts in Analogie zur Begrenzung der Parteiautonomie im Internationalen Vertragsrecht nach Art. 27 Abs. 3 EGBGB aufgrund einer Orientierung des Personalstatuts an einer substantiellen Auslandsbeziehung.[59] Im Falle des fehlenden Auslandsbezugs besteht kein schützenswertes Interesse der Parteien an der Anwendung des Gründungsrechts, d.h. soweit eine Gesellschaft ausschließlich zu einem Staat in Verbindung steht, ist allein dessen Recht maßgeblich. Es finden dann die für die Sitztheorie geltenden Regeln Anwendung.
Im Fall einer nach gewissen Kriterien, wie z.B. erheblichen rechtsgeschäftlichen Auslandsbeziehungen oder dem Sitz einer Niederlassung, zu bestimmenden substantiellen Auslandsbeziehung kommt das Gründungsrecht zur Anwendung. Diese Lehre ist insofern problematisch, als die bei der Bestimmung des Verwaltungssitzes bestehenden Unsicherheiten auf die Frage nach dem Bestehen einer substantiellen Auslandsbeziehung übertragen werden.

f) Entscheidung nach Fallgruppen

Um das Recht des Staates, „dessen Bürger von dem Leben der Gesellschaft und ihres Unternehmens am stärksten betroffen werden", zur Anwendung zu bringen, erfolgt nach Auffassung von *Wiedemann* zunächst die Anknüpfung an den wirtschaftlichen Schwerpunkt der Gesellschaft.[60] Von dieser Prämisse ausgehend, wird ein vermittelnder Weg zwischen den widerstreitenden Positionen der Sitz- und Gründungstheorie durch eine fallgruppenbezogene Lösung gesucht. Danach gilt für eine nach deutschem Recht gegründete Gesellschaft deutsches Recht, falls sich zumindest der Satzungssitz in Deutschland befindet. Für eine nach dem Recht eines Mitgliedstaates gegründete Gesellschaft, die eine tatsächliche und dauerhafte Verbindung mit der Wirtschaft eines Mitgliedstaates aufweist, ist grundsätzlich das Gründungsrecht maßgeblich.[61] Hat aber die nach ausländischem Recht gegründete Gesellschaft ihren wirtschaftlichen Schwerpunkt im Inland, gilt nach dem Gesagten das Recht des Sitzstaates.[62]

---

[59] *Zimmer* Internationales Gesellschaftsrecht S. 220ff.

[60] *Wiedemann* Festschrift Kegel, 1977, S. 187, 197.

[61] *Wiedemann* Festschrift Kegel, 1977, S. 187, 202.

[62] *Wiedemann* Festschrift Kegel, 1977, S. 187, 197.

3. Zusammenfassung

Die bisher diskutierten Lehren knüpfen die Bestimmung des Gesellschaftsstatuts entweder generell an den tatsächlichen Verwaltungssitz an (Sitztheorie) oder versuchen durch die teils alternative, teils kumulative Anwendung von Gründungs- und Sitzrecht zur Lösung des Problems beizutragen. Da diese kollisionsrechtlichen Lösungen aufgrund der ihnen immanenten Beschränkung der internationalprivatrechtlichen Rechtswahlfreiheit in Konflikt mit der Niederlassungsfreiheit geraten, bedarf nunmehr die europarechtliche Zulässigkeit der einzelnen Denkansätze der Klärung. Die folgende Erörterung wird sich zunächst mit dem Einfluß der Niederlassungsfreiheit auf die Sitztheorie befassen und anschließend die Bedeutung der Gründungstheorie im europarechtlichen Kontext bewerten. Mit Hilfe des gefundenen Ergebnisses soll auf die Anschlußfrage nach der Übereinstimmung der dargestellten, auf der Gründungstheorie basierenden Korrekturansätze mit dem Gemeinschaftsrecht eingegangen werden.

III. Vorrang der Niederlassungsfreiheit

1. Rechtsprechung des EuGH

In einer Reihe wegweisender Urteile hat der EuGH sich seiner heutigen Sichtweise, daß sich unmittelbar aus Art. 43 und 48 EG für eine in einem Staat der Europäischen Union gegründete Gesellschaft das Recht ergibt, ihre Tätigkeit unabhängig vom Gründungsort in jedem Mitgliedstaat auszuüben, genähert. In den Rechtssachen *Centros*[63], *Überseering*[64] und *Inspire Art*[65] hatte sich der EuGH mit der Frage der gemeinschaftsrechtlichen Dimension der innereuropäischen transnationalen Verlegung des Verwaltungssitzes bzw. der Gründung einer Niederlassung zu befassen und hat mit seiner Judikatur die Reichweite der Niederlassungsfreiheit bestimmt, die die Rahmenbedingung für eventuelle nationale Schutzkonzepte bildet. Infolge dieser Urteile stellt sich für die deutsche Rechtslehre und -praxis auch die bereits angedeutete Frage, ob die Konsequenzen der Sitztheorie, insbesondere die daraus folgende Nichtanerkennung von Gesellschaften, mit Art. 43, 48 EG vereinbar sind.[66] Mit diesem Fragenkomplex hat sich der EuGH aus europäischer Sicht in den genannten Entscheidungen be-

---

[63] EuGH Rs. C-212/97, DB 1999, 625ff. - *Centros.*

[64] EuGH Rs. C-208/00, DB 2002, 2425ff. - *Überseering.*

[65] EuGH Rs. C-167/01, RIW 2003, 957ff. - *Inspire Art.*

[66] Statt vieler vgl. *v. Halen* WM 2003, 571ff.; *Lutter* BB 2003, 7ff.; *Meilicke* GmbHR 2003, 793ff; *Merkt* RIW 2003, 458ff.; *Paefgen* WM 2003, 561ff.; bereits zu *Centros Roth* ZIP 1999, 861ff.; *Merkt* GdR 1999, 112ff.

faßt, die anhand der folgenden Darstellung in ihren wichtigsten Aspekten nachvollzogen werden sollen.

a) Centros

Das Urteil des EuGH in der Rechtssache *Centros* hatte einen Zuzugsfall zum Gegenstand.
Eine von dänischen Staatsangehörigen nach englischem Recht gegründete *private limited company* begehrte Eintragung ihrer Zweigniederlassung, die mangels Geschäftstätigkeit in England de facto die einzige Niederlassung darstellte, durch die dänische Erhvervs- og Selskabsstyrelse (Zentralverwaltung für Handel und Gesellschaften). Dies wurde ihr mangels Erfüllung der dänischen Kapitalaufbringungsvorschriften verwehrt. Der EuGH stellte fest, daß das Recht einer nach den Vorschriften eines Mitgliedstaates gegründeten Gesellschaft, sich in einem anderen Mitgliedstaat niederzulassen, unter die Niederlassungsfreiheit nach Art. 43, 48 EG fällt,[67] wobei die Tatsache, daß die Auslandsgründung zu dem Zweck erfolgte, die strengen dänischen Kapitalschutzvorschriften zu umgehen, irrelevant ist.[68] Dies begründet der EuGH damit, daß die Nationalstaaten zwar berechtigt sind, Maßnahmen gegen die mißbräuchliche oder betrügerische Berufung auf das Gemeinschaftsrecht zu treffen[69] und die nationalen Gerichte demnach zur Verhinderung einer mißbräuchlichen oder betrügerischen Berufung auf das Gemeinschaftsrecht auch „im Einzelfall das mißbräuchliche oder betrügerische Verhalten der Betroffenen auf der Grundlage objektiver Kriterien in Rechnung stellen"[70] dürfen. Jedoch haben sie „bei der Würdigung [des zu beurteilendenVerhaltens]... die Ziele der fraglichen Bestimmungen zu beachten."[71] Da es gerade Ziel der Art. 43, 48 EG ist, den Gesellschaften zu ermöglichen, „mittels einer Agentur, Zweigniederlassung oder Tochtergesellschaft in anderen Mitgliedstaaten tätig zu werden,[72]... kann es folglich für sich allein keine mißbräuchliche Ausnutzung des Niederlassungsrechts darstellen, wenn ein Staatsangehöriger...eine Gesellschaft...in dem Mitgliedstaat errichtet, dessen gesellschaftsrechtliche Vorschriften ihm die größte Freiheit lassen..."[73] Allein die Umgehung von Gründungsvorschriften ist mithin nicht rechtsmißbräuchlich. Zudem stellte der Europäische Gerichtshof fest, daß nationale, die Niederlassungsfreiheit beschränkende Maßnahmen unter Wahrung der folgenden Voraus-

---

[67] EuGH Rs. C-212/97, DB 1999, 625ff., Tz. 15, 20f. - *Centros.*

[68] EuGH Rs. C-212/97, DB 1999, 625ff., Tz. 18 - *Centros.*

[69] EuGH Rs. C-212/97, DB 1999, 625, 626, Tz. 24f. - *Centros.*

[70] EuGH Rs. C-212/97, DB 1999, 625, 626, Tz. 25 - *Centros.*

[71] EuGH Rs. C-212/97, DB 1999, 625, 626, Tz. 25 - *Centros.*

[72] EuGH Rs. C-212/97, DB 1999, 625, 626, Tz. 26 - *Centros.*

[73] EuGH Rs. C-212/97, DB 1999, 625, 626, Tz. 27 - *Centros.*

setzungen zulässig sind: Sie müssen nichtdiskriminierend sein, zwingenden Gründen des Allgemeininteresses entsprechen, zur Erreichung des verfolgten Zieles geeignet sein und nicht über das zur Erreichung des Zieles Erforderliche hinausgehen.[74] Mit diesem Diktum legte der EuGH den Grundstein für eine wettbewerbsorientierte Auslegung der Niederlassungsfreiheit und eröffnete den Weg zu einer relativ hindernisfreien transnationalen Verlegung des Verwaltungssitzes bzw. der Errichtung einer Zweigniederlassung.

b) Überseering

Im Fall Überseering war die Rechts- und Parteifähigkeit einer niederländischen Gesellschaft Gegenstand der Vorlagefrage des BGH an die europäischen Richter. Diese hatte Werkleistungen in Deutschland in Anspruch genommen, deren Mängel sie nunmehr gerichtlich geltend machen wollte. Dies wurde ihr vom befaßten OLG unter Hinweis auf den Erwerb aller Anteile durch zwei deutsche Staatsangehörige und die Verlegung des Verwaltungssitzes nach Deutschland verweigert.[75] Sowohl die Verwaltung als auch die Geschäftsführung wurden faktisch von Deutschland aus wahrgenommen.[76] Der EuGH stellte unmißverständlich fest, daß Gesellschaften das Recht haben,[77] ihre Tätigkeit in einem anderen Mitgliedstaat auszuüben und die Wahrnehmung der Niederlassungsfreiheit zwingend die Anerkennung der Gesellschaft als solche des Gründungsstaates durch alle Mitgliedstaaten voraussetzt.[78] Demnach verstößt es gegen Art. 43, 48 EG, wenn einer nach dem Recht eines Mitgliedstaates gegründeten Gesellschaft von einem anderen Mitgliedstaat, in den sie ihren tatsächlichen Verwaltungssitz verlegt hat, die Rechts- und Parteifähigkeit abgesprochen wird.[79] Vielmehr ist der andere Mitgliedstaat „verpflichtet, die Rechtsfähigkeit und damit die Parteifähigkeit zu achten, die diese Gesellschaft nach dem Recht ihres Gründungsstaates besitzt."[80] Auch dürfen die Mitgliedstaaten die Inanspruchnahme der Niederlassungsfreiheit auf ihrem Hoheitsgebiet nicht von der Beachtung gewisser Regelungen ihres nationalen Gesellschaftsrechts abhängig machen.[81] Zur Rechtfertigung einer eventuellen Beschränkung der Niederlassungsfreiheit hielt der EuGH fest: „Es läßt sich nicht ausschließen, daß zwingende Gründe des Ge-

---

[74] EuGH Rs. C-19/92, Tz. 32 - *Kraus*; EuGH Rs. C-55/94, Tz. 37 - *Gebhard*; EuGH Rs. C-212/97, DB 1999, 625, 626, Tz. 34 - *Centros*.

[75] OLG Düsseldorf JZ 2000, 203ff.

[76] OLG Düsseldorf JZ 2000, 203ff.; vgl. *Kindler* NJW 2003, 1073.

[77] EuGH Rs. C-208/00, DB 2002, 2425, 2426, Tz. 57.

[78] EuGH Rs. C-208/00, DB 2002, 2425, 2426, Tz. 59.

[79] EuGH Rs. C-208/00, DB 2002, 2425, 1. Leitsatz.

[80] EuGH Rs. C-208/00, DB 2002, 2425, 2. Leitsatz.

[81] EuGH Rs. C-208/00, DB 2002, 2425, 2427, Tz. 72.

meinwohls, wie der Schutz der Interessen der Gläubiger, der Minderheitsgesellschafter, der Arbeitnehmer oder auch des Fiskus unter bestimmten Voraussetzungen Beschränkungen der Niederlassungsfreiheit rechtfertigen können."[82] Damit definierte der EuGH die bereits in *Centros*[83] erwähnten zwingenden Allgemeininteressen, die im Rahmen der Verhältnismäßigkeit Anlaß zu nationalrechtlichen Einschränkungen sein können. „Solche Ziele können es jedoch nicht rechtfertigen, daß einer Gesellschaft... die Rechtsfähigkeit und damit die Parteifähigkeit abgesprochen wird. Eine solche Maßnahme kommt... der Negierung ...der Niederlassungsfreiheit gleich."[84]
In der gebotenen Klarheit hat sich der EuGH demnach gegen die gemeinschaftsrechtliche Zulässigkeit der Sitztheorie und die daraus resultierende Nichtanerkennung von ausländischen Gesellschaften ausgesprochen, die Reichweite des nationalen Gesellschaftsrechts begrenzt und den Spielraum für eine gerechtfertigte Einschränkung der Niederlassungsfreiheit durch die gebotene Verhältnismäßigkeitsprüfung und seine restriktive Formulierung „unter bestimmten Voraussetzungen", die auf eine sehr restriktive Handhabung hinweist, bereits deutlich eingeengt. Zur präziseren Konturierung von zulässigen einzelstaatlichen Maßnahmen hat die vorerst letzte Entscheidung des EuGH in der Rechtssache *Inspire Art* beigetragen.[85]

c) *Inspire Art*

Im Fall *Inspire Art* hatte sich der EuGH mit der europarechtlichen Zulässigkeit von nationalen Bestimmungen zu beschäftigen, die dem Schutz der inländischen Rechtsordnung vor
Scheinauslandsgesellschaften[86] dienen sollten. Interessant war aus deutscher Sicht insbesondere die Frage, ob und insbesondere wieviel Spielraum der EuGH für „vernünftige Sonderanknüpfungen einzelner mitgliedstaatlicher [Schutz-]Vorschriften" einräumen würde.[87] Gegenstand der Entscheidung *Inspire Art* war das niederländische „Gesetz über formal ausländische Gesellschaften"(WFBV), das auf eine „nach einem anderen als dem niederländischen Recht

---

[82] EuGH Rs. C-208/00, DB 2002, 2425, 2428, Tz. 92.

[83] EuGH Rs. C-212/97, DB 1999, 625, 626, Tz. 34.

[84] EuGH Rs. C-208/00, DB 2002, 2425, 2428, Tz. 93.

[85] EuGH Rs. C-167/01, RIW 2003, 957ff. - *Inspire Art.*

[86] Eine Scheinauslandsgesellschaft oder *pseudo-foreign-corporation* ist eine Gesellschaft, die außer ihrer Inkorporation und ihrer Rechtsform keinerlei Beziehung zum ausländischen Gründungsstaat aufweist, vgl. *Zimmer* Internationales Gesellschaftsrecht S. 219.

[87] *Forsthoff* DB 2003, 979, 980; *Weller* DStR 2003, 1800, 1801; vgl. auch Anfrage der Bundesregierung an EuGH bzgl. Schutzmechanismen in *Inspire Art*, Schlußantrag des GA *Alber* Rs. C-167/01, DB 2003, 377, 380, Tz. 120ff. - *Inspire Art.*

gegründete Kapitalgesellschaft" Anwendung findet, „die ihre Tätigkeit vollständig oder nahezu vollständig in den Niederlanden ausübt und daneben keine tatsächliche Bindung an den Staat hat, in dem das Recht gilt, nach dem sie gegründet wurde" (Art. 1 WFBV). Unterfällt eine ausländische Gesellschaft seinem Anwendungsbereich, stellte das WFBV trotz Anerkennung der Gesellschaft eine Reihe von Pflichten und Sanktionen auf, die dem Schutz des inländischen Rechtsverkehrs dienen sollten, indem sie „eine begrenzte Zahl zusätzlicher Voraussetzungen für die Ausübung der gewerblichen Tätigkeit und die Verwaltung der Gesellschaft vorsehen", die „ihre Entsprechung in den zwingenden Vorschriften des niederländischen Gesellschaftsrechts haben, die für in den Niederlanden gegründete Gesellschaften mit beschränkter Haftung gelten."[88] Nach den Artikeln 2 bis 5 des WFBV unterlag die fragliche Gesellschaft unter anderem dem Erfordernis, sich als „formal ausländische Gesellschaft" in das niederländische Handelsregister eintragen zu lassen sowie auf ihren Schriftstücken auch als solche zu firmieren. Ferner mußte das gezeichnete Kapital mindestens dem für eine niederländische Gesellschaft erforderlichen Mindestkapitalbetrag i.H.v. Euro 18000 entsprechen und diese Summe bildete zugleich die Untergrenze für das erforderliche Eigenkapital.
Zudem unterlag die Gesellschaft weitreichenden Offenlegungs- und Publizitätspflichten im Bereich der Jahresabschlüsse und -berichte sowie diverser anderer Umstände der Gesellschaft. Exemplarisch seien hier das Erfordernis der Einreichung des Errichtungsaktes und der Satzung in (übersetzter) beglaubigter Kopie sowie des jährlichen Nachweises der Eintragung in das Register des Gründungsstaates beim niederländischen Handelsregister genannt.
Auch oblag es der Gesellschaft, auf ihren Schriftstücken weitgehende Angaben zu den Gesellschaftsverhältnissen zu machen. Bei Mißachtung der das Kapital betreffenden Pflichten hafteten die Gesellschafter bis zur Erfüllung als Gesamtschuldner neben der Gesellschaft für alle Rechtshandlungen während ihrer Geschäftsführung und die Haftung trat auch dann ein, wenn das eingezahlte gezeichnete Kapital nachträglich unter den erforderlichen Mindestbetrag sank.[89] Zu bemerken ist, daß diese Sanktion über die für inländische Kapitalgesellschaften geltenden Regeln hinausging, die keine vergleichbare Haftung der Geschäftsführer vorsehen.[90]

Inspire Art Ltd., deren einziger Geschäftsführer in Den Haag wohnhaft ist, wurde als *private company limited by shares* englischen Rechts mit Sitz in Folkstone gegründet. Der Geschäftsbetrieb in den Niederlanden begann ca. 3 Wochen

---

[88] Vgl. hierzu EuGH Rs. C-167/01, RIW 2003, 957, 959, Tz. 81f. - *Inspire Art.*

[89] EuGH Rs. C-167/01, RIW 2003, 957ff., Tz. 28 - *Inspire Art.*

[90] Vgl. hierzu Schlußantrag von GA *Alber* Rs. C-167/01, DB 2003, 377, 381, Tz. 128f. - *Inspire Art.*

nach der Gründung im Vereinigten Königreich. Die Gesellschaft wehrte sich unter Hinweis auf dessen Gemeinschaftsrechtswidrigkeit gegen den Zusatz „formal ausländische Gesellschaft", mit dem die Handelsregistereintragung versehen werden sollte sowie die an die Eintragung anknüpfenden Pflichten und Sanktionen.[91]

In stringenter Fortführung der bereits dargestellten Rechtsprechung hat der EuGH die Vorschriften des WFBV als mit der Niederlassungsfreiheit unvereinbar eingestuft und somit den Spielraum für nationale Regelungen ein weiteres Mal enger gezogen. Der EuGH hat hierbei einen zweifachen Prüfungsmaßstab angelegt, indem er die Niederlassung der *Inspire Art Ltd.* unabhängig davon, daß diese in England keinerlei Geschäftstätigkeit unterhielt und somit strenggenommen noch keine Hauptniederlassung besaß, als Zweigniederlassung qualifizierte. Damit waren die Offenlegungs- und Publizitätspflichten des WFBV an der Elften Gesellschaftsrechtlichen Richtlinie (Zweigniederlassungsrichtlinie)[92] vom 22.12.1989 zu prüfen, während die Anforderungen bezüglich der Mindestkapitalausstattung und der Geschäftsführerhaftung direkt an den Grundfreiheiten des Vertrages zu messen waren. Bezüglich der Offenlegungs- und Publizitätsvorschriften befand der EuGH die Elfte Richtlinie für abschließend, diesbezügliche weitergehende Regelungen der Mitgliedstaaten sind demnach unzulässig.[93] Am Maßstab der Art. 43, 48, 46 EG waren daher nur noch die Vorschriften über das Mindestkapital und die im Falle der Nichterfüllung dieser Pflichten eintretende Geschäftsführerhaftung zu messen. Der EuGH stellte fest, daß „weder Art. 46 EG noch der Gläubigerschutz, die Bekämpfung der mißbräuchlichen Ausnutzung der Niederlassungsfreiheit oder die Erhaltung der Lauterkeit des Handelsverkehrs und der Wirksamkeit der Steuerkontrollen die Behinderung der... Niederlassungsfreiheit rechtfertigen, die nationale Rechtsvorschriften wie die in Rede stehenden über das Mindestkapital und die persönliche gesamtschuldnerische Haftung der Geschäftsführer darstellen."[94] Hinsichtlich des Gläubigerschutzes hielt der EuGH fest, daß *Inspire Art* als Gesellschaft englischen Rechts auftrete und somit die potentiellen Gläubiger hinreichend darüber informiert sind, daß sie ausländischen (Gründungs-) Vorschriften hinsichtlich des Mindestkapitals und der Geschäftsführerhaftung unterliegt.[95] Zudem könnten sich die Gläubiger auf bestimmte gemeinschaftsrechtliche Schutzregelungen wie die Vierte[96] und Elfte Richtlinie[97] berufen. Ferner wiederholte der EuGH sein Judi-

---

[91] Vgl. hierzu EuGH Rs. C-167/01, RIW 2003, 957, Tz. 37, 90 - *Inspire Art.*

[92] Zweigniederlassungsrichtlinie vom 22.12.1989, Nr. 89/666/EWG, ABl. EG Nr. L 395/36.

[93] Vgl. hierzu EuGH Rs. C-167/01, RIW 2003, 957, 959, Tz. 69 - *Inspire Art.*

[94] EuGH Rs. C-167/01, RIW 2003, 957, 961, Tz. 142 - *Inspire Art.*

[95] EuGH Rs. C-167/01, RIW 2003, 957, 961, Tz. 142 - *Inspire Art.*

[96] Jahresabschluß- oder Bilanzrichtlinie vom 25.7.1978, Richtlinie Nr. 78/660/EWG, ABl. EG Nr. L 222/11, geändert durch Mittelstandsrichtlinie vom 8.11. 1990, Richtlinie Nr.

kat aus *Centros*, daß eine mißbräuchliche Berufung auf das Gemeinschaftsrecht nicht schon in einer zum Zwecke der Umgehung strengerer nationaler Vorschriften erfolgenden Auslandsgründung mit anschließender ausschließlicher oder hauptsächlicher Tätigkeit im tatsächlichen Sitzstaat gesehen werden kann. Es sei gerade Ziel der die Niederlassungsfreiheit betreffenden Vorschriften, den nach dem Recht eines Mitgliedstaates gegründeten Gesellschaften zu erlauben, in einem anderen Mitgliedstaat tätig zu werden.[98] In der Antwort auf die Vorlagefrage resümierte der EuGH die europarechtlichen Anforderungen, denen nunmehr jede die Niederlassungsfreiheit beschränkende nationale Regelung entsprechen muß und die somit auch den Rahmen der vorliegenden Arbeit bilden, wie folgt: „Die Artikel 43 EG und 48 EG stehen einer Regelung eines Mitgliedstaates wie der WFBV entgegen, die die Ausübung der Freiheit zur Errichtung einer Zweitniederlassung in diesem Staat durch eine nach dem Recht eines anderen Mitgliedstaates gegründete Gesellschaft von bestimmten Voraussetzungen abhängig macht, die im innerstaatlichen Recht für die Gründung von Gesellschaften bezüglich des Mindestkapitals und der Haftung der Geschäftsführer vorgesehen sind. Die Gründe, aus denen die Gesellschaft in einem anderen Mitgliedstaat errichtet wurde, sowie der Umstand, daß sie ihre Tätigkeit ausschließlich oder nahezu ausschließlich im Mitgliedstaat der Niederlassung ausübt, nehmen ihr nicht das Recht, sich auf die durch den EG-Vertrag garantierte Niederlassungsfreiheit zu berufen, es sei denn, im konkreten Fall wird ein Mißbrauch nachgewiesen."[99]

2. Folgerungen

Mit diesen Entscheidungen hat der EuGH den nationalen Hoffnungen auf „Rettung" des Wesens der jeweiligen Gesellschaftsrechte eine klare Absage erteilt und dem ungehinderten Import ausländischer Gesellschaftsformen den Weg geebnet. Im Folgenden soll eine nähere Konturierung der Niederlassungsfreiheit, wie sie sich in Konsequenz der Entscheidungen *Centros, Inspire Art* und *Überseering* darstellt, erarbeitet werden.

90/604/EWG, ABl. EG Nr. L 317/57 und die GmbH&Co. KG-Richtlinie vom 8.11.1999, Richtlinie Nr. 90/605/EWG, ABl. EG Nr. L 317/60.

[97] Zweigniederlassungsrichtlinie vom 22.12.1989, Nr. 89/666/EWG, ABl. EG Nr. L 395/36.

[98] EuGH Rs. C-167/01, RIW 2003, 957, 961, Tz. 137ff. - *Inspire Art*; EuGH Rs. C-212/97, DB 1999, 625, 626, Tz. 27 - *Centros*.

[99] EuGH Rs. C-167/01, RIW 2003, 957, 961, Tz. 143 - *Inspire Art*; Hervorhebungen durch Verfasser.

a) Reichweite des Schutzbereichs der Niederlassungsfreiheit

Der Schutzbereich der Niederlassungsfreiheit wird einerseits durch Art. 43, 48 EG und andererseits durch die in Übereinstimmung mit diesen Artikeln stehenden Sekundärrechtsakte definiert. Soweit ein Rechtsbereich durch einen derartigen sekundären Rechtsakt einer abschließenden Regelung zugeführt wurde, können die einzelnen Mitgliedstaaten keine höheren Anforderungen mehr stellen. Diese Sichtweise, daß der Verwirklichung der Grundfreiheiten dienende Richtlinien, die eine Harmonisierung bewirken sollen, eine abschließende Wirkung zumindest für den Fall, daß sie den Mitgliedstaaten Wahlrechte zugestehen, beigelegt wird, ist ein Novum. Nach bisheriger Ansicht wurde aufgrund von Art. 44 lit. g EG ergangenen, gläubigerschützenden Richtlinien nur ein Mindeststandard entnommen. Bestand die Rechtsgrundlage sowohl in Art. 44 lit. g EG als auch Art. 95 EG, mußte durch abwägende Auslegung ermittelt werden, ob einzelne Vorschriften der Richtlinie als Höchststandard zu verstehen sind.[100] Diese - neue - Sichtweise hat die Konsequenz, daß die Zulässigkeit mitgliedstaatlicher Regelungen auch danach zu beurteilen ist, ob das europäische Sekundärrecht den Staaten der EU einen Gestaltungsspielraum einräumt.[101] In der Entscheidung *Inspire Art* hatte sich der EuGH hinsichtlich der Elften Richtlinie[102] mit dieser Frage auseinanderzusetzen. Nach Auffassung des Europäischen Gerichtshofs repräsentiert diese Richtlinie eine solche erschöpfende Harmonisierung, so daß über die in diesem Rechtsakt festgelegten Anforderungen hinausgehende mitgliedstaatliche Offenlegungspflichten gemeinschaftsrechtswidrig sind.[103]

Der zentrale Prüfungsmaßstab für die Frage der Zulässigkeit nationaler Bestimmungen findet sich in Art. 43, 48 EG. Diese Artikel schützen das Recht einer nach Maßgabe der Rechtsordnung eines Mitgliedstaates[104] gegründeten Gesell-

---

[100] So die überwiegende Ansicht, vgl. *Lutter* JZ 1992, 593, 606f.; *Jarass* NJW 1990, 2420, 242.

[101] *Leible/Hoffmann* EuZW 2003, 677, 678; siehe auch *Ziemons* ZIP 2003, 1913, 1914f. Ähnlich *Kersting* NZG 2003, 9, 10, der daher lediglich im Bereich der Mindestkapitalisierung und der Mitbestimmung noch mitgliedstaatlichen Handlungsspielraum sieht.

[102] Zweigniederlassungsrichtlinie vom 21.12.1989 Nr. 89/666/EWG, Abl. EG Nr. L 395 v. 30.12.1989 S. 36.

[103] EuGH Rs. C-167/01, RIW 2003, 957, 960, Tz. 135 - *Inspire Art*. Siehe auch *Ziemons* ZIP 2003, 1913, 1915.

[104] Für Gesellschaften aus Drittstaaten gelten Art. 43, 38 EG nicht, vgl. Streinz/*Müller-Graff* EUV/EGV-Kommentar Art. 43 Rn. 7ff.; von der Groeben/Thiesing/Ehlermann/*Troberg* EUV/EGV-Kommentar Art. 58 Rn. 5ff.; Schwarze/*Müller-Huschke* EU/EG-Kommentar Art. 48 Rn. 7ff.

schaft auf Verlegung ihrer Hauptverwaltung in einen anderen Mitgliedstaat bzw. auf Errichtung einer Zweigniederlassung oder Tochtergesellschaft.[105] Um die Zugehörigkeit der Gesellschaft zur Rechtsordnung eines Mitgliedstaates zu bestimmen, ist auf ihren satzungsmäßigen Sitz, ihre Hauptniederlassung oder Hauptverwaltung abzustellen.[106] Die Frage, welche Bedeutung der Unterscheidung zwischen primärer und sekundärer Niederlassungsfreiheit zukommt, wird in der Literatur, oft ohne nähere Offenlegung der Argumentationsstrukturen, kontrovers diskutiert. So versteht *Ziemons* unter der primären Niederlassungsfreiheit die Errichtung der Gesellschaft und betrachtet die Frage der Begründung einer Hauptniederlassung als hiervon unabhängig.[107] Ausgehend von dieser Prämisse kann eine Niederlassung in einem anderen Staat durch Gebrauchmachen der sekundären Niederlassungsfreiheit nur mit deren Instrumenten, d.h. einer Agentur, Tochtergesellschaft oder Zweigniederlassung erfolgen. Demgegenüber sieht eine andere Ansicht in der erstmaligen Begründung einer Niederlassung durch eine bisher nur einen Satzungssitz in einem Mitgliedstaat besitzende Gesellschaft die durch Art. 43 Abs. 1 S. 1 EG geschützte Ausübung der primären Niederlassungsfreiheit, da das Recht zur Begründung einer Hauptniederlassung lediglich die Gründung nach dem Recht eines Mitgliedstaates, gleichsam die „Staatsangehörigkeit" der Gesellschaft, voraussetzt.[108] Die Errichtung einer sekundären Niederlassung setzt demnach das Bestehen einer Hauptniederlassung oder zumindest das Vorliegen eines Schwerpunktes der gewerblichen Tätigkeit in der Europäischen Union voraus.

Der EuGH mißt in seinen Urteilen der Differenzierung zwischen primärer und sekundärer Niederlassungsfreiheit keine größere Bedeutung bei, indem er den

---

[105] Zur Frage der Zulässigkeit der Verlegung des Satzungssitzes ist die wissenschaftliche Diskussion um die Entscheidung des Gerichtshofs in EuGH Rs. C-9/02, GmbHR 2004, 504 - *Lasteyrie du Saillant* abzuwarten. Nach dieser Entscheidung ist es sehr wahrscheinlich, daß auch generelle Beschränkungen im Wegzugsstaat dem Anwendungsbereich der Art. 43, 48 EG unterliegen, so daß generelle Vorschriften, die die Sitzverlegung in einen anderen Mitgliedstaat verhindern oder erschweren, unzulässig sind. So auch *Wachter* GmbHR 2004, R 161.

[106] EuGH Rs. 79/85, Slg. 1986, 2375, 2387, Tz. 13- *Segers*; EuGH Rs. C-208/00, DB 2002, 2425, 2426 - *Überseering*. Diese etwas verwirrende Formulierung soll den unterschiedlichen mitgliedstaatlichen Konstruktionen Rechnung tragen. Die genannten Möglichkeiten sind alternativ zu verstehen, vgl. von der Groeben/ Thiesing/Ehlermann/*Troberg* EUV/EGV-Kommentar Art. 58 Rn. 7; Schwarze/*Müller-Huschke* Art. 48 Rn. 7.

[107] *Ziemons* ZIP 2003, 1913, 1914.

[108] Brödermann/Iversen/*Brödermann* Europäisches Gemeinschaftsrecht und Internationales Privatrecht Rn. 289 und auch noch *Behrens* RabelsZ 52 (1988), 498, 499; *ders.* IPRax 2003, 193, 196; beachte aber *Behrens* IPRax 2004, 20, 24. An dieser Stelle begrüßt *Behrens* die Sichtweise des EuGH „von der Sache her".

Schutzbereich der Niederlassungsfreiheit unabhängig vom Bestehen einer Hauptniederlassung eröffnet.[109] Der Europäische Gerichtshof verwendet die Begriffe Zweig- und Hauptniederlassung nicht gegensätzlich, so daß die einzige Niederlassung der Gesellschaft auch eine „Zweigniederlassung" sein kann, obwohl strenggenommen eine solche der Existenz einer Hauptniederlassung bedarf.
Diese Sichtweise des EuGH bringt die vorteilhafte Konsequenz mit sich, daß die Niederlassung einer EU-ausländischen Gesellschaft unabhängig von der Frage, ob tatsächlich eine Zweigniederlassung vorliegt oder ob es sich vielmehr um den vollständigen Zuzug der Gesellschaft durch faktische Sitzverlegung handelt, anhand des für Zweigniederlassungen geltenden sekundären Gemeinschaftsrechts zu prüfen ist.[110] Somit unterfällt jede Niederlassung einer Gesellschaft außerhalb ihres Gründungsstaates den Publizitätsanforderungen der Elften gesellschaftsrechtlichen Richtlinie[111] mit der Folge, daß der Staat der Niederlassung die ausländische Gesellschaft den Publizitätsanforderungen der Richtlinie unterwerfen darf und die Information des inländischen Rechtsverkehrs über die Grunddaten der Gesellschaft mithin in jedem Fall sichergestellt ist. Vor dem Hintergrund des mit dieser Sichtweise verbundenen Schutzes des inländischen Rechtsverkehrs sollte die damit einhergehende Bedeutungsverschiebung des Begriffs „Zweigniederlassung" akzeptiert werden.

In Übereinstimmung mit der Auslegung der übrigen Grundfreiheiten entnimmt der EuGH der Niederlassungsfreiheit nicht nur ein Diskriminierungs-, sondern

---

[109] So bereits in EuGH Rs. 79/85, Slg. 1986, 2375, 2388, Tz. 16 - *Segers*; EuGH Rs. C-212/97, DB 1999, 625 -*Centros*. Vgl. auch die Prüfung des niederländischen WFBV an der Zweigniederlassungsrichtlinie in EuGH Rs. C-167/01, RIW 2003, 957ff. - *Inspire Art*, obwohl die Gesellschaft in England keinerlei Geschäfte betrieb. Wie hier *Roth* ZGR 2000, 311, 316f.; *Leible/Hoffmann* EuZW 2003, 677, 679f.; auf die Gleichbehandlung durch den EuGH weist auch *Ulmer* NJW 2004, 1201, 1203 Fn. 17 hin. A. A. als der hier vertretenen *Kindler* NJW 1999, 1993, 2000; *Mülbert/Schmolke* ZVglRWiss 100 (2001) 233, 241f.; kritisch auch *Kieninger* ZGR 1999, 724, 729ff. Vgl. auch *Behrens* IPRax 2004, 20, 24; *Leible* ZGR 3-4 (2004), 531, 533.

[110] Vgl. EuGH Rs. C-167/01, RIW 2003, 957, 960, Tz. 105 - *Inspire Art*. Siehe auch EuGH Rs. C-212/97, DB 1999, 625 - *Centros*, wo der Gerichtshof eine Prüfung anhand der sekundären Niederlassungsfreiheit prüfte, ob die dänischen Vorschriften mit dem Europarecht vereinbar sind, obwohl *Centros* keinerlei Geschäftstätigkeit in Dänemark entfaltete. So auch *Leible/Hoffmann* EuZW 2003, 677, 679; *Behrens* IPRax 2004, 20, 24.

[111] Zweigniederlassungsrichtlinie vom 22.12.1989, Nr. 89/666/EWG, ABl. EG Nr. L 395/36.

auch ein Beschränkungsverbot.[112] Somit können unterschiedslos geltende mitgliedstaatliche Regelungen, die in- und ausländische Gesellschaften gleichermaßen betreffen, gegen den Freiheitsgehalt von Art. 43, 48 EG verstoßen. Die entscheidende Voraussetzung der Wahrnehmung der Niederlassungsfreiheit ist die zwingende Anerkennung der Gesellschaft durch alle Mitgliedstaaten, da in der Nichtanerkennung der nach dem Gründungsrecht zu beurteilenden Rechts- und Parteifähigkeit keine prinzipiell zu rechtfertigende Beschränkung, sondern vielmehr die Negierung der durch Art. 43, 48 EG gewährten Freiheit liegt.[113] Die Inanspruchnahme der Grundfreiheit kann zudem nicht von der generellen Beachtung des nationalen Gesellschaftsrechts abhängig gemacht werden.[114] Dies ergibt sich allerdings bereits aus dem Postulat des EuGH, daß die Gesellschaft mit der ihr durch den Gründungsstaat verliehenen Rechtsfähigkeit anzuerkennen ist, da sich die Anerkennung der Gesellschaft, d.h. die Frage nach ihrer Rechtsfähigkeit, aufgrund des allgemeinen Grundsatzes der Einheit des Gesellschaftsstatuts[115] nach diesem richtet.[116] Die Frage der Anerkennung und die des geltenden Gesellschaftsstatuts können somit nicht voneinander getrennt werden.

Für das deutsche internationale Gesellschaftsrecht bedeutet dies, daß das Gesellschaftsstatut nunmehr zwingend anhand der Gründungstheorie zu bestimmen ist. Die Sitztheorie, die der ausländischen Gesellschaft als solche die Anerkennung versagt,[117] ist folglich ebenso europarechtswidrig wie der Versuch einer Substitution der Auslandsgesellschaft durch eine Gesellschaft bürgerlichen Rechts, da damit die persönliche Haftung der Gesellschafter und somit ein tiefgreifender Eingriff in die Haftungsverfassung der Gesellschaft verbunden ist.[118]

Etwaige, aus der Anwendung einzelner Normen des inländischen Rechts resultierende Beeinträchtigungen sind demgegenüber prinzipiell einer Rechtfertigung

---

[112] Vgl. etwa EuGH Rs. C 19/92, Slg. 1993, I-1663, I-1697, Tz. 32 - *Kraus*; EuGH Rs. C-55/94, Slg. 1995, I-4165, I-4197f., Tz. 37 - *Gebhardt*. Allgemein hierzu *Epiney* Umgekehrte Diskriminierungen S. 7; *Schanze/Jüttner* AG 2003, 661, 666.

[113] EuGH Rs. C-208/00, DB 2002, 2425, 2428 und 2428, Tz. 81, 93 - *Überseering*.

[114] EuGH Rs. C-208/00, DB 2002, 2425, 2426, Tz. 72 - *Überseering*; EuGH Rs. C-167/01, RIW 2003, 957, 960, Tz. 105 - *Inspire Art*.

[115] Zu diesem Grundsatz vgl. MüKo-BGB/*Kindler* IntGesR Rn. 412; Staudinger/*Großfeld* IntGesR Rn. 13; Rowedder/*Schmidt-Leithoff* Einl. Rn. 301; BayObLG WM 1992, 1371, 1372.

[116] *Behrens* ZGR 1978, 499ff; *ders.* IPRax 2003, 193, 204f. A. A. *Großfeld* RIW 2002, Heft 12, „Die erste Seite".

[117] So auch BGH BB 2003, 915; OLG Celle IPRax 2003, 245; OLG Zweibrücken BB 2003, 864; A.A. *Altmeppen* NJW 2004, 97, 99, 104; *Altmeppen/Wilhelm* DB 2004, 1083, 1087; zweifelnd auch *Zimmer* ZHR 168 [2004] 355, 361.

[118] BGH IPRax 2003, 62, 63.

zugänglich. Internationalprivatrechtlich kann derartigen Normen, sofern sie dem Gesellschaftsstatut zuzurechnen sind, allerdings nur im Wege einer Sonderanknüpfung, einer Umqualifizierung, einer Anwendung des *ordre public* oder des Grundsatzes der Gesetzesumgehung zur Geltung verholfen werden.[119] Das gefundene Ergebnis - Vorrang der Gründungstheorie - darf allerdings nicht den Blick darauf verstellen, daß unabhängig von der internationalprivatrechtlichen Qualifikation einer Norm jede nationale Regelung, die eine Beziehung zur Niederlassungsfreiheit aufweist, an Art. 43, 48 EG zu messen ist.[120] Der Anwendungsvorrang dieser Grundfreiheit ist nicht nur hinsichtlich der kollisions-, sondern auch der materiellrechtlichen Normen zu beachten.[121]

Daher muß jede die Niederlassungsfreiheit einschränkende Vorschrift mit materiellem oder kollisionsrechtlichem Gehalt den im Rahmen der Rechtfertigung zu erörternden Kriterien der Verhältnismäßigkeitsprüfung standhalten.[122]

Dieses Ergebnis wird auch durch die Überlegung gestützt, daß die Sichtweise des EuGH europarechtlich geprägt ist und nicht dem Ziel dient, die nationale Gesamtkonzeption mit ihren jeweiligen Besonderheiten zu beurteilen.[123] Es kann nicht von den Zufälligkeiten der Ausgestaltung der unterschiedlichen nationalen Rechtsordnungen abhängen, ob eine Regelung aufgrund ihrer in dieser Hinsicht „willkürlichen" Qualifikation als kollisions- oder materiellrechtlich durch den betroffenen Mitgliedstaat dem Anwendungsvorrang der Niederlassungsfreiheit unterliegt oder nicht. Gleiches muß auch für die Frage nach der Reichweite des Gesellschaftsstatuts gelten. Letztlich wird durch seine Konturierung der Bereich inländischer Normen bestimmt, die wegen der nunmehr erforderlichen Grün-

---

[119] Vgl. *Weller* IPRax 2003, 207, 210 (zur Existenzvernichtungshaftung); *Leible/Hoffmann* RIW 2002, 925, 929.

[120] Implizit *Sonnenberger/Großerichter* RIW 1999, 721, 722.

[121] *Schön* Festschrift Lutter S. 685, 687; *Zimmer* ZHR 164 (2000), 23, 35; *Großerichter* DStR 2003, 159, 162; . A.A. *Kindler* NJW 2003, 1073, 1074; *ders.* IPRax 2003, 41, 43 und bereits NJW 1999, 1993, 1997; *Rohe* RabelsZ 61 (1997) 1, 58ff. Zum Grundsatz des Anwendungsvorrangs vgl. die Grundsatzentscheidungen in EuGH Slg. 1964, 1251, 1271 - *Costa*; EuGH Slg. 1970, 1125, Tz. 3 - *Internationale Handelsgesellschaft*; EuGH Slg. 1990, I-2433, Tz. 18 - *Factortame*.

[122] Vgl. EuGH Rs. 30/59, Slg. 1961, 1, 48 - *de Gezamenlijke Steenkolenmijnen*; *Bleckmann* Europarecht Rn. 1323 zu dem Gedanken, daß unabhängig von der Einordnung einer Norm in die nationale Rechtsordnung diese bei Berührung mit einer Grundfreiheit an deren Maßstab zu messen ist. A.A. *Ulmer* NJW 2004, 1201, 1205, 1207, der die allgemeinen zivilrechtlichen Haftungstatbestände ohne weitere Prüfung aus dem Schutzbereich von Art. 43, 48 EG ausnehmen will. Wie hier *Zimmer* NJW 2003, 3585, 3588ff; *Borges* ZIP 2004, 733, 741; in diese Richtung tendiert auch *Bayer* BB 2003, 2357, 2363ff.

[123] So auch *Sonnenberger/Großerichter* RIW 1999, 721, 722.

dungsanknüpfung einer Anwendung auf ausländische Gesellschaften entzogen sind.
Entscheidend ist somit die Frage, welche Bereiche dem Gesellschaftsstatut unterfallen und somit der Regelungskompetenz des Sitzstaates entzogen sind. So wollen *Spindler/Berner* die Qualifizierung einer Norm als gesellschaftsrechtlich allein dem mitgliedstaatlichen Kollisionsrecht unterstellen, dieses Ergebnis aber dadurch korrigieren, daß „quasigesellschaftsakzessorische Vorschriften" nach Gründungsrecht zu bestimmen und nur jedermann treffende Vorschriften aus dem Anwendungsbereich der Art. 43, 48 EG auszunehmen sind.[124] Einen ähnlichen Ansatz verfolgen *Schanze/Jüttner*, die die „Subjekteigenschaften", d.h. die organisationsrechtlichen Eigenschaften der Gesellschaft, dem Schutz der Niederlassungsfreiheit und damit dem Verhältnismäßigkeitsprinzip unterstellen.[125] Welche organisationsrechtlichen Prinzipien erfaßt werden sollen, wird allerdings keiner näheren Erörterung zugeführt.
Die Antwort hierauf kann zwar unter Rückgriff auf das Internationalprivatrecht der einzelnen Mitgliedstaaten gefunden werden und daher in Randbereichen divergieren, es muß aber in jedem Fall der durch den Europäischen Gerichtshof vorgegebene Rahmen beachtet und eingehalten werden.[126] So betrachtet, enthalten die Art. 43, 48 EG hinsichtlich der Reichweite des Gesellschaftsstatuts auch eine Kollisionsregel, die die Behandlung bestimmter gesellschaftsrechtlicher Fragenkomplexe abgesehen von eng begrenzten Ausnahmen dem Gründungsrecht der Gesellschaft unterstellt.[127]
Hierzu dürften nach *Inspire Art* zumindest die Rechtsvorschriften betreffend die Gründung der Gesellschaft, insbesondere aber auch die zentrale Frage der Haftung der Gesellschafter und der Geschäftsführer zählen.[128] Darüber hinaus sind

---

[124] *Spindler/Berner* RIW 2004, 7, 10.

[125] *Schanze/Jüttner* AG 2003, 661, 666.

[126] Zu dem Grundsatz, daß es dem Gerichtshof vorbehalten bleibt, die Grenzen der aus den Verträgen fließenden Rechte zu bestimmen vgl. den Schlußantrag von Generalanwalt *Tesauro* in EuGH Rs. 367/96 - *Kefalas u.a.*: Die Bestimmung des „Gehalts des... aus dem Gemeinschaftsrecht fließenden Rechts, d.h. die dem betreffenden subjektiven Recht inhärenten Grenzen," obliege dem Gerichtshof.

[127] Für das Verständnis der Niederlassungsfreiheit als Kollisionsnorm auch *Behrens* IPRax 1999, 323, 329; *Leible/Hoffmann* RIW 2002, 925, 928; a.A. *Kindler* NJW 2003, 1073, 1076f. Zu den aus der unterschiedlichen Reichweite der nationalen Kollisionsnormen resultierenden Problemen wird auf die Bemerkung von *Horn* NJW 2004, 893, 899 verwiesen, der den engeren Begriff des Gesellschaftsstatuts nach englischem Recht erwähnt, der nur die Innenbeziehungen der Gesellschafter umfaßt.

[128] EuGH Rs. C-167/01, RIW 2003, 957, 959f., Tz. 98, 100, 104 - *Inspire Art*.

unter dem Gesichtspunkt der effektiven Ausübung der Niederlassungsfreiheit[129] alle Aspekte, die die Tätigkeit und die Beendigung der Gesellschaft betreffen, dem Gesellschaftsstatut zu unterstellen.[130] Erfaßt werden dergestalt die gesellschaftsrechtlichen Innen- und Außenverhältnisse der Gesellschaft. Dem Binnenbereich der Gesellschaft sind hierbei die Gründungsvorschriften, die Unternehmensverfassung und die Stellung der Organe bzw. der Gesellschafter sowie die Kapitalaufbringung und -erhaltung zuzurechnen. Das Außenverhältnis ist durch Fragen der Rechts- und Parteifähigkeit, der Vertretung und der Haftung der Geschäftsführer und Gesellschafter geprägt.
Diese zentralen Bereiche sind somit grundsätzlich der Disposition der Mitgliedstaaten im Rahmen der internationalprivatrechtlichen Qualifikation entzogen, um die Reichweite der durch die Niederlassungsfreiheit gebotenen Anwendung des Gründungsrechts nicht in das Belieben der einzelnen Staaten zu stellen. Einer solchen Sichtweise steht auch nicht die Aussage des Europäischen Gerichtshofs entgegen, einer Auslandsgesellschaft komme die Rechtsfähigkeit zu, die diese nach dem Recht ihres Gründungsstaates besitzt.[131] Die genaue Ausgestaltung der Wesenszüge der Gesellschaften unterliegt als der Niederlassungsfreiheit vorgelagerter Fragenkomplex dem Gesellschaftsrecht des Gründungsstaates.[132] Hiervon zu trennen ist jedoch die soeben erörterte Frage, welche Bereiche dem Gründungsstatut unterfallen. Dies muß anhand des durch Art. 43, 48 EG vorgegebenen Rahmens bestimmt werden, an denen sich die nationalen Kollisionsrechte ausrichten müssen. Der Europäische Gerichtshof will gerade sicherstellen, daß die Gesellschaft weitestgehend nach ihrem Gründungsrecht behandelt wird, um die hindernisfreie Wahrnehmung der Niederlassungsfreiheit zu ermöglichen.

---

[129] Allgemein zum *effet utile* Grabitz/Hilf/*Pernice* Recht der Europäischen Union, Altband I (Stand 2/2002), Art. 164 EGV Rn. 27 m.w.N.

[130] Vgl. hierzu EuGH Rs. C-167/01, RIW 2003, 957, 960, Tz. 104 - *Inspire Art*: „...die Bestimmungen der WFBV...sowohl zum Zeitpunkt der *Gründung* als auch während des *Bestehens* der Gesellschaft", weiter Tz. 100f.; zu dem Aspekt, daß die Mitgliedstaaten die Inanspruchnahme der Niederlassungsfreiheit nicht von der Beachtung des nationalen Gesellschaftsrechts abhängig machen können siehe EuGH Rs. C-208/00, Slg. 2002, I-9919, I-9974, DB 2002, 2425, 2427, Tz. 72 - *Überseering*.

[131] EuGH Rs. C-208/00, Slg. 2002, I-9919, I-9974, DB 2002, 2425, 2427, Tz. 95 - *Überseering*.

[132] In diesem Zusammenhang ist allerdings auch die bereits angesprochene aktuelle Entscheidung des EuGH in EuGH Rs. C-9/02, GmbHR 2004, 504 - *Lasteyrie du Saillant* zu beachten. Generelle Wegzugsbeschränkungen unterliegen demnach dem Anwendungsbereich der Art. 43, 48 EG, so daß die Regelungskompetenz der Mitgliedstaaten in dieser Hinsicht eingeschränkt ist.

Diese Sichtweise schließt jedoch nicht aus, daß im konkreten Einzelfall die Einordnung bestimmter Normen unter andere Statute oder eine etwaige Sonderanknüpfung dieser Vorschriften unter Durchbrechung der grundsätzlich maßgeblichen Anknüpfung an das Gründungsrecht der Gesellschaft ein europarechtskonformes Instrument zum Schutz zwingender Gründe des Allgemeinwohls sein kann.[133] Eine derartige Lösung muß aber in jedem Fall dem Verhältnismäßigkeitsprinzip entsprechen. Auf diese Ansätze wird bei der Erörterung der jeweiligen Problemkreise näher einzugehen sein.

Sofern Vorschriften als nicht gesellschaftsrechtlich qualifiziert werden, können sie unter der Voraussetzung ihrer verhältnismäßigen Anwendung Geltung erlangen. Die Versuche in der Literatur, im Einzelfall durch eine entsprechende „Umqualifizierung" bestimmter gesellschaftsrechtlicher Vorschriften in delikts- oder insolvenzrechtliche Normen oder im Wege der Sonderanknüpfung diese auf die Auslandsgesellschaft zur Anwendung zu bringen, müssen somit diesen Anforderungen entsprechen. Dies bedeutet, daß Vorschriften, die nach dem eben getroffenen Feststellungen dem Gründungsstatut unterfallen, nicht durch beliebige Umqualifizierung zur Geltung verholfen werden kann.

Im Anschluß an die erörterte Reichweite des Schutzbereichs der Niederlassungsfreiheit eröffnet sich das Folgeproblem, daß die Niederlassung in einem anderen Mitgliedstaat wesentlich intensiver als bei anderen Grundfreiheiten mit einer (Voll-)Integration in die innerstaatliche Rechtsordnung verbunden ist und somit die Anwendung der grundfreiheitlichen Dogmatik zu einer starken Liberalisierung der relevanten mitgliedstaatlichen Rechtsnormen führt.[134]
Es stellt sich somit die Frage, ob hinsichtlich des derart weit gefaßten niederlassungsrechtlich geschützten Raums, der letztlich jede hoheitliche Maßnahme erfaßt und somit zu einer umfassenden Prüfung der nationalen Rechtsordnungen führt, eine teleologische Reduktion des Schutzbereichs der Niederlassungsfreiheit in Anlehnung an die *Keck*-Rechtsprechung des EuGH erforderlich ist.[135] Durch die Entscheidung in der Rechtssache *Keck* wurde die Reichweite der Grundfreiheiten eingeschränkt, indem Maßnahmen, die nicht geeignet sind, den Marktzugang zu erschweren und die inländische und ausländische Marktteilnehmer rechtlich und tatsächlich in gleicher Weise berühren, vom Schutzbereich

---

[133] Zu dieser Trennung vgl. EuGH Rs. C-167/01, RIW 2003, 957, 959f., Tz. 98, 100 - *Inspire Art*.

[134] Vgl. zu diesem Phänomen *Mülbert/Schmolke* ZVglRWiss 100 (2001), 233, 238ff.; hierzu auch schon *Wiedemann* Festschrift Kegel S. 187, 194; vgl. hierzu den bereits oben erwähnten Ansatz von *Spindler/Berner* a.a.O. S. 10, 13.

[135] Ausführlich hierzu *Lackhoff* Die Niederlassungsfreiheit des EGV S. 392ff.

der Freiheiten des EU-Vertrages auszunehmen sind.[136] Für diese Sichtweise spricht, daß aus Art. 43, 48 EG trotz ihrer gehobenen Stellung im Gesamtgefüge des EG-Vertrages nicht das Erfordernis einer umfassenden Überprüfung der nationalen Rechtsordnung eines EU-Mitgliedstaats folgt.[137] Eine den Marktzugang erheblich erschwerende Wirkung besteht im genannten Sinne typischerweise bei korporativen, die Leitungs- oder Haftungsstruktur betreffenden Regelungen. Demgegenüber sind tätigkeitsbezogene Beschränkungen nur bei erheblicher Erschwerung des Marktzugangs oder bei gegenüber inländischen Gesellschaften stärkerer Beeinträchtigung von Auslandsgesellschaften, die rechtlich bzw. tatsächlich gestaltet sein kann, einer Überprüfung nach Maßgabe der Art. 43, 48 EG zu unterziehen. Danach tangieren marginale nationale Freiheitsbeschränkungen, die alle Wirtschaftsteilnehmer gleichmäßig belasten, nicht den Schutzbereich der Niederlassungsfreiheit.[138]

Eine derartige Einschränkung des Schutzbereichs der Niederlassungsfreiheit wird jedoch der zentralen Bedeutung der wirtschaftlichen Tätigkeit durch Niederlassung für die offene gesamteuropäische Marktwirtschaft und den dieser Grundfreiheit zugrundeliegenden Zielen nicht gerecht. Entsprechend dem allgemeinen Grundsatz, daß die Einzelbestimmungen des EGV vor dem Hintergrund der allgemeinen Ziele zu analysieren sind,[139] kommt der teleologischen Auslegung der Niederlassungsfreiheit eine entscheidende Bedeutung zu. Das materielle Gemeinschaftsrecht dient der Verwirklichung bestimmter, insbesondere wirtschaftspolitischer Ziele.[140] Aus der Präambel und Art. 2 EGV kann entnommen werden, daß die Schaffung eines gemeinsamen Marktes sowie einer Wirtschaftsunion als eine zentrale Gemeinschaftsaufgabe verstanden wird. Der einzurichtende gemeinsame Markt soll grundsätzlich auf der wettbewerblichen Selbststeuerung der Marktkräfte beruhen,[141] ein Gedanke, der in der EuGH-Entscheidung in *Inspire Art* hinsichtlich der Erkennbarkeit der ausländischen Gesellschaftsform für die Gläubiger zu Tage tritt.
Art. 4 I EGV verpflichtet die Mitgliedstaaten auf den „Grundsatz einer offenen Marktwirtschaft mit freiem Wettbewerb". Aus dieser Zielsetzung folgt, daß die

---

[136] *Keck* EuGH Rs. C-267/91 und C-268/91, Slg. 1993, I-6097, I-6131f., Tz. 14ff.; so wohl auch *Weller* DStR 2003, 1800, 1803, der auf den primär marktzugangsbezogenen Gehalt der Grundfreiheiten abstellt.

[137] *Eidenmüller* ZGR 2004, 159, 167.

[138] Vgl. hierzu *Schanze/Jüttner* AG 2003, 661, 667, die das allgemeine Verkehrsrecht, d.h. das Vertrags-, Bereicherungs- und Deliktsrecht, aus dem Anwendungsbereich von Art. 43, 48 EG ausnehmen wollen. In diesem Sinne wohl auch *Ulmer* NJW 2004, 1201, 1206.

[139] *Bleckmann* EuR 1979, 239, 243.

[140] *Bleckmann* Europarecht Rn. 548; Beutler/Bieber/Pipkorn/*Streil* Europäische Union S. 247.

[141] *Zuleeg* EuR 1992, 21, 28f.

Mitgliedstaaten die Notwendigkeit einer Marktsteuerung hinsichtlich jeder staatlichen Maßnahme, die die Niederlassung weniger attraktiv macht, darzulegen haben. Auf diesem konstruktiven Weg besteht für die Mitgliedstaaten ein Rechtfertigungsdruck bei Erlaß marktsteuernder Maßnahmen, der im Interesse möglichst freier Marktbildung und Freiheitsverwirklichung[142] erforderlich ist.[143]
Dem entspricht die Aussage des EuGH in *Lasteyrie du Saillant*, daß Art. 52 EGV (jetzt Art. 43) „auch *geringfügige oder unbedeutende* Beschränkungen der Niederlassungsfreiheit" erfaßt.[144] Somit müssen alle mitgliedstaatlichen Beeinträchtigungen des Schutzbereichs der Niederlassungsfreiheit, gleich ob tatsächlich oder potentiell, mittelbar oder unmittelbar, gemeinschaftsrechtlich gerechtfertigt sein. Eine Begrenzung des Beschränkungsverbots auf marktzugangsrelevante mitgliedstaatliche Maßnahmen scheidet folglich aus.

b) *Eingriff in den Schutzbereich*

Als Beschränkung sind alle Maßnahmen anzusehen, die die Ausübung der Niederlassungsfreiheit unterbinden, behindern oder weniger attraktiv machen.[145] Erfaßt werden somit sowohl unmittelbare als auch mittelbare Sanktionen gegen die Auslandsgesellschaft bzw. mitgliedstaatliche Akte, die die Tätigkeit der Gesellschaft rechtlich oder tatsächlich spürbar erschweren. Daher verstößt die Nichtanerkennung der nach Maßgabe des ausländischen Rechts erworbenen Rechts- und Parteifähigkeit, die Verweigerung der Eintragung einer Zweigniederlassung durch das inländische Registergericht und die von der Erfüllung zusätzlicher Voraussetzungen abhängige Zulässigkeit der Gründung einer Zweigniederlassung gegen Art. 43, 48 EG. Mittelbare Hindernisse, wie etwa die Haftung der Geschäftsführer oder Gesellschafter bei Verstoß gegen innerstaatliches Recht, fallen gleichermaßen in den Schutzbereich der Niederlassungsfreiheit.

---

[142] Zu diesem Aspekt vgl. *von Hayek* Recht, Gesetzgebung und Freiheit, Bd. I S. 33f.; *ders.* Die Verfassung der Freiheit S. 194.

[143] Vgl. hierzu die Entscheidung EuGH Slg. 1999, I-2835, Tz. 19f. - *Pfeiffer*, in der der Gerichtshof sich die Argumentation des Generalanwalts *Mischo*, daß Art. 43 EG nicht zur Notwendigkeit der Rechtfertigung jeder staatlichen Maßnahme führen dürfe, nicht zu eigen gemacht hat. Ebenso EuGH Rs. C-294/00, Tz. 38ff. - *Deutsche Paracelsus Schulen* und EuGH, EWS 2001, 377, Tz. 51ff. - *Smits*.

[144] EuGH Rs. C-9/02, GmbHR 2004, 504, 509, Tz. 43 - *Lasteyrie du Saillant*; EuGH *Kommision/Frankreich*, Rz. 21; EuGH Rs. C-34/98, Slg. 2000, I-995, Tz. 49- *Kommision/Frankreich*. Kursivdruck durch Verfasser.

[145] EuGH Rs. C-439/99, Tz. 22 - *Kommission/Italien*.

c) Rechtfertigung von Eingriffen

(1) Gläubigerschutz

Beeinträchtigungen des Schutzbereichs von Art. 43, 48 EG können sowohl durch Art. 46 I EG als auch durch zwingende Gründe des Allgemeininteresses gerechtfertigt sein.

Aufgrund von Art. 46 I EG können die Niederlassungsfreiheit einschränkende Rechts- und Verwaltungsvorschriften erlassen werden, die aus Gründen der öffentlichen Ordnung, Sicherheit oder Gesundheit Sonderregelungen für Ausländer vorsehen. Da diese Bestimmung eine Ausnahmevorschrift darstellt, ist sie eng auszulegen und hat daher keine große Relevanz.[146] Zudem fällt nach ständiger Rechtsprechung des EuGH der Schutz der Gläubiger nicht unter die Begriffe der öffentlichen Ordnung oder Sicherheit. Eine Rechtfertigung aus Art. 46 I EG scheidet demnach aus.[147]

Beschränkungen sind weiterhin einer Rechtfertigung aufgrund zwingender Allgemeininteressen im Rahmen der Verhältnismäßigkeit zugänglich. Diese ungeschriebene Schrankenregelung folgt in ihrer Anwendung und Konkretisierung den Grundsätzen der allgemeinen Dogmatik der Grundfreiheiten.[148] So sind Eingriffe dann gerechtfertigt, wenn sie in nichtdiskriminierender Weise erfolgen, dem Schutz zwingender Gründe des Allgemeinwohls dienen, zur Erreichung des verfolgten Zieles geeignet sind und nicht über das hinausgehen, was zur Zielerreichung erforderlich ist.[149]

Unter den zwingenden Gründen des Allgemeinwohls versteht der EuGH den Schutz der Gläubiger, Arbeitnehmer, Minderheitsgesellschafter und von Fiskalinteressen, die Erhaltung der Lauterkeit des Handelsverkehrs und schließlich die Bekämpfung der mißbräuchlichen Ausnutzung der Niederlassungsfreiheit.[150]

---

[146] Zur Klassifizierung als Ausnahmevorschrift EuGH, Slg. 1999, I-11, Tz. 23 - *Calfa*.

[147] EuGH Rs. C-212/97, DB 1999, 625, 626, Tz. 34 - *Centros*; Schlußanträge von Generalanwalt *Alber* Rs. C-167/01 - *Inspire Art*.

[148] Vgl. hierzu Grabitz/Hilf/*Forsthoff* Recht der Europäischen Union, Band I, Vor Art. 39-55 EGV Rn. 154ff. m.w.N.

[149] EuGH Rs. C-19/92, Slg. 1993, I-1663, Tz. 32 - *Kraus*; EuGH Rs. C-55/94, Slg. 1995, I-4165, Tz. 37 - *Gebhardt*; EuGH Rs. C-212/97, DB 1999, 625, 626, Tz. 24, 34 - *Centros*.

[150] EuGH Rs. C-212/97, DB 1999, 625, 626, Tz. 24 - *Centros*; EuGH Rs. C-208/00, DB 2002, 2425, 2428, Tz. 92 - *Überseering*; EuGH Rs. 167/01, RIW 2003, 957, 960f., Tz. 136, 140 - *Inspire Art*.

Die Geeignetheit des Mittels beurteilt sich danach, ob das verfolgte Ziel grundsätzlich erreicht werden kann.[151] Der EuGH steht bereits der Eignung des Mindestkapitalerfordernisses zum Gläubigerschutz eher ablehnend gegenüber, [152] was vor dem Hintergrund, daß zumindest nicht generell ausgeschlossen werden kann, daß auf diesem Weg ein ausreichendes Gläubigerschutzniveau erreichbar ist, überraschend erscheint.

Erforderlich ist eine Maßnahme dann, wenn sie das mildeste Mittel zur Zielerreichung darstellt.[153] Der hierbei vom Europäischen Gerichtshof verwendete Prüfungsmaßstab ist vergleichsweise strikt, da entscheidend ist, ob der Gläubigerschutz auch auf andere Weise, etwa durch die Anwendung des Gründungsrechts oder Publizitätsanforderungen, adäquat erreicht werden kann.[154] So stellte der EuGH in *Inspire Art* darauf ab, daß die Gläubiger der *limited* durch ihr Auftreten als englische Gesellschaft darüber unterrichtet sind, daß diese *„anderen Rechtsvorschriften* unterliegt als denen, [die] ...in den Niederlanden [gelten].“[155] Im Zusammenhang mit der Problematik des durch das Gründungsrecht bewirkten Schutzes hat der EuGH für die Frage der Rechtfertigung aus einem Grund des Allgemeininteresses bereits im Kontext der Dienstleistungsfreiheit in *Kommission/Deutschland*[156] auch einen im Recht des Ausgangsstaates verwirklichten Schutz berücksichtigt. Nach dem Urteil in der Rechtssache *Gambelli*[157] ist eine Regelung ferner dann nicht erforderlich, wenn im Herkunftsland Kontroll- und Sanktionsmöglichkeiten bestehen. In diesem Kontext prüft der EuGH auch, ob das Ziel eventuell, wenn Eingriffe der einzelnen Mitgliedstaaten nicht bereits aus dem genannten Grund ausscheiden, durch mildere Maßnahmen nach dem Recht des Sitzstaates erreichbar ist. Nach Einschätzung des Europäischen Gerichtshofs stellt beispielsweise die Möglichkeit, der öffentlichen Hand Sicherheiten einzuräumen, ein gegenüber einem Mindestkapitalerfordernis milderes Mittel darstellt.[158]

---

[151] Streinz/*Schroeder* EUV/EGV Art. 30 Rn. 55.

[152] EuGH Rs. C-212/97, DB 1999, 625, 626, Tz. 35 - *Centros*; EuGH Rs. 167/01, RIW 2003, 957,960, Tz. 135 - *Inspire Art.*

[153] Streinz/*Schroeder* EUV/EGV Art. 30 Rn. 53.

[154] Weiterführend Grabitz/Hilf/*Forsthoff* Recht der Europäischen Union, Band I, Art. 43 EGV Rn. 94f. Siehe auch *Eidenmüller* ZGR 2004, 159, 173f.; in diese Richtung auch *Behrens* IPRax 2004, 20, 25.

[155] EuGH Rs. 167/01, RIW 2003, 957,960, Tz. 135 - *Inspire Art.*

[156] EuGH Rs. 205/84, Slg. 1986, 3755, 3756f., Leitsatz 4 - *Kommission/Deutschland.*

[157] EuGH Rs. C-243/01, Rn. 73 - *Gambelli.*

[158] Vgl. zu diesem Aspekt EuGH Rs. C-212/97, DB 1999, 625, 627, Tz. 37 - *Centros.*

Maßgeblich hinsichtlich des Vergleichs von Gründungs- und Sitzrecht ist nicht die Gleichwertigkeit des durch das alternative Instrument erreichten Schutzes,[159] sondern, daß auch ohne den Eingriff des Sitzstaates ein hinreichender Schutz der Gläubigerinteressen nach dem Gründungsrecht besteht.[160] Bei dem in diesem Zusammenhang zu führenden Nachweis ist zu beachten, daß ein vergleichbarer Rechtschutz nicht auf identischen Schutzmechanismen beruhen muß. Ausreichend ist vielmehr, daß das Schutzziel überhaupt erreicht wird. Insoweit ist auf die Gesamtkonzeption des ausländischen Gesellschaftsrechts abzustellen. Somit kann eine verschärfte Geschäftsführerhaftung beispielsweise eine restriktivere Handhabung eines Haftungsdurchgriffs kompensieren.[161]

Nach dem Gesagten ist zur Bejahung der Erforderlichkeit einer gläubigerschützenden Regelung zu verlangen, daß bei alleiniger Geltung des Gründungsrechts, d.h. ohne die ergänzende Anwendung des Rechts des Niederlassungsstaates, eine nicht zu schließende Schutzlücke entstehen würde, der Gläubigerschutz durch das Gründungsrecht also völlig verfehlt würde.[162]

Bei dieser Prüfung muß nach dem gefundenen Ergebnis ein bereits im Gründungsrecht realisierter Gläubigerschutz ebenso Berücksichtigung finden wie die Anforderungen von Sekundärrechtsakten. Es ist demnach für jede mitgliedstaatliche Rechtsordnung unter dem Aspekt der Erforderlichkeit einer deutschen Regelung zu fragen, ob das im jeweiligen Gründungsrecht bestehende Gläubigerschutzniveau unter Einbezug europäischer Rechtsakte, wie etwa den Kennzeichnungspflichten der Zweigniederlassungsrichtlinie[163] oder den Anforderungen der

---

[159] So aber für die Sitztheorie Streinz/*Müller-Graff* EUV/EGV Art. 48 EGV Rn. 22, die für die Frage der Erforderlichkeit darauf abstellen, ob die Schutzinteressen durch das Gründungsrecht gleichwertig gesichert werden; ferner *Roth* IPRax 2003, 117, 125.

[160] Vgl. hierzu die Aussage des Gerichtshofs in EuGH Rs. C-101/94, Slg. 1996, I-2691, 2725, Tz. 17 - *Kommission/Italien*, der die Rechtfertigung einer Beschränkung der Niederlassungsfreiheit aus Schutzerwägungen mit dem Hinweis der grundsätzlichen Vergleichbarkeit des gewährten Maßes an Sicherheit zurückweist, *„selbst wenn eine Methode im Einzelfall einen stärkeren Schutz gewähren kann als eine andere"*.

[161] So auch *Spindler/Berner* RIW 2004, 7, 14; *Leible/Hoffmann* EuZW 2003, 677, 682. Zu diesem Grundgedanken siehe auch *Riegger* ZGR 3-4 (2004), 510, 523.

[162] So auch *Eidenmüller*/Rehm ZGR 2/2004, 159, 173ff.; ähnlich *Ziemons* ZIP 2003, 1913, 1917 und *Spindler/Berner* RIW 2004, 949, 954; vgl. auch *Behrens* IPRax 2003, 193, 206; *ders.* IPRax 2004, 20, 25; *Roth* IPRax 2003, 117, 125, die ebenfalls auf das Gläubigerschutzniveau des Gründungsstaates rekurrieren wollen. *Ulmer* NJW 2004, 1201, 1209. In diese Richtung gehen auch *Bayer* BB 2004, 1, 4; *Paefgen* DB 2003, 487, 490; *Schulz* NJW 2003, 2705, 2707. A.A. *Altmeppen* NJW 2004, 97, 101; *Altmeppen/Wilhelm* DB 2004, 1083, 1088; *Borges* ZIP 2004, 733, 741f.

[163] Zweigniederlassungsrichtlinie vom 22.12.1989, Nr. 89/666/EWG, ABl. EG Nr. L 395/36.

Bilanzrichtlinie[164], dem deutschen Standard vergleichbar ist.[165] Besteht im Gründungsrecht der Gesellschaft unter Berücksichtigung eventueller europarechtlicher Anforderungen ein adäquates Gläubigerschutzniveau und ist dieses Recht auch in Deutschland anwendbar, so ist die Überlagerung dieses Systems zum Schutz der Gesellschaftsgläubiger nicht erforderlich und somit unverhältnismäßig.

Aus diesem Ergebnis folgt, daß jedenfalls die generalpräventive Anwendung von gesellschaftsrechtlichen Regelungen des Sitzstaates unzulässig, weil nicht erforderlich, ist.[166]

Für diese Sichtweise spricht auch, daß die Gesellschaft sich sonst einer Doppelkontrolle sowohl durch die Vorschriften des Gründungsstaates als auch die des Sitzstaates ausgesetzt sieht.[167] In analoger Gedankenführung hierzu hat der Europäische Gerichtshof etwa in einigen Urteilen zu Einfuhrkontrollen die Behörden des Einfuhrstaates auf die Kontrollen des Ausfuhrstaates verwiesen.[168] Auch ist darauf zu verweisen, daß der EuGH im Kontext von Art. 43 EG entschieden hat, daß es den Mitgliedstaaten zumutbar ist, die Äquivalenz von in anderen Staaten der EU erworbenen Berufsqualifikationen zu überprüfen.[169] Auf die

---

[164] Vierte gesellschaftsrechtliche Richtlinie (Jahresabschluß- oder Bilanzrichtlinie) vom 25.7.1978, Richtlinie Nr. 78/660/EWG, ABl. EG Nr. L 222/11, geändert durch Richtlinie Nr. 90/604/EWG vom 8.11.1990 (Mittelstandsrichtlinie), ABl. EG Nr. L 317/57 und durch Richtlinie Nr. 90/605/EWG vom 8.11.1990 (GmbH&Co.KG-Richtlinie), ABl. EG Nr. L 317/60.

[165] Bereits in *Centros* hat der EuGH auf die gläubigerschützende Dimension gemeinschaftsrechtlicher Schutzvorschriften verwiesen, EuGH Rs. C-212/97, - DB 1999, 625, 627, Tz. 36- *Centros.* Diese Auffassung wurde nochmals in *Inspire Art* bestärkt, EuGH Rs. 167/01, RIW 2003, 957,960, Tz. 135 - *Inspire Art.* Das deutsche Gericht kann in Abweichung von dem sonst den Zivilprozeß beherrschenden Grundsatz *iura novit curia* in zumutbarem Umfang die Mithilfe der Parteien bei der Ermittlung der fremden Rechtslage in Anspruch nehmen, Zöller/*Geimer* § 293 Rn. 15f.

[166] Vgl. hierzu *Inspire Art* EuGH Rs. 167/01, RIW 2003, 957,960, Tz. 135 - *Inspire Art.*

[167] In diese Richtung auch *Behrens* IPRax 2004, 20, 25. Vgl. auch EuGH in *Denkavit Futtermittel/Minister für Ernährung, Landwirtschaft und Forst* Rs. 251/78. In diesem Fall hat der Gerichtshof Doppelkontrollen als nicht wünschenswert bewertet. Zum Ganzen *Weatherill/Beaumont* EU Law S. 541ff.

[168] EuGH Slg. 1992, I-3351, Tz. 31 - *Ramrath*; EuGH Slg. 1986, 3755, Tz. 27 - *Kommission/Deutschland*; von der Groeben/Schwarze/*Müller-Graff* EUV/EGV Art. 30 Rn. 139ff.

[169] EuGH Rs. C-340/89, *Vlassopoulou/Ministerium für Justiz, Bundes- und Europaangelegenheiten Baden/Württemberg* [1991] I-2357. *Weatherill/Beaumont* EU Law S. 542. Auch kann nicht davon ausgegangen werden, daß die Kenntnis über fünfundzwanzig verschiedene Gesellschaftsrechtsordnungen an Unmöglichkeit scheitern müsse, wie etwa *Altmeppen* NJW 2004, 97, 99 befürchtet. Insofern ist auf die bereits bestehende Spezialisierung internationaler Kanzleien sowie die Möglichkeit von Expertengutachten im Zivilprozeß zu verweisen. Siehe

Niederlassungsfreiheit übertragen bedeutet dies, daß von den Staaten erwartet werden kann, das Recht des Gründungsstaates auf ein angemessenes Gläubigerschutzniveau zu untersuchen. Diese Argumentation basiert letztlich auf der Annahme der grundsätzlichen Vergleichbarkeit der mitgliedstaatlichen Rechtsordnungen. Dies ist eine das Grundverständnis der Europäischen Union prägende Leitvorstellung,[170] die hier im Kontext des Schutzbedürfnisses korporativer Gläubiger zutage tritt. Daß dieser Gedanke zutreffend ist, soll anhand der Erörterung des englischen Rechts der *private company limited by shares* dargestellt werden. Vor dem genannten Hintergrund und aufgrund der zentralen Stellung der Niederlassungsfreiheit für das Zusammenwachsen des Europäischen Marktes muß von den einzelnen Mitgliedstaaten eine geringfügige Divergenz des erreichten Schutzes akzeptiert werden.[171] Zudem darf nicht in dem Bestreben, sich ausländischen Gesellschaftsformen zu verschließen, die zumindest mittelbar einen Änderungsdruck auf die innerstaatliche Rechtsordnung ausüben können, außer acht gelassen werden, daß die einzelnen Mitgliedstaaten über hochentwikkelte und ausdifferenzierte Rechtsordnungen verfügen.[172] Die Annahme, in einem der Mitgliedstaaten bestünde keine ausreichende Form des Gläubigerschutzes und der Kontrolle des Handelsverkehrs, dürfte daher äußerst zweifelhaft sein. Außerdem ist daran zu erinnern, daß die einzelnen Mitgliedstaaten sich durch ihren Beitritt zur europäischen Union der Geltung der Gründungsverträge und der sekundären Rechtsakte unterworfen haben. Eine von dem Bestreben, nationale Besonderheiten zu bewahren, getragene nachgelagerte Korrektur der auf diesem Wege übernommenen Rechtsordnung kann mithin nicht zum Erfolg führen.[173]

---

auch *Sandrock* BB 2003, 897, 900, der darauf verweist, daß die Kenntnis fremden Rechts ein Kollisionsrechtlern geläufiges Problem ist. In diesem Zusammenhang weist *Mäsch* EuZW 2004, 321 darauf hin, daß die Anwendung ausländischen Gesellschaftsrechts bald zur Normalität in Deutschland wird und fordert daher auch die Revisibilität der Ansicht des Berufungsgerichts zum Inhalt des fremden Rechts durch eine Reform von §§ 545I, 560 ZPO zu ermöglichen.

[170] Vgl. hierzu Art. 36 der Brüssel I-Verordnung, der das Verbot der *révision au fond* enthält. Danach sind Urteile der Gerichte der Mitgliedstaaten grundsätzlich nicht auf ihre inhaltliche Korrektheit zu überprüfen und setzt eine solche Sichtweise die Annahme eines in allen Mitgliedstaaten bestehenden angemessenen Schutzstandards voraus. Vgl. auch *Riegger* ZGR 3-4 (2004), 510, 523.

[171] So i.E. auch *Meilicke* GmbHR 2003, 1271.

[172] So auch *Eidenmüller* ZGR 2004, 159, 173f.

[173] Ähnlich auch *Kersting/Schindler* RdW 2003, 621, 623, die die Andersbehandlung von Scheinauslandsgesellschaften wegen der Anerkennung der Niederlassungsfreiheit durch die Mitgliedstaaten für unzulässig erachten und aus dem genannten Grund auch keinen Verstoß gegen das demokratische Prinzip entdecken können.

Legt man diesen Befund zugrunde, tritt die Europarechtswidrigkeit des bereits erörterten niederländischen WFBV, deutlich hervor. Die Angleichung der für Auslandsgesellschaften geltenden Vorschriften an das für inländische Gesellschaften geltende Regelungsniveau bzw. dessen punktuelle Verschärfung, die einen dem Recht des Sitzstaates vergleichbaren Gläubigerschutz gewähren sollte, ist nach dem Gesagten europarechtswidrig. Ferner führte der EuGH in diesem Urteil, wie bereits in *Centros* und *Überseering*, aus, daß die Gläubiger durch das Auftreten von *Inspire Art* mit ihrem ausländischen Rechtsformzusatz hinreichend über die anzuwendenden Vorschriften informiert sind und sich zudem auf die Schutzregelungen der Vierten und Elften Richtlinie berufen können.[174] An dieser Stelle wird deutlich, daß neben der bereits analysierten Konzeption der grundsätzlichen Vergleichbarkeit der nationalen Rechtsordnungen der Rechtsprechung des EuGH noch eine weitere Annahme zugrunde liegt: Die des aufgeklärten Gläubigers, der seine Interessen selbstverantwortlich wahrnimmt und sich selbst schützen kann.[175] Dem Gesellschaftsgläubiger werden demnach durch eine Vielzahl mitgliedstaatlicher Publizitätsanforderungen, unter anderem durch die Firmierungspflicht, die zu seinem Schutz erforderlichen Informationen zur Verfügung gestellt.[176] Der EuGH überträgt an dieser Stelle sein zur Warenverkehrsfreiheit entwickeltes Konzept auf die Niederlassungsfreiheit und überantwortet dem „mündigen" Verbraucher, der ein qualifiziertes Urteilsvermögen besitzt, die Aufgabe der eigenverantwortlichen Absicherung unter der Voraussetzung, daß diesem die zur Entscheidungsfindung erforderlichen Informationen zur Verfügung stehen.[177] Der potentielle Gläubiger kann durch die europarechtlichen Publizitätsanforderungen und eine eventuelle Firmierungspflicht des Gründungsrechts den ausländischen Charakter der Gesellschaft erkennen

---

[174] EuGH Rs. 167/01, RIW 2003, 957,960, Tz. 135 - *Inspire Art*. Außerhalb des Anwendungsbereichs der Zweigniederlassungsrichtlinie greift der allgemeine Publizitätsstandard der Ersten Richtlinie (Richtlinie 68/151/EWG, ABl. 1968, L 65/8, geändert durch Richtlinie 2003/58/EG, ABl. 2003, L 221/13), die eine Offenlegungspflicht der Rechtsform und des Gesellschaftsregisters etwa auf Briefen und Bestellscheinen normiert.

[175] EuGH Rs. C-212/97, DB 1999, 625, 627, Tz. 36 - *Centros*. EuGH Rs. 167/01, RIW 2003, 957,960, Tz. 135 - *Inspire Art*. So auch *Ziemons* ZIP 2003, 1913, 1916: "Schutz durch Information statt durch Assimilierung".

[176] Dieses Informationsmodell liegt auch der Verbraucherpolitik der Europäischen Union zugrunde, vgl. *Rehberg* Der Versicherungsabschluß als Informationsproblem S. 73ff; *Rehm* Aufklärungspflichten im Vertragsrecht S. 156ff. Dies kann auch anhand der auf europäischen Vorgaben beruhenden Verordnung über Informations- und Nachweispflichten nach bürgerlichem Recht v. 05.08.2002, BGBl. 2002 I, 3002 illustriert werden.

[177] Vgl. übergreifend *Leisner* EuZW 1991, 498, 502.

und sich entsprechend absichern.[178] Dem gegen diese Argumentation vorgebrachte Einwand, sie werfe Informationskosten auf, indem sie den potentiellen Gläubiger lediglich auf das Informationsproblem hinweise,[179] ohne dem Verbraucher Möglichkeiten für die mit erheblichen Kosten verbundene Einholung von Rechtsrat aufzuzeigen, kann in dieser Form nicht gefolgt werden. Die dargestellte Verteilung der Informationslast ist nicht, wie gelegentlich befürchtet,[180] einseitiger Natur, da die Auslandsgesellschaften selbst die Kosten hierfür internalisieren müssen, falls der Rechtsverkehr die geschäftliche Zusammenarbeit mit ihnen wegen eventueller Vorbehalte gegen ihre Gesellschaftsstruktur meidet.[181] Zu Recht verweist daher *Eidenmüller* darauf, daß Informationskosten den „Preis des Wettbewerbs" - für alle Beteiligten - darstellen.[182] Auch wird ein noch bestehendes Informationsdefizit durch das Auftreten von Informationsmediären, wie spezialisierten Anwaltskanzleien oder Handelskammern[183], bald beseitigt werden.[184] Durch die bereits angesprochenen Harmonisierungen aufgrund der verschiedenen gesellschaftsrechtlichen Richtlinien, unter anderem auch im Bereich der Bilanzpublizität und der Rechnungslegung, wird zudem das Argument, dem Gläubiger sei die Auseinandersetzung mit ihm fremden Gesellschaftsformen nicht zumutbar, zusehends entkräftet. Ohnehin ist die Eigeninitiative der

---

[178] A.A. *Weller* DStR 2003, 1800, 1802; kritisch insoweit auch *Geyrhalter/Gänßler* NZG 2003, 409, 412: „ Wer weiß schon, was genau hinter einer niederländischen B.V. oder einer italienischen S.r.l. steckt...". Zu den Problemen der Informationsgewinnung wird im Folgenden Stellung genommen. Die in Kontinentaleuropa unterschätzte Bedeutung der Information als Regulativ wird von *Merkt* ECFR 1/2004, 3ff. näher besprochen.

[179] *Roth* IPRax 2003, 117, 124; *Weller* DStR 2003, 1800, 1802; *Geyrhalter/Gänßler* NZG 2003, 409, 412.

[180] *Roth* IPRax 2003, 117, 124.

[181] *Eidenmüller/Rehm* ZGR 2004, 159, 173.

[182] *Eidenmüller* ZIP 2002, 2233, 2237; a.A. *Borges* ZIP 2004, 733, 742, der der Ansicht ist, daß aus ökonomischer Sicht, d.h. hinsichtlich der Minimierung der Rechtsinformationskosten, die Anwendung des Gründungsrechts ausscheiden müsse. Weitergehend zu Informationskosten und Offenlegungspflichten (im Kontext des Verbraucherschutzes) *Posner* Economic Analysis of Law S. 110ff.

[183] Diese haben auf ihren Internetseiten schon auf diese Informationslücken reagiert, vgl. unter anderem www.frankfurt-main.ihk.de/recht/themen/unternehmensrecht/limited/; www.ihk-nordwestfalen.de/marktkontakt/index.php. Auch in der deutschen juristischen Fachliteratur finden sich zunehmend Beiträge zu dem Recht anderer Mitgliedstaaten, so unter anderem *Lorenzetti/Strnad* GmbHR 2004, 731ff.; *Efferink/Ebert/Levedag* GmbHR 2004, 880ff.; *Pavlova-Mirtcheva* GmbHR 2004, 786ff.

[184] So auch *Eidenmüller* ZIP 2002, 2233, 2236.

Gesellschaftsgläubiger bereits Realität.[185] So werden in der Praxis in den seltensten Fällen Kredite ausschließlich „auf die Bilanz" gegeben.[186] Die für die Kreditvergabe relevanten Bezugsgrößen sind vielmehr unter anderem der *cash flow* und die Liquidität der Gesellschaft, aus denen die Tilgungsraten zu erwirtschaften sind.[187] Warenkreditgeber werden sich ihrerseits durch dingliche Sicherung ihrer Forderungen absichern. Die Kleingläubiger der Gesellschaft, etwa Endkonsumenten, dürften mit der Gesellschaft vornehmlich Bargeschäfte abschließen und daher sollte ihre Gefährdung nicht überbetont werden. Ferner verweist der EuGH darauf, daß etwa die öffentliche Hand rechtlich die Möglichkeit haben sollte, sich Sicherheiten einräumen zu lassen.[188]
Zudem ist am Rande darauf hinzuweisen, daß die Relevanz eines Mindestkapitalerfordernisses nicht unbestritten ist,[189] da dieses unabhängig von dem konkreten Finanzbedarf der Gesellschaft aufgrund der generell-abstrakten Regelung des § 5 I GmbHG festgelegt ist, so daß es bisweilen als reine Seriositätsschwelle aufgefaßt wird. Dieses Argument wird auch dadurch gestärkt, daß ein Schutz vor operativen Verlusten letztlich nicht besteht und im Fall der Insolvenz das Stammkapital häufig durch Verluste aufgebraucht sein wird.[190] Ein an der Gründung der Gesellschaft anknüpfendes Mindestkapitalerfordernis kann den dauerhaften Bestand des der Befriedigung der Gläubiger dienenden Gesellschaftskapitals letztlich nicht sichern. Auch ist zu bezweifeln, daß seine Existenz eine unabdingbare Voraussetzung für den Schutz vor einem mißbräuchlichen Abzug der Vermögensmasse darstellt. Hierauf soll im Rahmen der Darstellung des englischen Rechts noch zurückzukommen sein. Zwar ist das soeben dargestellte Informationsmodell auf gesetzliche Gläubiger nicht unbesehen übertragbar,[191] jedoch stehen auch hier alternative und differenzierte Reaktionsmöglichkeiten zur Verfügung, die die Erforderlichkeit der Geltung etwa von Mindestkapitalanfor-

---

[185] Vgl. zu diesem Aspekt *Happ/Holler* DStR 2004, 730, 732, die darauf verweisen, daß „es gängiger Finanzierungspraxis entspricht" sich im Wege vertraglicher Individualvereinbarungen zu schützen.

[186] So auch *Paefgen* DB 2003, 487, 490.

[187] Vgl. hierzu auch *Happ/Holler* DStR 2004, 730, 732, die darauf verweisen, daß für die Bonitätsprüfung eine Vielzahl unterschiedlicher Faktoren berücksichtigt wird, um ein differenzierteres Bild zu erhalten, als es das bloße Stammkapital bieten kann.

[188] EuGH Rs. C-212/97, DB 1999, 625, 627, Tz. 37 - *Centros*.

[189] Vgl. etwa *Weller* IPRax 2003, 520, 523. Siehe auch die Stellungnahme der *Group of German Experts on Corporate Law* ZIP 2003, 863, 872, die die Funktion als Seriositätsschwelle hervorhebt. Für die Beibehaltung des Systems *von Halen* WM 2003, 571, 576; *Bayer* BB 2003, 2357, 2364.

[190] Statistik des Statistischen Bundesamtes Deutschland S. 12f. Abrufbar unter www.destatis.de/presse/deutsch/pk/2004/insolvenzen_2003_i.pdf.

[191] Vgl. auch *Spindler/Berner* RIW 2004, 7, 14.

derungen oder einer Durchgriffshaftung auf die Gesellschafter aufheben. Zu denken ist etwa an die Anwendung von Pflichtversicherungsmodellen, die etwaige Haftungsausfälle abdecken. An dieser Stelle ist darauf zu verweisen, daß die überwiegende Mehrzahl der deliktischen Forderungen gegen juristische Personen auf der insoweit versicherungspflichtigen Tätigkeit von Arbeitnehmern bzw. der Teilnahme am Straßenverkehr beruht und das Ausfallrisiko somit faktisch nicht existent ist.[192] Im Zusammenhang mit Pflichtversicherungsmodellen wird zudem eine europarechtliche Versicherungslösung erwogen.[193] Letztlich ist auch hinsichtlich der Schutzbedürftigkeit der gesetzlichen Gläubiger zu beachten, daß diesem bereits durch das Gründungsrecht der Gesellschaft hinreichend Rechnung getragen wird. Auch erscheint es nicht überzeugend, weshalb ein Deliktsgläubiger, der durch eine im Inland ihren Verwaltungssitz nehmende ausländische Gesellschaft geschädigt wird, Anspruch auf den Schutz des inländischen Gesellschaftsrechts, namentlich des Mindestkapitalsystems haben soll, während ein Opfer desselben Verhaltens einer Auslandsgesellschaft mit Verwaltungssitz im Ausland diesen Schutz nicht genießt. Die Verortung des Verwaltungssitzes ist aus Opfersicht rein zufälliger Natur und beschert dem ersten Gläubiger einen *„windfall profit"*. Der EuGH steht dem Mindestkapitalsystem im Kontext der gesetzlichen Gläubiger gleichfalls ablehnend gegenüber.[194]

Bevor abschließend der letzte Problemkreis, der nach der soeben analysierten Rechtsprechung des EuGH einer mitgliedstaatlichen Regelung überhaupt noch zugänglich ist, diskutiert wird, ist noch auf eine Sonderkonstellation zu verweisen. Nach dem hier vertretenen Ansatz kann sich dann eine Schutzlücke (sog. Normenmangel)[195] ergeben, wenn die Anwendung des ausländischen Gesellschaftsstatuts nicht zur Geltung aller gläubigerschützenden Regelungen des Gründungsrechts führt. Eine derartige lediglich partielle Übernahme des ausländischen gläubigerschützenden Rechts ergibt sich dann, wenn es sich um Randfragen handelt, die von dem kollisionsrechtlichen Gehalt der Art. 43, 48 EG nicht mehr erfaßt werden und wenn Gründungs- und Sitzstaat die in Frage stehenden Schutzmechanismen unterschiedlichen Rechtsbereichen, etwa dem Insolvenz- anstelle dem Gesellschaftsrecht zurechnen. Dies könnte bei Regelungen der Fall sein, die aufgrund ihrer insolvenzrechtlichen Prägung auch bei Beachtung der hier entwickelten Grundsätze kollisionsrechtlich dem Insolvenz-

---

[192] Zu diesem Gedanken vgl. *Grundmann* ZGR 2001, 783, 820.

[193] *Eidenmüller* ZIP 2002, 2233, 2236; *Grundmann* ZGR 2001, 783, 819f.

[194] EuGH Rs. 167/01, RIW 2003, 957, 960, Tz. 110, 134f., 142 - *Inspire Art*; EuGH Rs. C-212/97, DB 1999, 625, 626, Tz. 37 - *Centros* (hins. öffentlicher Gläubiger, für die aber die gleichen Grundsätze gelten).

[195] Zur Begrifflichkeit *Kegel/Schurig* Internationales Privatrecht S. 307ff; *Kropholler* Internationales Privatrecht S. 228ff.

recht zuzuordnen sind und daher von den auf die Anwendung des Gründungsrechts in gesellschaftsrechtlichen Fragen verweisenden Art. 43, 48 EG nicht mehr erfaßt werden. Der hieraus möglicherweise entstehende Widerspruch könnte etwa durch eine abweichende Qualifikation mit dem Ziel, der Regelung im Inland zur Geltung zu verhelfen und durch die im Sinne der EuGH-Rechtsprechung verhältnismäßige Anwendung des materiellen Rechts aufgelöst werden. Auch hier ist hinsichtlich jeder mitgliedstaatlichen Rechtsordnung zu prüfen, ob ein solcher Normenmangel besteht.

Aus den vorangegangenen Überlegungen ist abzuleiten, daß die verbleibenden Gestaltungsmöglichkeiten für mitgliedstaatliche Gläubigerschutzvorschriften spätestens nach der Entscheidung *Inspire Art* sehr eng bemessen sind, da ihre Zulässigkeit an der strikten Verhältnismäßigkeitsprüfung zu messen ist. Wie dargestellt, sind nationale Vorschriften zum Schutz des heimischen Gesellschaftsrechts europarechtlich unzulässig und die deutschen Instrumente können allein aus dem Gesichtspunkt des Gläubigerschutzes keine Anwendung auf Auslandsgesellschaften finden. Das gefundene Resultat überzeugt auch vor dem Hintergrund, daß das Auftreten „echter" Auslandsgesellschaften, deren wirtschaftlicher Schwerpunkt im Ausland liegt, nach der früher vertretenen Sitztheorie keinen derartigen Sondervorschriften unterworfen wurde und wird und somit bereits aus diesem Grund die Verhältnismäßigkeit zweifelhaft ist.[196] Der Rechtsverkehr muß sich ohnehin auch aus diesem Grund wegen des immer schneller voranschreitenden Zusammenwachsens der Märkte mit unbekannten Rechtsformen vertraut machen.

(2) Mißbrauch der Niederlassungsfreiheit

In Fortführung seiner bisherigen zu Art. 43, 48 EG ergangenen Entscheidungen hat der EuGH in *Inspire Art* die Befugnis der Mitgliedstaaten hervorgehoben, Maßnahmen gegen die mißbräuchliche oder betrügerische Berufung auf das Gemeinschaftsrecht zu erlassen.[197] Die Bekämpfung der mißbräuchlichen Aus-

---

[196] So auch *Kersting/Schindler* RdW 2003, 621, 623; *Ziemons* ZIP 2003, 1913, 1916.

[197] *Inspire Art* EuGH Rs. 167/01, , RIW 2003, 957,960, Tz. 136 - *Inspire Art*; EuGH Rs. C-212/97, DB 1999, 625, 626, Tz. 24- *Centros*; EuGH Rs. 115/78, EuGHE 1979, 399, Tz. 25 - *Knoors*; EuGH Rs. C-61/89, EuGHE 1990, I-3551, Tz. 14 - *Bouchoucha*; EuGH Rs. C-367/96, DB 1998, 1222, Tz. 20 - *Kefalas u.a.*. Dogmatisch ist insoweit fraglich, ob der Mißbrauchseinwand eine tatbestandliche Einschränkung der Niederlassungsfreiheit bewirkt oder ob er auf der Rechtfertigungsebene zu würdigen ist. Die Rechtsprechung des Gerichtshofs ist insoweit uneinheitlich, vgl. EuGH Rs. 167/01, RIW 2003, 957, 959, 961, Tz. 95ff., 139 - *Inspire Art*; EuGH vom Rs. C-212/97, DB 1999, 625, 626, Tz. 17f., 38 - *Centros*. Die Klärung

nutzung der Niederlassungsfreiheit stellt einen zwingenden Grund des Allgemeinwohls dar, der einen verhältnismäßigen, d.h. nichtdiskriminierenden, geeigneten und erforderlichen, Eingriff in die durch Art. 43, 48 EG geschützte Niederlassungsfreiheit rechtfertigen kann.[198] Damit soll verhindert werden, daß sich Staatsangehörige der einzelnen Mitgliedstaaten in mißbräuchlicher Weise unter Ausnutzung der durch den EG-Vertrag geschaffenen Möglichkeiten der Anwendung des inländischen Rechts entziehen.[199] Die Annahme eines Mißbrauchs setzt allerdings voraus, daß aufgrund konkreter Anhaltspunkte im Einzelfall Betrug oder Mißbrauch nachgewiesen werden kann,[200] wobei bei der Würdigung des zu beurteilenden Verhaltens die Ziele der anzuwendenden Norm zu beachten sind.[201] Der Europäische Gerichtshof legt hierbei besonderen Wert auf die Einzelfallbezogenheit des Mißbrauchsvorbehalts. Aus dieser Aussage folgt, daß der Erlaß einer gesetzlichen Norm zur Bekämpfung des Mißbrauchs aufgrund einer generell-abstrakten Wertung dem durch den Europäischen Gerichtshof aufgestellten Einzelfallerfordernis nicht gerecht wird und daher ein derartiger Eingriff der Verhältnismäßigkeitsprüfung nicht standhalten wird.[202] Zur Bekämpfung des Mißbrauchs steht vielmehr ausschließlich eine am Einzelfall ausgerichtete Rechtsanwendung und Wertung zur Verfügung. Der EuGH sieht in einer Auslandsgründung zum alleinigen Zweck der Ausnutzung besonders permissiver Gründungsvorschriften keinen Mißbrauch der Niederlassungsfreiheit. Danach können die Motive einer derartigen Gründung und der Umstand, daß im Gründungsstaat keine oder nahezu keine Geschäftstätigkeit entfaltet wird, nicht zur Begründung eines mißbräuchlichen oder betrügerischen Verhaltens herangezogen werden, um das Sitzrecht zur Anwendung zu bringen.[203] Die Ausnutzung der die größte Freiheit bietenden gesellschaftsrechtlichen Vorschriften für den Gründungsvorgang stellt vielmehr die Ausübung der Nieder-

---

dieser Frage würde den Rahmen der vorliegenden Erörterung sprengen. Es wird insoweit auf den weiterführenden Beitrag von *Schön* Festschrift Wiedemann S. 1271, 1290ff. verwiesen.

[198] EuGH Rs. C-212/97, DB 1999, 625, 626, Tz. 24 - *Centros*; EuGH Rs. C-208/00, DB 2002, 2425, 2428, Tz. 92 - *Überseering*; EuGH Rs. 167/01, RIW 2003, 957, 960f., Tz. 136, 140 - *Inspire Art*.

[199] *Inspire Art* EuGH Rs. 167/01, RIW 2003, 957,960, Tz. 136 - *Inspire Art*; EuGH vom Rs. C-212/97, DB 1999, 625, 626, Tz. 24 - *Centros*.

[200] *Inspire Art* EuGH Rs. 167/01, RIW 2003, 957,960, Tz. 136 - *Inspire Art*; EuGH Rs. C-212/97, DB 1999, 625, 626, Tz. 24 - *Centros*. So auch *Sandrock* BB 2003, 2288, 2289.

[201] EuGH Rs. C-212/97, DB 1999, 625, 626, Tz. 24 - *Centros*; EuGH Rs. C-206/94, EuGHE 1996 S. I-2357, Tz. 25 - *Paletta*.

[202] *Großerichter* DStR 2003, 160, 167; *Kieninger* ZGR 1999, 724, 743; *Kersting/Schindler* RdW 2003, 621, 624; i. E. *Leible/Hoffmann* RIW 2002, 925, 929.

[203] *Inspire Art* EuGH Rs. 167/01, RIW 2003, 957,961, Tz. 138 - *Inspire Art*; so bereits der EuGH in *Segers* EuGH Rs. 79/85, EuGHE 1986, 2375, Tz. 16 - *Segers*.

lassungsfreiheit dar. Diese auf den ersten Blick überraschende Feststellung läßt sich damit erklären, daß die Gesellschaft als solche grundfreiheitsberechtigt ist und daher nicht auf die hinter ihr stehenden natürlichen Personen abgestellt werden kann.[204] Da der Mißbrauchseinwand ihre Existenz, d.h. ihre Gründung voraussetzt, kann allein in der Verlegung des Verwaltungssitzes nach der Gründung der juristischen Person kein mißbräuchliches Verhalten gesehen werden.[205] Es ist vielmehr gerade das Regelungsziel von Art. 43, 48 EG, Gesellschaften die Überschreitung der nationalen Grenzen zu ermöglichen. Wird also eine Gesellschaft beispielsweise im Vereinigten Königreich gegründet und überschreitet (unmittelbar) nach ihrer Gründung eine innereuropäische Grenze, liegt hierin ein grundsätzlich nicht zu beanstandender Gebrauch der Niederlassungsfreiheit.

Das Hauptaugenmerk im Kontext eventueller nationaler Sondervorschriften sollte deshalb auf dem Problemkreis der Bekämpfung eines konkreten Mißbrauchs der Niederlassungsfreiheit liegen. Entscheidend ist hierbei, wann ein solcher Mißbrauch vorliegt und welche Möglichkeiten den Mitgliedstaaten zur Verfügung stehen, um diesen zu sanktionieren.
Es stellt sich hier zunächst die Frage, ob ein konkreter Mißbrauchsfall überhaupt vorstellbar ist. Hierbei ist zunächst von Bedeutung, daß der Rechtsprechung des Europäischen Gerichtshofs eine Trennung zwischen der Errichtung der Gesellschaft, die es vor jeglichem nationalen Einfluß des Sitzstaates zu schützen gilt und Maßnahmen, die die Art und Weise des Geschäftsbetriebs betreffen, immanent ist.[206] Der Gründungsvorgang unterliegt, wie aus den vorhergehenden Ausführungen ersichtlich, der Wahlfreiheit der Gesellschafter.[207] Demgegenüber wird der späteren Tätigkeit der Gesellschaft insofern eine geringere Schutzintensität gewährt, als hier verhältnismäßige Eingriffe unter Mißbrauchsgesichts-

---

[204] *Rehberg* European Legal Forum 2004, 1, 4. Zu der Differenzierung zwischen der Gesellschaft und den Gesellschaftern vgl. auch vgl. *Eyles* Niederlassungsrecht S. 88.

[205] In diesem Punkt wird auch der Grund für die von der für andere Grundfreiheiten geltenden Dogmatik ersichtlich. So sind ähnliche Verhaltensweisen, die die „künstliche" Schaffung eines grenzüberschreitenden Sachverhaltes zum Ziel haben, etwa bei der Niederlassungsfreiheit der Arbeitnehmer als sog. *U-Turn*-Konstruktionen unzulässig. Vgl. hierzu näher EuGH C-33/74 , Slg. 1974, 1299, Rn. 13 - *Van Binsbergen*; EuGH vom C-115/78, Slg. 1979, 399, Rn. 24 - *Knoors*.

[206] So auch *Weller* IPRax 2003, 207, 209; *Werlauff* ZIP 1999, 867, 875; *v. Halen* Das Gesellschaftsstatut nach der Centros-Entscheidung S. 31. Implizit *Kersting/Schindler* RdW 2003, 621, 626. Vgl. auch *Paefgen* BB 2003, 487, 488, der aufgrund des Wegfalls der Sitzanknüpfung und somit der zwingenden objektiven Anknüpfung eine Gesetzesumgehung für ausgeschlossen hält. Kritisch gegenüber dieser Differenzierung unter Verweis auf die daraus resultierenden Abgrenzungsschwierigkeiten *Kieninger* ZGR 1999, 724, 743f.

[207] So auch *Sandrock* BB 2004, 897.

punkten grundsätzlich einer Rechtfertigung zugänglich sind. Bei der Klärung der Frage, wo die Grenze zwischen zulässigem und unzulässigem mitgliedstaatlichen Handeln verläuft, ist zunächst die Zweistufigkeit der Mißbrauchskonstellationen im Anwendungsbereich der Niederlassungsfreiheit von Bedeutung. Aufgrund der strukturellen Gegebenheiten der Rechtsprechung des EuGH, der die Gesellschaft nach ihrem Gründungsrecht behandelt sehen will, ist einerseits zwischen dem Mißbrauch der nationalen Gründungsrechtsordnung als solcher und andererseits zwischen dem Mißbrauch in seiner gemeinschaftsrechtlichen Dimension zu trennen.[208] Aufgrund der Maßgeblichkeit des Gründungsrechts für das Gesellschaftsstatut ist der Mißbrauch im gesellschaftsrechtlichen Kontext ausschließlich nach dem Recht des Gründungsstaates zu beurteilen, ohne daß hierbei deutsche Maßstäbe zugrunde gelegt werden können. Dies kann daraus abgeleitet werden, daß ein Mißbrauch auf gesellschaftsrechtlichem Gebiet nur unter Bezugnahme auf das jeweilige Recht festgestellt werden kann. Mit anderen Worten: Ob eine Norm durch ein Verhalten sinn- und zweckwidrig gebraucht, also mißbraucht wird, kann sich nur aus der Analyse der betroffenen Vorschrift des Gründungsrechts selbst ergeben. Dem auf diesem Weg festgestellten Mißbrauch ist dann durch spezifische Normen des betroffenen Rechts, nicht aber durch die Anwendung des Sitzrechts entgegenzuwirken.[209] Bei einem vom Gesellschaftsrecht des Gründungsstaates unabhängigen Mißbrauch, wie etwa einer betrügerischen Betätigung, der nur aufgrund des durch die Niederlassungsfreiheit eröffneten Spielraums möglich wird, kommt demgegenüber die Anwendung des Rechts des Sitzstaates in Betracht. Dies wird dadurch untermauert, daß der Europäische Gerichtshof den Rechtsmißbrauch - zumindest auch - als ein europarechtliches Instrument versteht.[210] Die Mitgliedstaaten können den Rechtsmißbrauch, d.h. die mißbräuchliche Ausübung eines sich aus einer Gemeinschaftsbestimmung ergebenden Rechts, demnach nach Maßgabe der Normen des nationalen Rechts feststellen.[211] Dies bedeutet, daß ein deutsches Gericht Vorschriften des deutschen Rechts anwenden kann, um festzustellen, ob das sich aus der Niederlassungsfreiheit ergebende Recht mißbräuchlich ausgeübt wurde.[212]

---

[208] Vgl. auch *Borges* ZIP 2004, 733, 742, der auf eine kollisionsrechtliche Komponente des Mißbrauchs hinweist.

[209] Wie hier i.E. auch *Meilicke* GmbHR 2003, 1271, 1272.

[210] *Zimmermann* Rechtsmißbrauchsverbot im Recht der EG S. 200; *Ottersbach* Rechtsmißbrauch bei den Grundfreiheiten S. 33ff.; *Borges* ZIP 2004, 733, 742.

[211] EuGH Rs. C-367/96, Slg. 1998, I-2843, ZIP 1998, 1672, Tz. 28 - *Kefalas*; EuGH Rs. C-373/97, Slg. 2000, I-1705, ZIP 2000, 633, Tz. 33f. - *Diamantis*; *Ottersbach* Rechtsmißbrauch bei den Grundfreiheiten S. 49ff., insb. S. 53.

[212] Allgemein EuGH Rs. C-367/96, Slg. 1998, I-2843, ZIP 1998, 1672, Tz. 28 - *Kefalas*.

Hierbei kommen die bereits ausführlich erörterten Grundsätze zur Anwendung. Demnach dürfen die Normen des Sitzstaates internationalprivatrechtlich nicht dem Gesellschaftsstatut zuzuordnen sein und müssen zudem der Verhältnismäßigkeitslehre des EuGH entsprechen.[213] Inwieweit in Konsequenz dieser Überlegungen die Qualifizierung bestimmter Regelungen, etwa der Haftung wegen existenzvernichtenden Eingriffs, als nicht gesellschaftsrechtlich ein adäquates Mittel zum Mißbrauchsschutz im Einzelfall darstellt,[214] soll im späteren Verlauf der Darstellung noch näher analysiert werden.
Will sich ein Marktteilnehmer im konkreten Fall einen nicht mehr vom Sinn der Niederlassungsfreiheit erfaßten Rechtsvorteil verschaffen, wird ein Mißbrauch vorliegen.[215] Dies setzt aber über die gerade erarbeiteten Grundsätze hinaus voraus, daß der erreichte Erfolg gerade auf der Verwendung der ausländischen Gesellschaftsform basiert, also bei Einsatz einer GmbH nicht erreichbar gewesen wäre und sich die Beteiligten somit in mißbräuchlicher Weise der Anwendung des nationalen Rechts entziehen.

Damit stellt sich die Anschlußfrage, welche bei Anwendung der erörterten Grundsätze relevanten Mißbrauchsfälle überhaupt denkbar sind. In Betracht kommt hier zunächst die Umgehung von allgemein adressierten Verfügungen. So könnten Gründer einer Scheinauslandsgesellschaft versuchen, durch die Gründung in einem anderen Mitgliedstaat der Gemeinschaft Wettbewerbs-, Gewerbs- oder Berufsverbote sowie etwa die Zuteilung von Lizenzen zu umgehen.[216] Wie tragfähig dieser Beispielsfall tatsächlich ist, ist allerdings unklar. So verweist *Ziemons* darauf, daß in derartigen Fällen im Regelfall lediglich die Ge-

---

[213] Für die Anwendung des deutschen Gesellschaftsrecht sprechen sich demgegenüber *v. Halen* WM 2003, 571, 576f.; *Paefgen* BB 2003, 487, 488ff.; *Lutter* BB 2003, 7, 10; *Forsthoff* DB 2002, 2471, 2477; *Ulmer* JZ 1999, 662, 664; *Weller* DStR 2003, 1801, 1803; wohl auch *Schulz* NJW 2003, 2705, 2708 aus. Zurückhaltend gegenüber der Anwendung deutscher gesellschaftsrechtlicher Grundsätze *Leible/Hoffmann* RIW 2002, 925, 930.

[214] An dieser Stelle soll lediglich auf den instruktiven Aufsatz von *Weller* IPRax 2003, 207ff. verwiesen werden.

[215] Vgl. die Schlußanträge von Generalanwalt *La Pergola* in *Centros*, Slg. 1999, I-1459, I-1476f., Tz. 20.

[216] Vgl. hierzu *Schanze/Jüttner* AG 2003, 661, 669; *Knapp* DNotZ 2003, 85, 89; OLG Zweibrücken Beschluß vom 26.03.2003 - 3 W 21/03, BB 2003, 864, 866. Vgl. auch die Besprechung zu OLG Celle Beschl. v. 10.12.2002 - 9 W 168/01 von *Mankowski* EWiR 2003, 703f. Zur Mißbrauchsrechtsprechung des EuGH in Kontext des mißbräuchlichen Verhaltens und staatlicher Genehmigungen vgl. EuGH Rs. 115/78, Slg. 1979, 399, 410, Rz. 25 - *Knoors*; EuGH Rs. C-23/93, Slg. 1994, I-4795, I-4832 Rz. 20f. - *TV 10*; EuGH Rs. C-61/89, Slg. 1990, I-3551, I-3568 Tz. 14 - *Bouchoucha*. Zum Spektrum möglicher Verbote vgl. Rowedder/*Schmidt-Leithoff* § 6 Rn. 16ff.

schäftsführerposition, nicht jedoch die Eintragung, versagt wird.[217] In dieser Konstellation wird das Registergericht vielmehr der Gesellschaft durch Zwischenverfügung auferlegen, gemäß § 13e II Nr. 3 HGB eine andere Person, gegen die keine derartige Verfügung ergangen ist, als ständigen weisungsfreien Vertreter zu benennen. Denkbar ist auch, daß eine *limited* mißbräuchlich als unterkapitalisiertes Prozeßvehikel für wenig aussichtsreiche Klagen mit „Erpressungspotential" eingesetzt wird, ohne daß Sicherheit für die außergerichtlichen Kosten des Beklagten hinterlegt werden muß (vgl. § 110 I ZPO).[218] Auf die Konstellation, daß eine mit einer GmbH aufs engste assoziierte *limited* lediglich als Trägerin der Verbindlichkeiten der GmbH eingesetzt wird, während die GmbH Forderungsinhaberin ist, soll an dieser Stelle lediglich kurz als ein weiteres denkbares Beispiel für einen Mißbrauch verwiesen werden.[219] Der Fall wird nach der Erörterung des englischen Rechts mit Hilfe der dann verfügbaren Erkenntnisse einer genaueren Analyse unterzogen. Weiterhin wird allgemein in der Verursachung der Gläubigerschädigung ein mißbräuchliches Verhalten gesehen.[220] Auch erscheint es denkbar, einen Mißbrauch der Niederlassungsfreiheit in dem Auftreten unter einer falschen Rechtsformbezeichnung, etwa als GmbH, zu sehen, zumal in diesen Fällen das Informationsmodell des EuGH nicht zur Lösung beitragen kann. Naheliegender dürfte vor dem Hintergrund der äußerst restriktiven Haltung des EuGH die Annahme liegen, ein Mißbrauch könne dann angenommen werden, wenn die Gesellschaft zu dem alleinigen Zweck eingesetzt wird, unter Ausnutzung der mit einer Auslandsgesellschaft verbundenen größeren Täuschungsmöglichkeiten den Rechtsverkehr durch ein betrügerisches Geschäftsmodell zu schädigen.[221]

Letztlich dürfte sich der tatsächlich verbleibende Raum für nationale Reaktionen auf betrügerische Aktivitäten beschränken, da auch die Sanktionierung eines Rechtsmißbrauchs der Verhältnismäßigkeitsprüfung des EuGH entsprechen muß. Da auch die bewußte Umgehung eines als zu streng empfundenen Gesellschaftsrechts keinen Mißbrauchsvorwurf begründen kann, ist dieser somit auf eng begrenzte Fälle beschränkt.

---

[217] *Ziemons* ZIP 2003, 1913, 1917. Ähnlich auch *Wachter* GmbHR 2003, 1254, 1256, der darauf verweist, daß bei genehmigungspflichtigen Tätigkeiten die erforderliche Genehmigung gemäß § 13e II 2 HGB bei der Anmeldung der Zweigniederlassung nachzuweisen ist, so daß eine Umgehung des Genehmigungserfordernisses oder der Eintragung in die Handwerksrolle nicht möglich sei.

[218] Weller DStR 2003, 1800, 1803

[219] Der Beispielsfall wurde vom AG Hamburg, Beschluß vom 14.5.2003 - 67 g IN 358/02 = BB 2003, 1457ff. entliehen.

[220] *Drygala* EWiR 2003, 1029, 1030; *Borges* ZIP 2004, 733, 742; so auch *Horn* NJW 2004, 893, 899 unter Hinweis auf die Existenzvernichtungshaftung nach *Bremer Vulkan*.

[221] *Eidenmüller* JZ 2004, 24, 26.

d) Ergebnis

Es bleibt festzuhalten, daß der Anwendung inländischer Vorschriften des Sitzstaates auf Gesellschaften ausländischer Rechtsform durch die Rechtsprechung des Europäischen Gerichtshofs äußerst enge Grenzen gesetzt sind. Die Gesellschaften sind als solche ihres Gründungsstaates anzuerkennen. Somit ist der bisher im deutschen Recht favorisierten Sitztheorie, die das Gesellschaftsstatut nach dem am Hauptverwaltungssitz der Gesellschaft geltenden Recht bestimmen wollte und bei ausschließlich oder hauptsächlich im Inland tätigen Auslandsgesellschaften zu einem generellen Haftungsdurchgriff führte, der Boden entzogen worden. Das auf die Gesellschaft anwendbare Gesellschaftsrecht ist nunmehr zwingend nach der Gründungstheorie zu bestimmen. Über diesen Aspekt hinaus müssen nach den getroffenen Feststellungen alle mitgliedstaatlichen Beeinträchtigungen des Schutzbereichs der Niederlassungsfreiheit, gleich ob tatsächlich oder potentiell, mittelbar oder unmittelbar, gemeinschaftsrechtlich gerechtfertigt sein. Bei der Bestimmung der Regelungskomplexe, welche dem Gesellschaftsstatut unterfallen, sind die Mitgliedstaaten an die europarechtlichen Rahmenvorgaben gebunden.
Beschränkende Maßnahmen des Mitgliedstaates sind letztlich nur dann mit Art. 43, 48 EG vereinbar, wenn sie der Bekämpfung des Mißbrauchs der Niederlassungsfreiheit im Einzelfall dienen. Auch diese Mißbrauchskontrolle muß dem Verhältnismäßigkeitsprinzip entsprechen. Folglich können allein unter dem generellen Aspekt des Gläubigerschutzes mitgliedstaatliche Regelungen nicht zur Geltung gebracht werden. Im Rahmen der Erforderlichkeit ist sodann unter gleichzeitigem Rückgriff auf europäische Rechtsakte nach einem bereits im Gründungsrecht bestehenden Schutz zu fragen. Nur dann, wenn dieses keinen hinreichenden Gläubigerschutz zu vermitteln vermag, kann überhaupt auf das Recht des Sitzstaates zurückgegriffen werden. Die Rechtfertigung einer mitgliedstaatlichen Regelung unterliegt somit einer kaum zu überwindenden Hürde. Indem der EuGH in aller Deutlichkeit festgestellt hat, daß die Wahl eines besonders permissiven Gesellschaftsrechts für die Gründung der Gesellschaft keinen Mißbrauchstatbestand erfüllt, ist zudem der bedeutendste Anwendungsfall der Mißbrauchskontrolle seiner Bedeutung beraubt worden. Nachdem die Rechtsangleichung in der EU hinsichtlich der materiellen Angleichung des Gesellschaftsrechts ins Stocken geraten ist,[222] übernimmt der Europäische Gerichtshof durch die unmittelbare Anwendung des Primärrechts und dessen Ausdifferenzierung die Funktion einer integrierenden Kraft und eröffnet einen Wettbewerb der Gesellschaftsrechte. Für die deutsche Rechtslage zieht dies die

---

[222] So ist der Entwurf einer 14. Richtlinie, abgedruckt in ZIP 1997, 1721ff., über die internationale Sitzverlegung noch nicht sehr weit gediehen. Übergreifend zu diesem Problem *Horn* ZIP 2004, 893, 895; siehe auch die Darstellung von *Bayer* BB 2004, 1ff.

Konsequenz nach sich, daß über eine Deregulierung des GmbH-Rechts nachzudenken ist.

IV. Konsequenz aus der Rechtsprechung des EuGH: Geltung der Gründungstheorie

Bevor kurz zur Vereinbarkeit der anfänglich dargestellten, zwischen Sitz- und Gründungstheorie vermittelnden Lehren eingegangen wird, soll auf die der nunmehr erforderlichen Gründungsrechtsanknüpfung zugrundeliegenden gedanklichen Konstruktionen eingegangen werden.

1. Gründungstheorie

Die nunmehr europarechtlich vorgegebene Gründungstheorie, nach der sich das Gesellschaftsstatut ausschließlich nach dem Recht desjenigen Staates, in dem die Gesellschaft gegründet wurde, richtet,[223] und die daher keinen Statutenwechsel oder ein Erfordernis zur Neugründung kennt,[224] stellt als Ausdruck einer liberaleren wirtschaftspolitischen Konzeption den Gegenpol zur Sitztheorie dar.[225] Ihre Anwendung hat zur Folge, daß der privatautonomen Entscheidung der Gründer, welchem Recht sie den Gründungsvorgang unterstellen wollen, maßgebliche Bedeutung zukommt. Den Gründern wird ermöglicht, durch den Gründungsort als Anknüpfungspunkt unabhängig vom tatsächlichen Verwaltungssitz das für die Gesellschaft geltende Recht zu wählen. Somit fördert die Gründungstheorie durch die mit ihr verbundene Rechtswahlfreiheit auch den „Wettbewerb der Gesellschaftsrechte".[226] Der größte Vorteil der Gründungstheorie besteht in

---

[223] Hachenburg/*Behrens* Einl. Rn. 125ff.; Staudinger/*Großfeld* IntGesR Rn. 24 .

[224] Hachenburg/*Behrens* Einl. Rn. 125; MüKo-BGB/*Kindler* IntGesR Rn. 265; Rowedder/*Schmidt-Leithoff* Einl. Rn. 317.

[225] Vgl. auch Raiser Kapitalgesellschaftsrecht § 58 Rn. 4. Zur Geltung der Gründungstheorie in den USA und den Versuchen, *pseudo-foreign-corporations* in bestimmter Hinsicht dem Recht des Staates des tatsächlichen Sitzes zu unterwerfen, *Merkt* US-Amerikanisches Gesellschaftsrecht Rn. 148ff., insb. Rn. 156. Neuere Entscheidungen des *US-Supreme Court* lassen jedoch Zweifel an der Verfassungsmäßigkeit derartiger Regelungen aufkommen, *a.a.O.* Rn. 160.

[226] Eidenmüller ZIP 2002, 2233, 2235; Bedenken diesbezüglich artikuliert der BGH in seiner Vorlagefrage zu Überseering an den EuGH, BGH GmbHR 2000, 715, 717: *"race to the bottom"*; vgl. hierzu auch die *dissenting opinion von Justice Brandeis im U.S. Supreme Court in Ligget Co. v. Lee, 288 U.S. 517, 558-559 (1933): The race of the states for "advertising their wares", i.e. their company law, "was one not of diligence but of laxity".*; vgl. auch *Posner*

der mit ihr verbundenen Rechtssicherheit und der einfachen und eindeutigen Feststellung des geltenden Gesellschaftsstatuts.[227] Ist eine Gesellschaft im Gründungsstaat wirksam errichtet, kann ihre rechtliche Existenz nicht angezweifelt werden.[228] Auch spricht der Grundsatz der Einheit des Gesellschaftsstatuts für die Maßgeblichkeit des Gründungsrechts.

Die Kritiker dieser Theorie befürchten, daß aufgrund der Gravitation von Rechtsordnungen mit relativ simplen Gründungsvoraussetzungen Staaten mit einer höheren Regelungsdichte trotz Wahrnehmung der wirtschaftlichen Aktivität der Gesellschaft im Inland mit einer dem sog. „Delaware-Effekt“[229] vergleichbaren Abwanderung in die für Gründungsvorgänge attraktivere Rechtsordnung zu rechnen haben. Eine derartige Entwicklung würde auch zu Wettbewerbsnachteilen für inländische, dem rigideren Regelungssystem unterliegende Gesellschaften führen. Ein weiterer entscheidender Nachteil wird darin gesehen, daß die Gründungstheorie zu inakzeptablen Gefahren führt, da die Gründer diejenige Rechtsordnung wählen können, in der der Schutz nationaler und individueller Interessen deutlich schwächer ausgeprägt ist als im Staat der tatsächlichen wirtschaftlichen Aktivität, gleichsam also ein „Rechtsgeschäft zu Lasten Dritter“ vorliegt.[230] Gedacht wird hierbei insbesondere an die bereits erörterten Gläubigerinteressen, aber auch an Arbeitnehmer- und Anlegerinteressen. Tangiert werden nach Ansicht der Kritiker darüber hinaus rechts- und wirtschaftspolitische Interessen der Staaten und damit auch und gerade nationale Ordnungsvorschriften, beispielsweise auf dem Gebiet des Mitbestimmungs- und Konzernrechts oder dem Minderheitenschutz im Allgemeinen.[231]
Es wird befürchtet, daß die Ausnutzung eines (vermuteten) beträchtlichen Niveaugefälles[232] zwischen den Gesellschaftsrechten der verschiedenen Staaten

---

Economic Analysis of Law S. 433; zur Rechtswahlfreiheit vgl. Michalski/*Leible* GmbHG Bd. I Syst. Darst. 2 Rn. 7ff.

[227] *Koppensteiner* Internationale Unternehmen S. 121; vgl. auch MüKo-BGB/*Kindler* IntGesR Rn. 267 m.w.N.

[228] Zu diesem Aspekt vgl. Staudinger/*Großfeld* IntGesR Rn. 50.

[229] Staudinger/*Großfeld* IntGesR Rn. 48, 66; *Korner* Kollisionsrecht der Kapitalgesellschaften in den Vereinigten Staaten S. 242, 247; *Merkt* US-Amerikanisches Gesellschaftsrecht Rn. 156ff.; *Sandrock* RabelsZ 42 (1978) 227, 246ff.; *Meilicke* GmbHR 2003, 793, 807.

[230] MüKo-BGB/*Kindler* IntGesR Rn. 269; *Ebenroth* Vermögenszuwendungen S. 355ff.; HdB GesR/*Jasper* § 78 Rn. 15.

[231] MüKo-BGB/*Kindler* IntGesR Rn. 270; *Ebenroth* Konzernkollisionsrecht S. 15; Großkomm. AktG/*Assmann* Einl. Rn. 538.

[232] Vgl. hierzu Staudinger/*Großfeld* IntGesR Rn. 48: Es ist eine rechtsvergleichende Illusion, daß die Gesellschaftsrechte verschiedener Staaten grundsätzlich austauschbar seien.; siehe auch *Wolff* Private International Law S. 300: „*The reasons why promoters who do business in*

und ein Ausweichen auf weniger regelungsintensive Rechtsordnungen insbesondere zu einer Umgehung der Schutzvorschriften führt. Zu denken ist hier an Normen, die einer Aushöhlung des Unternehmens zu Lasten der Gesellschaftsgläubiger entgegenwirken sollen, an Bilanzierungsvorschriften oder Haftungs- und Kapitalaufbringungsvorschriften.[233]

Daß zumindest hinsichtlich der hier zu diskutierenden Gesellschaftsrechte der Europäischen Union kein erhebliches Gefälle im Gläubigerschutz besteht, wurde bereits dargestellt und soll exemplarisch anhand des Rechts der *private company limited by shares* verdeutlicht werden.[234] Zudem wird in der wissenschaftlichen Diskussion zu schablonenhaft zwischen Sitz- und Gründungstheorie differenziert. So versteht *Wiedemann* das Gegenüberstehen der beiden Ansätze als Widerstreit zwischen „rechtsethischen Maßstäben und internationalem Manchesterliberalismus", „möglicherweise mißbräuchlicher Privatautonomie und zwingender Schutzgesetzgebung".[235] Es erscheint zweifelhaft, ob mit der Anknüpfung an den tatsächlichen Verwaltungssitz der Gesellschaft der Schutz der inländischen Gläubiger steht und fällt. Dem wäre allenfalls dann zuzustimmen, wenn die Geltung des inländischen Gesellschaftsrechts mit dem umfassenden Schutz der Allgemeinheit und des Staatswesens gleichgestellt würde.[236] Der Schutz öffentlicher Interessen wird jedoch keinesfalls ausschließlich über das Gesellschaftsrecht

---

their own state prefer to subject their corporation to a different law are not always very reputable."

233 HdB GesR/*Jasper* § 78 Rn. 16; MüKo-BGB/*Kindler* IntGesR Rn. 270; allgemein zur Umgehung des Rechts des tatsächlichen Sitzstaates vgl. *Behrens* IPRax 2003, 193, 195. Aus diesem Grund ist die Sitztheorie, die durch das Erfordernis der Neugründung nach deutschem Recht die Gesellschaft den inländischen Kontroll- und Schutzmechanismen unterwirft, als Schutztheorie bezeichnet worden, vgl. *Behrens* RabelsZ 52 (1988), 498, 513; BayObLG WM 1992, 1371, 1372.

234 Siehe auch MüKo-BGB/*Kindler* IntGesR Rn. 271, der konzediert, daß bei Gleichwertigkeit der Gesellschaftsrechtssysteme die Gründungstheorie anwendbar sein könnte. So auch *Sandrock* RabelsZ 42 (1978) 227, 253, der hinsichtlich der Gesellschaftsrechte der (damaligen) EWG-Staaten festhielt: „[Es ist]...kaum zu befürchten, daß... [die materiellen Gesellschaftsrechte] ... im Standard derart voneinander abweichen, daß daraus erhebliche praktische Unzuträglichkeiten resultieren können."; in diese Richtung auch Staudinger/*Großfeld* IntGesR 66, der von einem „relativ einheitlichen Rechtskreis" innerhalb der Europäischen Gemeinschaft spricht.

235 *Wiedemann* Festschrift Lutter S. 187, 197. Siehe auch MüKo-BGB/*Kindler* IntGesR Rn. 270; Staudinger/*Großfeld* IntGesR Rn. 47ff.

236 So aber Staudinger/*Großfeld* IntGesR Rn. 49.

vermittelt.[237] Auch läßt eine derartige Sichtweise den durch das Gründungsrecht der Gesellschaft bewirkten Schutz außer Betracht.
Einen Nachweis, daß die Allgemeinheit, insbesondere die Gläubiger, im deutschen Gesellschaftsrecht besser geschützt werden als im europäischen Ausland, wird nicht erbracht.[238]
Es ist in diesem Zusammenhang hervorzuheben, daß der Europäische Gerichtshof ausdrücklich betont hat, daß die Ausnutzung des permissivsten Gesellschaftsrechts der Ausübung der Niederlassungsfreiheit immanent ist. Die Gesellschaften sollen sich an dem Ort gründen können, an dem sie die besten Standortbedingungen vorfinden. Wie bereits dargestellt, soll der verstärkte Wettbewerb, der eine Faktormobilität voraussetzt, der Verwirklichung des Ziels eines gemeinsamen Marktes dienen.[239] Vor dem Hintergrund dieser Sichtweise verlieren die gegen die Gründungstheorie vorgebrachten Einwände deutlich an Gewicht.
Abschließend ist noch ein weiterer Gedanke für die weitgehende Liberalisierung des Gesellschaftsrechts fruchtbar zu machen: Seit dem Freundschafts-, Handels- und Schiffahrtsvertrag zwischen der Bundesrepublik Deutschland und den Vereinigten Staaten von Amerika aus dem Jahr 1954 sind sog. Delaware-Gesellschaften in Deutschland anzuerkennen.[240] Dennoch sind die als Hauptargument gegen das „unkontrollierte" Auftreten von ausländischen Gesellschaften aus anderen EU-Mitgliedstaaten angeführten eklatanten Mißstände[241] ausgeblieben.
So wird bisweilen der nunmehr eröffnete Wettbewerb der Gemeinschaftsrechte auch als Beginn eines *race to the top* angesehen.[242]

---

[237] Wie hier *Behrens* RabelsZ 52 (1988) 499, 514.

[238] Vgl. auch *Behrens* RabelsZ 52 (1988) 499, 515f.: Der zwar die ergänzende Anwendung des inländischen Gesellschaftsrechts befürwortet, aber zugibt: „Dabei [bei der Wahrung inländischer Schutzinteressen] wird im gemeinschaftsrechtlichen Kontext zu berücksichtigen sein, daß auch ausländische Gesellschaftsrechte ihrerseits Vorkehrungen zum Schutz von Gläubigern und Gesellschaftern enthalten, die nicht schon deshalb als minderwertig qualifiziert werden sollten, weil sie andere rechtliche Instrumente einsetzen als das inländische Gesellschaftsrecht.".

[239] *Everling* Niederlassungsrecht S. 2, 3; *Schnichels* Reichweite S. 27.

[240] BGBl. II 1956, S. 487.

[241] *Bayer* BB 2003, 2357, 2366.

[242] Zu diesem Gedanken *v. Halen* Das Gesellschaftsstatut nach der Centros-Entscheidung S. 277f.; siehe auch *Eidenmüller* ZIP 2002, 2233, 2235, der darauf hinweist, daß der Wettbewerb auf Gütermärkten vor allem wohlfahrtssteigernde Effekte hat. Übergreifend zum Wettbewerb der Regelgeber *Grundmann* ZGR 2001, 783ff.

2. Europarechtliche Zulässigkeit der Alternativlösungen

Als Folge der europarechtlichen Vorgaben in den Rechtssachen *Überseering* und *Inspire Art* ist den vermittelnden Lehren, die das Gesellschaftsrecht des Sitzstaates für bestimmte Fragen generell zur Anwendung bringen wollen, eine Absage zu erteilen. Wie bereits ausführlich dargestellt, will der EuGH die ausländische Gesellschaft nach ihrem Gründungsrecht behandelt sehen. Lediglich bei Vorliegen eines Mißbrauchs im Einzelfall besteht die Möglichkeit der verhältnismäßigen Anwendung des Rechts des Sitzstaates.

Es bleibt somit festzuhalten, daß weder das Ausweichen auf ein gründerfreundlicheres Recht als Umgehung des inländischen Rechts unter Berufung auf den deutschen *ordre public* sanktioniert wird, noch ergänzend mit Hilfe der Überlagerungs- oder Differenzierungstheorie durch ein Nebeneinander des in- und ausländischen Gesellschaftsstatuts eine Korrektur der Gründungstheorie erreicht werden kann. Diese Theorien scheitern an der durch sie bewirkten generellen Geltung des Sitzrechts, die mit dem vom EuGH aufgestellten Einzelfallkriterium nicht vereinbar ist. Diesem Einwand sehen sich auch die Ansichten von *Zimmer*, der bei fehlender substantieller Auslandsbeziehung das Sitzrecht zur Anwendung bringen will, und von *Wiedemann*, der den wirtschaftlichen Schwerpunkt der Gesellschaft als Anknüpfungspunkt wählt, ausgesetzt. Die früher diskutierten Kollisionsregeln sind somit im Geltungsbereich des Vertrages zur Gründung der Europäischen Gemeinschaft außer Kraft gesetzt.
Einzig die eingeschränkte Gründungstheorie, die, soweit dies „wirklich unabweisbar" ist,[243] zum Schutz inländischer Interessen im Einzelfall unter Berücksichtigung des im Gründungsrecht bewirkten Schutzes zugunsten des Sitzrechtes zwingende Vorbehalte etablieren möchte, dürfte europarechtskonform sein.[244] Dies gilt jedenfalls dann, wenn die Anwendung der inländischen Vorschriften der Mißbrauchsbekämpfung dient.[245]

V. Zusammenfassung

In Konsequenz der Urteile des EuGH in den Rechtssachen *Centros*[246] , *Überseering*[247] und *Inspire Art*[248] stehen der Mobilität von Unternehmen durch die nun-

---

[243] *Behrens* IPRax 2003, 193, 196.

[244] *Behrens* RabelsZ 52 (1988) 498, 523; mit Blick auf die neueste Rechtsprechung des EuGH *ders.* IPRax 2003, 193, 196 und IPRax 2004, 20, 25 mit Verweis auf die Notwendigkeit der Beachtung der Rechtslage im Gründungsstaat und des Bestehens einer Schutzlücke im Gründungsrecht.

[245] Zu diesem Aspekt hat *Behrens a.a.O.* jedoch nicht ausdrücklich Stellung genommen.

[246] EuGH Rs. C-212/97, DB 1999, 625ff., Tz. 36f. - *Centros.*

mehr europarechtlich erforderliche Anwendung der Gründungstheorie keine nennenswerten Grenzen mehr entgegen.
Die Mitgliedstaaten sind verpflichtet, die Gesellschaften nach Maßgabe ihres nach dem Gründungsrecht zu bestimmenden Gesellschaftsstatuts zu behandeln. Die Frage, welche Bereiche dem Gesellschaftsstatut zugehörig sind, ist anhand des durch die Niederlassungsfreiheit vorgegebenen Rahmens zu bestimmen. Insofern enthalten die Art. 43, 48 EG auch eine Kollisionsregel. Darüber hinaus müssen alle mitgliedstaatlichen Beeinträchtigungen des Schutzbereichs der Niederlassungsfreiheit, gleich ob tatsächlich oder potentiell, mittelbar oder unmittelbar, gemeinschaftsrechtlich gerechtfertigt sein.
Im Einzelfall können die Mitgliedstaaten durch Anwendung ihres Rechts einem Mißbrauch der Niederlassungsfreiheit entgegentreten. Hierbei kann ein gesellschaftsrechtlicher Mißbrauch allerdings nur anhand der den Aktionsrahmen für die Gesellschaft vorgebenden englischen Rechtsordnung festgestellt werden. Nur dann, wenn ein nicht mehr vom Sinn der Niederlassungsfreiheit erfaßter Rechtsvorteil angestrebt wird, kann das Rechts des Sitzstaates zur Anwendung kommen.

---

[247] EuGH Rs. C-208/00, DB 2002, 2425ff. - *Überseering.*

[248] EuGH Rs. C-167/01, RIW 2003, 957, 960, Tz. 135 - *Inspire Art.*

B. Gläubigerschutz bei einer in Deutschland ansässigen private limited company mit inländischem Tätigkeitsschwerpunkt

In diesem Abschnitt wird in einem ersten Schritt untersucht, ob hinsichtlich des Gläubigerschutzes tatsächlich ein starker Niveauunterschied zwischen dem GmbH-Recht und dem Recht der *private limited company* besteht. Der Schwerpunkt der vorliegenden Erörterung liegt hierbei auf der Darstellung der Gläubigerschutzmechanismen des englischen Rechts. Vor dem Hintergrund der bereits erörterten Problematik der partiellen Übernahme der Gläubigerschutzregelungen des Gründungsrechts mit der Folge einer Schutzlücke (Normenmangel) wird, falls erforderlich, auch auf die Frage der Anwendbarkeit der englischen Regelungen eingegangen werden. Anhand der gefundenen Ergebnisse soll im Anschluß hinsichtlich der verbleibenden problematischen Fragestellungen, etwa der Geltung des deutschen Kapitalersatzrechts, der Haftung wegen existenzvernichtenden Eingriffs oder des Bestehens von Insolvenzantragspflichten, untersucht werden, inwieweit eine Korrektur der englischen Rechtslage durch die ergänzende Anwendung deutscher Rechtsinstitute und Normen europarechtlich zulässig ist.

§ 2 Gläubigerschutz bei der englischen private limited company

Während im deutschen Kapitalgesellschaftsrecht dem Mindestkapitalsystem die zentrale Rolle für den Schutz der Gläubiger vor der mit der Haftungsbeschränkung auf das Gesellschaftsvermögen verbundenen Risikoverlagerung zuerkannt wird, trägt das englische Gesellschaftsrecht der hieraus resultierenden Gefährdung der Gläubiger auf andere Weise Rechnung.
Gegenstand der Erörterung der Besonderheiten der Gläubigerschutzmechanismen ist ausschließlich das Recht der *private company limited by shares*, da für die *public company limited by shares* aufgrund der Vorgaben der Zweiten gesellschaftsrechtlichen Richtlinie[249] nunmehr ein Mindestkapitalerfordernis i.H.v. 50000 Pfund gilt und sich das englische Recht insofern kontinentalen und nicht zuletzt deutschen Vorstellungen angenähert hat. Ausgehend von der Prämisse, daß eine ausreichende Kapitalausstattung keinen hinreichenden Schutz vor operativen Verlusten bietet und somit die Bedeutung des Mindestkapitalerfordernis-

---

[249] Kapitalschutzrichtlinie vom 13.12. 1976 - Richtlinie Nr. 77/91/EWG, ABl. EG 1977 Nr. L 26/1. Allgemein zur Umsetzung der EU-Richtlinien in das englische Kapitalgesellschaftsrecht *Behrens* Die Gesellschaft mit beschränkter Haftung im internationalen und europäischen Recht GB/NI/EI Rn. 6.

ses in den kontinentalen Gesellschaftsrechten überbewertet ist,[250] wird der Gläubigerschutz im englischen Recht durch eine Vielzahl von anders gelagerten, z.T. ineinandergreifenden und sich ergänzenden Mechanismen realisiert. Die unter englischen Kapitalgesellschaftsrechtlern herrschende Grundauffassung, daß ein *minimum share capital* dem Gläubigerschutz nicht nachhaltig dienen kann,[251] basiert unter anderem auf der Annahme, daß das Mindestkapital nur eine Summe ist, die bei Gesellschaftsgründung aufgebracht werden muß, letztlich aber nichts über die tatsächlichen finanziellen Verhältnisse zu einem späteren Zeitpunkt aussagt.[252]

Zwar finden sich zum Recht der Kapitalerhaltung kritische Stimmen, die den in England gewährleisteten Gläubigerschutz als schwach ansehen und sich unter anderem auch darauf stützen, daß das *issued share capital* eher zur Verwirrung der Gläubiger beiträgt bzw. diese in falscher Sicherheit wiegt, da es keinen Schutz vor operativen Verlusten gewährt.[253]

Auf der Suche nach Lösungen für diese Problematik wird die Einführung eines Mindestkapitalsystems aus den genannten Gründen jedoch nicht in Betracht gezogen.[254] Im Rahmen des Abzugs von Gesellschaftsvermögen wird vielmehr an das Modell eines Gesellschafterbeschlusses, ergänzt durch eine von den Geschäftsführern abzugebende Solvenzerklärung, gedacht.[255]

Inwieweit das englische Recht den Gläubigerschutz durch andere Mechanismen stärker zu bewirken vermag, wird in der weiteren Darstellung noch näher zu erörtern sein.

Bestandteil des Gläubigerschutzsystems ist zunächst die dem deutschen Recht teilweise vergleichbare *doctrine of capital maintenance* betreffend die Kapitalaufbringung und -erhaltung, deren Zweck wie im Recht der GmbH darin besteht, sicherzustellen, daß das von der Gesellschaft vorgesehene Kapital auch

---

[250] *Prentice* in Rickett & Grantham Corporate Personality S. 101ff.; *Davies* AG 1998, 346, 353. Skeptisch auch *Armour* [2000] MLR 355ff.

[251] Instruktiv *Davies* AG 1998, 346, 348, 353. *Armour* [2000] MLR 355, 371.

[252] *Cheffins* Company Law: Theory, Structure and Operation, S. 532. Zur Kritik vgl. auch den Beitrag von *Micheler* ZGR 3-4 (2004), 324, 332ff.

[253] Insofern nähert sich diese Sichtweise der generell gegen ein Mindestkapitalsystem vorgebrachten Kritik, vgl. *Payne* [2000] 21 Co Law 62.

[254] Vgl. die Vorschläge der *Company Law Review Steering Group* in *Modern Company Law, For a Competitve Economy: Company Formation and Capital Maintenance*, 1999, S. VIII, Rn. 20. Die *CLRSG* schlägt in diesem Dokument kein Mindestkapitalerfordernis für *private companies* vor. Abrufbar unter www.dti.gov.uk/cld/reviews/condocs.htm.

[255] Siehe hierzu die Besprechung der Reformvorschläge zum englischen Gesellschaftsrecht von *Micheler* ZGR 3-4 (2004), 324, 338ff.

tatsächlich aufgebracht und zum Schutz der Gläubiger aufrechterhalten wird.[256] Zentraler Bestandteil des Gläubigerschutzkonzepts ist die unter bestimmten Voraussetzungen eintretende Haftung der *directors* der *limited* für Gesellschaftsverbindlichkeiten sowie die Möglichkeit der Disqualifizierung von der Position eines *directors* für eine bestimmte Zeit aufgrund des *Company Directors Disqualification Act 1986 (CDDA 1986)* sein. Die Geschäftsführerhaftung und das Disqualifizierungsregime erfassen sowohl die rechtswirksam bestellten als auch die faktischen Geschäftsführer. Somit wird dem Problem des *abuse of limited liability* insbesondere durch die Haftung und Disqualifizierung der *controllers of companies* begegnet,[257] was im Laufe der vorliegenden Darstellung noch differenzierter darzulegen sein wird. Auch im englischen Recht ist ein Haftungsdurchgriff in bestimmten Fällen möglich, sog. *lifting or piercing of the corporate veil.* Aufgrund seiner begrifflicheren Weite erfaßt das *lifting of the veil* jedoch nicht ausschließlich einen Mißbrauch der juristischen Person nach deutschem Verständnis, sondern dient auch der Durchsetzung anderer Ziele. Inhaltlich besteht somit keine Kongruenz der engeren deutschen Rechtsfigur des Haftungsdurchgriffs mit dem *lifting of the veil* im englischen Recht.
Ein weiterer entscheidender Regelungsmechanismus zum Schutz der Allgemeinheit wird in den Bilanzierungs- und Prüfungsanforderungen und der damit verbundenen umfassenden Publizität der Gesellschaftsverhältnisse, insbesondere der die Gläubiger primär interessierenden Finanzlage gesehen: „ *On the basis that „forewarned is forearmed" the fundamental principle underlying the Companies Acts has been that of disclosure".*[258] Unterstützend kann eine Gesellschaft bei Vorliegen bestimmter Voraussetzungen einer Untersuchung der Gesellschaftsverhältnisse durch das *Departement of Trade and Industry* unterliegen. Schließlich kennt auch das englische Recht Anfechtungstatbestände in der Insolvenz, die die Schmälerung der Insolvenzmasse zu Gunsten einzelner Gläubiger verhindern sollen und die als Bestandteil eines gesellschaftsrechtlichen Gläubigerschutzes verstanden werden.

Wie ausführlich darzustellen sein wird, geht das englische Kapitalgesellschaftsrecht somit in der Frage des Gläubigerschutzes traditionell von anderen Prämissen aus als viele der kontinentalen Rechtsordnungen. Möglicherweise sind, was nachfolgend näher zu untersuchen ist, die Gläubiger einer *private limited company* trotz des Fehlens eines gesetzlich festgesetzten Mindestkapitals vor den

---

[256] Vgl. *Behrens* Die Gesellschaft mit beschränkter Haftung im internationalen und europäischen Recht GB/NI/EI Rn. 44ff.
[257] Vgl. auch *Gower* Company Law S. 225.
[258] *Gower* Company Law S. 533.

mit der Haftungsbeschränkung einhergehenden Risiken, insbesondere dem Insolvenzrisiko, durch alternative Schutzmechanismen ausreichend geschützt.[259] Die einzelnen Gläubigerschutzkonzepte sind Gegenstand der vorliegenden Erörterung, wobei auch auf die jeweilige praktische Bedeutung eingegangen werden soll.

I. Kapitalaufbringung und -erhaltung bei der private limited company

Auch das englische Gesellschaftsrecht versucht sicherzustellen, daß das gesellschaftsvertraglich bestimmte Kapital, soweit vorhanden, der Gesellschaft tatsächlich zugeführt wird, um eine Irreführung der Gläubiger zu vermeiden. Zudem soll ein unkontrollierbarer Rückfluß des Gesellschaftsvermögens an die Gesellschafter zu Lasten der Gesellschaftsgläubiger verhindert werden. Zwar sind die nachfolgenden Erörterungen für eine *limited* mit einem *issued share capital* von 1 Pfund kaum praxisrelevant, aber aus Gründen der Kreditfähigkeit treten am Markt auch *limiteds* mit einem substantiellen *issued share capital* auf.[260] Für diese Gesellschaften sind die darzustellenden Grundsätze von Bedeutung. Die folgenden Ausführungen sollen einen Einblick in das englische Regelungssystem geben.

1. Kapitalaufbringung

a) *Share Capital*

Die Höhe des Kapitals einer *limited* unterliegt der Privatautonomie der Gesellschafter, ein zwingend vorgeschriebenes gesetzliches Mindestkapital ist dem englischen Recht traditionell fremd.[261] S. 2(5)(a) Companies Act 1985 (CA 1985) verlangt lediglich, daß das *memorandum*[262] der Gesellschaft als der primär

---

[259] In diese Richtung *Kindler* NJW 2003, 1073, 1078; Anders *Behrens* IPRax 2003, 193, 195; kritisch auch *Altmeppen* NJW 2004, 97, 102.

[260] So besitzen zwar ca. 70% der *limiteds* lediglich ein *issued share capital* von unter 100 Pfund, andererseits aber haben ca. 12% der *limiteds* ein *issued share capital* von 10.000 - 100.000 Pfund und weitere ca. 5% ein Kapital von 100.000 - 1 Million/ über 1 Million Pfund. Vgl. *DTI Annual Report, Companies in 2001-2002 und Companies in 2002-2003, Table A7.*

[261] Auf die Änderungen durch die Zweite gesellschaftsrechtliche Richtlinie für die *public company limited by shares* wurde bereits oben (Fn. 226) hingewiesen. Diese Änderung wird auch eher als ein Fremdkörper im englischen Kapitalgesellschaftsrecht empfunden.

[262] Die Unternehmensverfassung besteht aus dem *memorandum of association* und den *articles of association.* Das *memorandum* beinhaltet den Namen der Gesellschaft, die Adresse der *registered office*, das Mindestkapital, den Unternehmensgegenstand und die Festsetzung, daß

an die Allgemeinheit gerichtete Teil der Unternehmensverfassung den Betrag des *nominal (authorised) share capital* und dessen Unterteilung in wertmäßig festgelegte Anteile angibt. Vor dem Hintergrund der realen Kapitalzuführung ist entscheidend, daß diese Kapitalziffer lediglich eine Ermächtigungsfunktion im Innenverhältnis der *directors* zur Gesellschaft darstellt,[263] vgl. s. 121 CA 1985, da dieser Betrag weder zur Gründung noch zu einem späteren Zeitpunkt tatsächlich aufgebracht werden muß, sondern ausschließlich die Obergrenze einer zulässigen Ausgabe von Anteilen darstellt.[264]
Eine dem deutschen Recht vergleichbare Pflicht zur Übernahme aller Anteile, vgl. § 5 III 3 GmbHG, kennt das englische Recht demnach bezüglich des *authorised share capital* nicht.[265] Der CA 1985 verlangt lediglich die Übernahme eines Anteils durch mindestens einen Übernehmer, ss. 2(5)(b), 1(1) und (3A) CA 1985, wobei der Anteilswert frei festsetzbar ist.
Der Haftungsstock für die Gläubiger besteht ausschließlich aus dem *issued share capital*, das aus den tatsächlich von den Gesellschaftern übernommenen Anteilen besteht. Nur dieses ist somit gebundenes Kapital im kontinentaleuropäischen Sinn.[266] Der *Companies Act 1985* statuiert hinsichtlich des *issued share capital* allerdings keine Pflicht zur Mindesteinzahlung, wie sie in § 7 II GmbHG normiert ist.
Theoretisch ist somit die Entstehung einer *limited* mit nur einem Gesellschafter und einem Gesellschaftskapital von 1p denkbar, wobei es in der Praxis durchaus üblich ist, die Haftungssumme für alle Mitglieder auf 1 Pfund festzusetzen.[267] Die Fälligkeit der Verpflichtung zur Einzahlung eines dem Nominalwert entsprechenden Betrages unterliegt nach dem Gesagten ebenfalls der Disposition der Gesellschafter mit der Folge, daß ein realer Mittelzufluß bei der Gründung

---

die Haftung der Mitglieder beschränkt ist. Die *articles* bestimmen die Organisationsverfassung, wie etwa die Aufgabenverteilung zwischen dem *board of directors* und der Gesellschafterversammlung, die Ernennung und Befugnisse der *directors,* ferner u.a. die Ausgabe von Anteilen und die Zahlung von Dividenden. Vgl. *Mayson, French and Ryan* Company Law S. 42f., 65ff.; *Pennington* Company Law S. 3ff., 26ff.

[263] *Gower* Company Law S. 228.

[264] *Hannigan* Company Law S. 559, 561.; *Pennington* Company Law S. 162; vor diesem Hintergrund hat sich die *Company Law Review Steering Group*, deren Aufgabe die Erarbeitung von Vorschlägen zur Reform des Gesellschaftsrechts ist, für eine Abschaffung des Konzeptes des *authorised capital* ausgesprochen, *Modern Company Law for a Competitive Economy: Completing the Structure* (URN 00/1335) (London: DTI, 2000), para. 7.7.; *Modern Company Law for a Competitive Economy: Final Report,* vol. 1 (URN 01/942) (London: DTI, 2001), ch. 10).

[265] *Davies* AG 1998, 346, 347.

[266] So auch *Fleischer* DStR 2000, 1015, 1016.

[267] *Mayson, French and Ryan* Company Law S. 50; *Davies* AG 1998, 346, 347.

nicht stattfinden muß, eine (teilweise) Einzahlungspflicht zum Zeitpunkt der Gründung also nicht besteht. Die spätere Erfüllung sämtlicher Einlageverpflichtungen hängt somit letztlich von der Bonität jedes einzelnen Gesellschafters ab, was angesichts des ohnehin in den meisten Fällen äußerst niedrigen Gesellschaftskapitals jedoch eher zu vernachlässigen ist.
In praxi ist es zudem mittlerweile üblich, daß alle Anteile voll eingezahlt werden.[268]
Festzuhalten ist somit, daß ausschließlich das *paid-up share capital* als der der Gesellschaft tatsächlich zugeflossene Betrag Auskunft über das der *limited* bereits zur Verfügung stehende Kapital gibt,[269] wobei allerdings in praxi, wie dargelegt, dieser Betrag aus Praktikabilitätserwägungen und aufgrund der relativ geringen involvierten Summen dem *issued share capital* zumeist entsprechen wird.[270] Einer eventuellen Diskrepanz trägt s. 351(2) CA 1985 Rechnung, der für den Fall, daß die Gesellschaft in ihrer Geschäftskorrespondenz das Gesellschaftskapital benennt, verlangt, daß sich diese Angabe auf das *paid-up share capital* beziehen muß, um der Irreführung Dritter vorzubeugen. Spätestens im Rahmen des *winding up* müssen die ausstehenden Beträge eingefordert werden dürfen. Die Gesellschafter können sich im voraus darauf verständigen, daß nur in diesem Fall eine Einforderung zulässig sein soll.[271] Allerdings ergibt sich in der Insolvenz die Zahlungsverpflichtung ohnehin bereits aus s. 74(2)(d) Insolvency Act 1986 (IA 1986).[272] Der Identifizierung der Übernehmer und etwaiger Erwerber nicht (voll) eingezahlter Anteile dient ein entsprechender Eintrag im *register of members*.[273]

b) *Erfüllung der Einlageforderung*

Die ordnungsgemäße Erfüllung der Einlageforderung weist in einigen Aspekten Parallelen zur Kapitalaufbringung im Recht der GmbH auf, an anderer Stelle weichen beide Regelungssysteme stark voneinander ab. So sind nach der gesetzlichen Regelung in s. 100(1) CA 1985 Unterpariemissionen auch im englischen

---

[268] *Hannigan* Company Law S. 562; *Mayson, French and Ryan* Company Law S. 48, 49.

[269] *Hannigan* Company Law S. 562; *Mayson, French and Ryan* Company Law S. 49; Davies AG 1998, 346, 348.

[270] *Gower* Company Law S. 234.

[271] S. 120 CA 1985; Butterworths Corporate Law Service Rn. 17.36.

[272] Hierbei handelt es sich um eine *statutory liability*, die sich nicht auf ein etwaiges Agio erstreckt, vgl. *Hansraj Gupta v Asthana* [1932] LR 60 Ind. App. 1; *Niemann v Smedley* [1973] VR 796; *Re Vedelago* [1992] 8 ACSR 135.

[273] *Mayson, French and Ryan* Company Law S. 196.

Recht unzulässig.[274] Bei einem Verstoß hat der Übernehmer der *limited* den fehlenden Differenzbetrag einschließlich 5 % Zinsen p.a. zu leisten, ss. 100(2) und 107 CA 1985. Diese Haftung erstreckt sich gemäß s. 112(1) CA 1985 auch auf einen späteren Erwerber, der dann gesamtschuldnerisch auf den Fehlbetrag haftet, es sei denn, er ist ein *purchaser for value* und kann sich auf gutgläubigen Erwerb berufen, s. 112(3) CA 1985. In der Rechtspraxis hat diese Regelung allerdings aufgrund der Tatsache, daß ein Mindestbetrag für die Einlagen, vergleichbar § 5 I GmbHG, nicht vorgesehen ist, keine großen Auswirkungen.[275] Eine Ausnahme vom Verbot der Unterpariemission findet sich in s. 97 CA 1985, der die Zahlung von Gründungsaufwand als Ausgleich für die Übernahme von Anteilen oder deren Vermittlung unter engen Voraussetzungen durch Reduktion des für die Anteile zu zahlenden Preises bzw. auch aus gebundenem Kapital ermöglicht.[276] Nach dieser Regelung sind derartige Zahlungen zulässig, wenn sie in den *articles* vorgesehen sind, den Betrag von 10% des Ausgabewertes bzw. den gesellschaftsvertraglich bestimmten Rahmen nicht übersteigen und die Zahl der dergestalt ausgegebenen Anteile sowie der Gesamtbetrag des Gründerlohns offengelegt wird, s. 97(2) CA 1985. Entgegen dem Wortlaut von s. 97 CA 1985 ist jedoch die bloße Übernahme von Anteilen nicht ausreichend, um in den Genuß der Ausnahmeregelung zu kommen. Ähnlich dem deutschen Recht[277] ist der Gründungsaufwand dem Ausgleich von erbrachten Leistungen zu dienen bestimmt. In der bloßen Übernahme von Anteilen liegt jedoch keine zu vergütende Leistung. Vielmehr werden von s. 97 CA 1985 Fälle erfaßt, in denen die Anteile unter der Bedingung übernommen werden, daß sich keine sonstigen Interessenten finden, da hierin wegen des damit verbundenen Risikos eine ausreichende Leistung gesehen wird.[278]

---

[274] Die Regelung in s. 100 CA 1985 geht auf *Ooregum Gold Mining Co of India v Roper* [1892] AC 125, HL zurück.

[275] *Davies* AG 1998, 346, 347.

[276] Dieses Verbot erstreckt sich jedoch nicht auf Zahlungen aus dem ausschüttbaren Gesellschaftsvermögen *(distributable profits)*, da die Gesellschaft insofern in der Verwendung ihres Vermögens frei ist, vgl. *Gower* Company Law S. 234; *Pennington* Company Law S. 381. Im deutschen Recht unterliegt ein unangemessen hoher Gründerlohn dagegen der Auszahlungssperre der §§ 30, 31 GmbHG; Rowedder/*Schmidt-Leithoff* § 5 Rn. 69. In *Keatinge v Paringa Consolidated Mines Ltd* [1902] WN 15 wurde dagegen eine Reduktion des zu zahlenden Wertes um 90% für zulässig angesehen: „...it is submitted that it is not the size of the commission which is the determining factor... .". Dagegen verstößt die generelle Gewährung von *commissions* an alle Übernehmer gegen s. 98 CA 1985; *Pennington* Company Law S. 382.

[277] Rowedder/*Schmidt-Leithoff* § 5 Rn. 67.

[278] *Pennington* Company Law S. 381f.; vgl. auch *Keatinge v Paringa Consolidated Mines Ltd* [1902] WN 15. In diesem Fall wurde die Zahlung von Gründungsaufwand als bloße Verschleierung einer Unterpariemission klassifiziert und somit für unzulässig befunden.

Abgerundet wird die Regelung durch s. 98(4) CA 1985, der s. 97 CA 1985 auf die Zahlung von Gründungsaufwand an Übernehmer oder Vermittler durch Personen, die für erbrachte Leistungen im Gründungsstadium Anteile erhalten haben, ausdehnt. Damit soll einer Umgehung von s. 98 CA 1985 seitens der Gesellschaft durch die Kombination einer überhöhten Gegenleistung im Rahmen des Austauschvertrags und der anschließenden Weiterübertragung an Vermittler bzw. Übernehmer von Anteilen entgegengewirkt werden.[279] Außerhalb des Anwendungsbereichs von s. 97 CA 1985 ist jegliche Zahlung von Gründerlohn, Maklergebühren und dergleichen von s. 98 CA 1985 verboten, wobei s. 98(3) CA 1985 die Zahlung von Maklergebühren an eine Bank, einen *stockbroker* oder Marktvermittler zuläßt.[280]

S. 97 CA 1985 nicht entsprechende Vereinbarungen sind nichtig, vgl. s. 98 CA 1985. Bereits ausgezahlte Beträge sind vom Empfänger oder, falls an eine dritte Person in Kenntnis der Umstände geleistet wurde, von dieser zurückzuerstatten.[281]

Hinsichtlich der Frage der Einlagefähigkeit und -bewertung ist das englische Recht großzügiger als das deutsche Recht. So sind auch Verpflichtungen zu Dienst- und Arbeitsleistungen sacheinlagefähig.[282] Die Bewertung der Parteien unterliegt grundsätzlich keiner gerichtlichen Überprüfung, es sei denn, die Inadäquanz ist offensichtlich, es lag Bösgläubigkeit *(bad faith)* vor oder der Vertrag selbst ist wegen Betrugs unwirksam.[283] Eine dem § 9 c I 2 GmbHG entsprechende zwingende registergerichtliche Werthaltigkeitskontrolle findet demnach nicht statt. Folglich kennt das englische Recht eine dem § 9 I GmbHG entsprechende Differenzhaftung ebensowenig wie einen Anspruch aus § 9a II GmbHG wegen der Schädigung der Gesellschaft durch Einlagen oder die Haftung für verdeckte Sacheinlagen, vgl. § 19 V GmbHG.

Folge dieser Rechtslage ist, daß über den Umweg einer Sacheinlage letztlich doch eine Unterpariemission erfolgen kann.[284] Zwar bedarf eine Sacheinlage der Anzeige an den *registrar of companies*, s. 88 CA 1985, jedoch kann dieses Erfordernis lege artis durch zwei getrennte Verträge - den Übernahmevertrag mit

---

[279] *Pennington* Company Law S. 383.

[280] *Metropolitan Coal Consumers' Association v Scimgeour* [1895] 2 QB 604; *Andreae v Zinc Mines of Great Britain Ltd* [1918] 2 KB 454.

[281] *Gower* Company Law S. 234.

[282] Vgl. *Lindley LJ* in *Re Wragg* [1897] 1 Ch D 796, CA; *Mayson, French and Ryan* Company Law S. 200.

[283] *Re Wragg* [1897] 1 Ch D 796, CA; *Park Business Interiors Ltd v Park* [1992] BCLC 1034; *Re White Star Line* [1938] Ch D 458; *Tintin Exploration Syndicate v Sandys* [1947] 177 LT 412; *Gower* Company Law S. 235; *Mayson, French and Ryan* Company Law S. 201; Butterworths Corporate Law Service Rn. 17.3.

[284] *Gower* Company Law S. 235; *Farrar* Company Law S. 174.

der Gegenleistung in Geld und den Vertrag über den Gegenstand der Sacheinlage - und die anschließende Verrechnung der gegenseitigen Geldforderungen umgangen werden.[285] Dies wird zwar von den englischen Gerichten als problematisch erkannt, letztendlich aber als Bareinlage klassifiziert.[286] Im deutschen GmbH-Recht wäre diese Konstellation als verdeckte Sacheinlage zu qualifizieren. Der Leistung des Gesellschafters würde die Erfüllungswirkung folglich versagt bleiben, § 19 V Alt. 2 GmbHG, mit der Folge, daß dieser weiterhin auf den vollen Betrag in bar haften würde.[287]

Eine dem § 24 GmbHG vergleichbare Ausfallhaftung kennt das englische Recht nicht, da die Haftung der *shareholders* in der *limited* gerade auf den von ihnen übernommenen Betrag beschränkt ist, vgl. s. 74(2)(d) IA 1986. Jedoch haften im Fall der Insolvenz sowohl der ursprüngliche Übernehmer als auch eventuelle Erwerber nicht voll eingezahlter Anteile auf den noch nicht erbrachten Restbetrag plus ein möglicherweise vereinbartes Agio, s. 74(1) und (2) IA 1986. Hierbei haftet der ursprüngliche Übernehmer nur subsidiär für den Fall der Leistungsunfähigkeit des Erwerbers, s. 74(2)(c) IA 1986, und nur für Transaktionen, die in einen Zeitraum von einem Jahr vor Beginn des Insolvenzverfahrens fallen, s. 74(2)(a) IA 1986. Im Ergebnis übernimmt der Gründer somit eine Garantie, daß sein Vertragspartner oder ein eventueller weiterer Erwerber den noch offenen Betrag im Fall einer Insolvenz der Gesellschaft innerhalb eines Jahres ab Übertragung zahlen wird. Die Haftung ist aber nicht streng akzessorisch, so daß eine Vereinbarung zwischen dem *liquidator* und dem momentanen Inhaber der *shares* bezüglich des zu zahlenden Betrages die Haftung des Gründers unberührt läßt.[288] Letztlich ist die Haftung des Veräußerers von *partly paid-up shares* der Grund dafür, daß in der heutigen Praxis die Anteile bereits bei Gründung voll eingezahlt werden. Zudem können *limiteds* gesellschaftsvertraglich festsetzen, daß die Übertragung eines nicht voll eingezahlten Anteils an eine nicht genehme Person von den *directors* verhindert werden kann, art. 24 Table A.[289]

Darüber hinaus hat die *limited* ähnlich der Kaduzierung bei der GmbH[290] die Möglichkeit, nicht voll eingezahlte Anteile unter bestimmten Voraussetzungen einzuziehen, sog. *forfeiture of shares*.[291] Dies ist dann der Fall, wenn die Einzie-

---

[285] *Gower* Company Law S. 235.

[286] *Farrar* Company Law S. 180f.

[287] *Raiser* Kapitalgesellschaftsrecht § 26 Rn. 62, § 28 Rn. 15ff.

[288] *Helbert v Banner* [1871] LR 5 HL 28.

[289] *Companies Act 1985 Table A*. Hierbei handelt es sich um einen Modellgesellschaftsvertrag, der ganz oder teilweise übernommen werden kann. Gerade bei kleineren Gesellschaften wird *Table A* mit nur geringfügigen Änderungen übernommen; vgl. hierzu *Pennington* Company Law S. 26. Zur Versagung der Zustimmung vgl. *Hannigan* Company Law S. 360.

[290] §§ 21ff. GmbHG.

[291] Butterworths Corporate Law Service Rn. 17/26ff.

hung in den *articles* vorgesehen ist und der Gesellschafter der Zahlungsaufforderung mangels Liquidität nicht nachkommt.[292]
Da art. 18-22 Table A, die diese Möglichkeit vorsehen, als Bestandteil des Modellgesellschaftsvertrages häufig in Ermangelung eigens für die *limited* entworfener *articles* mitübernommen werden, findet sich eine solche Regelung im Gesellschaftsvertrag vieler, vor allem kleinerer Gesellschaften. Zwar stellt die Einziehung von an die Gesellschafter ausgegebenen *shares* einen grundsätzlich unzulässigen Erwerb von eigenen Anteilen dar, jedoch sieht s. 143(3)(d) CA 1985 eine Ausnahme für den Fall vor, daß der Gesellschafter seinen Zahlungsverpflichtungen nicht entspricht.[293] Wenn der Gesellschafter der mit der Einziehungsandrohung verbundenen Aufforderung zur Zahlung des eingeforderten Betrages bei Fälligkeit innerhalb der festgesetzten Frist, mindestens jedoch 14 Tage, nicht nachkommt, kann die Gesellschaft nach einem entsprechenden Geschäftsführerbeschluß die *shares* einziehen, art. 18 und 19 Table A.[294] Bei der Beschlußfassung sind die *directors* an die Berücksichtigung der Interessen der *limited* gebunden und ein solcher Beschluß darf zudem nur zur Verfolgung eines legitimen Zwecks gefaßt werden.[295] Der Gesellschafter verliert mit der Einziehung seine Gesellschafterstellung hinsichtlich der eingezogenen Anteile,[296] bleibt der Gesellschaft aber für die noch ausstehenden Zahlungen einschließlich Zinsen verhaftet, art. 21 Table A. Bereits auf die Einlageforderung geleistete Beträge sind von der Gesellschaft nicht zurückzuerstatten.[297] Auf von der *limited* gehaltene *shares* werden keine Dividenden gezahlt.[298]
Die Gesellschaft ist verpflichtet, die eingezogenen Anteile auf einen Dritten zu übertragen, dessen Haftung sich dann auf den gesamten offenstehenden Betrag bezieht, wobei Zahlungen des Altgesellschafters anzurechnen sind.[299] Soweit der

---

[292] *Re National Patent Steam Fuel Co., Barton's Case* [1859] 4 De G & J 46; *Mayson, French and Ryan* Company Law S. 197. Bloße Zahlungsunwilligkeit ist nicht ausreichend, *Re Esparto Trading Co.* [1879] 12 Ch D 191; *Re Athenaeum Life Assurance Society, Richmond's Case* [1858] 4 K. & J. 305; *Pennington* Company Law S. 378.
[293] Vgl. auch *Trevor v Whitworth* [1887] 12 AC 409.
[294] Siehe auch *Pennington* Company Law S. 376f.
[295] So wurde in Fällen, in denen Gesellschafter oder Geschäftsführer durch den Beschluß lediglich ihrer Haftung enthoben werden sollten, die Einziehung für unzulässig erklärt; *European Assurance Society Arbitration, Manisty's Case* [1873] 17 SJ 745; *Re Esparto Trading Co.* [1879] 12 Ch D 191.
[296] *Re China Steam Ship Co., Dawes's Case* [1868] LR 6 Eq 232.
[297] *Mayson, French and Ryan* Company Law S. 198.
[298] *Trevor v Whitworth* [1887] 12 AC 409.
[299] *New Balkis Eersteling Ltd v Randt Gold Mining Co.* [1904] AC 165; *Re Randt Gold Mining Co.* [1904] 2 Ch D 468.

Neugesellschafter Zahlungen tätigt, reduziert dies die Haftung des vorherigen Inhabers.[300]
Anstelle der Einziehung kann die Gesellschaft auch die freiwillige Aufgabe der Anteile akzeptieren, wenn dies gesellschaftsvertraglich vorgesehen ist, der Gesellschafter zahlungsunfähig ist und die Aufgabe im Interesse der Gesellschaft liegt, vgl. s. 143(3)(d) CA 1985.[301] Die Rahmen des *forfeiture* dargestellten Grundsätze gelten hierbei entsprechend. Dagegen darf im Recht der GmbH gemäß §§ 27f. GmbHG die Preisgabe von Anteilen nur dann erfolgen, wenn eine unbeschränkte Nachschußpflicht besteht und der Gesellschafter einer diesbezüglichen Zahlungsaufforderung nicht Folge leisten will.[302]
Als eine weitere Alternative zur Sicherung der Kapitalaufbringung sehen art. 8-11 Table A vor, daß zugunsten der Gesellschaft ein Pfandrecht *(lien)* an den nicht voll eingezahlten Anteilen bestellt wird, so daß die Gesellschaft im Fall der Zahlungsunfähigkeit des Gesellschafters die Sicherheit verwerten kann.[303] Auch diese Möglichkeit muß gesellschaftsvertraglich vorgesehen sein.[304] Art. 9 Table A sieht eine Frist von 14 Tagen vor, in der der Gesellschafter seine Einlageleistung noch erbringen kann. Im Recht der GmbH ist die Inpfandnahme eines Geschäftsanteils, auf den die Einlage nicht voll geleistet ist, wegen der damit verbundenen Gefahr des Verlusts der Einlageforderung durch den Erwerb eines nicht voll eingezahlten Anteils verboten.[305]

Es bleibt somit festzuhalten, daß im englischen Recht die Kapitalaufbringung unter anderem auch durch eine Reihe dispositiver Regelungen gesichert wird. Wie bereits angedeutet, gelangt hierbei, sollte die *limited* keine eigenen *articles* aufstellen oder den Modellvertrag nur in Aspekten abändern, automatisch *Table A* ergänzend ganz oder teilweise zur Geltung, s. 8(2) CA 1985. Folglich kommen die dargestellten Regelungen zur Einziehung von Anteilen oder der Verwertung eines *lien* durch entsprechende, auf Table A basierende gesellschaftsvertragliche Regelungen häufig zur Anwendung. Die hieraus resultierenden Konsequenzen dürften auch und gerade für die Gesellschafter einer *limited* in Deutschland, die möglicherweise aus Zeit- und Kostengründen *Table A* unbesehen übernehmen, von Bedeutung sein.

---

300 *Re Bolton* [1930] 2 Ch D 48.

301 *Pennington* Company Law S. 203.

302 Rowedder/Schmidt-Leithoff/*Pentz* § 27 Rn. 16ff.; *Raiser* Kapitalgesellschaftsrecht § 28 Rn. 35.

303 *Hannigan* Company Law S. 387; *Pennington* Company Law S. 483.

304 *Hannigan* Company Law S. 387.

305 Rowedder/Schmidt-Leithoff/*Pentz* § 33 Rn. 1, 20.

In Relation zur deutschen Rechtslage, die eine Mindesteinzahlung von 12500 Euro vorsieht, § 7 II 2 GmbHG, ist das Privileg der auf das Gesellschaftsvermögen beschränkten Haftung nach den dargestellten Grundsätzen in England mit vergleichsweise niedrigen Kosten erreichbar. Denn letztlich werden die Gesellschafter, geht man von einer Gründung mit einem *issued capital* von 1 Pfund und der sofortigen Einzahlung der Summe aus, nahezu ausschließlich nur durch die Kosten der Gründung an sich belastet. So finden sich beispielsweise in der *Frankfurter Allgemeinen Zeitung* Inserate, die die Kosten der Gründung auf 987 Euro zzgl. MwSt. bei Registrierung in 5 Tagen respektive 1221 Euro zzgl. MwSt. bei Registrierung innerhalb von 24 Stunden beziffern.[306] Zieht man in Betracht, daß das *issued share capital* von ca. 70% der *limiteds* unter 100 Pfund liegt, relativiert sich die Bedeutung der dargestellten Kapitalaufbringungsregeln zudem beträchtlich.[307]

2. Kapitalerhaltung

Auch das englische Recht erkennt als Ausgleich für die Haftungsbeschränkung auf das Gesellschaftsvermögen die Notwendigkeit an, einen unkontrollierten Rückfluß von *share capital* an die Gesellschafter zu verhindern:[308] „ *...whatever has been paid by a member cannot be returned to him. ...[the capital] is, of course, liable to be spent or lost in carrying on the business of the company, but no part of it can be returned to a member so as to take away from the fund to which the creditors have a right to look as that out of which they are to be paid....no part of the capital mentioned in the memorandum can be taken out of the fund to which the creditors have to look except for the purpose of employing it for the objects of the company.* "[309]

So finden sich eine Reihe strenger Kapitalerhaltungsvorschriften *(doctrine of capital maintenance)*, die den Interessen der Gläubiger zu dienen bestimmt sind und in mancher Hinsicht über die Anforderungen des GmbH-Rechts hinausgehen. Vergleichbar dem deutschen Recht bewegen sich die Regelungen hierbei im Schnittbereich zwischen Bilanz- und Gesellschaftsrecht. Es stellt sich zunächst die Frage, welche Mechanismen für die zulässige Rückzahlung von Gesellschaftsvermögen zur Verfügung stehen. Richtungsweisend für die Frage der Kapitalerhaltung war die Entscheidung des *House of Lords* in *Trevor v Whit-*

---

[306] *FAZ* vom 06.02.2004 S. 51: „ nur zwei Pfund Stammeinlage“ bzw. „wir schenken Ihnen eine englische Limited“. Weitere Inserate finden sich unter anderem in *FAZ* vom 19. und 24. 03. 2004. Unter www.companieshouse.gov.uk findet sich eine Preisliste, die die Kosten für die *incorporation* auf 20 Pfund bzw. bei der Eintragung am selben Tag auf 80 Pfund festsetzt.

[307] *DTI Annual Report, Companies in 2001-2002 und Companies in 2002-2003, Table A7.*

[308] Butterworths Corporate Law Service Rn. 6.61 und 17.2A.

[309] *Guinness v Land Corporation of Ireland* [1882] 22 Ch D 349.

worth[310] . Danach ist das gebundene Kapital dem Zugriff der *shareholders* entzogen und darüber hinaus darf Gesellschaftskapital nur im Wege einer ordnungsgemäßen Kapitalherabsetzung an die Gesellschafter ausgeschüttet werden: *„Paid-up capital may be diminished or lost in the course of the company's trading; that is a result which no legislation can prevent; but persons who deal with, and give credit to a limited company, naturally rely upon the fact that the company is trading with a certain amount of capital already paid, as well as upon the responsibility of its members for the capital remaining at call; and they are entitled to assume that no part of the capital which has been paid into the coffers of the company has been subsequently paid out, except in the legitimate course of its business."*[311]
Aus diesem Grundsatz hat sich eine ganze Reihe von Regelungen entwickelt, die der Schmälerung des Gesellschaftsvermögens zum Nachteil der Gläubiger vorbeugen sollen und die Rückführung von Gesellschaftsvermögen engen Grenzen unterwerfen. Hierzu gehören die Vorschriften betreffend Gewinnausschüttungen einschließlich des Verbots, verdeckte Gewinnausschüttungen *(disguised gifts out of capital)* vorzunehmen, Kapitalherabsetzungen und den Erwerb eigener Anteile. Ferner verbietet das englische Recht grundsätzlich die Gewährung finanzieller Unterstützung für den Erwerb von eigenen Gesellschaftsanteilen, s. 151(1) CA 1985.
Auch die bereits erörterten Grundsätze zur Einziehung bzw. freiwilligen Aufgabe nicht voll eingezahlter Anteile sowie die Verwertung eines Pfandrechts an diesen sind ebenso im Kontext der Kapitalerhaltung zu betrachten wie die noch darzustellenden Grundsätze der (vorrangigen) Gläubigerbefriedigung in der Insolvenz. Auch kennt das Recht der *limited* kein Eigenkapitalersatzrecht. Vielmehr kann die Gesellschaft von den Gesellschaftern über Darlehen finanziert werden, ohne daß dieses Kapital als *„phantom equity"*, also Eigenkapital, behandelt wird.[312] Es existiert gerade keine Regel, nach der der Gesellschaft ein bestimmtes Eigenkapital zur Verfügung stehen muß. Vielmehr können die Gesellschafter die *limited* (nahezu) ausschließlich über Fremdkapital finanzieren und die Darlehen mit am Gesellschaftsvermögen bestellten Sicherheiten versehen. Auf diese Aspekte wird im Laufe der Darstellung zurückzukommen sein [B. §2 II. 1. und B. §2 II. 2.b)].

Gegenstand der folgenden Ausführungen sollen nun zunächst die Aspekte der *doctrine of capital maintenance* werden, die dem Gläubigerschutz zu dienen bestimmt sind.

---

[310] [1887] 12 AC 409.
[311] *Trevor v Whitworth* [1887] 12 AC 409, 423, 424.
[312] *Prentice* in Rickett & Grantham Corporate Personality S. 102f.

a) Gewinnausschüttung

Für die Zulässigkeit einer Gewinnausschüttung sind sowohl die Vorschriften des *Part VIII Companies Act 1986* als auch das *common law* relevant, vgl. s. 281 IA 1986. Nach der Regel des *common law* in *Trevor v Whitworth*[313] kann eine Gesellschaft, wie bereits erwähnt, keine Ausschüttungen aus dem gebundenen Vermögen vornehmen. Zudem unterliegen die *directors* unabhängig von der Höhe des *share capitals* auch im Rahmen der Gewinnausschüttung der Pflicht, *bona fide in the best interests of the company* zu handeln.[314] Daher müssen die *directors* mit Rücksicht auf die fälligen und künftigen Verbindlichkeiten und die Ertragsaussichten der Gesellschaft überzeugt sein, daß die *limited* auch nach der Ausschüttung in der Lage sein wird, ihre Verbindlichkeiten bei Fälligkeit zu befriedigen.[315] Folglich unterliegen die *directors* der Verpflichtung, zu prüfen, ob die Gesellschaft nach der geplanten *distribution* noch solvent ist. Ein Verstoß gegen diese Verpflichtung führt zur Nichtigkeit der Ausschüttung.

Neben diesen Regeln des *common law* finden sich in ss. 263-281 CA 1985 die gesetzlichen Regeln betreffend die Gewinnausschüttung an die Gesellschafter, deren Gegenstand die Bestimmung des zur Ausschüttung zur Verfügung stehenden Vermögens ist und die als Gläubigerschutzvorschriften verstanden werden.[316] Auch im englischen Recht ist zu differenzieren zwischen der Frage, ob ein ausschüttbarer Jahresgewinn vorhanden ist und der Frage, ob die Gesellschafter einen Gewinnanspruch haben. Da diese Regelungen auf die Zweite gesellschaftsrechtliche Richtlinie zurückgehen, finden sich in einigen Bereichen Übereinstimmungen mit dem deutschen Recht.

Der Begriff der Ausschüttung erfaßt hierbei jegliche Übertragung von Gesellschaftsvermögen an die Gesellschafter, s. 263(2) CA 1985, ausgenommen der

---

[313] [1887] 12 AC 409, bestätigt in *Aveling Barford Ltd v Perion Ltd* [1989] BCLC 626. Diese Regelung findet sich allerdings bereits in *Re Exchange Banking Company, Flitcroft's Case* [1882] 21 Ch D 519.

[314] Dieser Aspekt der *fiduciary duties* wird zu einem späteren Zeitpunkt noch genauer untersucht werden.

[315] British Company Law & Practice Rn. 32.500.

[316] Die Vorschriften wurden teilweise als Reaktion auf die Zweite gesellschaftsrechtliche Richtlinie (Kapitalschutzrichtlinie) vom 13.12. 1976, Richtlinie Nr. 77/91/EWG, ABl. EG 1977 Nr. L 26/1 übernommen; vgl. auch *Mayson, French and Ryan* Company Law S. 318; *Gower* Company Law S. 276. So basiert der für *public companies* geltende, in s. 264(1) CA 1985 normierte Grundsatz, daß Auszahlungen nur dann zulässig sind, wenn sie das Kapital der Gesellschaft nicht unter die Stammkapitalziffer sinken lassen, auf art. 15.1. (a) der Richtlinie. Zum Gläubigerschutzaspekt aus englischer Sicht *Ferran* Corporate Finance S. 356.

Ausgabe von *bonus shares*, des Erwerbs von eigenen Anteilen bzw. sogenannten *redeemable shares* unter bestimmten Umständen, Zahlungen infolge einer Kapitalherabsetzung und die Verteilung von Gesellschaftsvermögen im Rahmen der Liquidation der Gesellschaft, s. 263(2)(a)-(d) CA 1985.
Für die Bestimmung des zur Verfügung stehenden Jahresüberschusses ist der Kapital- vom Gewinnbegriff abzugrenzen, da nach der Regelung in s. 263(1) CA 1985 Auszahlungen nur *„out of profits available for the purpose"* erfolgen können. Hierbei sind bestimmte Posten wie Kapital zu behandeln, so daß ihre Auszahlung unzulässig ist *(undistributable reserves)*. Hierzu gehören ein in dem sog. *share premium account* repräsentiertes Agio, vgl. s. 130(1)-(3) CA 1985, sowie eine beim Erwerb eigener Anteile zu bildende und in der sog. *capital redemption reserve* festgeschriebene Summe, s. 171(1) und (4) CA 1985.[317] Erfaßt werden ferner Reserven, die die Gesellschaft infolge gesellschaftsvertraglicher Bestimmungen nicht auszahlen darf. Aufgrund der Formel in s. 263(3) CA 1985 sind unter *profits available for the purpose* die kumulierten, realisierten Gewinne zu verstehen, soweit nicht bereits ausgeschüttet oder kapitalisiert[318], abzüglich der kumulierten, realisierten Verluste, soweit nicht bereits im Rahmen einer Kapitalherabsetzung abgeschrieben.[319] Mit dem Erfordernis, daß die Gewinne und Verluste kumuliert werden müssen, wird eine ganzheitliche Betrachtung sichergestellt, da eventuelle Verluste früherer Jahre bei der Bestimmung des Gewinns berücksichtigt werden müssen.[320] Berechnungsgrundlage ist hierbei der nach allgemein anerkannten Bilanzierungsgrundsätzen[321] aufzustellende aktuelle Jahresabschluß,[322] der in Übereinstimmung mit den Anforderungen von Part VII CA 1985 *(Accounts and Audit)* aufgestellt werden muß, ss. 270-276 CA 1985.[323] Die

---

[317] Diese Reserven werden allerdings nicht in jeder Hinsicht wie Kapital behandelt, sondern stehen für begrenzte Zwecke zur Verfügung, ss. 170(4) und 130(2) CA 1985.

[318] *Capitalisation* meint in diesem Zusammenhang die Verwendung von Gewinnen zur Finanzierung der Ausgabe von *bonus shares* oder die Einzahlung in die *capital redemption reserve*, s. 280(2) CA 1985.

[319] Die genaue Berechnung ist komplex und hat nach allgemeingültigen Bilanzgrundsätzen zu erfolgen, Butterworths Corporate Law Service Rn. 19.12ff.; Buckley on Companies Act Rn. 263.3ff.

[320] Anders noch vor der Einführung dieser Regel im Jahr 1980 *Ammonia Soda Co Ltd v Chamberlain* [1918] 1 Ch D 266.

[321] S. 262(3) CA 1985.

[322] Butterworths Corporate Law Service Rn. 19.61ff.

[323] Ähnlichkeiten mit dem deutschen Recht ergeben sich aufgrund der europäischen Harmonisierungsbestrebungen, vgl. die Vierte gesellschaftsrechtliche Richtlinie (Jahresabschluß- oder Bilanzrichtlinie) vom 25.7.1978, Richtlinie Nr. 78/660/EWG, ABl. EG Nr. L 222/11, geändert durch Richtlinie Nr. 90/604/EWG vom 8.11.1990 (Mittelstandsrichtlinie), ABl. EG Nr. L 317/57 und durch Richtlinie Nr. 90/605/EWG vom 8.11.1990 (GmbH&Co.KG-Richtlinie),

Pflicht zur Aufstellung des Jahresabschlusses obliegt hierbei den *directors* der *limited*, vgl. s. 226 CA 1985. Er muß ebenso wie seine wichtigsten Komponenten, die Bilanz und die Gewinn- und Verlustrechnung, einen *„true and fair view"* der Gesellschaftsverhältnisse geben, s. 226(2) CA 1985, d.h. akkurat sein.[324] In den Abschluß ist der *directors' report* einzuschließen, der korrekte Angaben zur Entwicklung und Positionierung der Gesellschaft sowie eine Empfehlung zu Dividendenzahlungen und Rückstellungen enthalten muß, s. 234(1) CA 1985. Der Jahresabschluß ist ebenso wie der *directors' report* anschließend von Abschlußprüfern *(auditors)* auf ihre Übereinstimmung mit den Anforderungen des CA 1985 zu prüfen, s. 235(1)-(3) CA 1985. S. 271(3) CA 1985 hebt nochmals hervor, daß der *auditors' report* grundsätzlich zwingend zu erstellen ist.[325]

Für den Fall, daß die Abschlußprüfer einen Verstoß gegen die Vorschriften des CA 1985 feststellen, kann der Jahresabschluß nur dann als Berechnungsgrundlage herangezogen werden, wenn die *auditors* Angaben dazu machen, ob sich dies auf die Zulässigkeit der Auszahlungen auswirkt und diese Feststellung der Gesellschafterversammlung vorgelegt wurde, ss. 271(3)-(5) CA 1985. Gemäß s. 241(1) CA 1985 müssen diese Dokumente dann der Gesellschafterversammlung überreicht werden.[326] Da diese Vorschriften dem Gläubigerschutz zu dienen bestimmt sind, ist ein Verzicht auf ihre Einhaltung seitens der Gesellschafter unwirksam.

Auf Grundlage des *annual accounts* kann die Gesellschafterversammlung auf den entsprechenden Vorschlag der *directors* einen Gewinnverwendungsbeschluß fassen,[327] der Grundlage des konkreten Zahlungsanspruchs des einzelnen Gesellschafters ist.[328]

ABl. EG Nr. L 317/60. Ferner die Siebente gesellschaftsrechtliche Richtlinie (Konzernabschlußrichtlinie) vom 13.6.1984, Nr. 83/349/EWG, ABl. EG Nr. L 193/1 und die Achte gesellschaftsrechtliche Richtlinie (Prüferbefähigungsrichtlinie) vom 10.4.1984, Richtlinie Nr. 84/253/EWG, ABl. EG Nr. L 126/20. Vgl. die Kurzdarstellung von *Raiser* Kapitalgesellschaftsrecht § 18 Rn. 1ff.

[324] *Pennington* Company Law S. 858f.

[325] Ausnahmen gelten gemäß s. 249E(1)(c) CA 1985 nur für kleine Gesellschaften i.S.v. s. 249A CA 1985 und nicht aktive Gesellschaften i.S.v. s. 249AA CA 1985, die nicht prüfungspflichtig sind.

[326] *Private companies* können die Vorlage auch durch Versendung an ihre Mitglieder ersetzen, s. 252(3) CA 1985.

[327] Nach art. 102 Table A können die Gesellschafter den von den *directors* vorgeschlagenen Betrag nicht überschreiten. Dies soll übertrieben hohen Dividendenzahlungen im alleinigen Interesse der Gesellschafter vorbeugen.

[328] *Bond v Barrow Haematite Steel Co* [1902] 1 Ch 353.

Abgesehen von den soeben dargestellten zwingenden Bilanzierungsvorschriften unterliegt die Gewinnausschüttung der Privatautonomie der Gesellschafter. Infolgedessen sind Bestimmungen über das Gewinnbezugsrecht und die Zuständigkeit für die Festsetzung des auszuschüttenden Gewinns im Gesellschaftsvertrag zu treffen.[329] Solange durch das zuständige Gesellschaftsorgan kein Gewinnverwendungsbeschluß getroffen wurde, besteht kein Gewinnanspruch der Gesellschafter.[330] Üblicherweise obliegt diese Aufgabe der Gesellschafterversammlung, die die Entscheidung über die Gewinnausschüttung, wie dargestellt, durch einfachen Mehrheitsbeschluß treffen wird.[331] Die *limited* ist in Ermangelung einer dahingehenden gesellschaftsvertraglichen Regelung nicht verpflichtet, die Gesamtheit der Gewinne auszuschütten.[332] Vielmehr findet sich häufig die Regelung, daß die *directors* berechtigt sind, nach ihrem Ermessen Rücklagen zu bilden, so daß auf diese Weise der Betrag, über dessen Verwendung die Gesellschafter bestimmen können, entsprechend verringert wird.
Demgegenüber unterliegt im Recht der GmbH die Rücklagenbildung in Ermangelung einer gesellschaftsvertraglichen Regelung, nach der ein bestimmter Anteil des Jahresüberschusses in die Rücklagen einzustellen ist, der Disposition der Gesellschafterversammlung.[333]

Als Rechtsfolge unzulässiger Ausschüttungen stehen der Gesellschaft Ansprüche gegen die Gesellschafter und die *directors* zu. Gegen die Gesellschafter hat die *limited* einen Rückzahlungsanspruch aus s. 277(1) CA 1985, wenn diese wußten oder vernünftige Gründe für die Annahme hatten, daß die Zahlung unter Verstoß gegen die Bilanzierungsvorschriften der ss. 270-276 CA 1985 erfolgte. Im Vergleich ist die äquivalente Regelung des § 31 II GmbHG strenger, da im deutschen Recht auch bei Gutgläubigkeit des Empfängers die Erstattung insoweit verlangt werden kann, als der Betrag zur Gläubigerbefriedigung erforder-

---

[329] Denkbar ist auch eine Regelung im Gesellschaftsvertrag, nach der eine Auszahlung in bestimmter Höhe dann zu erfolgen hat, wenn *distributable profits* hierfür zur Verfügung stehen, vgl. *Evling v Israel & Oppenheimer Ltd* [1918] 1 Ch 101. Umgekehrt kann die Gewinnausschüttung auch gegenüber der Rücklagenbildung nachrangig sein, vgl. s. 281 CA 1985 und *Re Eastern and Australian Steamship Co* [1893] WN 31.

[330] *Bond v Barrow Haematite Steel Co* [1902] 1 Ch D 535; *Re Accrington Corpn Steam Tramways Co* [1909] 2 Ch D 40. In Ermangelung einer ausdrücklichen gesellschaftsvertraglichen Regelung liegt die Kompetenz beim *general meeting*.

[331] In Ermangelung einer ausdrücklichen gesellschaftsvertraglichen Regelung liegt die Kompetenz beim *general meeting, Bond v Barrow Haematite Steel Co* [1902] 1 Ch D 535; *Re Accrington Corpn Steam Tramways Co* [1909] 2 Ch D 40; Butterworths Corporate Law Service Rn. 19.82.

[332] *Pennington* Company Law S. 515; Butterworths Corporate Law Service Rn. 19.81.

[333] Rowedder/Schmidt-Leithoff/*Pentz* § 29 Rn. 83.

lich ist, während im englischen Recht ein Rückzahlungsanspruch in diesem Fall ausgeschlossen ist.
S. 277(2) CA 1985 läßt andere Ansprüche hinsichtlich der unzulässigen Auszahlung unberührt. Somit bestehen neben s. 277(1) CA 1985 noch Ansprüche gegen den Gesellschafter aufgrund eines *constructive trust for the benefit of the company*, wenn die Zahlung unzulässig war und der Empfänger von den Umständen, die die Unzulässigkeit begründen, wußte oder hätte wissen müssen.[334] Die Frage nach den subjektiven Voraussetzungen für eine derartige Haftung als *recipient of misapplied trust funds* beantwortete der *Court of Appeal* folgendermaßen: „*...dishonesty is not an essential ingredient... the test for knowledge ... is simply whether the defendant's knowledge made it unconscionable for him to retain the benefit for the receipt*".[335] Entscheidend ist somit, ob der Anspruchsgegner nach Treu und Glauben berechtigt ist, das Empfangene zu behalten.
Neben diese Haftung aufgrund eines *constructive trusts*[336] wegen *knowing receipt of trust property*[337] tritt im Fall der Gutgläubigkeit des Empfängers, der nicht den vollen Marktwert bezahlt hat, das sogenannte *tracing*.[338] Die prakti-

---

[334] *Precision Dippings Ltd v Precision Dippings Marketing Ltd* [1986] Ch D 447; *Hilton International Ltd v Hilton* [1989] 1 NZLR 442; *Aveling Barford Ltd v Perion Ltd* [1989] BCLC 626; *Belmont Finance Corporation Ltd v Williams Furniture Ltd (No 2)* [1980] 1 All ER 393; *Allied Carpets plc v Nethercott* [2001] BCC 81; *Mayson, French and Ryan* Company Law S. 323f. Zu beachten ist, daß es im Zusammenhang mit der Frage, inwieweit in Anspruch genommene *directors* Regreßansprüche geltend machen können, unterschiedliche *precendents* zur Frage der Haftung der gutgläubigen Gesellschafter bestehen: *Re Mercantile Trading Co, Stringer's Case* [1869] 4 Ch App 475 und *Re Denham & Co* [1883] 25 Ch D 752, vgl. hierzu auch *Penninton* Company Law S. 520.

[335] *Bank of Credit and Commerce International (Overseas) Ltd v Akindele* [2000] 4 All ER 377: *"this test should better enable the courts to give common-sense decisions in the commercial context in which claims in knowing receipt are now frequently made, paying equal regard, on the one hand, to the need to avoid the mischief of paralysing trade and on the other hand, to the realisation that there are cases in which a commercial man should not be allowed to shelter behind the exigencies of commercial life"*.

[336] *Ferran* Corporate Finance S. 424f. Hierbei handelt es sich letztlich um allgemeine Grundsätze des *Law of trusts*, vgl. *Parker and Mellows* Trusts S. 266ff.

[337] *Baden Delveaux and Lecuit v Société Générale* [1993] 1 WLR 509; *International Sales & Agencies v Marcus* [1982] 3 All ER 551; *Re Diplock* [1948] Ch D 465.

[338] Hierzu *Ferran* Corporate Finance S. 425. Vgl. *Re Hallett's Estate* [1882] 13 Ch D 698; *Re Diplock* [1948] Ch D 465; *Chase Manhattan v Israel-British Bank Ltd* [1981] Ch D 105; *El Ajou v Dollar Land Holding* [1994] 2 All ER 685. Tracing ermöglicht als Beweiserleichterung die Identifizierung des Gesellschaftsvermögens im Vermögen des Dritten als Voraussetzung einer Herausgabeklage, siehe näher *Agip (Africa) Ltd v Jackson and Others* [1991] Ch D 547; *Boscawen v Bajwa* [1996] 1 WLR 328.

sche Bedeutung dieser Rechtsfigur ist jedoch eher gering, auch deshalb, weil gerade kleinere Gesellschaften, in denen die subjektiven Voraussetzungen am einfachsten zu beweisen sein dürften, kaum Dividendenzahlungen vornehmen.[339] Auf diesen Aspekt wird später noch genauer einzugehen sein.

Aufgrund der zentralen Rolle der *directors* für die Aufstellung des Jahresabschlusses und des von ihnen vorzubereitenden Vorschlags zur Gewinnverwendung kann die Gesellschaft auch, wie angedeutet, Ansprüche gegen die Geschäftsführer geltend machen, wobei sich die Haftung auch auf faktische Geschäftsführer erstreckt.[340] Die Geschäftsführerhaftung nimmt nach dem oben zur praktischen Relevanz der Verantwortlichkeit der Gesellschafter Gesagten einen größeren Stellenwert als diese ein. Rechtskonstruktiv werden *directors* als *trustees*[341] oder *quasi-trustees*[342] des Gesellschaftsvermögens angesehen, so daß sie *(quasi-) fiduciary duties* unterliegen.[343] Dies hat zur Konsequenz, daß die *directors* für unzulässige Ausschüttungen wegen *breach of trust* haftbar gemacht werden können, da diese unrechtmäßig sind und somit letztlich einen Verstoß gegen die Pflicht, im besten Interesse der Gesellschaft zu handeln, darstellen.[344] Zusätzlich muß aber der Empfänger nach allgemeinen Grundsätzen Kenntnis von den den *breach of trust* konstituierenden Umständen gehabt haben.[345] Die Haftung wird nach den dargestellten Grundsätzen in den Fällen eintreten, in denen der Geschäftsführer Kenntnis von der Veruntreuung des Gesellschaftsvermögens durch die unzulässige Auszahlung oder aber von den Umständen, die

---

[339] *Gower* Company Law S. 286; *Hannigan* Company Law S. 623.

[340] *Canadian Aero Service Ltd v O'Malley* [1973] 40 DLR (3d) 371; *DPC Estates Pty Ltd v Grey* [1974] 1 NSWLR 443.

[341] *Hannigan* Company Law S. 190

[342] *Pennington* Company Law S. 709 spricht eher von einer *principal-agent* Beziehung. *Re Exchange Banking Company, Flitcroft's Case* [1882] 21 Ch D 519 und *Regal(Hastings) Ltd v Gulliver* [1967] 2 AC 134: *quasi-trustees.*

[343] Vgl. hierzu die instruktive Darstellung von *Sealy* [1967] CLJ 83ff. sowie *Hannigan* Company Law S. 190ff. Die vorliegende Untersuchung setzt sich an anderer Stelle mit den *directors' duties* auseinander.

[344] *Re Exchange Banking Co, Flitcroft's Case* [1882] 21 Ch D 519; *Bairstow v Queens Moat Houses plc* [2000] 1 BCLC 531; Ferran *Corporate Finance* S. 424f. Allgemein zur Pflicht, "*[to act] bona fide in...the interests of the company...*" siehe *Re Smith and Fawcett Ltd* [1942] Ch D 304 und die spätere ausführliche Darstellung der *directors' duties.*

[345] Ferran *Corporate Finance* S. 424. Für unzulässige Ausschüttungen vgl. *Re Exchange Banking Co, Flitcroft's Case* [1882] 21 Ch D 519; *Re National Funds Assurance Co* [1878] 10 Ch D 118.

die Veruntreuung begründen, hat.[346] Gutgläubigkeit hinsichtlich der Ausschüttungen bewirkt einen Haftungsausschluß.[347]
Demnach ist die Zahlungspflicht ausgeschlossen, wenn die *directors* den Jahresabschluß ordnungsgemäß erstellt haben und sich bei der Bestimmung der Dividende von vernünftigen kaufmännischen Erwägungen leiten ließen.[348] Die Tatsache, daß ein bloß formeller Verstoß gegen die Anforderungen von Part VII CA 1985 vorliegt, d. h. daß auch ohne die Verletzung ein ausschüttbarer Gewinn zur Verfügung gestanden hätte, ändert an der Unwirksamkeit der Auszahlung ebensowenig wie eine Genehmigung des Verstoßes durch die Gesellschafter.[349]
Der Haftungsumfang erstreckt sich auf den gesamten ausgezahlte Betrag, allerdings sind die Geschäftsführer berechtigt, bei bösgläubigen Gesellschaftern Regreß zu nehmen,[350] deren Haftung sich aber auf den von ihnen empfangenen Betrag beschränkt.[351]
Dem englischen Recht vergleichbar, bestimmt § 43 III GmbHG im Fall unzulässiger Auszahlungen ebenfalls die Haftung des Geschäftsführers einer deutschen GmbH.

Inhaltlich erstreckt sich das Verbot auf jegliche ss. 263-281 CA 1985 widersprechende Ausschüttung von Gesellschaftsvermögen an die Gesellschafter, s.

---

346 *Re Exchange Banking Co, Flitcroft's Case* [1882] 21 Ch D 519; *Re Kingston Cotton Mill Co (No 2)* [1896] 1 Ch D 331; *Bairstow v Queens Moat Houses plc* [2000] 1 BCLC 531; *Precision Dippings Ltd v Precision Dippings Marketing Ltd* [1986] Ch D 447.

347 *"Where the director was under an honest and reasonable belief that the payments were lawful."*, *Re Kingston Cotton Mill Co (No 2)* [1896] 1 Ch D 331; *Bairstow v Queens Moat Houses plc* [2000] 1 BCLC 531. Hinsichtlich der Haftung greift auch s. 727 CA 1985 ein, der einen Haftungsausschluß ermöglicht, wenn gemäß s. 727(1) CA 1985 folgende Voraussetzungen erfüllt sind: *„If...it appears to the court...that he [the director] has acted honestly and reasonably, and that having regard to all the circumstances ot the case ...he ought fairly to be excused ...[the] court may relieve him, either wholly or partly, from his liability on such terms as it thinks fit."*

348 *Dovey v Cory* [1901] AC 477; *Mayson, French and Ryan* Company Law S. 323.

349 *Bairstow v Queens Moat Houses plc* [2000] 1 BCLC 531; *Allied Carpets Group plc v Nethercott* [2001] BCC 81; *Re Exchange Banking Company, Flitcroft's Case* [1882] 21 Ch D 519; *Aveling Barford Ltd v Perion Ltd* [1989] BCLC 626; *Mayson, French and Ryan* Company Law S. 323f. Zu beachten ist aber, daß im Fall *Precision Dippings Ltd v Precision Dippings Marketing Ltd* [1986] Ch D 447, in dem vor Dividendenausschüttung kein *auditors report* erstellt wurde, der *Court of Appeal* die Frage offen ließ, ob im Fall einer solventen Gesellschaft die nachträgliche Erstellung eines solchen *reports* ausreichend gewesen wäre.

350 *Moxham v Grant* [1899] 1 QB 480; *Bairstow v Queens Moat Houses plc* [2000] 1 BCLC 531.

351 *Moxham v Grant* [1899] 1 QB 480; *Pennington* Company Law S. 520.

263(2) CA 1985,[352] so daß auch die bereits eingangs erwähnten verdeckten Gewinnausschüttungen *(disguised gifts out of capital)* erfaßt werden.[353] Ob diese hierbei aus Geldzahlungen oder Sachleistungen bestehen, ist unerheblich, da die Anwendbarkeit der gesetzlichen Regeln hiervon unabhängig ist.[354]
Somit stellt sich die Frage nach einer Abgrenzung zwischen Ausschüttungen, die unter den Begriff *distribution* in s. 263(1) CA 1985 fallen und solchen, die in diesem Zusammenhang unbedenklich sind. Unzulässig und somit unwirksam sind jedenfalls Verträge, die darauf zielen, den Gläubigerschutzvorschriften zuwiderzulaufen.[355] Eventuell erfolgte Zahlungen sind in diesem Fall zurückzuerstatten.[356] Bei der exakten Bestimmung des Begriffs *distribution* wird ergänzend auf das *common law* zurückgegriffen.[357] Die *common law* Regel besteht darin, daß Ausschüttungen an die Gesellschafter nur in Übereinstimmung mit den gesetzlichen Regeln oder aufgrund eines in Leistung und Gegenleistung ausgewogenen Vertrages erfolgen dürfen.[358] So wurde die Zahlung eines überhöhten Geschäftsführergehalts als *disguised gift out of capital* angesehen und dieses auf einen angemessenen Betrag reduziert.[359] Ein weiteres Beispiel ist die Übertragung eines Vermögensgegenstandes unter dem Marktwert, wie an dem Fall *Aveling Barford v Perion* illustriert werden kann.[360] In diesem Fall wurde ein Vermögensgegenstand einer *limited* an eine von ihrem Mehrheitsgesellschafter beherrschte andere Gesellschaft weit unter dem Verkehrswert übertragen. Dies stellte eine unzulässige verdeckte Gewinnausschüttung dar, die *ultra vires* und somit nichtig war. Diese Entscheidung hat im Kontext der Übertragung von Vermögensgegenständen in Unternehmensgruppen Bedenken hervorgerufen, ist

---

352 Allerdings, wie dargestellt, unter Ausnahme der in s. 263 (2) CA genannten Fälle.

353 Sicherlich dürfte die Zahlung von Dividenden die häufigste Form der Ausschüttung sein, *Gower* Company Law S. 279; *Hannigan* Annotated Guide to Companies Act s. 263(1). Vgl. die kurze Zusammenfassung von Fallgruppen, allerdings unter dem Blickpunkt Kapitalherabsetzung und deren Umgehung, in *Pennington* Company Law S. 203; *Doran* [1991] 10 Co Law 169, 171.

354 *Hannigan* Company Law S. 616.

355 *MacPherson v European Strategic Bureau Ltd* [2000] 2 BCLC 683.

356 *Re Halt Garage(1964) Ltd* [1982] 3 All ER 1016.

357 S. 281 CA 1985 stellt klar, daß die Regelungen des CA 1985 die *common law rules* unberührt lassen, d. h. beide nebeneinander bestehen.

358 *Ridge Securities Ltd v IRC* [1964] WLR 479; *Hannigan* Annotated Guide to Companies Act s. 263(2); Buckley on Companies Act Rn. 263.7.

359 *Re Halt Garage (1964) Ltd* [1982] 3 All ER 1016.

360 *Aveling Barford Ltd v Perion Ltd* [1989] BCLC 626.

aber dennoch de lege lata einzuhalten.[361] Auch im Kontext der *disguised profits out of capital* erstreckt sich die Haftung auf Drittempfänger als *knowing recipients of trust property*.

In der Praxis ist es allerdings für *private companies* aufgrund der in diesen Gesellschaften gegebenen personellen Identität der Gesellschafter und Geschäftsführer unüblich, Gewinne auszuschütten.[362] Anstatt als Folge eines Gewinnverwendungsbeschlusses werden die Gewinne über die Geschäftsführergehälter realisiert.[363] Die Beschränkungen, die die englischen Gerichte in *Re Halt Garage*[364] und *Aveling Barford Ltd v Perion Ltd*[365] postuliert haben, gewinnen somit natürlich an zusätzlicher Bedeutung.

Die Ausschüttung von Gesellschaftsvermögen unterliegt im englischen Recht somit strengen Regeln, die sich aus den gesetzlichen Bestimmungen des *Companies Act 1985* und Regeln des *common law* zusammensetzen. Da, wie ausführlich dargestellt, Voraussetzung einer rechtmäßigen Ausschüttung das Vorliegen eines den Anforderungen von *Part VII Companies Act* entsprechenden Jahresabschlusses ist, kann die Rechtslage in dieser Hinsicht eher mit dem deutschen Aktienrecht als dem Recht der GmbH verglichen werden. Ähnlich der Aktiengesellschaft, bei der Leistungen an die Aktionäre nur zulässig sind, soweit dies durch gesetzliche Bestimmung zugelassen ist oder es sich um die Ausschüttung von Bilanzgewinn handelt,[366] darf sich, abgesehen von den dargestellten gesetzlichen Ausnahmetatbeständen in s. 263(2) CA 1985, bei der *limited* eine Auszahlung lediglich auf erwirtschaftete Gewinne, die im Jahresabschluß ausgewiesen sind, nach Verrechnung mit Verlustvorträgen erstrecken.
Zudem unterliegt gebundenes Kapital einer Ausschüttungssperre. Eine wichtige und vom Mindestkapital unabhängige Ergänzung dieses Schutzes besteht in dem Erfordernis, daß Vermögen, das die Gesellschaft zur Befriedigung ihrer Gläubiger benötigt, nicht ausgeschüttet werden darf. Verstoßen die *directors* gegen diesen Aspekt der *duty to act bona fide in the interests of the company*, sind sie der Gesellschaft zum Ersatz verpflichtet.

---

[361] In ihrem Abschlußbericht schlägt die *Company Law Review Steering Group* eine Vereinfachung derartiger Transaktionen in Unternehmensgruppen vor. Vgl auch *Gower* Company Law S. 280.

[362] *Hannigan* Annotated Guide to Companies Act s. 263(1).

[363] *Hannigan* Company Law S. 618.

[364] *Re Halt Garage (1964) Ltd* [1982] 3 All ER 1016.

[365] *Aveling Barford Ltd v Perion Ltd* [1989] BCLC 626.

[366] Geßler/Hefermehl/*Bungeroth* § 57 Rn. 4; Kölner Kommentar AktienG/*Lutter* § 57 Rn. 5.

Das GmbH-Recht, das nur das wertmäßig zur Deckung der Stammkapitalziffer und einer etwaigen Überschuldung erforderliche Vermögen schützt,[367] vgl. § 30 I GmbHG, setzt zwar bei der Ermittlung des geschützten Vermögens eine bilanzielle Betrachtungsweise voraus,[368] verlangt aber im Gegensatz zum Recht der *limited* und auch dem Aktienrecht nicht die Aufstellung einer Zwischenbilanz.[369] Zudem kann, da Rücklagen aufgelöst und ausgeschüttet werden können, solange hierdurch keine Verletzung des Stammkapitals durch Verlustvorträge eintritt, eine Überkapitalisierung einer GmbH relativ einfach beseitigt werden.[370] Durch die Beschränkung des zur Ausschüttung zur Verfügung stehenden Vermögens wird letztlich auch im Recht der *limited* ein hoher Schutzstandard erreicht und den Marktteilnehmern ein ökonomisch sinnvolles Verhalten abverlangt.

b) Kapitalherabsetzung

Durch die Kapitalherabsetzung wird die Vermögensbindung in der Gesellschaft abgesenkt. Da den Gläubigern der Gesellschaft ein Teil ihres Haftungsfonds entzogen wird, ist eine solche Herabsetzung nur möglich, wenn die Vorgaben von ss. 135-141 CA 1985 eingehalten werden,[371] deren Ziel die Wahrung der Gläubigerinteressen ist.[372]

Gemäß s. 135(1) CA 1985 ist eine Kapitalherabsetzung nur dann zulässig, wenn der Gesellschaftsvertrag diese Möglichkeit vorsieht,[373] ein qualifizierter Mehrheitsbeschluß *(special resolution)*[374] gefaßt wurde und eine gerichtliche Bestätigung vorliegt. Die Herabsetzung des Kapitals bedarf zu ihrer Wirksamkeit ferner der Eintragung in das *register of companies*.[375]

---

[367] H.M., vgl. Hachenburg/*Müller* § 30 Rn. 20ff.; Scholz/*Westermann* § 30 Rn. 5f.; Lutter/*Hommelhoff* § 30 Rn. 3.

[368] Rowedder/Schmidt-Leithoff/*Pentz* § 30 Rn. 7, 9; *Hüffer* § 57 Rn. 1ff.

[369] Diese Auffassung ist nicht unbestritten. Für das Erfordernis der Aufstellung einer Bilanz *Röhrkasten* GmbHR 1974, 36; *Meister* WM 1980, 390, 394; verneinend Rowedder/Schmidt-Leithoff/*Pentz* § 30 Rn. 9; Hachenburg/*Müller* § 30 Rn. 43.

[370] *Kallmayer* DB 2004, 636, 637.

[371] Buckley on Companies Acts Rn. 135.7

[372] Die (Minderheits-)Gesellschafter, deren Schutz diese Vorschriften ebenfalls zu dienen bestimmt sind, sind nicht Gegenstand der vorliegenden Untersuchung. Vgl. hierzu *Hannigan* Company Law S. 610ff.

[373] Die Modellsatzung sieht diese Möglichkeit vor: Art. 34 Table A.

[374] Vgl. hierzu Buckley on Companies Acts Rn. 135.82ff. Eine *special resolution* erfordert eine Dreiviertelmehrheit der abgegebenen Stimmen und setzt eine Ladungsfrist von 21 Tagen voraus, s. 378(1) und (2) CA 1985.

[375] 138(2) CA 1985.

In den Fällen, in denen die Interessen der Gläubiger besonders tangiert sind, werden sie besonders stark an dem Verfahren beteiligt, s. 136(2) CA 1985.[376] Dies ist dann gegeben, wenn als Folge der Verringerung des Kapitals die Haftung für noch nicht voll erbrachte Einlagen reduziert wird bzw. bereits erbrachte Einlagen zurückerstattet werden (effektive Kapitalherabsetzung). Zusätzlich zu den genannten Konstellationen kann das englische Gericht im Rahmen seines Ermessens jederzeit die Gläubigerbeteiligung anordnen. Jeder Gläubiger, der im Fall der Insolvenz berechtigt wäre, seinen Anspruch anzumelden, kann der Eintragung widersprechen, s. 136(3) CA 1985. Das Gericht ist verpflichtet, eine Liste der widerspruchsberechtigten Gläubiger zu erstellen, s. 136(4) CA 1985. Die Ausübung des Widerrufsrechts ist fristgebunden, wobei der genaue Zeitraum, innerhalb dessen der Widerruf wirksam ausgeübt werden kann, durch das Gericht festzusetzen ist, s. 136(4)(b) CA 1985. Der Widerspruch eines Gläubigers kann durch die Besicherung der fraglichen Forderung seitens der Gesellschaft ersetzt werden, s. 136(5) CA 1985. Wenn das Gericht hinsichtlich jedes Gläubigers sichergestellt hat, daß dieser entweder befriedigt bzw. besichert wurde oder seine Zustimmung gegeben hat, kann es nach eigenem Ermessen und mit etwaigen Auflagen die gerichtliche Bestätigung erteilen, s. 137(1) CA 1985.[377] Das Gericht besitzt hinsichtlich der Erstellung der Liste der widerspruchsberechtigten Gläubiger ein weites Ermessen. So ist die Aufstellung nicht zwingend, s. 136(6) CA 1985, und es machen die englischen Gerichte in praxi von dieser Erleichterung oft Gebrauch, da sich die Gesellschaft häufig bereits im Vorfeld mit ihren Gläubigern geeinigt haben wird.[378] Das Gericht kann auch verlangen, daß die *limited* für einen bestimmten Zeitraum den Zusatz „*and reduced*" trägt und die Gründe für die Kapitalherabsetzung sowie andere relevante Informationen angibt, s. 137(2) und (3) CA 1985. Derartige Auflagen spielen allerdings in der Praxis kaum eine Rolle. Dem *registrar of companies* wird schließlich der Gerichtsbeschluß und ein Protokoll zugestellt, das Details des neuen Gesellschaftskapitals enthält, s. 138(1) CA 1985. Die Eintragung der Änderung ist, wie be-

---

[376] Siehe hierzu auch die Darstellung von *Ferran* Corporate Finance S. 367f.

[377] Buckley on Companies Acts Rn. 135.8. Im Regelfall, für den davon auszugehen ist, daß die erforderlichen formellen Anforderungen gewahrt wurden, besteht die Aufgabe des Gerichts nur in der Austellung der Bestätigung, da davon ausgegangen wird, daß diese, insbesondere die Veröffentlichung der Kapitalherabsetzung und die ordnungsgemäße Erstellung der *accounts*, ausreichenden Schutz gewähren, vgl. *Hannigan* Company Law S.609, *Mayson, French and Ryan* Company Law S. 309.

[378] *Hannigan* Company Law S. 610. Bei der Ermessensausübung wird das Gericht berücksichtigen, ob das Gesellschaftsvermögen zur Befriedigung aller Ansprüche ausreichen wird sowie wie hoch der auszuschüttende Betrag ist, *Re House of Fraser plc* [1987] BCLC 293; *Re Luciana Temperance Billard Halls (London) Ltd* [1966] 2 WLR 5.

reits angedeutet, konstitutiv,[379] s. 138(2) CA 1985. Als Folge der Kapitalherabsetzung ist die Haftung der Gesellschafter für nicht voll eingezahlte Anteile entsprechend verringert, so daß sie nur noch auf den Differenzbetrag zwischen dem neuen, geminderten Nominalwert ihrer Anteile und der bereits geleisteten Einlage haften, s. 140 CA 1985. Ein bei Erstellung der Liste nicht berücksichtigter widerspruchsberechtigter Gläubiger, der von der Kapitalherabsetzung keine Kenntnis hatte, kann auch nach der Eintragung für den Fall, daß die Gesellschaft ihn nicht befriedigen kann, Zahlung von den Gesellschaftern verlangen, s.140(2) und (3) CA 1985. Die Haftung ist dann aber auf den damaligen Umfang beschränkt, s.140(3) CA 1985.

Auch bei der Frage der Kapitalherabsetzung trägt das englische Recht dem Schutzbedürfnis der Gläubiger Rechnung, wobei auch hier die im englischen Kapitalgesellschaftsrecht häufig vorkommenden gerichtlichen Eingriffsbefugnisse Bestandteil des gesetzlichen Regelungssystems sind. Letztlich besteht hierin der wesentliche Unterschied zur Regelung der §§ 58ff. GmbHG, deren Zweck, vergleichbar mit dem der im *Companies Act 1985* getroffenen Regelung, ebenfalls darin besteht, die Ausschüttung von Beträgen, die zur Befriedigung der Gläubiger erforderlich sind, zu verhindern.[380] Auch das deutsche Recht kennt die Beteiligung der Gläubiger, § 58 I GmbHG, wobei für die *limited* eine § 58 I Nr. 3 GmbHG vergleichbare Sperrfrist nicht gilt. Allerdings kann im englischen Recht ein nicht berücksichtigter Gläubiger gemäß s. 140(2) und (3) CA 1985 auch noch nach Eintragung Zahlung von den Gesellschaftern verlangen. Zudem kennt das englische Recht kein Verfahren für eine einfache Kapitalherabsetzung, wie sie in §§ 58a ff. GmbHG geregelt ist.

c) Erwerb eigener Anteile

Die im Rahmen einer Kapitalherabsetzung erforderliche gerichtliche Bestätigung kann durch einen Erwerb eigener Anteile vermieden werden, da dieser eine derartige Mitwirkung des englischen Gerichts nicht voraussetzt. Nach der Regel des *common law* in *Trevor v Whitworth*[381] darf außerhalb einer vom Gericht bestätigten Kapitalherabsetzung gebundenes Gesellschaftsvermögen nicht an die Gesellschafter ausgeschüttet werden. Zudem wäre nach dieser Regel auch der Erwerb eigener Anteile unzulässig, da hierin eine Kapitalherabsetzung zu Lasten der Gläubiger gesehen werden kann.[382]

---

379 *Re Castiglione Erskine & Co Ltd* [1958] 1 WLR 688.

380 Vgl. hierzu *Raiser* Kapitalgesellschaftsrecht § 40 Rn. 5ff.

381 [1887] 12 AC 409.

382 Vgl. auch *Ferran* Corporate Finance S. 444.

Diese Grundregel -Verbot des Erwerbs eigener Anteile - hat der Gesetzgeber in s. 143(1) CA 1985 normiert, in Anerkennung der Bedürfnisse des Wirtschaftsverkehrs aber in ss. 143(3), 144, 145 CA 1985 Ausnahmetatbestände definiert. Demnach greift das Verbot des Erwerbs eigener Anteile dann nicht, wenn es sich um einen Erwerb eigener Anteile nach Maßgabe von ss. 151-181 CA 1985, im Rahmen einer Kapitalherabsetzung nach den bereits dargestellten Grundsätzen, ss. 135-141 CA 1985, einer Einziehung von Anteilen bzw. deren freiwilliger Aufgabe oder als Folge eines Gerichtsbeschlusses[383] handelt, s. 143(3) CA 1985. Zudem ist die *limited* berechtigt, Anteile unentgeltlich zu erwerben, etwa aufgrund testamentarischer Verfügung, s. 143(3) CA 1985.[384] Überdies ist der Erwerb nicht voll eingezahlter Anteile durch einen *nominee* der Gesellschaft gemäß s. 144 CA 1985 zulässig, da dieser als Erwerber nach den dargestellten Grundsätzen als Erwerber nicht voll eingezahlter Anteile haftet, die Einlage also letztlich von diesem zu erbringen ist, s. 144(2) CA 1985.

Die gesetzliche Regelung in ss. 159-181 CA 1985, die einen derartigen Erwerb zuläßt, unterwirft diesen zum Schutz der Gläubiger einem restriktiven Regelungssystem. So darf eine solche Maßnahme nur unter bestimmten Umständen unter Wahrung formaler Anforderungen getroffen werden. Zudem kann die Gesellschaft nur bestimmte finanzielle Ressourcen einsetzen und der Vorgang unterliegt weitreichender Publizität.
Die gesetzlichen Bestimmungen für den Erwerb eigener Anteile bzw. sog. *redeemable shares*[385] sind weitgehend identisch, so daß sich die Darstellung auf beide Verfahren bezieht.
Gemäß s. 162(1) CA 1985 kann eine Gesellschaft dann eigene Anteile erwerben, wenn im Gesellschaftsvertrag eine solche Ermächtigung enthalten ist.[386] Ferner bedarf es eines entsprechenden Gesellschafterbeschlusses,[387] der grundsätzlich

[383] Hierbei handelt es sich nach s. 143(3)(c) CA 1985 um die Fälle der Änderung der *objects* der Gesellschaft, die Umwandlung einer *public* in eine *private limited company* gemäß s. 54 CA 1985 und den Schutz von Minderheitsgesellschaftern gemäß ss. 459ff. CA 1985.

[384] So bereits *Re Castiglione's Will Trusts* [1958] Ch D 549.

[385] *Redeemable shares* sind Anteile, die bereits im Zeitpunkt der Ausgabe unter dem Vorbehalt des Wiedererwerbs durch die Gesellschaft stehen, wobei die Bedingungen bereits zum Zeitpunkt der Ausgabe festgesetzt sein müssen, vgl. s. 159 und 159(A) CA 1985. Hierin liegt auch der entscheidende Unterschied zum Erwerb eigener Anteile, da in diesem Fall eine solche Festsetzung bereits bei Ausgabe nicht erforderlich ist.

[386] *Hannigan* Company Law S. 595. Eine solche Regelung findet sich in der Modellsatzung, art. 35 Table A.

[387] *Private companies* steht wiederum die Option offen, schriftlich abzustimmen, vgl. s. 381A und Sch 15A, para 5.

auch die Authorisierung der Konditionen des Kaufvertrages enthalten muß,[388] s. 164(1) und (2) CA 1985. Um der Gesellschaft keine zur Gläubigerbefriedigung zur Verfügung stehenden Vermögenswerte zu entziehen, dürfen ausschließlich voll eingezahlte Anteile erworben werden, ss. 159(3) und 162(2) CA 1985. Aus der Perspektive des Gläubigerschutzes ist die Frage, welche Gesellschaftsressourcen zur Finanzierung herangezogen werden dürfen, von entscheidender Bedeutung.
Daher dürfen, ausgenommen sind insoweit *private companies,* entsprechende Zahlungen nur aus *distributable profits* i.S.v. s. 263(2) und 181(a) CA 1985, also realisierten Gewinnen, oder dem Erlös aus einer Ausgabe neuer Anteile zum Zweck des Erwerbs erfolgen. Die Zahlung eines im Fall des Rückerwerbs zu erbringenden Bonus darf nur aus *distributable profits* erfolgen, ss. 168(1), 160(1) und 162(2) CA 1985.[389] Wenn die Gesellschaft die Transaktion aus Gewinnen finanziert, muß für den Betrag, um den das *issued share capital* verringert wird, eine Rücklage gebildet werden, sog. *capital redemption reserve,* die wie *paid-up capital* behandelt wird und dementsprechend nicht ausgeschüttet werden kann, s. 264(3)(b) CA 1985.
Durch die Löschung der rückerworbenen Anteile wird das *issued share capital* entsprechend reduziert, ss. 160(4) und 162(2) CA 1985. Um Dritten Kenntnis vom Erwerb zu verschaffen, ist innerhalb von 28 Tagen, nachdem die Gesellschaft die Anteile erhalten hat, eine entsprechende Eingabe beim *registrar* einzureichen, die unter anderem die Anzahl und den Nominalwert der Anteile angeben muß, s. 169(1) CA 1985. Ferner müssen Dokumente über die Details des Kaufvertrages für einen Zeitraum von 10 Jahren an der *registered office* der Gesellschaft aufbewahrt werden und zur Einsicht für die Gesellschafter zur Verfügung stehen, s. 169(4) CA 1985. Zudem hat der *directors' report* entsprechende Angaben zu enthalten, s. 234(3) CA 1985, Sch 7, Pt II.

Wie eingangs angedeutet, kann eine *private company* in Ausnahme zu dem Gebot, daß Zahlungen nur aus Gewinnen der Gesellschaft oder dem Erlös aus der Ausgabe neuer Anteile erfolgen dürfen, ss. 168(1), 160(1) und 162(2) CA 1985, den Erwerb eigener Anteile bei Wahrung zusätzlicher gläubigerschützender Anforderungen auch aus gebundenem Kapital finanzieren,[390] ss. 171-177 CA 1985.

---

[388] Dies gilt im Fall des *off-market purchase*, d.h. außerhalb eines anerkannten Kapitalmarktes, wie der Börse.

[389] Für die letzte Fallgruppe sehen ss. 160(2) und 162(2) CA 1985 Ausnahmen vor, falls die Anteile mit einem Agio ausgegeben wurden. In diesem Fall darf die Auszahlung teilweise auch mit dem Erlös aus der Ausgabe neuer Anteile bewirkt werden.

[390] *Ferran* Corporate Finance S. 446ff.

Dies setzt zunächst eine entsprechende gesellschaftsvertragliche Ermächtigung, die eine solche Finanzierung vorsieht, voraus, s. 171(1) CA 1985.[391]
Die Gesellschaft muß den Erwerb primär aus den Gewinnen und einem Erlös aus einer etwaigen Ausgabe neuer Anteile finanzieren und darf ausschließlich dann, wenn diese Summe nicht ausreichend ist, den Fehlbetrag aus dem Kapital decken, s. 171(3) CA 1985, sog. *permissible capital payment*. Die Zahlung erfordert wiederum einen qualifizierten Mehrheitsbeschluß der Gesellschafterversammlung, s. 173(2) CA 1985. Gesellschafter, auf deren Anteile sich die Herabsetzung bezieht, sind vom Stimmrecht ausgeschlossen, s. 174(2) CA 1985. Ein Verstoß führt dann zur Unwirksamkeit des Beschlusses, wenn die Stimme des ausgeschlossenen Gesellschafters für die Annahme kausal war, s. 174(2) CA 1985. Weitere Wirksamkeitsvoraussetzung ist, daß der nach s. 173(3)-(5) CA 1985 erforderliche Geschäftsführerbericht und der gemäß s. 173(5) CA 1985 diesem beizufügende Wirtschaftsprüferbericht der Gesellschafterversammlung bei Beschlußfassung vorliegt, s. 174(4) CA 1985.[392] Inhalt der *statutory declaration* der *directors* ist neben der Angabe des für den Erwerb zulässigen Betrages die Versicherung, daß die Gesellschaft infolge dieser Zahlung nicht illiquide und innerhalb des auf die Herabsetzung folgenden Jahres die Gesellschaft zur Fortführung ihres operativen Geschäftes in der Lage sein wird, s. 173(3) CA 1985. Die Richtigkeit dieser Angaben ist von den Wirtschaftsprüfern in deren Bericht zu überprüfen, s. 173(5) CA 1985. Diese Dokumente sind ebenfalls beim *registrar* einzureichen, s. 175(5) CA 1985. Überdies sind sie für fünf Wochen ab dem Beschluß an der *registered office* zur Einsicht auszulegen, s. 175(6) CA 1985.
Ferner bedarf es auch hier einer umfassenden Publizierung der Vorgänge. So hat sowohl in der *London Gazette* als auch in einer überregionalen Zeitung eine Veröffentlichung des Erwerbs eigener Anteile und von Detailinformationen binnen Wochenfrist ab Beschlußfassung zu erfolgen, s. 175(1), (2) und (3) CA 1985.
Ein Verstoß gegen die jeweiligen Regeln führt unabhängig von der konkreten Finanzierung zur Unwirksamkeit des Erwerbs.[393] S. 176(1) CA 1985 räumt Gläubigern und Gesellschaftern ein Widerspruchsrecht ein, das innerhalb von 5

---

[391] Art 34 Table A ermächtigt eine *private company* zu einer derartigen Transaktion.

[392] Auch hier besteht natürlich die Möglichkeit, schriftlich abzustimmen, s. 381A, Sch 15A, para 6.

[393] *Re R W Peak (Kings Lynn) Ltd* [1998] 1 BCLC 193, 205; *Wright v Atlas Wright (Europe) Ltd* [1999] 2 BCLC 301; es erscheint jedoch denkbar, daß das Erfordernis der Einhaltung weniger zentraler Anforderungen durch einstimmigen Beschluß der Gesellschafter nach deren umfassender Information beseitigt werden kann, vgl. *BDG Roof-Bond Ltd v Douglas* [2000] 1 BCLC 401, 417.

Wochen nach der Beschlußfassung ausgeübt werden muß.[394] S. 76(1) und (2) IA 1986 macht für den Fall, daß die Gesellschaft binnen Jahresfrist nach einem Erwerb aus *paid-up share capital* insolvent wird und das Gesellschaftsvermögen zur Gläubigerbefriedigung und Deckung der Kosten des Insolvenzverfahrens nicht ausreicht, Gesellschafter, deren Anteile erworben wurden sowie die *directors* als Unterzeichner der *statutory declaration* haftbar. Der Haftungsumfang der Gesellschafter, an dem sich auch die Haftung der *directors* ausrichtet, ist auf den empfangenen Betrag beschränkt, s. 76(3) IA 1986.

Das Erwerbsverbot gilt im Falle wechselseitiger Beteiligungen unter bestimmten Umständen, im Gegensatz zum deutschen Recht, in dem § 33 GmbHG auf diese Konstellationen analog anwendet wird, [395] nicht. So darf eine Tochtergesellschaft *(subsidiary)*[396] zwar keine Anteile an der Muttergesellschaft *(holding company)* erwerben, s. 23(1) CA 1985. Ausnahmen gelten hierbei lediglich im Fall der Inhaberschaft infolge eines *trusts* oder bei kurzfristigem Anteilserwerbs als Börsenhändler, s. 23(2), (3) und 3(A) CA 1985. Die Rechtslage ist jedoch dann anders zu beurteilen, wenn eine Gesellschaft (A) die *holding company* einer anderen Gesellschaft (B) wird, die ihrerseits bereits Anteile an der zukünftigen Mutter (A) hält.[397]
Auch hier könnte angenommen werden, daß eine derartige Transaktion faktisch den Erwerb eigener Anteile durch A darstellt. Unter Bezugnahme auf die verwobenen Beteiligungsstrukturen der Gesellschaften und das zu verhindernde Ergebnis, daß diese dann unzulässig wären, hat das englische Gericht diese Gestaltung für rechtmäßig erklärt. Tragend war in diesem Zusammenhang auch der Gedanke, daß ansonsten eine Zielgesellschaft im Vorfeld der Übernahme durch den Anteilserwerb an der Übernehmerin den Erwerb vereiteln könnte.[398] Der Erwerb von Anteilen an einer Gesellschaft, die *nach* dem Erwerb Muttergesellschaft der Käuferin wird, ist auch nach der gesetzlichen Regelung in s. 23(5) CA 1985 nicht unzulässig. In diesem Fall bleibt die Tochter unter Verlust der

---

[394] Vgl. zum Grundgedanken dieser Regelung *Feldman/Meisel* Corporate and Commercial Law S. 179.

[395] Allerdings ist diese Rechtsauffassung nicht unbestritten, wie hier MünchHdB GesR III/*Kort* § 27 Rn. 46f.; Scholz/*Westermann* § 33 Rn. 13 m.w.N.; Hachenburg/*Ulmer* Anh. § 77 Rn. 46. A.A. Roth/*Altmeppen* § 33 Rn. 29; Hachenburg/*Hohner* § 33 Rn. 75.

[396] Zu beachten ist, daß für das Vorliegen einer *subsidiary-holding relationship* folgende qualitative Anforderungen nach s. 736(1) CA 1985 erfüllt sein müssen: Die *holding company* muß in der Tochter die Stimmrechtsmehrheit innehaben oder Gesellschafter sein und das Recht, die Mehrheit der *directors* zu benennen, besitzen oder als Gesellschafter infolge von Stimmbindungsverträgen die Stimmrechtsmehrheit kontrollieren.

[397] *Acatos & Hutcheson plc v Watson* [1995] 1 BCLC 218.

[398] Vgl. zum Ganzen *Nolan* [1995] 16 Co Law 180.

Stimmrechte Gesellschafterin der Mutter, s. 23(5) CA 1985. Das englische Gericht hielt aber in *Acatos & Hutcheson plc v Watson* ausdrücklich fest, daß Gestaltungen, die der Umgehung von s. 143 CA 1985 gelten, Gegenstand eines *lifting of the veil* werden können. Damit ist jedoch kein Haftungsdurchgriff im deutschen Sinne gemeint, sondern der Erwerb wäre dann lediglich wegen Verstoßes gegen s. 143 CA 1985 unwirksam.[399]
Festzuhalten ist, daß das Recht der englischen *limited* den Erwerb eigener Anteile einem differenzierten Regelungssystem unterwirft, während die Parallelregelung in § 33 GmbHG insbesondere weniger formale Anforderungen stellt und den Erwerb nur unter den Voraussetzungen von § 33 I, II 1 GmbHG, d.h. hinsichtlich nicht voll eingezahlter Geschäftsanteile oder bei Verletzung des Stammkapitals, untersagt. Im Gegensatz zum englischen Recht ist somit im Recht der GmbH der Erwerb eigener Anteile im Grundsatz zulässig.[400] Allerdings kennen beide Regelungssysteme aus Gläubigerschutzgründen ein Erwerbsverbot bei nicht voll eingezahlten Anteilen. Das Recht der *limited* ist insofern weitergehend, als es einen Erwerb aus gebundenem Kapital zuläßt, falls zusätzliche Formalia gewahrt werden und der Vorgang von umfassender Publizität begleitet wird. Für den Fall, daß die *limited* binnen Jahresfrist insolvent wird, statuiert s. 76(1) und (2) IA 1986 in diesem Zusammenhang eine dem deutschen Recht fremde Haftung des ehemaligen Anteilsinhabers.
Im Kontext wechselseitiger Beteiligungen wendet das deutsche Recht § 33 GmbHG auf den Erwerb von Anteilen einer GmbH durch ein in Mehrheitsbesitz stehendes bzw. abhängiges Unternehmen analog an,[401] während das englische Recht das Erwerbsverbot in diesem Fall nicht anwendet. Die deutsche Position ist darin begründet, daß § 33 I GmbHG dem Kapitalschutz dient und dieser Schutzzweck aufgrund der mittelbaren Selbstbeteiligung auch bei wechselseitigen Beteiligungen tangiert ist.[402] Die Komplexität der englischen Vorschriften kann damit erklärt werden, daß sich diese Problematik im Bereich der in *Trevor v Whitworth*[403] entwickelten Grundregel des Verbots der Ausschüttung von Ge-

---

399 *Nolan* [1995] 16 Co Law 180. Zur *doctrine of lifting the veil* vgl. die ausführliche Darstellung im Folgenden.

400 *Raiser* Kapitalgesellschaftsrecht § 37 Rn. 41.

401 Rowedder/Schmidt-Leithoff/*Pentz* § 33 Rn. 65; MünchHdB GesR III/*Kort* § 27 Rn. 47; Baumbach/Hueck/*Fastrich* § 33 Rn. 16; Scholz/*Westermann* § 33 Rn. 13 m.w.N.; Hachenburg/*Ulmer* Anh. § 77 Rn. 46.

402 Rowedder/Schmidt-Leithoff/*Pentz* § 33 Rn. 65. Bei einfachen wechselseitigen Beteiligungen bedarf es in Analogie zu §§ 19, 328 AktG einer Beteiligung von mindestens 25%, Rowedder/Schmidt-Leithoff/*Pentz* § 33 Rn. 67; Emmerich/Habersack/*Emmerich* Aktien- und GmbH-Konzernrecht § 19 Rn. 21ff. m.w. N.; a.A. *Verhoeven* GmbHR 1977, 97, 100; Roth/Altmeppen § 33 Rn. 29.

403 [1887] 12 AC 409.

sellschaftsvermögen außerhalb einer ordnungsgemäßen Kapitalherabsetzung an die Gesellschafter bewegt.[404] Ersatz und Rechtfertigung für die Ausnahme von diesem gläubigerschützenden Grundsatz ist, wie auch in den anderen Ausnahmefällen, die Einhaltung detaillierter gesetzlicher Vorschriften.

d) *Financial Assistance*

Auch das grundsätzliche Verbot, Dritten finanzielle Unterstützung für den Erwerb von Anteilen an der Gesellschaft zu gewähren, ist vor dem Hintergrund des Schutzes der Gläubiger vor einem Rückfluß des Gesellschaftskapitals an die Gesellschafter zu verstehen.[405] Das Regelungssystem besteht hierbei aus ss. 151-158 CA 1985, wobei die zivilrechtlichen Folgen eines Verstoßes nicht normiert sind und somit dem *common law* unterliegen. Der zentrale Verbotstatbestand findet sich in s. 151 CA 1985. Danach ist die direkte oder indirekte Gewährung finanzieller Unterstützung zum Erwerb von Anteilen durch die Gesellschaft selbst oder eine ihrer Tochtergesellschaften zum Zeitpunkt, vor oder nach der Akquisition unzulässig, s. 151(1) und (2) CA 1985. Erfaßt wird somit sowohl das Eingehen von Verbindlichkeiten durch die Gesellschaft, um den Erwerb zu ermöglichen, als auch die nachträgliche Befreiung des Erwerbers von einer zum Zwecke des Erwerbs eingegangenen Verpflichtung.
S. 152(1)(a) CA 1985 definiert den weiten Kreis der Handlungen, die unter den Begriff *financial assistance* fallen, als unentgeltliche Zuwendungen, die Bestellung von Garantien, Sicherheiten, Darlehen oder das Treffen von Freistellungsvereinbarungen. Erfaßt wird ferner jegliche Unterstützung einer vermögenslosen Gesellschaft bzw. jede Handlung, die das Nettovermögen der Gesellschaft erheblich beeinträchtigt. Zwar ist vor dem Hintergrund der *doctrine of capital maintenance* das Ausreichen eines Darlehens durch die Gesellschaft an sich unbedenklich, da auf der Aktivseite der Bilanz der Rückzahlungsanspruch der Gesellschaft zu aktivieren ist. Dennoch werden auch derartige Auszahlungen erfaßt, da das Bedürfnis des Gesellschafter- und Gläubigerschutzes vor dem Mißbrauch des Gesellschaftsvermögens zum Zwecke des Erwerbs eigener Anteile auch dann besteht, wenn die Erhaltung des *issued share capital* nicht tangiert ist.[406] Bei der Auslegung des Begriffs *financial assistance* legen die englischen Gerichte allerdings mit Blick auf die Strafbewehrtheit einer Zuwiderhandlung

---

[404] Vgl. auch *Gower* Company Law S. 247f.
[405] *Wallersteiner v Moir* [1974] 3 All ER 217, 239; *Ferran* Corporate Finance S. 374.
[406] *Chaston v SWP Group plc* [2003] BCC 140.

gemäß s. 151(3) CA 1985 einen engen, die „wirtschaftlichen Realitäten der Transaktion berücksichtigenden",[407] Maßstab an.
Auch das Verbot des s. 151 CA 1985 kennt Ausnahmetatbestände, die in s. 153 CA 1985 normiert sind, sowie Erleichterungen für *private companies*, die sich in ss. 155-158 CA 1985 finden und von denen diese, wie darzustellen sein wird, bevorzugt Gebrauch machen.
Der Tatbestand des s. 153 CA 1985 unterscheidet im wesentlichen drei Fallgruppen, die der Anwendung von s. 151 CA 1985 entzogen sind. Hierbei handelt es sich erstens um Transaktionen, die im Interesse der Gesellschaft liegende Verkehrsgeschäfte darstellen und daher nicht zum Ziel der Unterstützung eines Erwerbs erfolgt sind sowie zweitens von anderen Vorschriften zur *capital maintenance* erfaßte Vorgänge. Drittens erfaßt s. 153 CA 1985 Ausnahmetatbestände, die bestimmte Gesellschaften, deren Unternehmensgegenstand in der professionellen Gewährung von Unterstützung beim Erwerb von Anteilen besteht, und Transaktionen im Rahmen von Arbeitnehmerbeteiligungen privilegieren.[408]

Der Ausnahmetatbestand in s. 153(1) und (2) erfaßt die Fälle, in denen die Gesellschaft die Unterstützung nicht zum Zweck des Erwerbs gewährt oder dieser Zweck lediglich Teil eines umfangreicheren Zieles der Gesellschaft ist, die Unterstützung im guten Glauben gegeben wurde und im Gesellschaftsinteresse liegt (sog. *principal purpose defense*). Die Interpretation dieses Ausnahmetatbestandes hat Schwierigkeiten aufgeworfen, weil das englische Gericht darüber befinden muß, ob die fragliche Hilfestellung zum Erwerb der Anteile Bestandteil eines darüber hinausreichenden Zieles ist. Beispielhaft hierfür ist der vom *House of Lords* entschiedene Fall *Brady v Brady*[409] . Der Sachverhalt stellte sich vereinfacht so dar: Zwei verfeindete Brüder waren Gesellschafter eines Familienunternehmens, das aufgrund der Feindschaft, die die Gesellschaft stark beeinträchtigte, in seine beiden Unternehmensbereiche geteilt werden sollte. Problematisch war, daß beide Teile unterschiedlichen Wert besaßen, so daß aus diesem Grund der Inhaber des geringwertigeren Teils Unterstützung der Familiengesellschaft erhalten sollte, um den Erwerb seines Anteils zu finanzieren. Es stellte sich somit die Frage, ob die *financial assistance* der alten Gesellschaft, die dem Zweck der Teilung diente, unter den Ausnahmetatbestand von s. 153(2)(a) CA 1985 fiel. Das *House of Lords* differenzierte zwischen dem Ziel und dem Grund der Transaktion und entschied, daß die Tatsache, daß eine Gesellschaft einen wich-

---

[407] *Charterhouse Investment Trust Ltd v Tempest Diesels Ltd* [1986] BCLC 1, 10; *MT Realisations Ltd v Digital Equipment Co Ltd* [2003] BCC 415; *Chaston v SWP Group plc* [2003] BCC 140.

[408] Vgl. hierzu *Ferran* Corporate Finance S.397ff.

[409] [1988] 2 All ER 617; für eine ausführliche Darstellung der Entscheidung wird auf die Besprechung von *Greaves/Hannigan* [1990] 10 Co Law 135ff. verwiesen.

tigeren Grund verfolgt als die bloße Gewährung der Unterstützung nicht ausreichend ist, um diese zum bloßen Bestandteil eines darüber hinausreichenden Zieles zu degradieren.[410] Zwar bestand im zu entscheidenden Fall der Grund in der Teilung der Gesellschaft, jedoch war Ziel allein die finanzielle Hilfestellung der Gesellschaft. Da die englischen Gerichte bei der Auslegung des Begriffs *principal purpose* wirtschaftliche Nebeneffekte der *financial assistance*, die lediglich ein Motiv für diese darstellen, nicht berücksichtigen, konnte der Fall nicht unter die *principal purpose defense* gefaßt werden. Somit lag ein Verstoß gegen s. 151(2) CA 1985 vor. Infolge dieser Entscheidung hat s. 151(1) und (2) CA 1985 nahezu keinen Anwendungsbereich mehr.[411] Das *House of Lords* wies allerdings in seiner Entscheidung ausdrücklich darauf hin, daß nach den Umständen die Unterstützung rechtmäßig unter s. 155 CA 1985 hätte erfolgen können, was bei der Restrukturierung lediglich übersehen worden war.[412]
Eine weitere Ausnahme zu s. 151 CA 1985 findet sich in s. 153(3) CA 1985, die von anderen Vorschriften des *Companies Act 1985* erfaßte Vorgänge von dem Verbot ausnimmt. Hierzu gehören die Gewinnausschüttung, die Ausgabe von *bonus shares*, die Kapitalherabsetzung, der Erwerb eigener Anteile, Gerichtsbeschlüsse zum Minderheitenschutz unter s. 425 CA 1985 und bestimmte Vereinbarungen, die unter den *Insolvency Act 1986* fallen.
Die dritte Bereichsausnahme, die Gesellschaften, deren Unternehmensgegenstand die professionelle Gewährung von Unterstützung beim Erwerb von Anteilen ist und Transaktionen im Rahmen von Arbeitnehmerbeteiligungen privilegiert, findet sich in s. 153(4) CA 1985.

Für *private companies* sieht das Gesetz in ss. 155-158 CA 1985 Vereinfachungen vor (sog. *whitewash procedure*), die von den Gesellschaften deshalb vorrangig in Anspruch genommen werden, um den soeben dargestellten Unsicherheiten bei der Auslegung des Begriffs *larger purpose* in s. 153 CA 1985 zu entgehen. Die hierbei zu wahrenden Anforderungen sind weitgehend mit den für den Erwerb eigener Anteile aus dem Kapital der Gesellschaft geltenden identisch. Eine *private company* darf nur dann finanzielle Unterstützung gewähren, wenn das Nettovermögen der Gesellschaft dadurch nicht reduziert wird oder im Fall der Verringerung die Hilfe aus Gewinnen[413] erfolgt, s. 155(2) CA 1985. Ferner bedarf es eines qualifizierten Mehrheitsbeschlusses, s.155(4) CA 1985.[414] Die *directors* müssen gemäß s. 155(6) und s. 156(2) CA 1985 eine Erklärung zur

---

[410] Vgl. hierzu auch *Pettet* [1988] 3 JIBL 96, 99.

[411] *Hannigan* Company Law S. 632.

[412] Zu diesem Aspekt erfolgt sogleich eine nähere Darstellung.

[413] Hierbei muß es sich um *distributable profits* handeln, die zur Ausschüttung an die Gesellschafter zur Verfügung stehen, s. 152(1)(b) CA 1985.

[414] Alternativ ist eine schriftliche Abstimmung möglich, s. 381A CA 1985.

Solvenz der Gesellschaft abgeben. Darin ist anzugeben, ob die Gesellschaft sowohl in unmittelbarer Folge der Transaktion als auch im gesamten Folgejahr bei Fälligkeit alle Verbindlichkeiten wird erfüllen können und ob sie in der Lage sein würde, bei Auflösung innerhalb dieses Zeitraumes alle Verbindlichkeiten zu begleichen. Zudem müssen in der Stellungnahme genauere Details der Transaktion enthalten sein, s. 156(1) CA 1985. Der Erklärung muß ein die Angaben bestätigender Wirtschaftsprüferbericht beigefügt werden, s. 156(4) CA 1985. Für die Wirksamkeit des Gesellschafterbeschlusses ist die Vorlage der genannten Unterlagen in der Hauptversammlung erforderlich, s. 157(4) CA 1985.
Die finanzielle Unterstützung darf allerdings frühestens vier Wochen nach dem Gesellschafterbeschluß erfolgen, es sei denn, jeder stimmberechtigte Gesellschafter hat dem Beschluß zugestimmt, s. 158(2) CA 1985, spätestens jedoch acht Wochen danach, s. 158(4) CA 1985, um die Aktualität der die Transaktion für rechtmäßig erklärenden Unterlagen zu gewährleisten. Den Gläubigern der Gesellschaft steht im Gegensatz zu den Gesellschaftern[415] kein Widerspruchsrecht gegen den Beschluß zu, da davon ausgegangen wird, daß diese bereits durch die Beschränkung der verwendbaren Ressourcen und den Geschäftsführer- und Wirtschaftsprüferbericht als ausreichend geschützt angesehen werden.[416] Gemäß s. 156(5) CA 1985 müssen die Erklärung der Geschäftsführer, der Wirtschaftsprüferbericht sowie der Gesellschafterbeschluß beim *registrar of companies* eingereicht werden.

Ein Verstoß gegen die Vorschriften betreffend die *financial assistance* ist für die Gesellschaft und die Geschäftsführer strafbar, s. 151(3) CA 1985. Die zivilrechtlichen Sanktionen sind im *Companies Act* nicht geregelt und unterliegen, wie eingangs bereits erwähnt, dem *common law*. In diesem Kontext ergeben sich aus der Rechtswidrigkeit der *financial assistance*, vgl. s. 151(1) und (2) CA 1985, folgende Konsequenzen:
Die Vereinbarung einer unzulässigen *financial assistance* ist unwirksam,[417] wobei jedoch der zugrundeliegende Erwerb von der Unwirksamkeit jedenfalls dann nicht erfaßt wird, wenn beide Transaktionen voneinander getrennt werden können[418] und der fragliche Teil des Rechtsgeschäfts dem ausschließlichen Vorteil der Partei zu dienen bestimmt war, die sich jetzt auf dessen Wirksamkeit be-

---

[415] Diese haben ein Widerspruchsrecht nach s. 157(2) CA 1985.

[416] *Hannigan* Company Law S. 637.

[417] *Brady v Brady* [1988] 2 All ER 617; *Plaut v Steiner* [1989] 5 BCC 352; *Neilson v Stewart* [1991] SC 22 HL.

[418] *Carney v Herbert* [1985] AC 301 PC; *South Western Mineral Water Co Ltd v Ashmore* [1967] 1 WLR 1110; *Gower* Company Law S. 271; *Ferran* Corporate Finance S. 405.

ruft.[419] Eine im Rahmen einer unzulässigen *financial assistance* erfolgte Transaktion ist nichtig. Somit kann sich die Gesellschaft entweder auf deren Unwirksamkeit, etwa im Fall von bestellten Sicherheiten, berufen oder aber einen Rückzahlungsanspruch geltend machen.[420] Rückzahlungsansprüche bestehen hierbei sowohl gegen die Geschäftsführer und den Empfänger als auch gegen an der Transaktion beteiligte Dritte.

Wie im Fall einer unzulässigen Gewinnauschüttung verstößt die Authorisierung der *financial assistance* gegen die *fiduciary duties* der *directors* mit der Folge, daß diese aufgrund eines *breach of trust* haftbar gemacht werden können und der Gesellschaft den Gesamtbetrag der *financial assistance* zurückzuerstatten haben.[421] Auch die Haftung des Erwerbers ist mit der Rechtslage bei unzulässiger Gewinnausschüttung vergleichbar, da die Anspruchsgrundlage auch hier in einem *constructive trust for the benefit of the company* liegt. Wenn die Zahlung unzulässig war und der Empfänger der *financial assistance* von den Umständen, die die Unzulässigkeit begründen, wußte oder hätte wissen müssen ist er aufgrund eines *constructive trusts* zur Rückzahlung verpflichtet.[422]

Ferner können auch Dritte, die vom Gesellschaftsvermögen nichts erhalten haben, Anspruchsgegner wegen *knowing assistance* sein.[423] Dies richtet sich gleichfalls nach allgemeinen Grundsätzen des *law of trusts* und wurde vom *Privy Council* in *Royal Brunei Airlines v Tan*[424] erörtert. Danach haftet der Dritte für den eingetretenen Schaden dann mit seinem Privatvermögen, wenn er einen anderen, im vorliegenden Kontext die *directors*, bösgläubig unterstützt oder verleitet, seine *fiduciary duties* zu brechen. Der Maßstab für die Bestimmung der

---

[419] *Carney v Herbert* [1985] AC 301 PC; *Neilson v Stewart* [1991] SC 22 HL; *Mayson, French and Ryan* Company Law S. 333.

[420] Für den Fall bestellter Sicherheiten *Heald v O'Connor* [1971] WLR 497; allerdings weist Pettet [1988] 3 JIBL 96, 102 auf anderslautende frühere Entscheidungen hin. Vgl. auch *Carney v Herbert* [1985] AC 301, PC; *South Western Mineral Water Co Ltd v Ashmore* [1967] 1 WLR 1110. Für die Fallgruppe der Rückzahlungsansprüche *Selangor United Rubber Estates v Cradock (No. 3)* [1968] 1 WLR 1555; *Karak Rubber Co v Burden (No. 2)* [1972] 1 WLR 602; *Wallersteiner v Moir* [1974] 1 WLR 991; *Belmont Finance Corp v Williams Furniture Ltd (No. 2)* [1980] 1 All ER 393; *Smith v Croft (No. 2)* [1988] Ch D 114; *Agip (Africa) Ltd v Jackson* [1991] Ch D 547.

[421] Siehe *Bairstow v Queens Moat Houses plc* [2001] 2 BCLC 531; *Rolled Steel Products (Holdings) Ltd v British Steel Corpn* [1985] 3 All ER 52; *Belmont Finance Corp v Williams Furniture Ltd (No. 2)* [1980] 1 All ER 393; *JJ Harrison (Properties) Ltd v Harrison* [2002] 1 BCLC 162; *Re Lands Allotment Co* [1894] 1 Ch D 616; *Gower* Company Law 272.

[422] *Belmont Finance Corp v Williams Furniture Ltd (No. 2)* [1980] 1 All ER 393; *Mayson, French and Ryan* Company Law S. 333.

[423] Vgl. hierzu *Parker and Mellows* Law of Trusts S. 319ff, 323ff.

[424] [1995] 2 AC 378.

Bösgläubigkeit besteht in einem objektiv-subjektiven Test, nach dem das Verhalten des Anspruchsgegners einerseits an dem einer vernünftigen und ehrlichen Vergleichsperson gemessen wird und andererseits gefragt wird, ob der Dritte die Qualifizierung seines Verhaltens als bösgläubig nachvollzogen hat.[425] Dies dürfte insbesondere für Banken, die häufig an derartigen Transaktionen beteiligt sind, ein Haftungsrisiko darstellen.[426]

Im Vergleich zur deutschen Rechtslage ist zu bemerken, daß das Verbot der *financial assistance* sich zum Teil mit den von § 30 I GmbHG erfaßten Fallgruppen deckt.[427] Andererseits greift das Verbot im englischen Recht auch dann ein, wenn das *issued share capital* nicht tangiert wird, während § 30 I GmbHG bereits nach seinem Wortlaut nur das zur Erhaltung des Stammkapitals erforderliche Vermögen schützen will. Wie dargestellt ist das dann der Fall, wenn die *limiteds* von der *whitewash procedure* Gebrauch machen, da in diesem Fall die Unterstützung nur aus Gewinnen erfolgen darf. Auch ist die Regelung im GmbHG insofern enger, als sie Leistungen an Dritte nur im Fall einer qualifizierten Nähebeziehung zwischen dem Gesellschafter und dem Dritten erfaßt,[428] während Haftungsvoraussetzung nach den dargestellten Grundsätzen im englischen Recht lediglich ist, daß der Drittempfänger von dem Verstoß wußte oder hätte wissen müssen. Darüber hinaus können auch Nichtempfänger haftbar gemacht werden. Andererseits ist die englische Regelung insofern strenger, als sie nur die Zuwendungen zum Zwecke des Erwerbs eigener Anteile erfaßt. Dies erklärt sich daraus, daß darüber hinausgehende verdeckte Gewinnausschüttungen, wie im Rahmen der unzulässigen Gewinnausschüttung dargestellt, bereits vom Verbot der *disguised gifts out of capital* erfaßt sind. Zudem werden unter dem Gesichtspunkt der *financial assistance* auch Problemkreise erörtert, die im Recht der GmbH im Rahmen von § 19 II GmbHG relevant sind, wie etwa die eingangs erwähnte Befreiung des Gesellschafters von zum Zwecke des Anteilserwerbs eingegangenen Verpflichtungen oder das Eingehen von Verbindlichkeiten seitens der Gesellschaft, um den Erwerb zu ermöglichen. Da in diesen Fällen die Mittel wirtschaftlich aus dem Vermögen der Gesellschaft stammen und dieses somit effektiv nicht gemehrt wird, versagt § 19 II 1 GmbHG einer derartigen Leistung die Wirksamkeit, die Erfüllungswirkung tritt somit nicht ein.[429] Die zugrundeliegenden Rechtsgeschäfte sind gemäß § 134 BGB nichtig.

---

[425] *Twinsectra Ltd v Yardley* [2002] 2 All ER 377, 384.

[426] *Hannigan* Company Law S. 638; *Gower* Company Law S. 273.

[427] So auch *Höfling* Das englische internationale Gesellschaftsrecht S. 158.

[428] Rowedder/Schmidt-Leithoff/*Pentz* § 30 Rn. 21ff.

[429] Zur deutschen Rechtslage vgl. *Raiser* Kapitalgesellschaftsrecht § 28 Rn. 4ff.; Scholz/*Schneider* § 19 Rn. 40; Hachenburg/*Ulmer* § 19 Rn. 43.

3. Zusammenfassung

Der wesentliche Unterschied zwischen dem Recht der GmbH und dem der *private limited company* besteht in dem Fehlen eines gesetzlich bestimmten Mindestkapitals. Obwohl das englische Recht keine derartige Mindestkapitalziffer kennt, stellt es dennoch durch das dargestellte umfangreiche Regelungssystem, die *doctrine of capital maintenance*, sicher, daß die Gesellschaft das von ihr festgesetzte *issued share capital* auch tatsächlich erhält und dieses dann, abgesehen von den gesetzlich bestimmten Ausnahmen, nicht an die Gesellschafter zurückgeführt werden kann. Letztlich dürfen Zahlungen welcher Art auch immer aus Gläubigerschutzgesichtspunkten nur aus dem Gesellschaftsvermögen erfolgen, das ohnehin zur Ausschüttung an die Gesellschafter zur Verfügung steht. Zu unterstreichen ist insofern, daß sich das englische Recht bei der Rückführung von Gesellschaftsvermögen an die Gesellschafter nicht an der Mindestkapitalziffer, sondern an den *distributable profits*, den Gewinnen, orientiert. Zudem ist die Auswirkung von Gewinnausschüttungen auf die Solvenz der Gesellschaft zu berücksichtigen. Daher kann sich im Einzelfall eine im Vergleich zum deutschen Recht höhere Auszahlungssperre ergeben. Dies ist etwa dann der Fall, wenn an sich das Mindestkapital nicht tangiert ist, aber dennoch die Verluste die Gewinne überschreiten. Während im deutschen Recht in dieser Konstellation eine Ausschüttung zulässig wäre, besteht im englischen Recht eine Ausschüttungssperre, die nur in bestimmten Fällen und unter engen gesetzlichen Voraussetzungen überwunden werden kann. Dem Schutz des Gesellschaftskapitals vor einseitiger Schmälerung zugunsten der Gesellschafter dienen strenge formale Anforderungen bei einer Rückführung des Kapitals ebenso wie die Beschränkung der hierfür zur Verfügung stehenden Ressourcen, detaillierte Berichtsanforderungen an die Geschäftsführer und Wirtschaftsprüfer, eine eventuelle Gerichtsbeteiligung und umfassende Publizität. Flankiert wird der Schutz durch Haftungstatbestände, die die *directors* und Dritte im Fall eines Verstoßes betreffen.

Ziel dieses Regelungssystems ist es, einen unkontrollierten Abfluß von Gesellschaftsvermögen an die Gesellschafter zu Lasten der Gläubiger zu verhindern. Im Gegensatz zum deutschen Recht, das sich zur Erreichung dieses Ziels am Stammkapital orientiert und Zahlungen oberhalb dieser Ziffer lediglich unter dem Aspekt des Gleichbehandlungsgrundsatzes und der gesellschaftsrechtlichen Treuepflicht würdigt, legt das englische Recht hier einen strengeren Maßstab an, bewirkt in dieser Hinsicht also ein hohes Gläubigerschutzniveau. Somit ist die fehlende gesetzliche Mindestkapitalisierung der meisten *private limiteds* aus Gläubigerschutzgesichtspunkten nicht ganz so gravierend, wie dies auf den ersten Blick erscheinen mag.

Festzuhalten bleibt, daß der Sicherung der Kapitalaufbringung das Verbot der Unterpariemission, die Regeln betreffend den Gründerlohn, die Haftung des Erwerbers nicht voll eingezahlter Anteile neben dem Übernehmer und die Einziehung bei Nichtleistung der Einlage dienen. Zudem besteht die Möglichkeit, daß die Gesellschaft an ihren Anteilen ein Pfandrecht bestellen kann, um diese bei Nichtzahlung zu verwerten. Das Recht der Kapitalerhaltung umfaßt die Regeln betreffend die Gewinnausschüttung, die Kapitalherabsetzung, den Erwerb eigener Anteile und die finanzielle Unterstützung der Gesellschaft beim Erwerb ihrer Anteile. Wie dargestellt, besteht die zentrale Regelung darin, daß Ausschüttungen nur aus Gewinnen erfolgen können. Die Kapitalherabsetzung setzt eine gerichtliche Genehmigung voraus und beteiligt die Gläubiger dann, wenn ihre Interessen im Rahmen einer effektiven Kapitalherabsetzung gefährdet sind, besonders stark. Der Erwerb eigener Anteile ist nur aus Gewinnen möglich, wobei *private companies* auch auf gebundenes Kapital zurückgreifen dürfen, dann aber umfangreiche Formalien erfüllen müssen. Auch im Kontext der *financial assistance* finden sich wiederum Erleichterungen für die *private company*, die aber die Erfüllung besonderer Anforderungen voraussetzen.
Um die Einhaltung der gesetzlichen Regeln sicherzustellen, bestehen im Fall des Verstoßes gegen die *directors* und Dritte gerichtete Haftungstatbestände. Darüber hinaus existieren zum Teil Straftatbestände für die *directors*, die jedoch in praxi kaum eine Rolle spielen. Somit ist auch das Recht der *limited* von dem Bedürfnis geprägt, Gläubigern, die letztlich die Kosten und Gefahren der Haftungsbeschränkung auf das Gesellschaftsvermögen zu tragen haben, durch ein System der Kapitalaufbringung und -erhaltung zu schützen. Gerade im Kontext des Erwerbs eigener Anteile aus Gesellschaftskapital zeigt sich der alternative, auf Schutz durch Publizität beruhende Denkansatz des englischen Rechts, der eine Schmälerung des Haftungsfonds dann zuläßt, wenn anders gelagerte effektive Gläubigerschutzmechanismen angewendet werden können, wie etwa die Geschäftsführer- und Wirtschaftsprüferberichte und das Recht der Gesellschafter und Gläubiger, das Gericht anzurufen.

II. Haftungsdurchgriff im englischen Recht

Vergleichbar der Regelung in § 13 I und II GmbHG ist auch die *private limited company* eine Kapitalgesellschaft mit eigener Rechtspersönlichkeit, ss. 13(3) CA 1985. Die Haftung der Gesellschafter ist auf die jeweils übernommene Einlage begrenzt, ss. 1(2)(a), 13(4) CA 1985 und s. 74 IA 1986. Den Gesellschaftsgläubigern steht bei Erfüllung der formalen Gründungsanforderungen nach der gesetzlichen Konzeption des *Companies Act 1985* folglich nur das Gesellschaftsvermögen als Haftungssubstrat zur Verfügung. Rechtspolitisch ergibt sich aus dieser Konstellation die Frage, wie den aus der Trennung zwischen Verband

und Verbandsmitglied resultierenden Gefahren entgegengewirkt werden kann und welche juristischen Methoden hierfür zur Verfügung stehen.
Auch im englischen Recht zeichnet sich der Haftungsdurchgriff zunächst durch eine Vielgestaltigkeit der erfaßten Fälle aus.[430] So ist die hier vorrangig zu erörternde Durchgriffshaftung nur ein Teilaspekt der Durchgriffsproblematik. Für das Verständnis der komplexen Rechtslage ist jedoch entscheidend, daß keinesfalls alle unter dem Stichwort *lifting or piercing of the corporate veil* diskutierten Fälle eines Haftungsdurchgriffs dem Ziel dienen, die Gesellschafter für die Verbindlichkeiten der *limited* durch fehlende Berücksichtigung des Trennungsprinzips haftbar zu machen. Dem *veil lifting* werden vielmehr auch bestimmte gesetzliche Normen zugeordnet, die nicht die Haftung der Anteilseigner, sondern von gesellschaftsvertraglich an der Gesellschaft nicht beteiligten Dritten, wie etwa der Geschäftsführer gemäß ss. 213, 214 IA 1986, zum Gegenstand haben.[431] Daneben haften allerdings, ähnlich der Rechtslage in Deutschland, auch die auf die Geschäftsführung der Gesellschaft Einfluß nehmenden Gesellschafter über die Rechtsfigur des *shadow* bzw. *de iure directors* im Wege des Haftungsdurchgriffs. [432] Ferner erfaßt der Begriff *lifting of the corporate veil* auch die Haftung der Gesellschafter für Vertretergeschäfte oder Steuerschulden im Wege der Auslegung von Steuergesetzen.
Aufgrund der terminologischen Weite dieses Rechtsinstituts erfolgt im englischen Recht zudem keine Unterscheidung zwischen der Haftung der Gesellschafter für Gesellschaftsschulden, d.h. dem „eigentlichen“ Haftungsdurchgriff, und den Fällen des „umgekehrten“ Durchgriffs, d.h. der Haftung der Gesellschaft für Gesellschafterschulden.[433]

Ausgangspunkt der Erörterung des *lifting of the corporate veil* ist die Entscheidung des *House of Lords* in *Salomon v. Salomon & Co Ltd*,[434] in der das befaßte Gericht das Konzept des sog. *veil of incorporation*, d.h. einer eigenen, selbständigen, von den Anteilseignern und Geschäftsführern zu trennenden Rechtspersönlichkeit der Gesellschaft, anerkannte.

---

[430] Für das deutsche Recht findet sich eine ausführliche Darstellung in *K. Schmidt* Gesellschaftsrecht § 9 I 2; Rowedder/Schmidt-Leithoff/*Pentz* § 13 Rn. 130ff.

[431] In diesen Fällen handelt es sich sogar um eine bloße Innenhaftung gegenüber der Gesellschaft. Im GmbH-Recht wird unter Haftungsdurchgriff hingegen eine Außenhaftung gegenüber den Gläubigern der Gesellschaft verstanden, vgl. Rowedder/Schmidt-Leithoff/*Pentz* § 13 Rn. 122ff.

[432] British Company Law and Practice Rn. 28-200; Palmer's Company Law Vol. 2, Rn. 8.501.

[433] Zur deutschen Rechtslage vgl. Rowedder/Schmidt-Leithoff/*Pentz* § 13 Rn. 130ff.; 156f.; *Raiser* Kapitalgesellschaftsrecht § 29 Rn. 19ff.

[434] [1897] AC 22, HL.

In diesem Fall übertrug ein Einzelkaufmann, Mr. Salomon, seinen Lederwarenhandel an eine von ihm zu diesem Zweck gegründete *limited*, deren Gesellschafter er und sechs weitere Familienmitglieder waren.[435] Mr. Salomon, der zusammen mit zwei Söhnen zum *director* ernannt wurde, hielt alle Anteile bis auf sechs von den anderen Familienmitgliedern übernommene *shares*. Der Kaufpreis für das eingebrachte Unternehmen, etwa 40.000 Pfund, überstieg dessen tatsächlichen Wert um ca. 8.000 Pfund. Dies war Ausdruck einer positiven Einschätzung des zu erwartenden Geschäftserfolgs durch Mr. Salomon, stellte also keine absichtliche Fehlbewertung dar. Der Kaufpreis wurde durch die Ausgabe von mit dem Vermögen der Gesellschaft besicherten Schuldverschreibungen, Barzahlung und die Ausgabe von Anteilen getilgt. Zu diesem Zeitpunkt war die Gesellschaft noch solvent. Innerhalb eines Jahres nach der Gründung der *limited* mußte die Gesellschaft Insolvenz anmelden, wobei die Verbindlichkeiten, einschließlich der vorrangig zu befriedigenden besicherten Anleihen für Mr. Salomon, die Vermögenswerte um annähernd 8000 Pfund überstiegen. Der *liquidator* versuchte Mr. Salomon mit der Argumentation, daß die Gesellschaft lediglich eine andere Bezeichnung für ihn sei, persönlich für die Verbindlichkeiten der *limited* haftbar zu machen. Da Mr. Salomon nur Profite machen wolle, ohne die geschäftlichen Risiken zu tragen, sei die Gesellschaft eben nur ein *„alias, nominee, agent"* und die Transaktion stelle einen Betrug zu Lasten der Gläubiger dar. Das *House of Lords* wies diese Argumentation deutlich zurück und stellte insbesondere heraus, daß der *Companies Act* hinsichtlich der quantitativen Anforderungen, die an die Beteiligung der einzelnen Anteilseigner gestellt werden, keine weitergehende Regelung trifft.[436] Da die Gesellschaft somit die formalen Anforderungen des *Companies Acts* erfüllte und ordnungsgemäß registriert wurde, besaß sie eine eigene Rechtspersönlichkeit und war auch kein Stellvertreter für den Hauptgesellschafter. Entscheidend dürfte ferner gewesen sein, daß Mr. Salomon weder Gläubigerbenachteiligungsabsicht noch betrügerisches Verhalten vorgeworfen werden konnte. Ein Haftungsdurchgriff schied somit aus:

„When the memorandum is duly signed and registered, ..., the subscribers are a body corporate 'capable forthwith...of exercising all the functions of an incorporated company'. I cannot understand how a body corporate thus made 'capable' by statute can loose its individuality by issuing the bulk of its capital to one person, whether he be a subscriber to the memorandum or not. The company is at law a different person from the subscribers...; and, though it may be that after incorporation the business is precisely the same as it was before, and the same persons are managers, and the same hands receive the profits, the com-

---

[435] Damals waren für eine Gründung mindestens sieben Gesellschafter erforderlich. Heute kann auch eine Ein-Mann-Gründung erfolgen, s. 1(3A) CA 1985.

[436] [1897] AC 22, 29f., HL.

pany is not in law the agent of the subscribers or trustee for them. Nor are the subscribers as members liable, in any shape or form, except to the extent and in the manner provided by the Act."[437]
Ergänzend ist anzufügen, daß die Finanzierung der Gesellschaft durch Schuldverschreibungen der Gesellschafter als vollwertige Alternative zur Finanzierung der *limited* zur Eigenkapitalausstattung anerkannt wurde: „ *Any member of a company, acting in good faith, is as much entitled to take and hold the company's debentures as any outside creditor. Every creditor is entitled to get and to hold the best security the law allows him to take."*[438]

Unter bestimmten Voraussetzungen werden die englischen Gerichte in Durchbrechung des in *Salomon* entwickelten Grundsatzes einen Haftungsdurchgriff zulassen. Dies ist einerseits dann der Fall, wenn eine gesetzliche Vorschrift oder eine vertragliche Vereinbarung dies bedingen[439] oder wenn gewisse Umstände ein *veil lifting at common law* erfordern. Die hierbei geltenden Grundsätze sollen nunmehr näher erörtert werden.

1. Lifting the veil at common law

Während in den siebziger Jahren des zwanzigsten Jahrhunderts die englischen Gerichte insbesondere unter dem Einfluß des für seine Billigkeitsrechtsprechung bekannten Lord Denning einen liberalen, dem Haftungsdurchgriff zugeneigten Weg beschritten,[440] sind die englischen Gerichte seit der Entscheidung des *Court of Appeal* in *Adams v Cape Industries plc*[441] wieder zu einer strengeren Handhabung der Selbständigkeit der juristischen Person zurückgekehrt. Der Haftungsdurchgriff wurde vor der genannten Grundsatzentscheidung auf allgemeine Grundsätze wie etwa *fraud, agency, legislation, tort, group enterprises, tax, abuse of the corporate form* oder *interests of justice* zurückgeführt.[442] Die Ge-

---

[437] [1897] AC 22, 51, HL.

[438] [1897] AC 22, 52, HL.

[439] An diesen Fallgruppen läßt sich bereits erahnen, warum der Begriff *lifting of the corporate veil* weiter zu verstehen ist als das deutsche Äquivalent.

[440] Vgl. *Littlewoods Mail Order Stores Ltd v Commisioners of Inland Revenue* [1969] 1 WLR 1241; *Wallersteiner v Moir* [1974] 1 WLR 991; *DHN Food Distributors Ltd v Tower Hamlets London Borough Council* [1976] 1 WLR 852.

[441] [1990] Ch D 433, CA.

[442] *Gower* Company Law S. 184; *Pennington* Company Law S. 39ff.; *Mayson, French and Ryan* Company Law S. 152ff.; *Schmitthoff* [1976] JBL 305, 309; *Griffin* [1991] 12 Co Law 16, 17; *Pickering* [1968] 31 MLR 481ff.; vgl. hierzu auch die instruktive Zusammenfassung von *Höfling* Das englische internationale Gesellschaftsrecht S. 174f., die jedoch die Bedeutung von *Adams v Cape Industries plc* vernachlässigt.

richte haben unter Anwendung dieser Fallgruppen in bestimmten Konstellationen den Haftungsdurchgriff vorgenommen, eine klare Fallgruppenbildung erfolgte jedoch nicht. So befand das *House of Lords* in *Woolfson v Strathclyde Regional Council*[443]: *„It is appropriate to pierce the corporate veil only where special circumstances exist indicating that it is a mere façade concealing the true facts"*. Eine genaue Definition, wann diese Umstände gegeben sind, wurde jedoch versäumt. Dementsprechend war der Erfolg einer auf die Durchgriffshaftung gestützten Klage letztlich von der individuellen Rechtsauffassung des befaßten Gerichts abhängig.[444] Dieses Defizit wurde auch in *Adams v Cape Industries plc*[445] nicht beseitigt: *„From the authorities...we are left with rather sparse guidance as to the principles which should guide the court in determining whether or not the arrangements of a corporate group involve a façade within the meaning of that word as used by the House of Lords in Woolfson v Strathclyde Regional Council. We will not attempt a comprehensive definition of those principles."*

Dennoch konsolidierte *Adams v Cape Industries plc* die Rechtsentwicklung in anderer Hinsicht und kann somit als richtungsweisende Entscheidung verstanden werden. Diese Einschränkung ist daraus gerechtfertigt, daß als Folge dieses Urteils im *common law* ein Haftungsdurchgriff nur noch in folgenden Fällen in Frage kommen wird: Entweder bei Vorliegen einer *agency relationship* oder falls die Gesellschaft eine die wahren Verhältnisse verschleiernde *mere façade* bzw. lediglich ein Name ohne Substanz ist.[446] Der *Court of Appeal* nahm jedoch zu der Frage, wann genau eine *mere façade* vorliegt, wie aus dem Zitat ersichtlich, keine Stellung. Somit bleiben die genauen Voraussetzungen, die einen Durchgriff rechtfertigen, auch nach *Adams v Cape Industries plc*[447] unklar. Die Rechtsentwicklung zu dem gesamten Fragenkreis ist somit noch zu keinem Abschluß gekommen.
Gegenstand der Entscheidung in *Adams v Cape Industries plc*[448] waren zwei besonders heftig diskutierte Aspekte der *doctrine of limited liability*, unfreiwillige Gläubiger, wie etwa Deliktsgläubiger, und die Haftung innerhalb einer Unternehmensgruppe. In dem Fall ging es um die Durchsetzbarkeit eines US-

---

[443] [1978] SC 90, 96, HL.
[444] *Mayson, French and Ryan* Company Law S. 151.
[445] [1990] Ch D 433, 543, CA.
[446] *Adams v Cape Industries plc* [1990] Ch D 433, CA; Butterworths Corporate Law Service Rn. 8.28; Gore-Browne on Companies Rn. 1.4.2.; *Nakajima* [1996] 17 Co Law 187f.; *Bowmer* [2000] JIBL 193, 195f.; zur letzten Kategorie vgl. *Gencor ACP Ltd v Dalby* [2000] 2 BCLC 734.
[447] [1990] Ch D 433, CA.
[448] [1990] Ch D 433, CA.

Amerikanischen Gerichtsurteils gegen zwei im Vereinigten Königreich registrierte Gesellschaften, *Cape Industries plc* und deren hundertprozentige Tochter *Capasco Ltd*, die eine amerikanische Firma mit Asbest beliefert hatten. Der Vertrieb des Asbests in den Vereinigten Staaten erfolgte durch eine US-Amerikanische Tochter bzw. eine unabhängige Gesellschaft, die als Makler fungierte, um den Asbestimport ohne äußerlichen Bezug zu *Cape* oder *Capasco* zu ermöglichen und somit sowohl der amerikanischen Steuergesetzgebung als auch einer Vollstreckung von etwaigen US-Gerichtsurteilen zu entgehen. Um das zugunsten der an dem Asbeststaub erkrankten Kläger gefällte Gerichtsurteil auch im Vereinigten Königreich vollstrecken zu können, mußte bewiesen werden, daß *Cape* oder *Capasco* in den USA durch eine der beiden amerikanischen Gesellschaften in den USA tätig *(present)* waren.
Der *Court of Appeal* versagte den Haftungsdurchgriff, wobei er in der Urteilsfindung und -begründung umfassend zu den Voraussetzungen des *lifting of the veil* Stellung nahm. Das Gericht beschäftigte sich insbesondere mit drei Fallgruppen des Haftungsdurchgriffs: dem *single economic unit argument*, dem *façade test* und dem *agency test*. Zunächst wandte es sich der Frage zu, ob aus der wirtschaftlichen Verbundenheit der Unternehmensgruppe *(single economic unit)* nicht eine juristische Einheit gefolgert werden und die Obergesellschaft auf diesem Wege für die Verbindlichkeiten der Untergesellschaften haftbar gemacht werden kann, wenn dies aus Gerechtigkeitserwägungen gerechtfertigt erscheint.[449] Das *House of Lords* stellte fest, daß jede Gesellschaft einer Unternehmensgruppe eine eigene Rechtssubjektivität besitzt[450] und daß abgesehen von den Fällen, in denen gesetzliche oder vertragliche Bestimmungen[451] dies bedin-

---

[449] Gore-Brown on Companies Rn. 1.5.2.

[450] So bereits *The Albazero* [1977] AC 744, CA; siehe auch *Bank of Tokyo Ltd v Karoon* [1986] 3 All ER 468, 485.

[451] Wie etwa eine Garantie der Obergesellschaft für die Verbindlichkeiten der Untergesellschaft. Der Court of Appeal grenzte somit *DHN Food Distributors Ltd v Tower Hamlets London Borough Council* [1976] 1 WLR 852, CA, in dem Lord Denning den Haftungsdurchgriff zugunsten der Obergesellschaft unter Verweis auf die rein technische Trennung der Gesellschaften zuließ, als Präzedenzfall für die Interpretation von gesetzlichen Bestimmungen ab (sog. *distinguishing*). Die Richtigkeit dieser Entscheidung wurde allerdings bereits in *Woolfson v Strathclyde Regional Council* [1978] SLT 159 bezweifelt. Gleichermaßen wurden aus diesem Grund Fälle, die den Durchgriff in Unternehmensgruppen zum Gegenstand hatten wie *The Roberta* [1937] 58 L.L.R. 159; *Holdsworth & Co v Caddies* [1955] 1 WLR 352, HL; *Scottish Co-operative Wholesale Society Ltd v Meyer* [1959] AC 324, HL; *DHN Food Distributors Ltd v Tower Hamlets London Borough Council* [1976] 1 WLR 852, CA; *Revlon Inc v Cripp & Lee Ltd* [1980] FSR 85; *Amalgamated Investment & Property Co v Texas Commercial Bank* [1982] QB 84, CA, als Beispiel für ein *veil lifting* aufgrund gesetzlicher oder vertraglicher Bestimmung angesehen und daher *distinguished*.

gen, ein Haftungsdurchgriff aus reinen Gerechtigkeitserwägungen nicht in Betracht kommt: „*Our law for better or worse recognises the creation of subsidiary companies, which though in one sense the creatures of their parent companies, will nevertheless under the general fall to be treated as seperate legal entities with all the rights and liabilities which would normally attach to seperate legal entities. ...Neither in this class of case nor in any other class of case is it open to this court to disregard the principle of Salomon v Salomon Co Ltd merely because it considers it just to do so.*[452]
...we do not accept as a matter of law that the court is entitled to lift the corporate veil as against a defendant company which is the member of a corporate group merely because the corporate structure has been used so as to ensure that the legal liability (if any) in respect of particular future activities of the group...will fall on another member of the group rather than the defendant company. Whether or not this is desirable, the right to use a corporate structure in this manner is inherent in our corporate law."[453]
Sechs Jahre nach der Entscheidung in *Adams v Cape Industries plc*[454] entschied ein englisches Gericht in *Re Polly Peck International plc (No 3)*[455], einem Fall, der die Insolvenz einer gesamten Unternehmensgruppe betraf, daß ein Haftungsdurchgriff in der Unternehmensverbindung basierend auf deren ökonomischer Einheit eine vom *Court of Appeal* in *Adams* nicht anerkannte Ausnahme statuieren würde und daß eine solche Betrachtungsweise einem Gericht nicht offensteht.[456]
In *Ord v Belhaven Pubs Ltd*[457] versuchte der Schadensersatz beanspruchende Kläger die ursprünglich beklagte Tochtergesellschaft, die als Folge einer Umstrukturierung der Unternehmensgruppe nach Klageerhebung nahezu vermögenslos geworden war, durch die Holding oder eine andere hundertprozentige Tochter auszutauschen, auf die das operative Geschäft der Beklagten übertragen worden war. Die Restrukturierung erfolgte hierbei als Reaktion auf eine Rezession im Tätigkeitsfeld der Gruppe, in deren Folge die beklagte Tochter ihre Geschäftstätigkeit einstellte. Die Vermögensgegenstände wurden zu einem deutlich über dem Buchwert liegenden Preis übertragen, so daß auf diesem Wege ein bereits bestehendes negatives Saldo der Tochter ausgeglichen wurde.[458] Der Fall

---

452 Der Grundsatz, daß ein veil lifting aus reinen Gerechtigkeitserwägungen nicht möglich ist, wurde auch in *Trustor AB v Smallbone* [2001] 2 BCLC 436, 444f. bestätigt.

453 [1990] Ch 433, CA.

454 [1990] Ch 433, CA.

455 [1996] 1 BCLC 428.

456 *Re Polly Peck International plc (No 3)* [1996] 1 BCLC 428, 444.

457 [1998] 2 BCLC 447, CA.

458 In diesem Punkt unterscheidet sich der vorliegende Fall von der Konstellation, die der BGH-Entscheidung zum existenzvernichtenden Eingriff zugrunde lag. Dort war die Übertra-

wurde insbesondere, wie später näher darzulegen sein wird, unter dem Aspekt einer *mere façade* diskutiert. Im vorliegenden Kontext des Durchgriffs in Unternehmensgruppen wurde das Argument der *economic entity* jedoch verworfen:[459] „*The approach of the judge...* [in der Vorinstanz, wo der Austausch der Beklagten zugelassen wurde] *was simply to look at the economic unit, to disregard the distinction between the legal entities which were involved and to say: since the company cannot pay, the shareholders who are the people financially interested should be made to pay instead. That of course is radically at odds with the whole concept of corporate personality and limited liability and...Salomon v Salomon.*[460]" Tragend für die Entscheidung des befaßten Gerichts war jedoch, daß die Restrukturierung nicht zum Zweck der Gläubigerbenachteiligung, sondern vielmehr in *good faith* vorgenommen wurde. Die Organisation einer Unternehmensgruppe zum Zweck der Haftungsminimierung ist danach insofern zulässig, als keinerlei betrügerische Motive involviert sind:
„*...no impropriety is alleged. He [the plaintiff] does not allege that there was any breach of the provisions of the 1986 Act, nor that there was any conduct on the part of the directors (or any other person) in 1992 or 1995 which would give rise to remedies under the Companies Act 1985 or under the 1986 Act. Therefore...[it is not possible] to rely upon any concept of fault or indeed of fraud in support of his [the plaintiffs'] contention that the corporate veil should be pierced. It will be appreciated that this immediately puts the facts of this case into a completely different category from cases such as Wallersteiner v Moir*[461]*.... Furthermore, he is not able to make out any case that at any stage the company was a mere façade, or that it concealed the true facts, not that there was any sham. All the transactions that took place were overt transactions. They were conducted in accordance with the liberties that are conferred upon corporate entities by the Companies Acts 1985 and they do not conceal anything from anybody. The companies were operating at material times as trading companies and they were not being interposed as shams or for some ulterior motive.*"[462] Wie bereits der *Court of Appeal* festhielt, ist durch entsprechende Strukturierung der Unternehmensgruppe folglich ein zusätzlicher Schutz vor Haftungsrisiken

---

gung des Gesellschaftsvermögens z.T. nicht von einer adäquaten Gegenleistung gedeckt, vgl. BGH ZIP 2002, 1578, 1579 (KBV). Hierauf wird später noch einzugehen sein.

459 [1998] 2 BCLC 447, 457, CA.

460 [1897] AC 22, HL.

461 [1974] 1 WLR 991. In diesem Fall wurde, unter Vorsitz von Lord Denning, der Haftungsdurchgriff aufgrund der Tatsache, daß der Beklagte die Gesellschaften wie sein alter ego behandelte, gewährt. Es ist jedoch zu beachten, daß die Ansichten von Lord Denning relativ radikal sind und nicht notwendigerweise die tatsächliche Rechtslage widerspiegeln.

462 [1998] 2 BCLC 447, 456, CA.

erreichbar.[463] Dem entspricht auch das Diktum aus *Re Southard Ltd:*[464] *„A parent company may spawn a number of subsidiary companies, all controlled directly or indirectly by the shareholders of the parent company. If one of the subsidiary companies,...,turns out to be the runt of the litter and declines into insolvency to the dismay of the creditors, the parent company and other subsidiary companies may prosper to the joy of the shareholders without any liability for the debts of the insolvent subsidiary."*
Festzuhalten bleibt im Kontext von Unternehmensgruppen, daß ein Haftungsdurchgriff, der auf dem *single economic unit argument* basiert, somit nicht möglich ist, eine spezifische Durchgriffshaftung in Unternehmensgruppen mithin nicht existiert.[465] Auch dem bisweilen erhobenen Einwand, daß hinsichtlich der Deliktsgläubiger die strikte Anwendung des Grundsatzes aus *Salomon*[466] zu Ungerechtigkeiten führt,[467] da diese sich als unfreiwillige Gläubiger nicht durch entsprechende Vertragsklauseln schützen können, dürfte der Boden durch *Adams v Cape Industries plc*[468] entzogen worden sein. Wie dargestellt, handelte es sich in diesem Fall um Deliktsgläubiger und der *Court of Appeal* stellte ausdrücklich klar, daß die Strukturierung einer Unternehmensgruppe mit dem Ziel, den Rest der Gruppe vor den Verbindlichkeiten einer Tochtergesellschaft zu schützen, dem englischen Gesellschaftsrecht immanent ist.
Zwar wird erkannt, daß gerade in Konzernen die Gläubiger besonders stark gefährdet sind, da die Tochtergesellschaften oft unzureichend oder gar stark unterkapitalisiert sind, die Finanzierung dieser Gesellschaften durch Darlehen der Muttergesellschaft oft mit einer Besicherung einhergeht und die herrschende Gesellschaft somit im Fall der Insolvenz vorrangig zu befriedigen ist. Die englischen Gerichte sind jedoch, wie gezeigt, insbesondere bei Unternehmensverbindungen mit der Annahme eines Haftungsdurchgriffs äußerst zurückhaltend.[469] So werden die englischen Gerichte auch in den Fällen, in denen aus deutscher Sicht

---

[463] *Adams v Cape Industries plc* [1990] Ch D 433, CA; Butterworths Corporate Law Service Rn. 8.31.; *Bowmer* [2000] JIBL 193, 194; *Griffin* [1991] 12 Co Law 16, 17.
[464] [1979] 3 All ER 556.
[465] Diese Rechtsprechung wurde wegen der für Gläubiger nachteiligen Auswirkungen z.T. kritisiert, spiegelt aber die geltende Rechtslage wider: *The Albazero* [1977] AC 744, CA; *Southard Ltd, Re* [1979] 3 All ER 556; *Atlas Maritime Co SA v Avalon Maritime Ltd, The Coral Rose* [1991] 4 All ER 769. Vgl. hierzu auch *Muscat* Liability of the Holding Company S. 35ff.
[466] [1897] AC 22, HL.
[467] *Pettet* S. 125, 152ff.; *Muscat* Liability of the Holding Company S. 177ff.
[468] [1990] Ch D 433, CA.
[469] So auch Gore-Browne on Companies Rn. 1.5.1.

ein Haftungsdurchgriff gerechtfertigt erscheint, wie etwa im Fall einer unterkapitalisierten Gesellschaft,[470] *Salomon v Salomon*[471] anwenden:[472]

„The creation of a subsidiary company...with minimal liability, which will operate with the parent's funds and on the parent's directions but not expose the parent to liability, may not seem the most honest way of trading. ...To hold that it would create an agency relationship between the subsidiary and parent would be a revolutionary doctrine."[473]

Es ist allerdings herauszustellen, daß auch in Unternehmensverbindungen die im Folgenden darzustellenden allgemeinen (gesellschaftsrechtlichen) Grundsätze zur Anwendung kommen können.

Vor der Darstellung dieser Prinzipien soll noch auf eine mögliche neue Entwicklung in diesem Kontext verwiesen werden. So erscheint es in Unternehmensverbindungen zumindest denkbar, daß die englischen Gerichte als Folge der Kontrolle und Einflußnahme der herrschenden Gesellschaft enge Sorgfaltspflichten statuieren mit der Folge, daß bei deren Verletzung die Muttergesellschaft für die von der Tochtergesellschaft begangenen Delikte haftbar gemacht werden kann. So wurde in einem weiteren Fall, der die *Cape*-Gruppe betraf,[474] eine Sammelklage von 3000 asbestgeschädigten Klägern gegen *Cape* in England zugelassen. Diese machten geltend, daß *Cape* für das Versäumnis der Tochtergesellschaft, ausreichende Schutzmaßnahmen gegen die Berührung mit Asbest einzuführen, als deren Folge Tausende von Menschen schwer erkrankten und Hunderte starben, haftbar gemacht werden könne. Der Fall beschäftigte sich vor allem mit der Bestimmung des Forumstaates, am Rande wurden aber auch Aussagen zu einer eventuellen Haftung von *Cape* für die Delikte der Tochtergesellschaft gemacht und folgende Frage formuliert: *„(The issue raised is) Whether a parent company which is proved to exercise de facto control over the operations of a (foreign) subsidiary and which knows, through its directors, that those operations involve risks to the health of workers employed by the subsidiary and/or persons in the vicinity of its factory or other business premises, owes a duty of care to those workers and/or other persons in relation to the control which it exercises over and the advice which it gives to the subsidiary company?"*[475]

---

[470] Vgl. hierzu auch den Lösungsansatz von *Easterbrook/Fischel* [1985] U Chi Law Rev 89, 113, die in diesem Fall eine Informationspflicht zum Schutz der Gläubiger erwägen.

[471] [1897] AC 22, HL.

[472] So i.E. auch *Nakajima* [1996] 17 Co Law 187f.

[473] *Atlas Maritime Co SA v Avalon Maritime Ltd, The Coral Rose* [1991] 4 All ER 769, 779.

[474] *Lubbe v Cape plc* [2000] 4 All ER 268, HL.

[475] *Lubbe v Cape plc* [2000] 4 All ER 268, 271, HL.

Muß also die Muttergesellschaft die Einhaltung ordnungsgemäßer Sicherheits- und Standardmaßnahmen durch ihre Töchter in Übersee überwachen?[476] Da das Urteil noch nicht gefällt wurde, ist die Antwort hierauf und deren Tragweite noch völlig unklar. Sollte eine derartige Sorgfaltspflicht postuliert werden, dann wäre sie möglicherweise nicht auf den Kontext von Unternehmensverbindungen beschränkt, sondern könnte auch einen natürlichen Mehrheitsgesellschafter oder Geschäftsführer betreffen.[477] Dies würde dann einen bisher noch nicht dagewesenen Bruch des in *Salomon*[478] aufgestellten Grundsatzes bedeuten.[479]

Der *Court of Appeal* beschäftigte sich in *Adams v Cape Industries plc*[480] ferner mit der Frage, ob in Unternehmensgruppen die Vermutung gilt, daß die Untergesellschaft der Stellvertreter *(agent)* der Obergesellschaft ist und aus diesem Grund ein Haftungsdurchgriff in Betracht kommt. Das befaßte Gericht lehnte eine solche Vermutung ab. Ob eine vertretungsähnliche Beziehung gegeben ist, muß vielmehr anhand der gegebenen Umstände bestimmt werden, wobei eine solche in Abwesenheit einer entsprechenden Vereinbarung kaum vorliegen wird. Bei dieser Bewertung ist zu fragen, ob die Tochter ein eigenes Unternehmen betreibt oder lediglich das der Mutter. Für die Beantwortung dieser Frage sind in *Smith, Stone & Knight Ltd v Birmingham Corpn*[481] eine Reihe von zu beachtenden Faktoren aufgestellt worden. Entscheidend ist somit die Frage nach dem tatsächlichen Unternehmensträger, wer die Gesellschaft managte und sie positionierte, wer die Gewinne erhielt und die Gesellschaft dauerhaft kontrollierte. In *Yukong Line Ltd of Korea v Rendsburg Investments Corp of Liberia, The Rialto (No 2)*[482] lehnte das Gericht die genannten Aspekte als generellen Maßstab bei der Bestimmung des Vorliegens einer *agency relationship* jedoch ab.[483]
Nach dem Gesagten kann eine solche *agency relationship* zwar aufgrund der Umstände des Einzelfalles angenommen werden, die bloße Kontrolle oder der Mehrheits- bzw. Alleinbesitz der Gesellschaft ist hierfür aber nicht ausrei-

---

476 Lesenswert ist hierzu auch die den Konflikt zwischen *tort law* und *limited liability* untersuchende Darstellung von *Walters* [1996] 17 Co Law 247f. und *Lowry/Edmunds* [1998] 77 Can Bar Rev 467ff.; weiterführend auch *Savirimuthu/Scott* [1998] 49 NILQ 94ff.

477 Gore-Browne on Companies Rn. 1.5.3.

478 [1897] AC 22, HL.

479 Gore-Browne on Companies Rn. 1.5.3.

480 [1990] Ch 433, CA.

481 [1939] 4 All ER 116, 121.

482 [1998] BCC 870.

483 Die in Vorgehensweise *Smith, Stone & Knight* wurde auch von *Farrar* Company Law, 4. A., 1998 als konzeptionell nicht stimmig angesehen. Kritisch ferner Gore-Browne on Companies Rn. 1.5.2.

chend.[484] Vielmehr müssen außergewöhnliche Umstände eine solche Annahme rechtfertigen.[485] Dies wird dann der Fall sein, wenn aufgrund der Fakten eindeutig zu beweisen ist, daß die Gesellschaft so eng von einer anderen Person kontrolliert und geführt wird, daß diese letztlich nur als Stellvertreter dieser Person handelt.[486]
Eine Durchgriffshaftung kann auch außerhalb von Unternehmensverbindungen auf dieser Basis erfolgen, so etwa, falls ein (Mehrheits-)Gesellschafter die Gesellschaft wie einen bloßen Stellvertreter einsetzt. Die Fälle, in denen der Durchgriff vor *Adams v Cape Industries plc*[487] zugelassen wurde, betrafen häufig steuerrechtliche Entscheidungen,[488] so daß die Rechtsgrundlage daher regelmäßig in gesetzlichen Normen bestand.

Abschließend beschäftigte sich das befaßte Gericht noch mit dem Haftungsdurchgriff in den Fällen, in denen die Gesellschaft eine *„mere façade conceiling the true facts"* [489] ist. Bezüglich der Frage, wann eine solche *mere façade* vorliegt, hat der *Court of Appeal* in *Adams v Cape Industries plc*[490] zwei Fallgruppen anerkannt.[491] Ein *lifting of the veil* kann danach dann erfolgen, wenn die Gesellschaftsstruktur dazu benutzt wird, gesetzliche oder vertragliche Verpflichtungen zu umgehen oder bestehende Rechte Dritter zu vereiteln (auch *fraud exception*[492] genannt).[493] Diese Fallgruppe umfaßt die Konstellationen, in denen betrügerische oder mißbräuchliche Verhaltensweisen vorliegen. Als klassische

---

[484] *Gramophone and Typewriter Co Ltd v Stanley* [1908] 2 KB 89, CA; *Atlas Maritime Co SA v Avalon Maritime Ltd, The Coral Rose* [1991] 4 All ER 769, 779; Butterworths Corporate Law Service Rn. 8.6.

[485] Letztlich handelt es sich hierbei um die Anwendung der Grundsätze des Stellvertretungsrechts. Zu eng diesbezüglich aber *Höfling* Das englische internationale GesR S. 179, die nur ein echtes Vertretungsverhältnis ausreichen läßt. Wie hier Tolley's Company Law Rn. F6007/2; Gore-Browne on Companies Rn.1.5.2.

[486] Tolley's Company Law Rn. F6007/2.

[487] [1990] Ch D 433, CA.

[488] *Firestone Tyre and Rubber Co Ltd v Lewellin* [1957] 1 WLR 464, HL; *Gramophone and Typewriter Co Ltd v Stanley* [1908] 2 KB 89, CA; *Wallersteiner v Moir (No 1)* [1974] 1 WLR 991; *FG (Films) Ltd, Re* [1953] 1 All ER 615.

[489] *Woolfson v Strathclyde Regional Council* [1978] SC 90, 96, HL.

[490] [1990] Ch D 433, CA.

[491] [1990] Ch D 433, 519, CA.

[492] Vgl. *Payne* [1997] 56 CLJ 284ff.; Tolley's Company Law Rn. F6007/1: *„It is well established that the courts will not permit the veil of incorporation to be used for the purpose of fraud or dishonesty, or for any improper purpose, for example to avoid legal obligations."*

[493] *Prime/Scanlan/Martindale* The Law of Private Limited Companies S. 31; *Bowmer* [2000] JIBL 193, 197; *Griffin* [1991] 12 Co Law 16, 17; *Farrar* [1990] 16 Canb LR 474ff.

Beispiele für die erstgenannte Konstellation lassen sich die Entscheidungen in *Jones v Lipman*[494], *Gilford Motor Co Ltd v Horne*[495] und *Re H*[496] anführen. Die genannten Urteile hatten einen „umgekehrten Haftungsdurchgriff"[497] zum Gegenstand, wobei ausdrücklich darauf zu verweisen ist, daß in derartigen Fällen auch ein Haftungsdurchgriff zu Lasten der Gesellschafter möglich ist, was aufgrund der jeweiligen Sachverhaltskonstellation in den vorliegenden Entscheidungen jedoch nicht relevant wurde.

In *Re H*[498], einem Steuerfall, wurden die Beklagten der Steuerhinterziehung in Höhe von 100 Millionen Pfund bezichtigt. Sie waren Gesellschafter von zwei durch sie kontrollierten Gesellschaften, deren Vermögenswerte ebenfalls für die Befriedigung der Steuerschulden verwertet werden sollten. Der Zugriff auf das Vermögen der Gesellschaften wurde vom *Court of Appeal* für zulässig erklärt, da die Gesellschafter die Gesellschaften als Fassade für ihre kriminellen Aktivitäten zur Steuerflucht eingesetzt und von den dergestalt gewonnenen Gesellschaftsgeldern in hohem Maße profitiert hatten. Aus diesem Grund wurde der Haftungsdurchgriff, in diesem Fall zu Lasten der Gesellschaft, zugelassen.

In *Gilford Motor Co Ltd v Horne*[499] versuchte ein *director* ein nachvertragliches Wettbewerbsverbot zu umgehen, indem er eine Gesellschaft gründete, die dann ein Konkurrenzunternehmen betrieb. Das Gericht erließ eine Unterlassungsverfügung gegen die Gesellschaft und den ehemaligen Geschäftsführer, da die Gesellschaft ein bloßes Mittel zur Verschleierung der Tätigkeit des *directors* unter Verstoß gegen das Wettbewerbsverbot darstellte.

Auch *Jones v Lipman*[500] ist ein Beispiel für den Versuch, vertragliche Verpflichtungen zu umgehen. Der Verkäufer eines Hauses übertrug dieses einer von ihm gegründeten und kontrollierten Gesellschaft, um seinen Verpflichtungen zu entgehen. Einzige Gesellschafter waren er und ein Büroangestellter seiner Anwälte. Da die Gesellschaft auch hier eine bloße Hülle war, wurde sie zur Erfüllung der Verpflichtungen ihres herrschenden Gesellschafters verpflichtet.

Dagegen erfolgte die Übertragung der Vermögenswerte in *Re a Company*[501] nach Beginn des Prozesses zu dem Zweck, die Vermögenswerte dem Zugriff der

---

494 [1962] 1 All ER 442.

495 [1933] Ch D 935, CA.

496 [1996] 2 All ER 391, CA.

497 Wie bereits eingangs dargestellt wurde, handelt es sich hierbei um eine rein deutsche Terminologie, vgl. Rowedder/Schmidt-Leithoff/*Pentz* § 13 Rn. 156ff.

498 [1996] 2 BCLC 500, CA.

499 [1933] Ch D 935, CA.

500 [1962] 1 All ER 442; in *International Credit and Investment Co (Overseas) Ltd v Adham* [1998] BCC 134 wurde diesem Fall gefolgt.

501 [1985] BCLC 333, CA.

Kläger zu entziehen. Das Gericht ließ in diesem Fall den Durchgriff auf das Vermögen der Gesellschaft zu.[502]
Demgegenüber versagte der *Court of Appeal* in dem bereits besprochenen, ähnlich gelagerten Fall *Ord v Belhaven Pubs Ltd*[503] auch unter dem Blickwinkel der Vereitelung von Rechten Dritter den Haftungsdurchgriff, da die Motivation für die Restrukturierung der Unternehmensgruppe keine betrügerischen Absichten waren und die Vermögenswerte nicht unter ihrem Verkehrswert übertragen wurden. Die Neugestaltung der Unternehmensgruppe war lediglich eine Reaktion auf widrige Marktgegebenheiten und diente nicht dem Zweck, die Haftung gegenüber dem Kläger zu vermeiden. In Abwesenheit derartiger betrügerischer Absichten bzw. Umstände sah sich der *Court of Appeal* nicht in der Lage, den Haftungsdurchgriff anzunehmen.
Es läßt sich somit festhalten, daß dann, wenn die Gesellschaftsstruktur dazu dient, die tatsächlichen Verhältnisse zu verschleiern, die englischen Gerichte einen Haftungsdurchgriff in Betracht ziehen werden und für die erforderliche Beurteilung auch und gerade die Motive der Anspruchsgegner Berücksichtigung finden.[504] Auch in *Adams v Cape Industries plc*[505] versuchte der Anwalt der Kläger das befaßte Gericht von einem Haftungsdurchgriff zu überzeugen, da Ziel der Organisationsstruktur der *Cape*-Gruppe die Vermeidung von deliktsrechtlichen Haftungsrisiken war. Der *Court of Appeal* folgte dem nicht: *„This may be so. However, ...Cape...was in law entitled to organize the group's affairs in that manner and...to expect that the court would apply the principle in Salomon v Salomon & Co Ltd*[506]*... in the ordinary way.;... It is not suggested that the arrangements involved any actual or potential illegality or were intended to deprive anyone of their existing rights."* [507]

Zusätzlich zu den in *Adams v Cape Industries plc*[508] entwickelten Fällen wird ein Haftungsdurchgriff dann zugelassen, wenn die Gesellschaft im wahrsten Sinne

---

[502] Auch dies ist ein Fall des „umgekehrten" Durchgriffs.

[503] [1998] 2 BCLC 447, CA. In dieser Entscheidung wurde *Creasey v Breachwood Motors Ltd* [1993] BCLC 480, in dem der Austausch der Beklagten unter ähnlichen Umständen zugelassen wurde, kritisiert. In diesem Fall lag eine Pflichtverletzung seitens der *directors* vor, die der Gesellschaft ohne Gegenleistung Vermögenswerte entzogen, um einer Schadensersatzklage zu entgehen. In seiner Besprechung zu *Creasey v Breachwood* weist *Bromilow* [1998] 19 Co Law 198ff. darauf hin, daß die durch den *Court of Appeal* getroffene Einschränkung falsch ist, da beide Fälle aufgrund des unterschiedlichen Sachverhalts nicht vergleichbar sind.

[504] *Jones v Lipman* [1962] 1 WLR 832; Butterworths Corporate Law Service Rn. 8.23.

[505] [1990] Ch D 433, CA.

[506] [1897] AC 22, HL.

[507] [1990] Ch D 433, 520, CA.

[508] [1990] Ch D 433, CA.

des Wortes eine Fassade, also lediglich ein Name ohne Substanz ist.[509] In *Gencor ACP Ltd v Dalby*[510] hatte ein *director* Geschäftschancen der Gesellschaft unter Bruch seiner *fiduciary duty* gegenüber der *limited* an sich gezogen. Die erzielten Gewinne wurden von ihm auf eine Offshore-Gesellschaft übertragen, deren einziger Gesellschafter er war. Das befaßte Gericht stellte fest, daß die Gesellschaft keinerlei eigene Geschäfte betrieb und keine Angestellten hatte. Die Gesellschaft war letztlich nur ein Offshore-Konto. Das Gericht machte die Gesellschaft im Wege des Haftungsdurchgriffs neben dem *director* haftbar.[511] Auf die Geschäftschancenlehre wird zu einem späteren Zeitpunkt noch näher eingegangen werden.

Der Fall *CMS Dolphin Ltd v Simonet and another*[512] ist ein weiterer Fall, in dem ein *director* Geschäftsgelegenheiten der Gesellschaft an sich zog, um eine Konkurrenzgesellschaft mit den Angestellten seines alten Arbeitgebers zu betreiben. Der Gesellschafter haftete für die erzielten Gewinne seiner Gesellschaft.

In *Trustor AB v Smallbone*[513] wurden 39 Millionen Pfund der anspruchstellenden Gesellschaft veruntreut, wobei 20 Millionen Pfund an eine *limited* übertragen wurden, hinter der der *director* der Anspruchstellerin stand. Das Gericht gab der Schadensersatzklage statt und ließ den Haftungsdurchgriff zu, da die vom Geschäftsführer kontrollierte Gesellschaft eine bloße Fassade war, die die Aufnahme der veruntreuten Gelder ermöglichen sollte. Der Empfang der Gelder durch diese Gesellschaft wurde somit als Empfang durch den *director* behandelt und dieser mußte die Gelder zurückzahlen.

Zusammenfassend ist somit festzuhalten, daß ein Haftungsdurchgriff im *common law* nach *Adams v Cape Industries plc*[514] nur unter engen Voraussetzungen in Betracht kommt.

Dies ist die Konsequenz der größeren Zurückhaltung der englischen Gerichte, [515] die von der Grundsatzentscheidung in *Salomon v. Salomon & Co Ltd*[516], die als *„unyielding rock"*[517] bezeichnet wurde, nur zögernd abweichen werden.

Nach dem Gesagten kommt ein Haftungsdurchgriff folglich, abgesehen von gesetzlichen oder vertraglichen Bestimmungen, nur in Ausnahmefällen in Be-

---

[509] *Gencor ACP Ltd v Dalby* [2000] 2 BCLC 734.

[510] [2000] 2 BCLC 734.

[511] Zum sog. „umgekehrten" Durchgriff siehe bereits oben. Vgl. auch die im Anschluß zu besprechende Entscheidung *Trustor AB v Smallbone* [2001] 2 BCLC 436.

[512] [2001] 2 BCLC 704.

[513] [2001] 2 BCLC 436.

[514] [1990] Ch D 433, CA.

[515] So auch *Mayson, French and Ryan* S. 151.

[516] [1897] AC 22, HL.

[517] *Templeman* [1990] 11 Co Law 10.

tracht, wenn die Gesellschaftsstruktur dazu benutzt wird, gesetzliche oder vertragliche Verpflichtungen zu umgehen, bestehende Rechte Dritter zu vereiteln, wenn ein vertretungsähnliches Verhältnis besteht oder die Gesellschaft eine Fassade ohne Substanz ist. Insbesondere bei betrügerischen Absichten liegt die Annahme eines Haftungsdurchgriffs nahe. Dennoch sind die genauen Umstände, unter denen die englischen Gerichte zu dieser Schlußfolgerung kommen, nicht genau definiert und hängt es somit, wie bereits angedeutet, von der individuellen Rechtsauffassung des befaßten Gerichts ab, ob es einem *veil lifting* zustimmen wird oder nicht.[518] In diesem Kontext ist allerdings nochmals deutlich zu unterstreichen, daß sowohl bei Gründung einer Gesellschaft als auch zu einem späteren Zeitpunkt eine Restrukturierung in gutem Glauben mit dem Ziel der Haftungsminimierung vorgenommen werden kann, ohne daß die Gesellschafter Gefahr laufen, einem Haftungsdurchgriff ausgesetzt zu sein, wenn die Gesellschaft später insolvent oder vermögenslos wird. Dies trifft auch auf die Umwandlung eines einzelkaufmännischen Unternehmens in eine *limited* zu.[519] Gerade dies war auch Inhalt der Entscheidung des *House of Lords* in *Salomon v. Salomon & Co Ltd*[520].

Aus deutscher Sicht ist aufgrund der gefundenen Ergebnisse das Folgende von Relevanz: Bei einer genauen Betrachtung der zitierten Fälle findet sich kein Beispiel, in dem die Gesellschafter (als solche) im Wege des Haftungsdurchgriffs für die Verbindlichkeiten der Gesellschaft haftbar gemacht worden wären. Vielmehr orientiert sich das englische Recht auch hier wieder vorrangig an den *directors* als den für die Geschäftsführung Verantwortlichen. In diesem Aspekt besteht eine gewisse Parallelität zwischen dem deutschen und englischen Recht. Auch im Recht der GmbH wird sich der Haftungsdurchgriff nur gegen die Gesellschafter richten, denen der Mißbrauch zurechenbar ist oder die für diesen verantwortlich sind, also einen gewissen Einfluß ausüben.[521] Der in diese Richtung weisende Versuch der Kläger in *Adams v Cape Industries plc*[522], die eine solche Haftung der Holding erreichen wollten, wurde vom *Court of Appeal* abschlägig beschieden. Andererseits wurde in *Ord v Belhaven Pubs Ltd*[523] vom *Court of Appeal* die Haftung der Gesellschafter für die Verbindlichkeiten der in Folge der Restrukturierung vermögenslos gewordenen *limited* diskutiert. Bei

---

[518] Vgl. hierzu *Mayson, French and Ryan* S.148f.

[519] Gore-Browne on Companies Rn. 1.4.3.

[520] [1897] AC 22, HL.

[521] So etwa für die Fallgruppe der Vermögensvermischung h.M. BGH NJW 1994, 1801; Baumbach/Hueck/*Fastrich* § 13 Rn. 15; Hachenburg/*Mertens* Anh. § 13 Rn. 49. Kritisch *K. Schmidt* ZIP 1994, 837, 840; *Roth* ZGR 1986.

[522] [1990] Ch D 433, CA.

[523] [1998] 2 BCLC 447, CA.

Vorliegen betrügerischer Umstände wäre die Gesellschafterhaftung möglicherweise eingetreten, da das Gericht festhielt, daß diese Erwägung von vornherein wegen des Fehlens derartiger Umstände nicht greifen könne: „*In the absence of any impropriety, sham or concealment in the restructuring of the group it would be wrong to lift the corporate veil in order to make the shareholders of the defendant company liable instead of the company itself.*"[524]
Kritisch äußert sich im vorliegenden Zusammenhang *Ziegel*, der einen Haftungsdurchgriff zu dem Zweck, die Gesellschafter für die Verbindlichkeiten der Gesellschaft haftbar zu machen, als Umkehrung des Grundsatzes in *Salomon*[525] in der Rechtsprechung der englischen Gerichte nicht erkennen kann:
"Since [Salomon v Salomon] there has of course been much scholarly attention devoted to the phenomenon of 'lifting the veil',..., and many instances can be found in which, for one reason or another, a court has decided that it was appropriate in the interests of justice for the separate corporate personality of the company to be disregarded; but one will search the reports in vain for a single English case where the principle of limited liability, as distinct from that of corporate personality, has not been respected - statute apart. This is true of cases brought against directors and dominant shareholders alike. Those cases where the corporate veil has been pierced on the basis that the company was a façade or sham, or was the agent of its controllers, turn out on examination to have been concerned with the evasion of a statutory provision or a contractual obligation, or some similar issue, and not with imposing personal liability on the directors or shareholders for the company's debts. In other words, no 'thin corporation' or 'Deep Rock' doctrine has ever been used in England to violate the sacred canon of limited liability."[526]

Diese Auffassung ist allerdings vor dem Hintergrund der neueren Rechtsprechung zweifelhaft. Eine *common law doctrine of lifting the corporate veil* mit dem Ziel, die Gesellschafter für die Verbindlichkeiten der *limited* haftbar zu machen, existiert zwar nicht,[527] andererseits werden die Gerichte, wie dargelegt, einer *abuse of the corporate form* unter den dargestellten Umständen entgegenwirken und bei betrügerischen oder mißbräuchlichen Verhaltensweisen einen Haftungsdurchgriff zulassen. Es ist dann auch nicht ausgeschlossen, daß in An-

---

[524] [1998] 2 BCLC 447, 448, CA.
[525] [1897] AC 22, HL.
[526] *"Personal liability of directors and officers for debts of an insolvent company"*, *Sealy* in: *Ziegel* Developments in International and Comparative Corporate Insolvency Law S. 485.
[527] In diese Richtung geht auch die Bemerkung in Gore-Browne on Companies Rn. 1.4: „*The principle of the Salomon case, that a company is a legal entity distinct from its members, is strictly applied by the courts whenever it is sought to attribute the rights or liabilities of a company to its shareholders, ...*".

wendung dieser Rechtsfigur neben den erörterten Rechtsfolgen die Gesellschafter für die Verbindlichkeiten der Gesellschaft haftbar gemacht werden können.

Insbesondere in Fallkonstellationen wie der, die *Ord v Belhaven Pubs Ltd*[528] zugrunde liegt, differiert die englische Rechtslage von der deutschen Lösung. Ein Fall, in dem der Gesellschaft die Lebensfähigkeit durch einen Eingriff ihres Alleingesellschafters genommen wird, würde nach der neueren Rechtsprechung des BGH einen Haftungsdurchgriff wegen existenzvernichtenden Eingriffs rechtfertigen.[529] So ging es im Fall „KBV" gerade um die Übertragung von Vermögenswerten einer GmbH auf eine andere Gesellschaft ohne eine gleichwertige Gegenleistung,[530] in deren Folge die GmbH in die masselose Insolvenz getrieben wurde. Der BGH leitet die Haftung unter derartigen Umständen aus der Gewährleistung des Bestandsschutzes der GmbH her, den der Bundesgerichtshof in der Fähigkeit, die Gläubiger zu befriedigen, verkörpert sieht.[531] Eingriffe der Gesellschafter in das Gesellschaftsvermögen, die die aufgrund der Zweckbindung des Gesellschaftsvermögens zur Gläubigerbefriedigung bestehende Pflicht zur Rücksichtnahme auf die Erhaltung der Fähigkeit der Gesellschaft zur Bedienung ihrer Verbindlichkeiten vermissen lassen, stellen nach Auffassung des BGH einen Mißbrauch der Rechtsform der GmbH dar. Dieser Rechtsformmißbrauch rechtfertigt die ausnahmsweise Außerachtlassung des gesellschaftsrechtlichen Trennungsprinzips.
Eine derartige Sichtweise ist dem englischen Recht fremd. Andererseits schenkt der *Court of Appeal* dem einer derartigen Transaktion zugrundeliegenden Motiv Beachtung.[532] Bei Vorliegen betrügerischer Beweggründe ist der Haftungsdurchgriff, wie dargestellt, denkbar. Auch ist zu beachten, daß in einer solchen Situation, in der die Gesellschaft insolvenzgefährdet ist, die Interessen der Gläubiger zu berücksichtigen sind und die Verletzung dieser Pflicht Schadensersatzpflichten der *directors* nach sich zieht.[533] Zudem kann sich - auch in einer Situation, in der die Gesellschaft nicht insolvenzgefährdet ist - aufgrund der an späte-

---

[528] [1998] 2 BCLC 447, CA.

[529] BGH ZIP 2001, 1874ff. (Bremer Vulkan); BGH ZIP 2002, 1578ff. (KBV).

[530] Die Übertragung der Vermögenswerte war nur z.T. durch die Übernahme von Verbindlichkeiten gedeckt, vgl. BGH ZIP 2002, 1578, 1579. Anders jedoch in *Ord v Belhaven Pubs Ltd* [1998] 2 BCLC 447, CA, wo die Übertragung, wie bereits erwähnt, gegen eine den Buchwert übersteigende Gegenleistung erfolgte.

[531] BGH ZIP 2001, 1874, 1876.

[532] Für ein Verschuldenserfordernis bei der Existenzvernichtungshaftung im deutschen Recht *Ulmer* ZIP 2001, 2021, 2028, der allerdings von einer auf einem Treupflichtkonzept basierenden Verschuldenshaftung ausgeht. I.E. ebenfalls für ein Verschuldenserfordernis *Meilicke* GmbHR 2003, 1271, 1272.

[533] Darauf wird im Lauf der Darstellung noch näher einzugehen sein.

rer Stelle detailliert zu untersuchenden *directors duties* bei Übertragung von Vermögenswerten der *limited* auf eine andere Gesellschaft außerhalb einer Restrukturierung ein Schadensersatzanspruch ergeben.[534] Dieser erfaßt unter bestimmten Umständen die *de facto* und *shadow directors*, richtet sich also grundsätzlich auch gegen die auf die Geschicke der Gesellschaft Einfluß nehmenden Gesellschafter. Somit begegnet das englische Recht der Mißbrauchsgefahr auch auf diesem Wege. Auch ist in dem Kontext des existenzvernichtenden Eingriffs der folgende konstruktive Unterschied von Bedeutung: Grundgedanke der Rechtsprechung des BGH ist, daß das zur Gläubigerbefriedigung zur Verfügung stehende Gesellschaftsvermögen der - „im Recht der GmbH sehr weitgehenden"[535] - Dispositionsbefugnis der Gesellschafter entzogen werden muß. Zudem soll den Schwächen des Einzelausgleichs nach §§ 30, 31 GmbHG entgegengewirkt werden.[536] Im englischen Recht ist die Befugnis der *shareholders*, über das Gesellschaftsvermögen im eigenen Interesse zu verfügen, allerdings gegenüber der Regelung im GmbHG enger und ähnelt eher dem Recht der Aktiengesellschaft. Da sich bei Verstoß gegen die Regeln der *capital maintenance* unter dem Gesichtspunkt der noch darzustellenden *directors duties* Ersatzansprüche gegen die *directors* einschließlich der *de iure* und *de facto directors* ergeben, besteht im Recht der *limited* kein derart großes Bedürfnis für einen Haftungsdurchgriff, da Verstößen auch mit anderen Rechtskonstruktionen entgegengewirkt werden kann.

Wie bereits dargestellt, konzentriert sich das englische Recht für die Lösung des Mißbrauchsproblems auf die für die Leitung der Gesellschaft Verantwortlichen in ihrer Eigenschaft als *controllers of the company*, jedoch wird die Haftung nicht aus der Gesellschafterstellung als solcher abgeleitet, wie dies im deutschen Recht der Fall ist.[537] So wird der Gläubigerschutz unter bestimmten Umständen auch durch die im nächsten Abschnitt darzustellenden gesetzlich normierten Fälle des *lifting of the veil* im Fall der Unternehmensfortführung in der Insolvenz zu wahren gesucht. Die Vorschriften wenden sich unabhängig von der Gesellschaftereigenschaft gegen die in der Geschäftsführung involvierten Personen gerade als Folge ihrer Verwicklung in das Management, insbesondere gegen die *directors* oder *shadow* bzw. *de facto directors.*[538] Diese Vorschriften stellen aber, je-

---

[534] Dies ist Gegenstand der noch zu erörternden Entscheidung *Bishopsgate Investment Ltd v Maxwell (No 2)* [1993] BCLC 1282.

[535] BGH ZIP 2002, 1578, 1580.

[536] *Altmeppen* ZIP 2002, 1553, 1558.

[537] Zur Haftung wegen existenzvernichtenden Eingriffs im englischen Recht vgl. die BGH-Entscheidung BGH ZIP 2001, 1874ff. *(Bremer Vulkan)* und BGH ZIP 2002, 1578ff. *(KBV)*. Zur Reaktion der Literatur statt vieler *Altmeppen* ZIP 2002, 1553ff.; *Ulmer* ZIP 2001, 2021ff.

[538] Butterworths Corporate Law Service Rn. 8.39; Gore-Browne on Companies Rn. 1.8; *Hannigan* Company Law S. 67.

denfalls soweit sie den Geschäftsführer betreffen, wiederum keinen echten Durchgriffsfall dar, da ihr Ziel nicht die Überwindung der Trennung zwischen der juristischen Person und den Anteilseignern (als solchen) ist, um diese für die Gesellschaftsverbindlichkeiten haftbar zu machen.[539] Demgegenüber läßt das deutsche Recht, wenn dies zur Verhinderung unverhältnismäßiger Verletzung fundamentaler Rechtsprinzipien erforderlich ist, die Trennung zwischen den Gesellschaftern und der Gesellschaft unberücksichtigt.[540] In Ausnahme zu § 13 II GmbHG werden in bestimmten Fallgruppen die Gesellschafter im Außenverhältnis für die Verbindlichkeiten der Gesellschafter haftbar gemacht. Ein derartiger Haftungsdurchgriff kommt bei Vermögens- und Sphärenvermischung, Institutsmißbrauch, materieller Unterkapitalisierung und dem bereits angesprochenen existenzvernichtenden Eingriff in Betracht.[541]
Als Ergebnis bleibt festzuhalten, daß das *lifting of the corporate veil* im englischen Kapitalgesellschaftsrecht, im Gegensatz zum US-Amerikanischen[542] und auch im Kontrast zum deutschen Recht, nur in Ausnahmefällen vorkommt und dem deutschen Verständnis des Haftungsdurchgriffs nur bedingt entspricht.

2. Statutory lifting of the veil

Neben dem Haftungsdurchgriff im *common law* bestehen, wie bereits angemerkt, eine Reihe von gesetzlichen Haftungstatbeständen, die unter dem Aspekt des Haftungsdurchgriffs diskutiert werden.[543] Hierbei handelt es sich häufig um Vorschriften auf dem Gebiet des Steuerrechts oder Normen, die finanzielle Transparenz gewährleisten sollen.[544] Ferner erfaßt das *statutory lifting of the veil* Haftungstatbestände, die gegen die Geschäftsführer sowie an der Geschäftsführung beteiligte Gesellschafter gerichtet sind, wie z.B. ss. 212-214 IA 1986, ss. 15, 349(4) CA 1985. Insbesondere die angeführten Haftungsregeln des *Insolvency Act* stellen einen zentralen Aspekt des Gläubigerschutzsystems dar, dessen

---

[539] *Hannigan* Company Law S. 67.

[540] *Bydlinski* System und Prinzipien des Privatrechts S. 144ff.

[541] Vgl. zum Problemkomplex des Haftungsdurchgriffs Rowedder/*Pentz* § 13 Rn. 130ff.; *Nestele* Grenzen der Rechtsfähigkeit juristischer Personen; *Bauschke* BB 1975, 1322ff.; *Benne* Haftungsdurchgriff bei der GmbH, insbesondere im Fall der Unterkapitalisierung; *Raiser* Festschrift Lutter S. 637ff.; *Roth* ZGR 1993, 170ff.; *K. Schmidt* JZ 1984 771.

[542] Vgl. *Blumberg*, Multinational Challenge to Corporation Law S. 65ff., 84ff.

[543] Zum Ganzen Tolley's Company Law Rn. F6006ff.; Butterworths Corporate Law Service Rn. 6.51ff.

[544] Ein Beispiel für letztere sind die sog. *consolidated group accounts*, die die Vermögenslage von allen konzernierten Gesellschaften zusammen darstellen, vgl. ss. 227-230 CA 1985, Sch 4A. Für weitere Fälle vgl. Tolley's Company Law Rn. F6006/4.

praktische Relevanz im Vergleich zu einem etwaigen Haftungsdurchgriff deutlich höher ist.

a) *Fraudulent trading*

S. 213 IA 1986 normiert einen Haftungstatbestand für die betrügerische Geschäftsfortführung der Gesellschaft, die im Fall der Auflösung der Gesellschaft *(winding up)* eingreift:
S. 213(1) IA 1985: „*If in the course of the winding up of a company it appears that any business of the company has been carried on with the intent to defraud creditors of the company or creditors of any other person, or for any fraudulent purpose, the following has effect.*"
S. 213(1) IA 1985: „*The court, on the application of the liquidator may declare that any persons, who were knowingly parties to the carrying on of the business in the manner above-mentioned are to be liable to make such contributions (if any) to the company's assets as the court thinks proper.*"
Demnach sind Personen, die in Kenntnis der Tatsache, daß die Geschäfte der Gesellschaft zum Zweck des Betrugs an Gläubigern oder aus sonstigen betrügerischen Absichten geführt werden, an der Geschäftsführung der Gesellschaft teilnehmen, für den daraus entstandenen Schaden haftbar. Die das *fraudulent trading* betreffenden Vorschriften bestehen einerseits aus der oben zitierten zivilrechtlichen Sanktion, andererseits aus einer korrespondierenden Strafvorschrift in s. 458 CA 1985, deren Voraussetzungen mit s. 213 IA 1986 praktisch identisch sind.[545] Aus diesem Dualismus ergibt sich auch, daß an die Erfüllung von s. 213 IA 1986 strenge Anforderungen zu stellen sind.[546] Aus diesem Grund und wegen der Einführung von s. 214 IA 1986 ist s. 213 IA 1986 heute nahezu bedeutungslos.[547]

Erste Tatbestandsvoraussetzung von s. 213 IA 1986 ist, daß die Person an der Geschäftsführung der Gesellschaft teilgenommen hat,[548] was eine aktive Involvierung voraussetzt,[549] ohne daß sie jedoch Geschäftsführer gewesen sein

---

545 *Griffin* Liability and Disqualification of Company Directors S. 39.
546 So wird der zivilrechtliche Beweisstandard *(balance of probabilities)* durch den strafrechtlichen Standard (*beyond reasonable doubt)* ersetzt.
547 *Hannigan* Company Law S. 841.
548 Zur Bestimmung dieses Kriteriums wird geprüft, ob die fragliche Person „*part of a company's directing mind*" war, *R v Miles* [1992] LRC 657.
549 *Re Maidstone Buildings Ltd* [1971] 1 WLR 1085, 1092.

muß.[550] In der Praxis wird sich die Haftung allerdings vor allem gegen *directors*, einschließlich *de facto* und *shadow directors*,[551] richten.[552]
In diesem Kontext stellt sich auch die Frage, ob eine Muttergesellschaft für den Fall, daß die Tochter wegen s. 213 IA 1986 haftbar ist, ihrerseits unter die *fraudulent trading provision* fallen kann. Dazu müßte nachgewiesen werden, daß die Obergesellschaft aktiv auf die Geschäftsführung der Untergesellschaft Einfluß nahm.[553] Die bloße Ermutigung der Tochter, in betrügerischer Weise die Geschäfte fortzuführen, reicht demnach für eine Haftung nicht aus.[554] Der daher erforderliche Nachweis, daß die Mutter für die Geschäftsführung der Tochter derart verantwortlich war, daß diese nur noch eine Abteilung der Muttergesellschaft darstellte, kollidiert aber mit der Entscheidung des *Court of Appeal* in *Adams v Cape Industries plc*[555] bezüglich der an das Vorliegen einer *agency relationship* zu stellenden Anforderungen, so daß die Haftung der Mutter aus s. 213 IA 1986 wohl infolge dieser Entscheidung nur in Ausnahmefällen begründbar ist.[556]

Als nächste Voraussetzung muß ein betrügerisches Verhalten vorliegen.[557] Dies wird dann der Fall sein, wenn die Gesellschaft eine Verpflichtung in dem Bewußtsein eingeht, diese nicht befriedigen zu können.[558] Im Rahmen der Beurteilung wird das befaßte Gericht die aktuelle und künftige Fähigkeit der Gesellschaft zur Befriedigung ihrer Gläubiger in Betracht ziehen:
„If a company continues to carry on business and incur debts at a time when there is to the knowledge of the directors no reasonable prospect of the creditors

---

[550] Siehe *Re Gerald Cooper (Chemicals) Ltd.* [1978] 2 Ch D 262.

[551] Die meisten Vorschriften des *Companies Acts* und des *Insolvency Acts* betreffen sowohl *de iure, de facto* als auch *shadow directors*. Während sich aufgrund der Definitionen in s. 741 CA 1985 und s. 251 IA 1986 ein Gleichlauf zwischen der Anwendbarkeit von Vorschriften für *de iure* und *de facto directors* ergibt, stellt sich die Situation für *shadow directors* differenzierter dar. Auf diese finden neben den dargestellten Grundsätzen insbesondere eventuellen Interessenkollisionen vorbeugende Vorschriften, wie etwa die Offenlegung bestimmter Verträge mit der Gesellschaft, Anwendung. Vgl. hierzu *Pennington* Directors' Personal Liability S. 29.

[552] *Griffin* Liability and Disqualification of Company Directors S. 45.

[553] *Griffin* Liability and Disqualification of Company Directors S. 47.

[554] *Griffin* Liability and Disqualification of Company Directors S. 47.

[555] [1990] Ch D 433. Wie dargestellt, kann eine *agency relationship* nur bei Vorliegen eindeutiger Anhaltspunkte angenommen werden.

[556] Für eine Entscheidung vor *Adams v Cape* vgl. *Re Augustus Barnett & Son Ltd* [1986] 2 BCC 905.

[557] Vgl. hierzu *Bailey/Groves/Smith* Corporate Insolvency Rn. 16.14.

[558] *Griffin* Liability and Disqualification of Company Directors S. 49.

ever receiving payment of those debts, it is, in general, a proper inference that the company is carrying on business with intent to defraud."[559] Entscheidend ist hierbei insbesondere, daß das betrügerische Verhalten nicht in der Geschäftsfortführung der Gesellschaft selbst liegen muß. Dies bedeutet, daß s. 213 IA 1986 auch dann zur Anwendung gelangen kann, wenn die Gesellschaft die Fortführung ihrer Geschäfte einstellt und nur noch zum Zweck der Realisierung ihrer Aktiva und deren anschließender Verteilung existiert.[560]

Schließlich muß noch Betrugsabsicht gegeben sein. Diese setzt sich einerseits aus vorsätzlich „bösgläubigem" Verhalten *(dishonesty)*, andererseits aus Betrugsabsicht im engeren Sinne zusammen. Die Frage, ob *dishonesty* vorliegt, richtet sich nach der Auffassung des durchschnittlichen vernünftigen Geschäftsmannes.[561] Unter Zugrundelegung dieses Maßstabs ist zu bestimmen, ob zum Zeitpunkt der Begründung der Verbindlichkeit der fraglichen Person bewußt war, daß die Schuld bei Fälligkeit oder kurze Zeit später nicht befriedigt werden kann.[562]
Für die Annahme der Betrugsabsicht ist ein subjektiver Test mit objektiven Elementen anzuwenden.[563] Demnach ist zu fragen, ob zum Zeitpunkt der Eingehung der Verbindlichkeit aus Sicht der betroffenen Person eine hohe Wahrscheinlichkeit dafür sprach, daß die Gesellschaft zur Tilgung nicht in der Lage sein würde.[564] Tatsächliches Wissenmüssen ist somit nicht erforderlich.[565] Es ist aber in Rechnung zu stellen, ob die Annahme in Anbetracht der Umstände gerechtfertigt ist.[566]
Wie schwer es ist, die Anforderungen für den *intent to defraud* zu erfüllen, kann an dem Fall *Morphites v Bernasconi*[567] illustriert werden. Eine insbesondere infolge eines nachteiligen Mietvertrages in finanzielle Schieflage geratene Gesellschaft sollte durch die Übertragung des von ihr betriebenen Unternehmens auf

---

559 *Re William C Leitch Bros Ltd* [1932] 2 Ch D 71, 77.

560 *Re Sarfax Ltd* [1979] 1 Ch D 592.

561 *Re Patrick Lyon* [1933] 1 Ch D 786.

562 *R v Grantham* [1984] QB 675, CA in Abkehr zu dem früher geltenden Maßstab, nach dem die aufrichtige Annahme, die Gesellschaft werde zu einem späteren Zeitpunkt wieder solvent werden, die Annahme von *dishonesty* ausschloß, vgl. hierzu *Re William C Leich Bros Ltd* [1932] 2 Ch D 71; *Re White & Osmond (Parkstone) Ltd*, 30 June 1960, unreported.

563 *Griffin* Liability and Disqualification of Company Directors S. 52f.

564 *R v Grantham* [1984] QB 675, CA.

565 *R v Grantham* [1984] QB 675, CA; *R v Sinclair* [1968] 1 WLR 1246, 1249.

566 Es ist also zu fragen, ob die Einschätzung *honest and reasonable* ist, *Griffin* Liability and Disqualification of Company Directors S. 53; vgl. auch *Re Augustus Barnett & Son Ltd* [1986] 2 BCC 905.

567 [2003] 2 WLR 1521, CA.

eine neue Gesellschaft und die Auflösung des Mietvertrags im Wege der *insolvent liquidation* saniert werden. Alle Gläubiger, bis auf den Vermieter, sollten sofort befriedigt werden. Um diesen davon abzuhalten, bei Gericht einen Antrag auf Auflösung der Gesellschaft wegen Zahlungsunfähigkeit zu stellen, vgl. ss. 122(1)(f), 123(1) und 124(1) IA 1986, wurden die Mietzahlungen weiterhin, wenn auch unregelmäßig, erbracht. Letztlich wurde, was von Anfang an dem Plan entsprach, die von den Geschäftsführern versprochene Miete nicht mehr beglichen und über die Gesellschaft das Insolvenzverfahren eröffnet. Durch das Zahlungsversprechen an den Vermieter sollte lediglich verhindert werden, daß dieser als letzter verbleibender Gläubiger innerhalb eines relevanten zwölfmonatigen Zeitraums ein Insolvenzverfahren einleitet, da dies aufgrund der näheren Umstände des Falles die Strafbarkeit der *directors* gemäß s. 216(4) IA 1986 nach sich gezogen hätte.[568] Nach der Eröffnung des Insolvenzverfahrens über das Vermögen der Gesellschaft reichte der *liquidator* eine Klage wegen *fraudulent trading* ein, basierend auf dem Argument, daß die Geschäftsführer den Vermieter betrügen wollten, da sie wußten, daß die Gesellschaft die Mietzahlungen letztlich nicht mehr würde aufrechterhalten können. Der *Court of Appeal* gab der Klage nicht statt, da der *liquidator* es verfehlt habe, den erforderlichen *intent to defraud* darzulegen. Es sei gerade nicht ausreichend, daß ein oder mehrere Gläubiger im Verlauf der Geschäftstätigkeit betrügerischen Aktivitäten zum Opfer gefallen seien, vielmehr müsse die Geschäftsfortführung mit der Absicht, Gläubiger zu betrügen, erfolgen. Aufgrund der Fakten im vorliegenden Fall konnte auf eine derartige spezifische Betrugsabsicht der *directors* nicht geschlossen werden. Das Urteil ist vor dem Hintergrund des Sachverhaltes zu würdigen, da es für den *Court of Appeal* entscheidend war, daß ein einzelner Gesellschaftsgläubiger durch ein Versprechen getäuscht wurde. Ein solches Verhalten ist von s. 213 IA 1986 nicht mehr erfaßt. *Chadwick LJ* stellte allerdings klar, daß eine Haftung nach den allgemeinen Grundsätzen des *law of tort* durchaus in Betracht kommt: *„An individual creditor who is defrauded in the course of the carrying on of the business of the company has his individual remedy under the general law."*[569]

---

[568] Zu den Voraussetzungen der Haftung aus s. 216 IA 1986 sogleich unter B. §2 II. 2. d).

[569] *Morphites v Bernasconi* [2003] 2 WLR 1521, CA. Vorliegend würde es sich zumindest um einen *tort of deceit*, eine unerlaubte Handlung, handeln. Die Haftung wegen *tort of deceit* setzt voraus, daß der Schädiger eine falsche Tatsachenbehauptung in Kenntnis oder grob fahrlässiger Unkenntnis von ihrer Fehlerhaftigkeit in der Absicht trifft, daß der Geschädigte seine Handlungen an der Behauptung ausrichtet und daher einen Schaden erleidet. Vgl. zum Ganzen *Smith v Chadwick* [1884] 9 App Cas 187, 196; *Briess v Woolley* [1954] AC 332; *Rogers* Winfield & Jolowicz on Tort S. 368ff., 370; *Howarth* Textbook on Tort S. 273ff.

Der Sachverhalt der vorliegenden Entscheidung weist Parallelen zu dem vom BGH entschiedenen Fall "KBV" auf.[570] Auch in dem diesem Urteil zugrundeliegenden Lebenssachverhalt wurden auf eine neu gegründete Gesellschaft Aktiva einer infolge der Transaktion vermögenslos gewordenen GmbH übertragen. Ein Insolvenzverfahren wurde mangels Masse nicht eröffnet. Derartige Zugriffe der Gesellschafter in das vorrangig zur Gläubigerbefriedigung gebundene Vermögen der GmbH lassen die angemessene Rücksichtnahme auf die Fähigkeit der Gesellschaft zur Bedienung ihrer Verbindlichkeiten vermissen und stellen daher einen haftungsbegründenden Rechtsformmißbrauch dar.[571] Die Gesellschafter hafteten somit persönlich wegen existenzvernichtenden Eingriffs. In Betracht käme in *Morphites v Bernasconi*[572] zudem eine Haftung aus § 826 BGB wegen vorsätzlicher Täuschung über die Zahlungsbereitschaft gegenüber dem Vermieter.[573]

Voraussetzung einer Haftung aus s. 213 IA 1986 ist ferner, daß die *limited* abgewickelt wird, jedoch ist die Insolvenz der Gesellschaft, anders als bei s. 214 IA 1986, bereits nach dem Wortlaut nicht erforderlich: *„If in the course of the winding up...*", s. 213(1) IA 1986.
Der Haftungsumfang ist vom Gericht nach eigenem Ermessen zu bestimmen.[574] In *Morphites v Bernasconi*[575] traf der *Court of Appeal* auch Aussagen zur Berechnung des Schadensersatzes. So muß zwischen dem generellen Schaden, den die Gesellschaftsgläubiger als Folge der Unternehmensfortführung in der Insolvenz erlitten haben und den Haftungsbeträgen der an der Fortführung Beteiligten ein Zusammenhang bestehen. Die Summe wird sich somit an dem Verlust der Gesellschaft während dieser Phase orientieren,[576] Kausalität ist allerdings nicht erforderlich. Die Festsetzung von Strafschadensersatz kommt nicht in Betracht.[577] Jegliche Zahlungen, die aufgrund eines auf s. 213 IA 1986 basierenden

---

[570] BGH ZIP 2002, 1578ff.

[571] BGH ZIP 2002, 1578.

[572] [2003] 2 WLR 1521, CA.

[573] Auch in „KBV" BGH ZIP 2002, 1578ff. bejahte der BGH die Haftung aus § 826 BGB.

[574] Nach s. 215(4) IA 1986 kann das Gericht für den Fall, daß der Anspruchsgegner Gläubiger der Gesellschaft ist, die Nachrangigkeit seiner Verbindlichkeit hinter allen anderen Verbindlichkeiten der Gesellschaft anordnen.

[575] [2003] 2 WLR 1521, CA.

[576] *Griffin* Liability and Disqualification of Company Directors S. 54.

[577] Anders noch *Re a Company (No. 001418 of 1998)* [1991] BCLC 197, allerdings zur Vorgängervorschrift s. 630 CA 1985. Vgl. auch *Höfling* Das englische internationale Gesellschaftsrecht S. 230 Fn. 134, allerdings noch unter Verweis auf die verworfene Entscheidung in *Re a Company (No. 001418 of 1998).*

Urteils erfolgen, dienen der Befriedigung der Gesamtheit der Gläubiger.[578] Dies gilt auch dann, wenn infolge des Verstoßes gegen s. 213 IA 1986 nur ein Gläubiger einen Schaden erlitten hat.[579]

b) *Wrongful trading*

Mit der Einführung von s. 214 IA 1986 durch die Gesellschaftsrechtsreform 1985/1986 sollten die dargestellten Schwächen des *fraudulent trading*, insbesondere die kaum zu erfüllenden subjektiven Anforderungen, behoben werden. Ziel der Vorschrift ist es, *directors*, die unter Mißbrauch des Privilegs der Haftungsbeschränkung Gläubiger schädigen, haftbar zu machen.[580] Das englische Recht erkennt somit durchaus an, daß das Konzept der eigenständigen Rechtspersönlichkeit und der Beschränkung der Haftung für Gesellschaftsverbindlichkeiten auf das Gesellschaftsvermögen Raum für Mißbrauch eröffnet, begegnet dieser Gefahr im Gegensatz zum deutschen Recht allerdings vor allem durch die Schaffung von Haftungstatbeständen für aktiv an der Geschäftsführung beteiligte Personen in der Insolvenz.[581]
Das englische Recht verfolgt somit einen *ex post* Ansatz, der anstelle eines *ex ante* bereits bei Gründung eingreifenden, einem potentiellen Mißbrauch vorbeugenden, auf Mindestkapitalvorschriften basierenden Regelungssystems erst im Fall tatsächlicher Mißbrauchshandlungen eingreift und zudem auch nur dann, wenn die Gesellschaft sich in der Insolvenz befindet.[582] Dies bedeutet zudem, daß im Kontext von s. 214 IA 1986 gläubigergefährdende oder -schädigende Verhaltensweisen dann nicht haftungsbegründend sind, wenn kein Insolvenzverfahren wegen Überschuldung eingeleitet wird.[583] Allerdings besteht für die Gesellschaftsgläubiger die Möglichkeit, die Auflösung der Gesellschaft gemäß s. 122(1)(f) IA 1986 zu beantragen, sollte die Gesellschaft ihre Verbindlichkeiten ihnen gegenüber nicht befriedigen.

---

[578] Die Zahlungen werden für die ungesicherten Gläubiger aufgrund eines *statutory trust* gehalten, ohne daß sich jedoch Sicherungsrechte, die automatisch das gesamte Gesellschaftsvermögen erfassen *(floating charges)*, auf diese Summe erstrecken, *Re Floor Fourteen Ltd, Lewis v IRC* [2001] 2 BCLC 392, CA; *Re Oasis Merchandising Services Ltd, Ward v Aitken* [1997] 1 All ER 1009, CA; *Re MC Bacon Ltd* [1990] BCLC 607.

[579] *Griffin* Liability and Disqualification of Company Directors S. 54.

[580] *Griffin* Liability and Disqualification of Company Directors S. 61, 96.

[581] *Gower* Company Law S. 190; vgl. auch *Oditah* [1990] LMCLQ 205.

[582] Vgl. hierzu die Anmerkung in *Gower* Company Law S. 178.

[583] *Oditah* [1990] LMCLQ 205.

Die zentralen Voraussetzungen für eine Haftung aus s. 214 IA 1986 sind in deren Absätzen (1)-(3) enthalten, während Absätze (4)-(8) Definitionen enthalten. Der Inhalt von s. 214(1)-(3) IA 1986 lautet wie folgt:

„s. 214(1) Subject to subsection (3) below, if in the course of the winding up of a company it appears that subsection (2) of this section applies in relation to a person who is or has been a director of the company, the court, on the application of the liquidator, may declare that that person is to be liable to make such contribution (if any) to the companies assets as the court thinks proper.

(2) This subsection applies in relation to a person if-

(a) the company has gone into insolvent liquidation,

(b) at some time before the commencement of the winding up of the company, that person knew or ought to have concluded that there was no reasonable prospect that the company would avoid going into insolvent liquidation, and

(c) that person was a director of the company at that time;

but the court shall not make a declaration under this section in any case where the time mentioned in paragraph (b) above was before 28th April 1986.

(3) The court shall not make a declaration under this section with respect to any person if it is satisfied that after the condition specified in subsection (2)(b) was first satisfied in relation to him that person took every step with a view to minimising the potential loss to the company's creditors as (assuming him to have known that there was no reasonable prospect that the company would avoid going into insolvent liquidation) he ought to have taken."

Die Absätze (4)-(8) von s. 214 IA 1985 beschäftigen sich vor allem mit den bei der Bestimmung der an den *director* zu stellenden Anforderungen in Betracht zu ziehenden Aspekten, die Definition des Begriffs *insolvent liquidation* sowie dem Verhältnis zwischen s. 214 IA 1986 und s. 213 IA 1986:

„S. 214(4) For the purposes of subsections (2) and (3), the factors which a director of a company ought to know or ascertain, the conclusions which he ought to reach and the steps which he ought to take are those which would be known or ascertained, or reached or taken, by a reasonably diligent person having both-

(a) the general knowledge, skill and experience that may reasonably be expected of a person carrying out the same functions as are carried out by that director in relation to the company, and

(b) the general knowledge, skill and experience that that director has.

(5)...

(6) For the purposes of this section a company goes into insolvent liquidation if it goes into liquidation at a time when its assets are insufficient for the payment of its debts and other liabilities and the expenses of the winding up.

(7) In this section "director" includes a shadow director.
(8) This section is without prejudice to section 213."

Danach erfordert die Haftung wegen *wrongful trading* die Einleitung eines Insolvenzverfahrens wegen Überschuldung der *limited* und das Wissen oder Erkennenmüssen des *directors* vor dem Beginn des Insolvenzverfahrens, daß die Gesellschaft keine vernünftige Aussicht hatte, die Insolvenz zu vermeiden. Gemäß s. 214(6) IA 1986 ist die Insolvenz der Gesellschaft im Rahmen der *wrongful trading provision* nach dem *balance sheet test* zu bestimmen,[584] d.h. Grundlage der Haftung nach s. 214 IA 1986 kann nur die Überschuldung sein.[585]
Fraglich ist, anhand welcher Kriterien bestimmt wird, ob und zu welchem Zeitpunkt der *director* wußte oder hätte erkennen müssen, daß keine vernünftige Aussicht bestand, die Insolvenz wegen Überschuldung abzuwenden, vgl. s. 214(2)(b) IA 1986.
Vergleichsmaßstab hierfür ist nach dem Wortlaut von s. 214(4) IA 1986 eine durchschnittlich sorgfältige Person *(reasonably diligent person)*, die sowohl das generell zu erwartende Wissen, die generellen Fähigkeiten und Erfahrungen eines Geschäftsführers in der Position des *directors*, als auch zusätzlich das Wissen, die Fähigkeiten und die Erfahrungen des betroffenen Geschäftsführers in sich vereint.[586] Da s. 214(4) IA 1986 somit durch die Orientierung an der *reasonably diligent person* Minimalanforderungen statuiert,[587] ergibt sich als Folge ein subjektiv-objektiver Standard. Daher ist eine Unterschreitung der an eine sorgfältige Durchschnittsperson zu stellenden Anforderungen nicht zu berücksichtigen.[588] So wird von einem *director* etwa die Kenntnis der die Geschäftsführerpflichten betreffenden Vorschriften erwartet werden können.[589] Andererseits

---

[584] Das englische Recht kennt im Allgemeinen die Insolvenzeröffnungsgründe der Zahlungsunfähigkeit, *cash flow test*, und Überschuldung, *balance sheet test; Goode* Insolvency Law, S. 68ff.

[585] *Goode* Insolvency Law, S. 90, 464.

[586] Vgl. hierzu *Re Produce Marketing Consortium Ltd* [1989] 5 BCC 569. S. 214(4) IA 1986 ist letztlich nur eine Ausprägung des allgemeinen Sorgfaltsmaßstabes *(common law duty of care)*, vgl. *D'Jan of London Ltd* [1994] 1 BCLC 561; *Cohen v Selby* [2001] 1 BCLC 176; Palmer's Corporate Insolvency Rn. 1.206.

[587] *Re Brian D Pierson (Contractors) Ltd* [2001] 1 BCLC 275; *Walters* in Rider The Corporate Dimension S. 150ff.

[588] *Griffin* Liability and Disqualification of Company Directors S. 66.

[589] *Griffin* Liability and Disqualification of Company Directors S. 67.

erlaubt der subjektive Ansatz von s. 214(4)(b) IA 1986 die Berücksichtigung verschiedener Kompetenzniveaus, die etwa von einem *director* einen großen Publikumsgesellschaft bzw. einer kleineren Gesellschaft zu erwarten sind: *„...the general knowledge, skill and experience postulated will be much less extensive in a small company in a modest way of business, with simple accounting procedures and equipment, than it will be in a large company with sophisticated procedures."*[590] Die vom Gericht in Betracht zu ziehenden Umstände können anhand der Erörterung in *Re Continental Assurance Co of London plc*[591] näher illustriert werden. Eine kleine Versicherungsgesellschaft war liquidiert worden und der *liquidator* versuchte die *directors* aus s. 214 IA 1986 haftbar zu machen. Nach der Lage der Dinge hätten die Geschäftsführer bereits einige Monate vor dem Insolvenzverfahren die Insolvenz der Gesellschaft erkennen können, wenn die Bilanz ordnungsgemäß aufgestellt worden wäre. Da die *directors* für eine solche Einschätzung jedoch die Feinheiten des für Versicherungsgesellschaften geltenden Bilanzrechts hätten kennen müssen, entschied das befaßte Gericht, daß ihr Vertrauen in die (falschen) Unterlagen und die begleitenden Erklärungen der Wirtschaftsprüfer gerechtfertigt war:
„In my view, [the directors] would have been expected to be intelligent laymen. They would need to have a knowledge of what the basic accounting principles for an insurance company were....They would be expected to be able to participate in a discussion of the accounts, and to ask intelligent questions of the finance director and the auditors. What I do not accept is that they could have been expected to show the sort of intricate appreciation of recondite auditing details possessed by a specialist in the field."[592]

Ferner erscheint es denkbar, den Anwendungsbereich von s. 214(4) IA 1986 auf andere Umstände als die Größe der Gesellschaft auszudehnen.[593] So ist anzunehmen, daß die Anforderungen an einen geschäftsführenden *director* strenger sind als die, die an einen nicht-geschäftsführenden Geschäftsführer gestellt werden können. Zudem wird von einem geschäftserfahrenen oder eine relevante berufliche Ausbildung besitzenden Geschäftsführer ein höheres Maß an Kompetenz erwartet werden. Bei der Beurteilung darüber, ob der *director* die drohende Insolvenz hätte erkennen müssen, sind nicht nur die ihm zu diesem Zeitpunkt[594] tatsächlich zur Verfügung stehenden Dokumente heranzuziehen, sondern auch

---

590 *Re Produce Marketing Consortium Ltd* [1989] 5 BCC 569, 594f.

591 [2001] All ER 229 Ch D.

592 [2001] All ER 229, 258 Ch D.

593 *Griffin* Liability and Disqualification of Company Directors S. 67f.

594 Die gerichtliche Beurteilung ist auf Basis der damals bekannten Umstände zu treffen, *Walters* in Rider The Corporate Dimension S. 149.

Informationen, die dieser hätte erhalten können, vgl. s. 214(4) IA 1986 „*ought to ascertain*".[595]
So stellte sich in dem *leading case* zu s. 214 IA 1986, *Re Produce Marketing*[596], die Frage, ob die Geschäftsführer zum fraglichen Zeitpunkt hätten erkennen können, daß die Gesellschaft bereits insolvent war, obwohl die Bilanz mit deutlicher Verspätung aufgestellt wurde. Das befaßte Gericht wies darauf hin, daß die Geschäftsführer die Bilanz hätten erhalten können, zumal für Geschäftsführer die Pflicht besteht, den Jahresabschluß fristgerecht und ordnungsgemäß zu erstellen. Es ist allerdings deutlich herauszustellen, daß die *directors* aus der Kenntnis der Insolvenz der *limited* nicht automatisch die Schlußfolgerung ziehen müssen, daß die Gesellschaft wegen Überschuldung aufgelöst werden muß, um der Haftung aus s. 214 IA 1986 zu entgehen. Eine Pflicht, ein förmliches Insolvenzverfahren zum Zweck der geordneten Gläubigerbefriedigung und letztlich der Auflösung der Gesellschaft herbeizuführen, existiert im englischen Recht gerade nicht. Das englische Gesellschaftsrecht kennt mithin keine Insolvenzantragspflicht, wie sie etwa in § 64 I GmbHG normiert ist.
Vielmehr können die Gesellschafter die Geschäfte der Gesellschaft dann ohne Haftungsrisiko fortführen, wenn noch eine vernünftige Aussicht besteht, die Auflösung abzuwenden.[597]
In *Re Sherborne Associates Ltd*[598] trat die Insolvenz der Gesellschaft bereits nach dem ersten Geschäftsjahr ein. Kurze Zeit später trat der fähigste von drei geschäftsführenden *directors* von seiner Position zurück, im Laufe der nächsten Monate folgten zusätzliche Rücktritte von Geschäftsführern, während sich der finanzielle Zustand der Gesellschaft ungeachtet einer beträchtlichen Kapitalerhöhung weiter radikal verschlechterte. Zwei Jahre nach Gründung wurde das Insolvenzverfahren eröffnet. Nach Aussage des *liquidators* hätten die Geschäftsführer bereits nach Ablauf des ersten Geschäftsjahres erkennen müssen, daß die Gesellschaft keine vernünftige Aussicht hatte, das Insolvenzverfahren zu vermeiden. Das Gericht stellte zwar fest, daß die *directors*[599] wußten, daß die Liquidation der Gesellschaft mit großer Wahrscheinlichkeit eintreten würde. Die Annahme, die Gesellschaft könne wieder in die Solvenz zurückkehren, wurde jedoch aufgrund der Umstände als gerechtfertigt angesehen. Die Entscheidung der *directors* basierte auf einer Einschätzung, die auf der Grundlage von detaillierten Verkaufserwartungen getroffen wurde. Zudem wurde die Einstellung ei-

---

[595] *Re Produce Marketing Consortium Ltd* [1989] 5 BCC 569; *Hicks* [1993] 14 Co Law 16.
[596] [1989] 5 BCC 569.
[597] *Re Sherborne Associates Ltd* [1995] BCC 40.
[598] [1995] BCC 40.
[599] Aus Gründen der Vereinfachung wird hier von der Haftung aller *directors* gesprochen, aufgrund der besonderen Umstände befaßte sich das Gericht aber zunächst nur mit der Haftung eines, später verstorbenen, Geschäftsführers.

nes fähigen Geschäftsführers angestrebt, der die Gesellschaft wieder zum Erfolg führen sollte. Somit sah das Gericht die Beurteilung der Geschäftsführer, die Gesellschaft habe noch Aussicht auf die Beendigung der Insolvenz, als realistisch an. Dieser Fall ist jedoch vom Ergebnis her insofern untypisch, als einer der beklagten *directors* vor Klageerhebung verstarb und somit höhere Beweisanforderungen zu erfüllen waren.[600] Unter normalen Umständen kann daher mit einer gewissen Wahrscheinlichkeit von der Verurteilung der *directors* ausgegangen werden.
Der Fall illustriert dennoch die von einem englischen Gericht bei der Abwägung über die Aussichten, die Liquidation zu vermeiden, zu berücksichtigenden Faktoren. Bei der Bestimmung der finanziellen Situation der Gesellschaft sind die Gewinn- und Verlustrechnung, die Umsatzzahlen, Aufträge und Bankdaten ebenso in Betracht zu ziehen wie andere Umstände, die darauf hindeuten, daß die Gesellschaft insolvenzreif ist. Hierzu zählen unter anderem die Aufkündigung, Suspendierung oder die Herabsetzung einer etwaigen Unterstützung der Banken, die Aufkündigung der Unterstützung seitens der Muttergesellschaft, der Rücktritt von *directors*, der Verlust von Vertragspartnern, unrealistische Gewinnaussichten sowie ein inadäquater oder fehlender Business-Plan, nicht jedoch allein die Erweiterung oder Erneuerung eines Dispokredits durch die kontoführende Bank. Zudem ist auch der Grund für die Insolvenz mit in die Abwägung einzubeziehen.[601] So kann entscheidend sein, ob die Überschuldung etwa auf fehlerhafte Geschäftsführung, Rezession, fehlende Nachfrage oder den Verlust eines Großkunden zurückzuführen ist.

In diesem Zusammenhang könnte auch eine Unterkapitalisierung relevant werden.[602]
Mit dieser Frage beschäftigte sich ein englisches Gericht in *Re Purpoint Ltd*[603]. Die *limited* war hier mit keiner Kapitalbasis ausgestattet, die nötigen finanziellen Mittel wurden durch einen Bankkredit bzw. ein Geschäftsführerdarlehen bereitgestellt. Die Gesellschaft hatte das Unternehmen von einer anderen, wenig

[600] Anstelle des zivilrechtlichen Beweismaßstabs *(balance of probabilities)* war ein dem strafrechtlichen Niveau nahekommender *(beyond reasonable doubt)* anzuwenden, vgl. *Griffin* Liability and Disqualification of Company Directors S. 72 Fn. 39 und S. 71.
[601] *Oditah* [1990] LMCLQ 205, 210.
[602] So *Höfling* Das englische internationale Gesellschaftsrecht S. 227 und ihr folgend *Happ/Holler* DStR 2004, 730, 733, die eine Vorhersehbarkeit der Insolvenz bereits zum Zeitpunkt der Gründung bejahen wollen, falls die Gesellschaft von Anfang an unterkapitalisiert war. *Höfling a.a.O.* will aus der Anwendbarkeit von s. 214 IA 1986 sogar eine „Obliegenheit zur angemessenen Kapitalaustattung" herleiten. Wie dargestellt, dürfte dies jedoch eine viel zu enge, von deutschen Vorstellungen geprägte Auffassung sein.
[603] [1991] BCC 121.

erfolgreichen Gesellschaft übernommen. Die Gesellschaft wurde nach ca. drei Jahren Geschäftstätigkeit aufgelöst. Auf die Frage, zu welchem Zeitpunkt der Geschäftsführer hätte wissen müssen, daß die Gesellschaft keine vernünftige Aussicht hatte, die Insolvenz zu vermeiden, befand das Gericht:

„ *The first question is as to the date when Mr. Meredith [the director] ought to have known that there was no reasonable prospect that the company could avoid going into insolvent*
liquidation.... I have felt some doubt whether a reasonably prudent director would have allowed the company to commence trading at all. It had no capital base. Its only assets were purchased by bank borrowing...[and] by a loan. ...However, I do not think it would be right to conclude that Mr. Meredith ought to have known that the company was doomed to end in an insolvent winding up from the moment it started to trade. That would, I think, impose too high a test. ... Mr. Meredith believed that his connections...would enable him to introduce new business.... I cannot say that was a belief that could not have been entertained by a reasonable and prudent director conscious of his duty to persons to whom the company would incur liabilities in the ordinary course of carrying on its business."[604]

Daher kann im Fall der Unterkapitalisierung der Gesellschaft bereits zum Zeitpunkt der Gründung nicht automatisch davon ausgegangen werden, daß der *director* bereits damals hätte wissen müssen, daß die Gesellschaft die *insolvent liquidation* nicht wird vermeiden können. Eine Haftung aus s. 214 IA 1986 kann sich somit lediglich zu einem späteren Zeitpunkt ergeben und steht mit der Unterkapitalisierung im Zeitpunkt der Gründung nur mittelbar in Verbindung. Haftungsauslösendes Moment ist dann allerdings nicht die unzureichende Kapitalausstattung als solche, sondern die fehlerhafte und für die Gläubiger nachteilige Fortführung des Unternehmens in der Krise zu einem Zeitpunkt, zu dem der *director* die Unvermeidlichkeit der Insolvenz hätte erkennen müssen. Im vorliegenden Fall wurde der *director* letztlich wegen *wrongful trading* haftbar gemacht. Das mit der Frage befaßte Gericht begründete die Haftung, wie aus dem Zitat ersichtlich, jedoch nicht mit der von Anfang an bestehenden Unterkapitalisierung der Gesellschaft, sondern mit der Tatsache, daß der Geschäftsführer zu einem späteren Zeitpunkt hätte wissen müssen, daß keine vernünftige Aussicht bestand, daß die Gesellschaft die Insolvenz wegen Überschuldung würde vermeiden können.

Dieses Ergebnis wird auch durch die Entscheidung in *Re Cubelock Ltd*[605] gestützt. In diesem Fall war die *limited* von Beginn an überschuldet. Der entscheidende Richter lehnte die Haftung jedoch unter Hinweis auf die Tatsache ab, daß

---

604 *Re Purpoint Ltd* [1991] BCC 121, 128.

605 [2001] BCC 523.

es für Gesellschaften in den Anfangsmonaten üblich sei, mit einer derartigen Kapitaldecke zu operieren.[606] Die entscheidende Frage ist vielmehr, ob die Geschäftsführer zu dem Zeitpunkt, zu dem sie wußten oder hätten erkennen müssen, daß die Liquidation wegen Überschuldung nicht mehr zu vermeiden war, die Geschäfte eingestellt haben oder die *limited* ohne Rücksichtnahme auf die Interessen der Gläubiger fortgeführt haben.[607] Letztlich ist daher die Frage nach einer Haftung aus s. 214 IA 1986 wegen Unterkapitalisierung als solche nach englischem Verständnis falsch formuliert. Das in diesem Zusammenhang entscheidende Kriterium ist der Zeitpunkt, zu dem die Geschäftsführer hätten erkennen müssen, daß keine vernünftige Aussicht bestand, die Insolvenz wegen Überschuldung abzuwenden, nicht jedoch die Unterkapitalisierung per se. So kann in der Endkonsequenz eine Haftung im Zusammenhang mit der Unterkapitalisierung der Gesellschaft zwar eintreten, jedoch ist diese allein nicht haftungsbegründend oder stellt gar eine Fallgruppe der Haftung aus s. 214 IA 1986 dar.[608]

Für einen *director* ist die Einbeziehung von Expertenmeinungen, wie von Rechtsanwälten oder Steuerberatern bzw. Wirtschaftsprüfern, empfehlenswert, da die englischen Gerichte die auf dieser Grundlage gefaßten Entscheidungen der *directors* nicht angreifen werden.[609] Dies bedeutet aber auch, daß dem Rat derartiger Berater, die Gesellschaft zu liquidieren, grundsätzlich zu folgen ist, wobei allerdings aufgrund spezieller Kenntnisse und Fähigkeiten des *directors* dieser unter Umständen dennoch zu einer abweichenden Entscheidung kommen kann.[610]

Nach dem Wortlaut von s. 214 IA 1986 trifft die Haftung, anders als bei s. 213 IA 1986, der sich gegen alle an der Geschäftsführung beteiligten Personen richtet, nur die *directors*.

---

606 Vgl. hierzu auch *Penrose & Another v Official Receiver* [1995] BCC 311. In diesem Fall wurde den *directors* eine Ausnahme vom Verbot der s. 216 IA 1986 *(re-use of company names)* gewährt und die erstinstanzliche Entscheidung, daß dies infolge einer Unterkapitalisierung der Gesellschaft wegen der damit verbundenen Gläubigergefährdung nicht möglich sei, revidiert, da das Betreiben einer unterkapitalisierten Gesellschaft die Gläubiger lediglich einem gesetzgeberisch erlaubten Risiko aussetze.

607 Bei der Festlegung dieses Zeitpunktes ist der *liquidator* frei, *Griffin* Liability and Disqualification of Company Directors S. 64, zu beachten ist jedoch, daß, falls aus Sicht des Gerichts zu diesem Moment der *director* noch keine Kenntnis hätte haben können, die Benennung eines späteren Zeitpunkts u. U. versagt wird, vgl. *Re Sherborne Associates Ltd* [1995] BCC 40.

608 Anders *Höfling* Das englische internationale Gesellschaftsrecht S. 227f.

609 *Re Bonus Breaks Ltd* [1991] BCC 546.

610 *Griffin* Liability and Disqualification of Company Directors S. 72.

Gemäß s. 214(7) IA 1986 werden aber auch sog. *shadow directors* von der Haftung erfaßt.[611] Diese sind in s. 251 IA 1986 als „*a person in accordance with whose directions or instructions the directors of the company are accustomed to act*" definiert.[612] Ausgenommen sind jedoch gemäß s. 251 IA 1986 professionelle Ratgeber, wie etwa Rechtsanwälte. Mit der Auslegung des Begriffs *shadow director* haben sich die englischen Gerichte in einer Reihe von Urteilen, zuletzt in *Secretary of State for Trade and Industry v Deverell*[613] befaßt. Vor der genannten Entscheidung des *Court of Appeal* wurden typischerweise Alleingesellschafter, deren Instruktionen vom *board of directors* routinemäßig umgesetzt wurden, ohne daß noch ein Ermessenspielraum besteht, erfaßt. Die Haftung einer Holding, die auf die Unternehmenspolitik der Tochter Einfluß nimmt, wurde dann angenommen, wenn die Einflußnahme der Muttergesellschaft über die Aufstellung von bloßen Richtlinien, die der Tochter einen eigenen Ermessenspielraum lassen, hinausging.[614] Auch Banken konnten unter Abstellen auf das Kriterium des eigenen Ermessens grundsätzlich wegen *wrongful trading* haftbar gemacht werden.[615] Allerdings war darauf Rücksicht zu nehmen, daß Banken ein legitimes Eigeninteresse daran haben, sich gegen die Insolvenz ihrer Schuldner zu schützen und aus diesem Grund Bedingungen für die fortdauernde Finanzierung der Gesellschaft aufstellen und zu diesem Zweck Unternehmensprüfungen durchführen. Somit führte eine zweijährige enge Abstimmung mit der Geschäftsführung nicht zu einer Haftung aus s. 214 IA 1986.[616] Die Haftung wegen *wrongful trading* griff daher insoweit in Übereinstimmung mit den allgemeinen Grundsätzen erst dann ein, wenn die Bank dem *board of directors* keinen eigenen Ermessensspielraum mehr zugestand. Dies sollte insbesondere dann der Fall sein, wenn die Bank die Entscheidung über die Eröffnung des Insolvenzverfahrens an sich zog.

---

611 Vgl. hierzu *Hicks* [1993] 14 Co Law 55, 58.

612 Vgl. hierzu die inhaltlich identischen Definitionen in s. 741(2) CA 1986 und s. 22(5) CDDA 1986, die eine einheitliche Auslegung sicherstellen. Somit können die Präzedenzfälle zur Interpretation der Vorschriften gesetzesübergreifend angewendet werden.

613 *Secretary of State for Trade and Industry v Deverell* [2001] Ch D 340. Unklar ist allerdings noch die genaue Tragweite des Urteils. *Habersack/Verse* ZHR 168 (2004), 174, 191 sprechen insofern von einer "Grundsatzentscheidung". Deutlich zurückhaltender *Hirt* ECFR 1/2004, 71, 90 Fn. 90.

614 *Re Hydrodam (Corby) Ltd* [1994] 2 BCLC 180; *Goode* Insolvency Law S. 446; zur Bedeutung der Ermessensaufgabe durch die *directors* vgl. *Sinclair/Vogel/Snowden* Company Directors: Law and Liability Rn. 6.170.

615 *Re a Company (No. 005009 of 1987), ex parte Copp* [1989] BCLC 13. Vgl. auch das bereits besprochene Parallelproblem im Rahmen von s. 213 IA 1986 unter B. §2 II. 2.a).

616 *Re PFTZM Ltd* [1995] BCC 280; *Bhattacharyya* [1995] 16 Co Law 313, 314; *Millett* [1991] Insolv P 14, 15.

In der Entscheidung *Secretary of State for Trade and Industry v Deverell*[617] fand der *Court of Appeal* zu einer großzügigeren Handhabung der relevanten Kriterien, indem er unter Rückgriff auf das Ziel der Gesetzgebung feststellte, daß der Begriff *shadow director* der Identifizierung von Personen mit starkem Einfluß auf die Gesellschaft dient.[618] Demzufolge ist die Aufgabe eines eigenen Ermessensspielraums für die Feststellung der Eigenschaft als *shadow director* unerheblich: „*...all that is required is that what is said by the shadow ... is usually followed over a wide enough area and for long enough. ...frequent non-professional advice usually acted on is sufficient.*"[619] Demnach bedarf es weder eines Nachweises, daß zwischen dem *board of directors* und dem *shadow director* ein Unterordnungsverhältnis bestand, noch daß tatsächlich verbindliche Anweisungen seitens des *shadow directors* gegeben wurden. Ausreichend sind daher nunmehr auch bloße Ratschläge, die üblicherweise befolgt werden, ohne daß erforderlich wäre, daß sich diese auf die gesamte Geschäftstätigkeit der Gesellschaft beziehen.[620] Infolge dieser Entscheidung ist die Gefahr für auf die Geschäftsführung Einfluß nehmende Personen, als *shadow director* qualifiziert zu werden, größer geworden, was insbesondere im Kontext von Mutterunternehmen, Banken und anderen professionellen Beratern Relevanz erlangen wird. Letztere konnten sich bereits vor der Änderung der Anforderungen durch *Secretary of State for Trade and Industry v Deverell*[621] dann nicht auf die Privilegierung in s. 251 IA 1986 berufen, wenn ihr Einfluß auf die Gesellschaft so stark war, daß sie den Platz des *board of directors* einnahmen.[622]
Da sich s. 214 IA 1986 aufgrund der Regelung in s. 251 IA 1986 gegen „*...any person occupying the position of director, by whatever name called*" richtet, wird ferner auch der sog. *de facto director* von der Haftung erfaßt. Hierbei handelt es sich um Personen, die, im Gegensatz zu dem im Hintergrund die Geschicke der Gesellschaft leitenden *shadow director*, tatsächlich wie ein *director* auftreten und Geschäftsführeraufgaben wahrnehmen, ohne wirksam ernannt worden zu sein.[623]

Die Haftung des *directors* ist dann ausgeschlossen, wenn er jeden Schritt unternommen hat, um den Schaden für die Gläubiger gering zu halten, s. 214(3) IA

---

[617] *Secretary of State for Trade and Industry v Deverell* [2001] Ch D 340.

[618] *Secretary of State for Trade and Industry v Deverell* [2001] Ch D 340; *Sinclair/Vogel/Snowden* Company Directors: Law and Liability Rn. 6.170.

[619] *Secretary of State for Trade and Industry v Deverell* [2001] Ch D 340, 353.

[620] *Secretary of State for Trade and Industry v Deverell* [2001] Ch D 340, 354.

[621] *Secretary of State for Trade and Industry v Deverell* [2001] Ch D 340.

[622] *Sinclair/Vogel/Snowden* Company Directors: Law and Liability Rn. 6.172.

[623] *Re Hydrodam (Corby) Ltd* [1994] 2 BCLC 180; *Re KayTech International plc, Potier v Secretary of State for Trade & Industry* [1999] BCC 390.

1986.[624] Wäre der Haftungsausschlußtatbestand mit diesem Erfordernis streng am Wortlaut auszulegen, würde dies einen unrealistischen und oppressiven Sorgfaltsmaßstab aufstellen. Daher kann von einem *director* trotz des Wortlauts „*every reasonable step*" nur ein vernünftiges Verhalten verlangt werden.[625] Für die Beurteilung, ob das Verhalten des *directors* diesem Standard entspricht, ist wiederum der bereits erläuterte, in s. 214(4) IA 1986 normierte „*reasonably diligent person*" Test anzuwenden.[626] Danach muß das Gericht also überzeugt sein, daß eine sorgfältige Durchschnittsperson, die das Wissen, die Fähigkeiten und Erfahrungen des *directors* in sich vereint, keine anderen Schritte als die vom Geschäftsführer ergriffenen zur Minimierung des Schadens für die Gläubiger unternommen hätte. Dies erfordert zunächst im allgemeinen eine aktive und an den Interessen der Gläubiger ausgerichtete Verhaltensweise des *directors*.[627] Die Fortführung der Gesellschaft mit dem Ziel, Gewinne zu erwirtschaften, ist hierfür nicht ausreichend. Vielmehr erfaßt s. 214(4) IA 1986 folgende Fälle: „*[The section applies to]...cases where...directors take specific steps with a view to preserving or realising assets or claims for the benefit of creditors, even if they fail to achieve that result, and it does not cover the very act of wrongful trading itself.*"[628]

Aus dem Gesagten ergibt sich eine Reihe von zu erfüllenden Verhaltensanforderungen, wie unter anderem die Pflicht zur Teilnahme an allen *board meetings* sowie die umfassende Dokumentation der Meinung des *directors* in den Sitzungsprotokollen. Darüber hinaus sollte auf eine möglichst pünktliche Erstellung des Jahresabschlusses, eine zeitnahe Informationspolitik über die finanzielle Entwicklung der Gesellschaft, die Inanspruchnahme professioneller Beratung und die Einbeziehung der Gläubiger in die zu treffenden Entscheidungen hingewirkt werden.[629] Ohnehin sollten die Gesellschaftsgläubiger in jedem Fall beteiligt werden, um die Haftung zu vermeiden.[630] Dies erklärt sich auch daraus, daß die Gesellschafterinteressen, wie noch im Rahmen der *directors' duties* zu erör-

---

[624] Unzutreffend *Höfling* Das englische internationale Gesellschaftsrecht S. 227, die von einer Beweislastumkehr ausgeht.

[625] *Oditah* [1990] LMCLQ 205, 214; *Prentice* [1990] 10 OJLS 265, 268f.; *Goode* Insolvency Law S. 471.

[626] Palmer's Corporate Insolvency Rn. 1.207; *Fletcher* The Law of Insolvency Rn. 27-021.

[627] *Bailey/Groves/Smith* Corporate Insolvency Rn. 16.29.

[628] *Re Brian D Pierson Ltd* [2001] 1 BCLC 275, 308.

[629] *Hicks* [1993] 14 Co Law 55, 57f. *Griffin* Liability and Disqualification of Company Directors S. 75. Das Erfordernis der Gläubigerbeteiligung ergibt sich auch aus der Stellung der Gläubiger in der Insolvenz, da in diesem Fall ihre Interessen an die Stelle der Gesellschafter treten, vgl. *West Mercia Safetywear Ltd v Dodd* [1988] BCLC 250. Hierzu folgt später eine ausführlichere Darstellung.

[630] *Oditah* [1990] LMCLQ 205, 210.

tern sein wird, im Fall der Insolvenz der Gesellschaft durch die Interessen der Gläubiger, die dann Bestandteil des Unternehmensinteresses sind, ersetzt werden. Ferner wird der Versuch, zusätzliche Finanzierungsmöglichkeiten für die Gesellschaft zu erschließen ebenso wie eine enge Zusammenarbeit mit der involvierten Bank unter die vernünftigerweise zu treffenden Maßnahmen fallen.[631] Sollte offenkundig sein, daß die Gesellschaft die *insolvent liquidation* nicht wird vermeiden können, sollte der *director* grundsätzlich die Einstellung der Geschäftstätigkeit der *limited* veranlassen. Allerdings wird die Geschäftseinstellung nicht zwangsläufig vom Gesetz verlangt. Daher ist es unabhängig von dem eben Gesagten denkbar, daß aufgrund der Umstände eine Einstellung nicht der effektivste Weg ist, die Gläubigerinteressen zu schützen.[632] So kann in der Fortführung der Gesellschaft zum Zweck der Erfüllung von Verträgen, der Realisierung von Außenständen und Vermögenswerten außerhalb eines förmlichen Insolvenzverfahrens die gewinnbringendere Methode der Auflösung liegen.[633] Dies ist aus Gläubigerschutzgesichtspunkten unbedenklich, da die Gläubiger an der Geschäftsfortführung im Regelfall konsultativ beteiligt sind und die *directors* bei einem eventuellen Verstoß gegen ihre Interessen wegen *breach of duty* haftbar sein können.[634] Ausschlaggebend dürfte in der Praxis nach dem Gesagten sein, ob die *directors* sich bei ihrer Entscheidung, die sofortige Liquidation anzustreben, von sorgfältigen und fundierten Erwägungen leiten ließen.[635] Ferner ist auch die Einsetzung eines *administrators* in Betracht zu ziehen, um die Gesellschaft als *going concern* zu retten oder um zumindest den für den einzelnen Gläubiger zur Verfügung stehenden Betrag zu optimieren, Sch B1, para 3 IA 1986.[636] Der Rücktritt eines *directors* bewirkt grundsätzlich keinen Haftungsausschluß.[637] Dies wird nur in Ausnahmefällen dann anders zu beurteilen sein, wenn

---

[631] *Hannigan* Company Law S. 847.

[632] *Hicks* [1993] 14 Co Law 55. Zur Haftung wegen verfrühter Geschäftseinstellung siehe *Goode* Insolvency Law S. 472.

[633] *Griffin* Liability and Disqualification of Company Directors S. 75. Dies kann auch daran illustriert werden, daß in der Einzelzwangsvollstreckung bzw. in der Insolvenz nie der volle wirtschaftliche Wert realisiert werden kann. Auf diesem Gedanken basiert z.B. auch die Regelung des § 237 S. 1 BGB, nach der mit einer beweglichen Sache Sicherheit nur bis zu zwei Dritteln des Schätzungswertes geleistet werden kann.

[634] Zum Konzept der *breach of duty* genauer im Folgenden.

[635] *James* Practitioner's Guide to Directors' Duties and Responsibilites S. 336.

[636] Diese Zielsetzung ist dem Insolvenzplanverfahren nach § 217ff. InsO vergleichbar, siehe auch § 1 InsO. Grundlegend *Smid/Rattunde* Der Insolvenzplan; *Hess/Obermüller* Insolvenzplan, Restschuldbefreiung und Verbraucherinsolvenz.

[637] Siehe hierzu *Re Sherborne Associates Ltd* [1995] BCC 40.

der Geschäftsführer auch nach langen Anstrengungen das *board of directors* nicht von der Fehlerhaftigkeit seiner Vorgehensweise überzeugen konnte.[638]

Neben s. 214(3) IA 1986 scheidet die Anwendung des in s. 727(1) CA 1985 normierten Ausschlußtatbestandes aus. Diese Norm ist generell auf Pflichtverletzungen anwendbar und ermöglicht einen Haftungsausschluß unter folgenden subjektiven Umständen: „ *If [the director]...has acted honestly and reasonably, and ...having regard to all the circumstances of the case...he ought to be fairly excused...[the] court may relieve him, either wholly or partly, from his liability on such terms as it thinks fit*“. Da s. 214 IA 1986 aber, wie dargestellt, auch einen objektiven Maßstab enthält, ist s. 727 CA 1985 im Rahmen von s. 214 IA 1986 nicht anwendbar.[639]

Die Rechtsfolgen des *wrongful trading* sind in ss. 214 und 215 IA 1986 normiert.
So kann das englische Gericht zunächst die Verpflichtung des Geschäftsführers, an die Gesellschaft bestimmte Leistungen zur Auffüllung der Masse zu erbringen,[640] aussprechen *(contribution order)*. Ferner kann der Richter zur Durchsetzung der Haftung zusätzliche Anforderungen aufstellen, s. 215(2) IA 1986. Hierzu zählen insbesondere die Bestellung eines Sicherungsrechts zugunsten der Gesellschaft an einem Anspruch des Geschäftsführers oder einer ihm nahestehenden Person gegen die Gesellschaft und Anordnungen zu deren Durchsetzung. Ferner besteht die Möglichkeit der Anordnung der nachrangigen Befriedigung eines Anspruchs des *directors* im Verhältnis zu den sonstigen Ansprüchen Dritter. Zudem ist nach ss. 4(1)(a) und 10 CDDA 1986 eine Disqualifizierung des *directors* für einen Zeitraum von maximal 15 Jahren möglich. Im Rahmen der *contribution order* kann das Gericht den Haftungsumfang nach eigenem Ermessen bestimmen, vgl. s. 214(1) IA 1986. Entscheidend ist hierbei, daß die Haftung, wie in s. 213 IA 1986, nur eine Kompensationsfunktion besitzt, also Strafschadensersatz ausscheidet.[641] Somit bildet der Schaden, der während des Zeitraums des *wrongful tradings*, d.h. ab dem Zeitpunkt, zu dem der *director* die Unvermeidbarkeit der *insolvent liquidation* hätte erkennen müssen, eingetreten

---

638 *Griffin* Liability and Disqualification of Company Directors S. 76.

639 *Oditah* [1990] LMCLQ 205, 214; *Keay* McPherson's Law of Company Liquidation Rn. 11.142.Zudem ist s. 727 CA 1985 grundsätzlich nur im Rahmen der *common law doctrine of breach of duty* anwendbar, *Commissioners of Customs and Excise v Hedon Alpha Ltd* [1981] QB 818.

640 In der Regel handelt es sich hierbei um Geldzahlungen.

641 *Re Produce Marketing Consortium Ltd* [1989] 5 BCC 520, 553f., 569; *Re Purpoint Ltd* [1991] BCLC 491.

ist, die zulässige Obergrenze der Ermessensausübung.[642] Diese Summe wurde in *Re Continental Assurance Co of London plc*[643] als "*increase in net deficiency*" beschrieben.[644] Läßt sich die Höhe der nach dem Zeitpunkt der Vorhersehbarkeit der Insolvenz hinzugekommenen Passiva mangels exakter Buchführung nicht bestimmen, richtet sich die Haftungssumme nach den Verbindlichkeiten gegenüber den Neugläubigern.[645] Zwar ist keine Kausalität zwischen dem eingetretenen Schaden und den als *wrongful trading* zu qualifizierenden Handlungen zu verlangen,[646] dennoch bedarf es eines Zusammenhangs zwischen Handlung und Schaden. Das befaßte Gericht versuchte dies dergestalt zu definieren, daß die Haftung nur für solche Konsequenzen eintreten solle, die auf das zurückzuführen sind, was die Handlung zum *wrongful trading* machte.[647] Letztlich sollen damit Schäden, die nicht mit dem Verhalten der *directors* im Zusammenhang stehen, wie etwa Wetterschäden, ausgeschieden werden. Das englische Gericht kann im Rahmen seines Ermessens auch die Verantwortung und das Verschulden des *directors* für die Geschäftsfortführung in Betracht ziehen.[648] Daher kann Gutgläubigkeit zu einer Reduktion des zu zahlenden Betrags führen,[649] während ein die Gläubigerinteressen rücksichtslos mißachtender Geschäftsführer mit einer höheren Haftungssumme rechnen muß.[650]

Die Haftung ist für jeden *director* grundsätzlich auf den von ihm geschuldeten Betrag beschränkt, da der Schwerpunkt der Haftung auf dem Verhalten des einzelnen Geschäftsführers, nicht aber der Gesamtheit des *board of directors* liegt.[651] Das Gericht kann aber gesamtschuldnerische Haftung anordnen. Ebenso wie unter s. 213 IA 1986 werden die durch die *contribution order* erlangten Vermögenswerte nicht dem Vermögen der Gesellschaft zugerechnet, sondern der *liquidator* hält sie aufgrund eines *statutory trust* zur Verteilung unter den

---

[642] *Oditah* [1990] LMCLQ 205, 215. Vgl. hierzu auch *Re DKG Contractors Ltd* [1990] BCC 903: „*the director's contribution to the company's assets should be equated to the amount of the trade debts on or after the date on which the director ought to have realised that there was no prospect of the company avoiding liquidation.*"

[643] [2001] All ER 229, Ch D.

[644] So auch *Prentice* in Rickett & Grantham Corporate Personality S. 100, 122f.

[645] *Re Purpoint Ltd* [1991] BCC 121, 128.

[646] *Cohen v Selby* [2001] 1 BCLC 176, 183f.

[647] *Re Continental Assurance Co of London plc* [2001] All ER 229, Ch D.

[648] *Walters* in Rider The Corporate Dimension S. 152.

[649] *Re Produce Marketing Consortium Ltd* [1989] 5 BCC 520.

[650] *Re DKG Contractors Ltd* [1990] BCC 903.

[651] *Prentice* in Rickett & Grantham Corporate Personality S. 100, 122f.

ungesicherten Gläubigern der Gesellschaft.[652] In praxi ist insbesondere die Frage der Finanzierung eines eventuellen Rechtsstreits von Bedeutung. Der *liquidator* muß die Genehmigung des Gerichts oder der Gläubigerversammlung erlangen, um einen auf s. 214 IA 1986 basierenden Anspruch gerichtlich geltend machen zu können, Sch 4, Pt I, IA 1986.[653] In diesem Fall unterfallen die Kosten der Rechtsverfolgung unter r 4.218(a) Insolvency Rules 1986 (IR 1986) und sind daher aus den Gesellschaftsmitteln finanzieren.[654]
Bezüglich des Verhältnisses von s. 214 IA 1986 und der Durchgriffshaftung ist festzuhalten, daß beide Rechtskonstruktionen mißbräuchlichem Verhalten vorbeugen sollen. Während s. 214 IA 1986 die den Gläubigern nachteilige und fehlerhafte Geschäftsfortführung zu einem Zeitpunkt, zu dem die Gesellschaft keine vernünftige Aussicht mehr hatte, die Insolvenz zu vermeiden, sanktioniert, richtet sich das *veil lifting* gegen gläubigerschädigende Verhaltensweisen im Vorfeld der Insolvenz. Auch kann der Anspruch aus s. 214 IA 1986 nur vom *liquidator* in der Insolvenz geltend gemacht werden. S. 214 IA 1986 ist somit tatbestandlich enger.[655] Es erscheint denkbar, daß die Haftung sowohl auf *veil lifting* als auch auf s. 214 IA 1986 gestützt werden kann. Dies ergibt sich daraus, daß Ansprüche wegen *breach of duty*, die auf s. 212 IA 1986 gestützt werden, neben s. 214 IA 1986 geltend gemacht werden können,[656] s. 214 IA 1986 weitergehende Ansprüche mithin nicht ausschließt.[657]

Zusammenfassend läßt sich sagen, daß das englische Recht, wie dargelegt, dem Mißbrauch der Haftungsbeschränkung und der daraus resultierenden Gläubigergefährdung auch durch die in der Insolvenz eingreifende Haftung der *de iure, de facto* und *shadow directors* entgegenwirkt. Bei der Haftung der Leitungsverantwortlichen handelt es sich um eine Ausnahme zu dem in *Salomon v. Salomon & Co Ltd*[658] postulierten Grundsatz der Eigenständigkeit der juristischen Person. Nach englischem Verständnis ist s. 214 IA 1986, ebenso wie s. 213 IA 1986, ein

---

[652] *Re Floor Fourteen Ltd, Lewis v IRC* [2001] 2 BCLC 392, CA; *Re Oasis Merchandising Services Ltd v Aitken* [1997] 1 All ER 1009, CA; *Re MC Bacon Ltd* [1990] BCLC 607.

[653] Die Rechtslage wurde durch s. 253 Enterprise Act 2002 geändert.

[654] Vgl. hierzu *Hannigan* Company Law S. 853. Vor einer entsprechenden Änderung durch die *Insolvency Rules (Amendment) (No 2) Rules 2002* war die Rechtslage unklar, vgl. *Re Oasis Merchandising Services Ltd v Aitken* [1997] 1 All ER 1009, CA; *Re MC Bacon Ltd* [1990] BCLC 607; *Katz v McNally* [1997] BCC 784.

[655] Anders *Höfling* Das englische internationale Gesellschaftsrecht, die von einer Alternativität der Konzepte ausgeht.

[656] *Griffin* Liability and Disqualification of Company Directors S. 91f.

[657] Zum Verhältnis der Ansprüche aus s. 212 bzw. s. 214 IA 1986 sogleich näher unter B. §2 II. 2. c).

[658] [1897] AC 22, HL.

Fall des Haftungsdurchgriffs und zwar auch dann, wenn er sich lediglich gegen einen nicht an der Gesellschaft beteiligten *director* richtet. Die Bedeutung von s. 214 IA 1986 ist im Vergleich zu den diskutierten Fällen des Haftungsdurchgriffs *at common law* deutlich größer. Andererseits wird die Wirkung von s. 214 IA 1986 häufig eher als präventiv bezeichnet, d.h. die rein abstakte Möglichkeit, daß der *liquidator* ein solches Verfahren anstrengen könnte, bewirkt bereits an sich rechtskonformes Verhalten der Geschäftsführer.[659]
Die Nachteile von s. 214 IA 1986 werden, neben tatbestandlichen Unsicherheiten bei der Bestimmung des Vorliegens der Voraussetzungen von s. 214(2)(b) IA 1986, darin gesehen, daß allein der *liquidator* berechtigt ist, ein Verfahren wegen *wrongful trading* anzustrengen und die Vermögenswerte der Gesellschaft zur Deckung der Rechtskosten ausreichen müssen. Besonders dem letzten Aspekt wird große Bedeutung beigemessen, da selbst aussichtsreiche Verfahren aus diesem Grund unter Umständen nicht angestrengt werden.[660] Eine weitere Schwierigkeit besteht darin, den exakten Zeitpunkt, zu dem der Geschäftsführer die Unvermeidbarkeit der Insolvenz hätte erkennen müssen, festzulegen.[661] Dennoch ist der Einführung von s. 214 IA 1986 ein Einfluß auf das Verhalten der *directors* in der Insolvenz der Gesellschaft nicht abzusprechen,[662] da diese nicht nur einer u.U. hohen Haftungssumme ausgesetzt sind, sondern zusätzlich auch noch die Gefahr der Disqualifizierung besteht. Zudem wird durch die drohende Haftung ein Anreiz geschaffen, sich außerhalb eines gerichtlichen Verfahrens zu einigen.[663] Möglicherweise ist auch dies ein Grund dafür, weshalb sich relativ wenige Fälle, die sich mit der Anwendung von s. 214 IA 1986 beschäftigen, in den *Law Reports* finden. Dieser Umstand wurde z.T. als Beweis für die Ineffektivität der Vorschrift angeführt. [664] Im vorliegenden Zusammenhang ist allerdings auch darauf zu verweisen, daß das Haupthindernis für die Geltendmachung von Ansprüchen aus s. 214 IA 1986 in der für die *liquidators* ungünstigen Kostenfolge bei Abweisung der Klage bestand. Selbst bei ex ante guten Er-

---

[659] *Hirt* ECFR 1/2004, 71, 102 Fn. 147, 103; wie hier, wenn auch zweifelnd *Cheffins* Company Law: Theory, Structure and Operation S. 550, 552.

[660] *Griffin* Liability and Disqualification of Company Directors S. 97. Darauf, daß es sich hierbei um ein allgemeines Problem im Rahmen von Insolvenzverfahren handelt, weist *Prentice* in Rickett & Grantham Corporate Personality S. 100, 125 hin.

[661] Vgl. hierzu *Re Sherborne Associates Ltd* [1995] BCC 40, wo das Gericht den vom *liquidator* benannten Zeitpunkt als zu früh kritisierte und die Substitution durch einen späteren Zeitpunkt ablehnte.

[662] So auch *Ziegel* [1993] 43 UTorLJ 511, 523; kritisch *Prime/Scanlan/Martindale* The Law of Private Limited Companies S. 26f.

[663] *Hicks* [1993] 8 Ins L&P 134, 138.

[664] Aus diesem Grund bezweifeln manche Autoren die Wirksamkeit der Regelung. So z.B. *Griffin* Liability and Disqualification of Company Directors S. 96.

folgsaussichten der Klage waren die Kosten des verlorenen Prozesses von den Insolvenzverwaltern persönlich zu tragen und somit für diese mit einem erheblichen Kostenrisiko verbunden. Seit Einführung der bereits erwähnten r. 4.218 (1)(a)(i) IR 1986 zum 1. Januar 2003 können derartige Prozeßkosten jedoch aus der Masse befriedigt werden.[665] Es ist daher durchaus möglich, daß infolge dieser Änderung die Bedeutung von Klagen wegen *wrongful trading* deutlich steigt.[666]
So hielt *Prentice* fest: „ *...section 214, [has] greatly altered the topography of company law. The threat to directors that they will be made personally liable for the debts of the company which has continued to trade at the expense of its creditors has significantly eroded the principle of limited liability. This, in many ways, is unquestionably one of the most important developments in company law in this century.* "[667]

Der grundlegende Unterschied zwischen der Regelung im deutschen und englischen Recht besteht darin, daß die Insolvenzverschleppung im Recht der *limited* keinen eigenständigen Haftungsgrund darstellt, sondern die Haftung erst bei einem Verstoß gegen die Gläubigerinteressen bei Fortführung der Gesellschaft in der Insolvenz eintritt. Im englischen Recht besteht gerade keine Insolvenzantragspflicht, wie sie in § 64 I GmbHG normiert ist. Danach ist, auch bei Bestehen einer positiven Fortführungsprognose, unverzüglich, spätestens aber nach drei Wochen, den Antrag auf Eröffnung des Insolvenzverfahrens zu stellen.[668] Zudem kennt das deutsche Recht mit der Haftungsnorm des § 823 II BGB i.V.m. § 64 I GmbHG eine auf die Verletzung der Insolvenzantragspflicht gestützte Haftung der Geschäftsführer.
Hinsichtlich des jeweiligen Zeitpunkts, zu dem die Haftung eintritt, ergibt sich ein weiterer grundlegender Unterschied. So tritt nach Maßgabe des § 64 I i.V.m. II 1 GmbHG die Haftung in jedem Fall drei Wochen nach Eintritt der Zahlungsunfähigkeit oder der Überschuldung ein.
Demgegenüber haftet der *director* erst dann wegen *wrongful trading*, wenn die Gesellschaft keine vernünftige Aussicht mehr hatte, die *insolvent liquidation* zu vermeiden, d.h. die Fortführungsprognose negativ ausfällt. So können zwischen

---

[665] *Hannigan* Company Law S. 852f.

[666] Vgl. hierzu auch *Hirt* ECFR 1/2004, 71, 113: "*...the issues considered [problematic funding of litigation under s. 214 IA 1986] go a long way in explaining why the remedy ... has in the view of many commentators not lived up to the expectations... .*"

[667] *Prentice* [1990] 10 OJLS 265, 277.

[668] Zur Berechnung der Antragsfrist Rowedder/Schmidt-Leithoff/*Schmidt-Leithoff* § 64 Rn. 12.

dem Eintritt der Überschuldung und dem Zeitpunkt der negativen Prognose Monate oder gar Jahre liegen.[669]
Zudem ist aufgrund der Kompensationsfunktion des deutschen Schadensersatzrechts[670] der Haftungsumfang an dem durch die Insolvenzverschleppung eingetretenen Schaden der Gläubiger nach Maßgabe der §§ 249ff. BGB zu bestimmen. Hiervon abweichend bestimmt s. 214(1) IA 1986, daß das Gericht den Schadensumfang nach eigenem Ermessen festsetzen kann. Dennoch ist, wie dargestellt, der den Gläubigern der *limited* während des *wrongful tradings* entstandene Schaden Orientierungsmaßstab für das Gericht. So wird ähnlich dem deutschen Recht der Schaden der Altgläubiger in dem Ausfall wegen Masseschmälerung bestehen, während hinsichtlich der Neugläubiger der Ersatz der durch das Vertrauen in die Solvenz der Gesellschaft erlittenen Schäden als Bezugspunkt dienen wird.[671]
Zudem ist im englischen Recht die Geltendmachung individueller Schadensersatzansprüche, wie sie etwa in § 823 II BGB i.V.m. § 64 I GmbHG festgelegt ist, nicht möglich. Vielmehr wird der Anspruch aus s. 214 IA 1986 vom *liquidator* geltend gemacht und stehen die dergestalt erworbenen Ansprüche zur Befriedigung der Gläubigergesamtheit zur Verfügung, dienen also der Mehrung des zur Verteilung zur Verfügung stehenden Gesellschaftsvermögens. In diesem Aspekt stimmt der Anwendungsbereich von s. 214 IA 1986 mit dem dem Interesse der Gläubigergesamtheit dienenden § 64 II 1 überein, der eine Haftung wegen Masseschmälerung statuiert. Aufgrund von § 64 II 1 GmbHG haften die Geschäftsführer für nach dem Eintritt der Zahlungsunfähigkeit oder Überschuldung vorgenommene Zahlungen gegenüber der Gesellschaft.[672] Ähnlich s. 214(3) IA 1986 tritt die Haftung gemäß § 64 II 2 GmbHG dann nicht ein, wenn die Geschäftsführer bei der Zahlung die Sorgfalt eines ordentlichen Geschäftsmanns beachtet haben, etwa wenn der volle Gegenwert in das Gesellschaftsvermögen gelangt ist.[673]
Auch unterscheiden sich die Voraussetzungen für die Insolvenzreife. Gemäß § 64 I 1, 2 GmbHG i.V.m. §§ 17, 19 InsO sind sowohl die Zahlungsunfähigkeit als auch die Überschuldung Eröffnungsgrund, während das englische Recht nur auf die Überschuldung zurückgreift, s. 214(6) IA 1986. Unterschiede ergeben sich zudem bei der Einbeziehung von Hintermännern und Gläubigern in die Insolvenzverschleppungshaftung, die im deutschen Recht restriktiver gehandhabt

[669] So lagen in dem bereits besprochenen Fällen *Re Produce Marketing Consortium Ltd.* [1989] BCLC 520 ca. 5 Jahre, in *Official Receiver v Doshi* [2001] 2 BCLC 235 etwa 2 Monate und in *Re Brian D. Pierson (Contractors) Ltd.* [2001] 1 BCLC 275 ca. 3 Jahre.
[670] *Larenz* Lehrbuch des Schuldrechts, Bd. I, AT, § 27 I.
[671] Vgl. zum deutschen Recht *Raiser* Kapitalgesellschaftsrecht § 32 Rn. 108.
[672] Rowedder/Schmidt-Leithoff/*Schmidt-Leithoff* § 64 Rn. 26.
[673] Rowedder/Schmidt-Leithoff/*Schmidt-Leithoff* § 64 Rn. 30.

wird als im englischen Kapitalgesellschaftsrecht.[674] Bei Außerachtlassung dieser Unterschiede findet sich allerdings in beiden Vorschriften hinsichtlich des Verschuldensmaßstabs eine Parallele. So ist in § 64 II 2 GmbHG ebenso wie in s. 214(4) IA 1986 der Verhaltensmaßstab die Sorgfalt eines ordentlichen Geschäftsmanns. Ergänzend bestehen im deutschen Recht noch Ansprüche aus § 823 II BGB i.V.m. strafrechtlichen Schutzgesetzen, § 26 III InsO, diskutiert werden ferner Ansprüche aus § 179 BGB[675] oder *culpa in contrahendo* gemäß §§ 280 I, 311 II BGB.[676]

c) *Misfeasance*

Nach s. 212 IA 1986 kann bei Pflichtverletzungen des *directors*[677] *(breach of duty)* gegenüber der Gesellschaft auf Antrag des *liquidators* oder eines Gläubigers[678] im Rahmen der Abwicklung der Gesellschaft *(winding up)* der Geschäftsführer vom Gericht zur Wiederherstellung der Vermögenslage oder zu Kompensationszahlungen verurteilt werden. Hierbei begründet diese Vorschrift keine Haftung gegenüber den Antragstellern, sondern setzt die Haftung gegenüber der *limited* als bestehend voraus.[679] Dies bedeutet, daß s. 212 IA 1986 lediglich einen eigenen Rechtsbehelf darstellt, sog. *summary procedure*.[680] Da es aufgrund der Regelung in s. 212 IA 1986 einer Klage im Namen der Gesellschaft nicht bedarf, können auf diesem Weg Ansprüche der Gesellschaft vereinfacht durchgesetzt werden.
Vom Begriff *director* werden wiederum der *shadow director*, s. 251 IA 1986, der *de iure* sowie der *de facto director* erfaßt.[681] Der Terminus Pflichtverletzungen ist weit zu verstehen.

---

674 Ausführlich hierzu *Habersack/Verse* ZHR 168 (2004), 174, 208.

675 So *Summerer* Der Schadensersatzanspruch der Neugläubiger, S. 142ff.

676 So *Stapelfeld* Die Haftung des GmbH-Geschäftsführers für Fehlverhalten in der Gesellschaftskrise S. 82; *Sudhoff* Rechte und Pflichten des Geschäftsführers einer GmbH S. 145; ablehnend *Grunewald* ZGR 1986, 580, 586, 602; *Schmidt* ZIP 1988, 1497, 1503; *Müller* ZIP 1993, 1531, 1533.

677 Weitere Anspruchsgegner sind der *administrator*, *administrative receiver* sowie jede in der Gründung oder Führung der Gesellschaft involvierte Person, s. 212(1)(a)-(c) IA 1986.

678 Weitere antragsberechtigte Personen sind der *official receiver* oder ein *contributory*, s. 212(3) IA 1986. Die Antragsberechtigung dieser Personen ist im vorliegenden Kontext allerdings nicht näher darzustellen.

679 *Re DKG Contractors Ltd* [1990] BCC 903; *Cohen v Selby* [2001] 1 BCLC 176, 183f.; *Doyle* 7 [1994] Insolv Intel 25, 35.

680 Palmer's Corporate Insolvency Rn. 1.212.

681 *Griffin* Liability and Disqualification of Company Directors S. 26.

So ist hierunter beispielsweise die Verwendung von Gesellschaftsvermögen im Widerspruch zu den Regeln des *Companies Acts* ebenso zu fassen wie *breach of trust*, die Verletzung von Sorgfaltspflichten oder die Zahlung überhöhter Geschäftsführergehälter.[682] Da es sich um Ansprüche der Gesellschaft handelt, gehören die vom Geschäftsführer erlangten Leistungen als deren Substrat dem Gesellschaftsvermögen an. Als Konsequenz hieraus werden die Vermögenswerte von etwaigen Sicherungsrechten Dritter am Gesellschaftsvermögen *(floating charges)* erfaßt.[683] Der *liquidator* kann frei zwischen den Rechtsbehelfen wählen oder diese kumulativ geltend machen, da diese unterschiedliche Zielsetzungen haben. So ist s. 212 IA 1986 dem Restitutionsinteresse der Gesellschaft, das aus der Pflichtverletzung gegenüber der Gesellschaft erwächst, zu dienen bestimmt, während s. 214 IA 1986 den den Gläubigern entstandenen Schaden wiedergutmachen soll.[684] Aus dieser Wechselbeziehung kann sich zunächst unter bestimmten Umständen eine Anrechnung des vom *director* unter einer Vorschrift zu leistenden Betrages auf die Höhe der anderen Haftungssumme ergeben. So wird dann, wenn die Gesellschaft keine besicherten Gläubiger hat, die unter s. 212 IA 1986 zu erbringende Summe den Gesamtschaden der Gläubiger unter s. 214 IA 1986 verringern.[685] Im Fall der Beteiligung von gesicherten als auch von ungesicherten Gläubigern ist bei nicht ausreichendem Vermögen des Geschäftsführers wohl von einer *pro rata* Zahlung auszugehen.[686]
Ferner ergibt sich aus der unterschiedlichen Struktur der beiden Normen eine unterschiedliche Bezugsgröße für die Haftung. Während s. 214 IA 1986 am *net loss* der Gesellschaftsgläubiger orientiert ist, erfaßt s. 212 IA 1986 über diesen Betrag hinausgehende Schädigungen der Gesellschaft. Nur dann, wenn beide Anspruchsgrundlagen an dasselbe tatsächliche Verhalten anknüpfen, kommt somit eine Anrechnung in Betracht.

d) Phoenix companies and abuse of company names

Das „*phoenix syndrome*" beschreibt die Konstellation, daß in der Insolvenz einer Gesellschaft durch die *directors* Vermögenswerte der *limited* für einen geringen Preis zu dem Zweck erworben werden, das Unternehmen durch eine neue

---

682 *Industrial Consultants Ltd v Cooley* [1972] 2 All ER 162; *Re D'Jan of London Ltd* [1993] BCC 646; *Cohen v Selby* [2001] 1 BCLC 176. *Sinclair/Vogel/Snowden* Company Directors: Law and Liability Rn. 6.228; Grundlegend *Oditah* [1992] LMCLQ 207, 210ff.

683 *Prentice* in Rickett & Grantham Corporate Personality S. 100, 125; *Goode* Insolvency Law S.461. Dritter kann hierbei auch ein Gesellschafter sein.

684 *Prentice* in Rickett & Grantham Corporate Personality S. 100, 125.

685 *Re DKG Contractors Ltd* [1990] BCC 903.

686 *Re Unit 2 Windows Ltd* [1985] 1 WLR 1383; Prentice in Rickett & Grantham Corporate Personality S. 100, 125.

Gesellschaft unter dem Namen der Vorgängergesellschaft, oft auch in denselben Räumlichkeiten, fortzuführen, so den Anschein einer Verbindung beider Gesellschaften zu erwecken und dergestalt den noch vorhandenen *good will* für die weitere Geschäftstätigkeit zu nutzen.[687] Als Reaktion auf diese häufig verbreitete Praxis des Mißbrauchs der Haftungsbeschränkung wurden ss. 216 und 217 IA 1986 eingeführt, die sowohl eine strafrechtliche Sanktion als auch eine zivilrechtliche Haftungsvorschrift enthalten.

S. 216(1)-(4) IA 1986, die vor allem Definitionen und die Strafvorschrift enthalten, lauten wie folgt:

„216 (1) This section applies to a person where a company...has gone into insolvent liquidation...and [that person] was a director or shadow director of a company at any time in the period of 12 months ending with the day before it went into liquidation.

(2) For the purposes of this section, a name is a prohibited name in relation to such a person if-

(a) it is a name by which the liquidating company was known at any time in that period of 12 months, or

(b) it is a name which is so familiar...as to suggest an association with that company.

(3) Except with leave of the court or in such circumstances as may be prescribed, a person to whom this section applies shall not at any time in the period of 5 years beginning with the day on which the liquidating company went into liquidation-

(a) be a director of any other company that is known by a prohibited name, or

(b) in any way, whether directly or indirectly, be concerned or take part in the promotion, formation or management of any such company, or... .

(4) If a person acts in contravention of this section, he is liable to imprisonment or a fine, or both.

(7) For the purposes of this section a company goes into insolvent liquidation if...its assets are insufficient for the payment of its debts and other liabilities and the expenses of winding up."

S. 216(5), (6) und (8) IA 1986 beinhaltet weitere Definitionen, auf die jedoch hier nicht näher eingegangen werden muß.

---

[687] *Sinclair/Vogel/Snowden* Company Directors: Law and Liability Rn. 6.274ff.

S. 217 IA 1986 postuliert die zivilrechtliche Haftung, die Folge eines Verstoßes gegen s. 216 IA 1986 ist:

„ *217(1) A person is personally liable for all the relevant debts of a company if at any time-*

(a) in contravention of section 216, he is involved in the management of the company, or

(b) as a person who is involved in the management of the company, he acts or is willing to act on instructions given (without leave of the court) by a person whom he knows at that time to be in contravention in relation to the company of section 216.

...

(3) For the purposes of this section the relevant debts of a company are-

(a) in relation of a person who is personally responsible under paragraph (a) of subsection (1), such debts and other liabilities of the company as are incurred at a time when that person was involved in the management of the company, and

(b) in relation of a person who is personally responsible under paragraph (b) of that subsection such debts and other liabilities of the company as are incurred at a time when that person was acting or was willing to act on instructions given as mentioned in that paragraph.

...

Ein Verstoß gegen ss. 217, 216 IA 1986 hat folglich die persönliche Haftung für die Verbindlichkeiten der neuen Gesellschaft zur Konsequenz, um der Täuschungsgefahr für die Gläubiger, die davon ausgehen könnten, es handele sich noch um die alte Gesellschaft, entgegenzuwirken und somit unseriösem geschäftlichem Verhalten vorzubeugen.[688] Voraussetzung einer Haftung aus s. 217 IA 1986 ist zunächst, daß die fragliche Person im Management der Gesellschaft involviert ist und wissentlich auf Weisung einer Person, die gegen s. 216 IA 1986 verstößt, handelt bzw. die Position eines *de iure*, *de facto* bzw. *shadow director* innehat oder auf sonstige Weise an der Geschäftsführung der Gesellschaft teilnimmt, ss. 217(1) und 251 IA 1986. Diesem Personenkreis ist die Wiederverwendung des Namens der insolventen Gesellschaft oder eines vergleichbaren Titels innerhalb einer Frist von zwölf Monaten ab Eröffnung des Insolvenzverfahrens untersagt. Da die Vorschriften sich hierbei ausschließlich gegen die Benutzung der fraglichen Bezeichnung durch die alten Geschäftsführer wenden, ist die Übernahme des Namens durch eine mit diesen unverbundene Gesellschaft möglich.[689] Die Haftung erstreckt sich umfassend auf alle während der Involvie-

[688] Palmer's Corporate Insolvency Rn. 1.369.5, 1.369.3.

[689] *Robinson* [1996] 12 Ins L&P 160, 161; *Hannigan* Company Law S. 849.

rung der fraglichen Person in die Geschäftsführung begründeten Verbindlichkeiten und Sicherheiten.[690]

S. 216(3) IA 1986 statuiert Ausnahmetatbestände vom Verbot des *re-use of company names*. Dazu zählen die Genehmigung des Gerichts, den Namen weiterzuführen und weitere in den Insolvency Rules 1986 festgelegte Erleichterungen. Bei seiner Entscheidung, ob eine Genehmigung erteilt wird, hat das Gericht die genaueren Umstände der Insolvenz der Gesellschaft zu untersuchen und die Verantwortlichkeit des *directors* hierfür in die Abwägung einzubeziehen.[691] In Abwesenheit betrügerischer Umstände und falls das Verhalten des *directors* nicht zu beanstanden ist, wird das Gericht dem Antrag auf Erteilung der Genehmigung entsprechen.[692] Die Erlaubnis erstreckt sich auf einen Zeitraum von sechs Wochen ab dem Insolvenzbeginn oder einem früheren gerichtlich festgesetzten Zeitpunkt, r. 4.229 IR 1986.

Ausgenommen von dem Verbot ist ferner der Fall des Erwerbs des gesamten von der Insolvenzschuldnerin betriebenen Unternehmens oder zumindest dessen wichtigsten Teils vom *liquidator* durch eine andere Gesellschaft, wenn der Erwerb den Gläubigern innerhalb von achtundzwanzig Tagen unter Benennung der *directors* angezeigt wird, r. 4.228 IR 1986.

Schließlich unterfällt die Namensfortführung dann nicht der Regelung in ss. 216, 217 IA 1986, wenn dieser Name von einer anderen aktiven Gesellschaft in einem Zeitraum von mindestens einem Jahr vor der Insolvenz geführt wurde, r. 4.230 IR 1986.

Um der Gefahr des Haftungsmißbrauchs durch die „Wiederauferstehung der Gesellschaft", insbesondere dem preiswerten Erwerb der Vermögenswerte der insolventen Gesellschaft (sog. *centrebinding*)[693] noch effektiver entgegenzuwirken, wurden flankierend zusätzliche Vorschriften in das Gesetz aufgenommen.[694] Diese sollen die Möglichkeit einer derartigen Transaktion einschränken und *directors* bzw. *liquidators* einer genaueren Überprüfung bei der Verwertung der Vermögensgegenstände der Gesellschaft unterziehen.

---

[690] *Sinclair/Vogel/Snowden* Company Directors: Law and Liability Rn. 6.281; vgl. auch *Thorne v Silverleaf* [1994] BCC 109.

[691] *Sinclair/Vogel/Snowden* Company Directors: Law and Liability Rn. 6.282.

[692] Vgl. hierzu *Re Bonus Breaks Ltd* [1991] BCC 546; *Re Lightning Electrical Contractors Ltd* [1996] BCC 950; *Penrose & Another v Official Receiver*[1995] BCC 311.

[693] Benannt nach *Re Centrebind Ltd* [1967] 1 WLR 377; Palmer's Corporate Insolvency Rn. 1.022.

[694] Vgl. ss. 98, 99, 114, 166 und 388 IA 1986.

e) Misdescription of the company

Ein weiterer Fall des gesetzlichen Haftungsdurchgriffs auf einen *officer*[695] der Gesellschaft findet sich in s. 349(4) CA 1985, der allerdings nur in der Insolvenz der Gesellschaft relevant wird.[696] S. 349(4) CA 1985 bestimmt Folgendes: *„If an officer of a company or a person on its behalf signs or authorises to be signed on behalf of the company any bill of exchange, promissory note, endorsement, cheque or order for money or goods in which the company's name is not mentioned...he is...personally liable to the holder of the bill of exchange, promissory note, cheque or order for money or goods for the amount of it (unless duly paid by the company)."*

Danach ist der Unterzeichner eines eine Verbindlichkeit der *limited* begründenden Gesellschaftsdokuments dann dem Dritten persönlich haftbar,[697] wenn das Dokument nicht in Übereinstimmung mit s. 349(1) CA 1985 den Namen der Gesellschaft oder eine zulässige Abkürzung wie *Ltd* oder *company* bzw *co* enthält.[698] Für die Haftung ist die Tatsache der Irreführung des Dritten irrelevant, so daß der *director* in jedem Fall haftet.[699] Anders ist es möglicherweise zu beurteilen, wenn die Fehlbezeichnung von dem Dritten in das Dokument eingefügt wurde.[700] Die Gesellschaft haftet jedoch ähnlich den Grundsätzen vom unternehmensbezogenen Geschäft im deutschen Recht, § 164 I 2 BGB, falls sie identifizierbar ist und der *director* Vertretungsmacht besaß.[701] Im Fall der Inanspruchnahme kann der *director* von der Gesellschaft somit Freistellung von der Verbindlichkeit verlangen. Bei Zahlung durch die Gesellschaft tritt die Haftung bereits nach dem Gesetzeswortlaut nicht ein.

Aus dem Gesagten ergibt sich mithin, daß der Anspruch letztlich nur in der Insolvenz der *limited* Relevanz erlangt.

---

695 Ein *officer* ist ein *director*, *manager* oder *secretary*, vgl. s. 744 CA 1985.

696 Nach s. 349(2) CA 1985 ist der Verstoß zudem strafbewehrt.

697 *Atkins v Wardle* [1889] 5 TLR 734, CA; *Civil Service Co-operative Society v Chapman* [1914] 30 TLR 679; *Scottish & Newcastle Breweries Ltd v Blair* [1967] SLT 72; *British Airways Board v Parish* [1979] 2 Lloyd's Rep 361. Dagegen tritt die Haftung dann nicht ein, wenn der *director* die Ausstellung des Dokuments nur authorisiert hat, ohne zu unterzeichnen, *Oshkosh B'Gosh Inc v Dan Marbel Inc Ltd* [1989] BCLC 507.

698 Vgl. hierzu *Banque de l'Indochine v Euroseas Group Finance Co Ltd* [1981] 3 All ER 198.

699 Dieser Standpunkt wurde in *Scottish & Newcastle Breweries Ltd v Blair* [1967] SLT 72 als richtig angesehen *(approved)*.

700 Wie hier *Durham Fancy Goods Ltd v Michael Jackson Fancy Goods Ltd* [1968] 2 QB 839. Zweifelnd *Blum v O.C.P. Repartition SA* [1988] BCLC 170.

701 *Goldsmith (Sickelsmere) Ltd v Baxter* [1970] Ch D 85.

3. Zusammenfassung

Festzuhalten bleibt somit, daß auch im englischen Recht der Haftungsdurchgriff dem Schutz der Gläubiger vor dem Mißbrauch der Haftungsbeschränkung zu dienen bestimmt ist.
Hierbei ist insbesondere das Folgende anzumerken:
Zwar existiert die *doctrine of lifting the veil* im *common law*, ihr Anwendungsbereich ist jedoch, wie gezeigt, auf Fälle, in denen die Gesellschaft eine *mere façade* darstellt sowie das Vorliegen einer *agency relationship* beschränkt. Die meisten entschiedenen Fälle betrafen Versuche, bestehende Verbindlichkeiten durch die Einschaltung einer juristischen Person zu umgehen oder dienten dem Durchgriff auf die für die Geschäftsführung der Gesellschaft Verantwortlichen, insbesondere die *directors* oder *shadow directors*. Auf diesem Wege können allerdings auch Gesellschafter, die die *directors* in ihrer Geschäftsführung stark beeinflussen, erfaßt werden. Ergänzt wird dieser Schutz durch eine Reihe in der Insolvenz der Gesellschaft eingreifende Vorschriften, die sich an den für das Management der Gesellschaft verantwortlichen Personen als den *controllers of companies* orientieren. Von besonderer Bedeutung sind hierbei ss. 213, 214 IA 1986. Zudem ist nicht zu vernachlässigen, daß die Gläubiger die Anwendbarkeit dieser Vorschriften selbst herbeiführen können, indem sie das *winding up* der Gesellschaft beantragen, s. 122(1)(f) CA 1986. Außerdem besteht gerade bei kleineren Gesellschaften, in denen Mißbrauchsfälle am häufigsten auftreten dürften, in den meisten Fällen eine personelle Identität zwischen den *shareholders* und *directors* oder die Gesellschafter unterfallen dem Anwendungsbereich der Vorschriften aufgrund ihrer Eigenschaft als *shadow* oder *de iure directors*. Es ist nochmals zu unterstreichen, daß unter dem Terminus Haftungsdurchgriff im englischen Recht auch Fälle zu fassen sind, die nach deutschem Verständnis gar keinen Durchgriffstatbestand erfüllen, wie etwa s. 459 CA 1985 *(misdescription of company name)* oder die Vorschriften des *Company Directors Disqualification Acts 1986*.

Zwar spielt der Haftungsdurchgriff *at common law* beim Gläubigerschutz keine zentrale Rolle, jedoch bewirkt auch das englische Recht diesbezüglich einen hinreichenden Schutz.
Die Gläubiger sind nicht rechtlos gestellt, sondern können die an der Geschäftsführung Beteiligten im weiteren Sinne gemäß ss. 212ff IA 1986 haftbar machen, wenn ihnen durch den Mißbrauch ein Schaden entstanden ist. Zwar greift dieser Schutz nur im Fall der Insolvenz, aber auch außerhalb eines Liquidationsverfahrens sind die Gläubiger vor betrügerischen Geschäftsmodellen, in denen die Gesellschaft eine *mere façade conceiling the true facts* ist, durch den Haftungsdurchgriff ausreichend geschützt. Letztlich ist zwar der Wert eines solchen Anspruchs von der Solvenz des betroffenen *directors* abhängig, allerdings trifft

dies auf die Haftung eines (herrschenden) Gesellschafters gleichermaßen zu. Zudem greifen noch andere gläubigerschützende Mechanismen ein, die den Schutz zu gewährleisten suchen. Diese sollen Gegenstand der weiteren Darstellung werden.

III. Directors' duties, Haftung und Disqualifizierung

Wie bereits mehrfach erwähnt, begegnet das englische Recht dem Mißbrauch der juristischen Person durch die Sanktionierung von gläubigergefährdenden oder -schädigenden Verhaltensweisen der an der Geschäftsführung beteiligten Personen. Da die Gesellschaft in der Praxis durch das Management kontrolliert wird und somit einerseits der wirtschaftliche Erfolg maßgeblich von den Fähigkeiten der Geschäftsführung abhängt, andererseits aber die *directors* für die Gesellschaft nachteilige Maßnahmen vornehmen können, erfolgt als Korrelat der ihnen verliehenen Rechtsmacht die Überwachung ihrer Handlungen. Den *directors' duties* kommt daher auch eine Gläubigerschutzfunktion zu.[702] Die *de iure* und *de facto*[703] *directors* unterliegen in Ermangelung einer umfassenden gesetzlichen Kodifikation als einem weiteren Bestandteil des gläubigerschützenden Regelungssystems sog. *fiduciary*- und *common law*-Pflichten,[704] deren Verletzung eine Verpflichtung zum Schadensersatz gegenüber der Gesellschaft nach sich zieht. Flankierend greift das Disqualifizierungsregime des *Company Directors Disqualification Act 1986 (CDDA 1986)* ein. Zudem kann ein Verstoß gegen die *directors' duties* die Unwirksamkeit der entsprechenden Rechtsgeschäfte nach sich ziehen. Die *directors' duties* sind auch dem Schutz von Gesellschaftern, v.a. Minderheitsgesellschaftern, bzw. der Gesellschaft selbst zu dienen bestimmt. Vorliegend interessieren die Pflichten der Geschäftsführer jedoch nur vor dem Hintergrund des Gläubigerschutzes.
In Ergänzung zu den ungeschriebenen *directors' duties* sind ferner bestimmte Teilbereiche betreffende, gesetzlich normierte Pflichten zu erwähnen, wie beispielsweise die Verpflichtung zur Erstellung der *annual accounts* oder bestimmter Berichte im Rahmen der Kapitalerhaltung. Diese werden an anderer Stelle erörtert.

---

[702] So auch *Feldman/Meisel* Corporate and Commercial Law S. 188: *"This approach probably offers the best opportunity for rational development of creditor protection..."*.

[703] *Morris v Kanssen* [1946] AC 459, HL. Zur Stellung der *de facto directors* vgl. *Pennington* Directors' Personal Liability S. 25ff.

[704] Näher zum Ganzen *Sealy* [1987] 13 Mon LR 164.

1. Directors' duties

Die *directors* der Gesellschaft unterliegen der Verpflichtung, „*bona fide in the best interests of the company*“[705] (in gutem Glauben und im besten Interesse) zu handeln und befinden sich somit in einer treuhänderisch geprägten Pflichtenstellung. Da die *directors* gerade keine *trustees* im klassischen Sinne darstellen, ist die Qualifizierung als *(quasi-) fiduciary duty* historisch zu erklären. Vor Anerkennung der juristischen Person als eigenständiges Rechtssubjekt wurde die nicht rechtsfähige Gesellschaft durch eine sog. *deed of settlement* gegründet, die die *directors* zu *trustees*, d.h. treuhänderisch gebundenen Eigentümern, des Gesellschaftsvermögens erklärte. Diese Rechtskonstruktion wirkt noch heute im modernen Verständnis der Stellung der Geschäftsführer nach, ohne daß jedoch auf den *director* die an einen *trustee* zu stellenden, z.T. äußerst anspruchsvollen Anforderungen[706] unbesehen übertragen werden.[707] So unterliegen die *directors* unter anderem nicht den für *trustees* charakteristischen Beschränkungen bei der Investition des Gesellschaftsvermögens, spekulative Geschäfte sind also möglich.[708] Dies trägt der unterschiedlichen Natur der Aufgaben eines *trustees*, dessen Verpflichtung insbesondere auch in der Sicherung und dem Schutz des Treuhandvermögens liegt, und der eines *directors* Rechnung, der im kommerziellen Umfeld ein möglichst profitables Unternehmen zu führen hat und hierbei unweigerlich auch geschäftliche Risiken eingehen muß. Dennoch ist der treuhänderische Hintergrund der Stellung des *directors* für das Verständnis seines Pflichtenkanons wichtig, zumal er in einer *agency relationship* zur Gesellschaft stehen wird und somit auch aufgrund dieser Verbindung gewisse Ähnlichkeiten zur Stellung eines *trustees* bestehen.[709] In Ergänzung zu den *fiduciary duties* hat auch das *common law* Sorgfaltspflichten *(duties of skill and care)* entwickelt. Zusätzlich wurden durch den Gesetzgeber, häufig als Reaktion auf bestimmte Mißbrauchsfälle, weitere Pflichten aufgestellt.[710]

---

[705] *Re Smith & Fawcett Ltd.* [1942] Ch D 304, CA.

[706] *Re City Equitable Fire Insurance Co. Ltd.* [1925] 1 Ch D 407, 426.

[707] Kritik zu diesem Konzept äußert *Bamford* [2000] 21 Co Law 38.

[708] Zur Stellung eines *trustees* wird auf die ausführliche Darstellung von *Parker and Mellows* Law of Trusts S. 540ff. und 676ff. sowie *Pettit* S. 374ff., 305ff. verwiesen. Vgl. auch *Learoyd v Whiteley* [1887] 12 AC 727; *Cowan v Scargill* [1984] Ch D 270; *Harris v Church Commissioners for England* [1992] 1 WLR 1241.

[709] Allerdings ist auch dies keine einen *trust* konstituierende *trustee-beneficiary relationship*, siehe *Parker and Mellows* Law of Trusts S. 31.

[710] Die Unterscheidung zwischen *common law* und *equity* mag auf den ersten Blick verwirrend erscheinen. Eine genaue Darstellung dieser Unterscheidung würde allerdings den Rahmen der vorliegenden Untersuchung sprengen. Zum besseren Verständnis wird darauf hingewiesen, daß *equity* eine Art Billigkeitsrechtsprechung darstellt, die in Ergänzung zum Recht

Von dem Pflichtenkanon werden sowohl *de iure* als auch *de facto* und *shadow directors* erfaßt, um der Umgehung der Pflichtenbindung durch die Einschaltung von Strohmännern entgegenzuwirken.[711]

a) Inhaber eines Anspruchs wegen breach of duty in equity und im common law

Gemäß der grundlegenden Entscheidung in *Percival v Wright*[712] bestehen die *directors' duties* gegenüber der Gesellschaft als solcher, nicht jedoch gegenüber einzelnen oder Gruppen von Gesellschaftern. Danach müssen die Geschäftsführer im Interesse der Gesellschaft handeln, wobei das Gesellschaftsinteresse mit dem Interesse der gegenwärtigen und zukünftigen Gesellschafter gleichzusetzen ist.[713] In Anlehnung an die neuseeländische und australische Rechtsentwicklung[714] wurde ferner die Pflicht, im Interesse der Gesellschaft zu handeln, auf die Berücksichtigung der Interessen der Gesellschaftsgläubiger im Fall der Insolvenz oder bei zweifelhafter Solvenz der Gesellschaft ausgedehnt:[715] „*...the*

---

des *common law* über die bloßen Förmlichkeiten der Rechtsregeln hinaus eine an Gerechtigkeitsaspekten orientierte Rechtsprechung etablierte. Das klassische Beispiel für eine *rule of equity* ist der *trust*, bei dem trotz des im *common law* anerkannten Eigentums des *trustees* (Treunehmer) der sog. *beneficiary* (Treugeber) bei einer Pflichtverletzung des *trustees* Ansprüche *in equity* gegen diesen geltend machen kann. Die Differenzierung ist jedoch heute in praxi unerheblich, da beide Regelungssysteme mittlerweile eine Einheit bilden und entgegen dem mittelalterlichen Ursprung vor dem gleichen Gericht Berücksichtigung finden. Näher hierzu *Smith & Bailey* The Modern English Legal System S. 5ff. und *Parker and Mellows* Law of Trusts S. 1ff. Zur praktischen Anwendung vgl. das berühmte Diktum von Lord Denning in *Central London Property Trust Ltd v High Trees House Ltd* [1947] KB 130.

711 *Selangor United Rubber Estates Ltd v Cradock (No. 3)* [1968] 1 WLR 1555; British Company Law and Practice Rn. 28-200; Palmer's Company Law Vol. 2, Rn. 8.501.

712 [1902] 2 Ch D 421.

713 *The Savoy Hotel Ltd, and the Berkeley Hotel Co. Ltd, Report of an Investigation under s. 165(6) of the Companies Act 1948*, HM Stationary Office 1954. Offenlegungspflichten können grundsätzlich auch gegenüber einzelnen Gesellschaftern bestehen, wie etwa die Verpflichtung zur zutreffenden Informationserteilung im Rahmen von Übernahmeangeboten, vgl. *Allen v Hyatt* [1914] 30 TLR 444; *Gething v Kilner* [1972] 1 WLR 337; *Heron International Ltd v Lord Grade* [1983] BCLC 244; *Multinational Gas and Petrochemical Co v Multinational Gas and Petrochemical Services Ltd* [1983] Ch D 258; *Peskin v Anderson* [2000] 2 BCLC 1.

714 *Kinsela v Russell Kinsela Pty Ltd* [1986] 4 ACLC 215; *Walker v Wimborne* [1976] 50 ALJR 446; *Nicholson v Permakraft (NZ) Ltd* [1985] 1 NZLR 242.

715 *Ziegel* [1993] 43 UTorLJ 511, 518ff.; *Prentice* [1990] 10 OJLS 265, 272; *Keay* McPherson's Law of Company Liquidation Rn. 11.144ff.; *Bailey/Groves/Smith* Corporate Insolvency Rn. 16.9. Siehe auch *Re Pantone 485 Ltd* [2002] 1 BCLC 266. Kritisch äußern sich zu dieser

duties of directors are owed to the company. On the facts of particular cases this may require the directors to consider inter alia the interests of creditors. For instance, creditors are entitled to consideration...if the company is insolvent, or near insolvent, or of doubtful solvency, or if a contemplated payment or other course of action would jeopardise its solvency."[716]

Die Pflicht zur Berücksichtigung der Gläubigerinteressen kann bereits dann entstehen, wenn der *director* zum Zeitpunkt einer Zahlung wußte oder hätte wissen müssen, daß diese die Solvenz der Gesellschaft gefährden könnte.[717] Gedankliche Basis der Anerkennung einer derartigen Verpflichtung ist die Erkenntnis, daß im Stadium der Insolvenz bzw. in ihrem unmittelbaren Vorfeld die Interessen der Gesellschafter als bei wirtschaftlicher Betrachtung eigentliche Inhaber der Vermögenswerte der Gesellschaft durch die Interessen der Gläubiger ersetzt werden. In der Insolvenz der Gesellschaft dient das Gesellschaftsvermögen primär der Gläubigerbefriedigung. Somit ergibt sich aus dieser Zweckbindung die Verpflichtung der *directors*, in diesem Kontext die Interessen der Gläubigergesamtheit[718] als Bestandteil der Interessen der Gesellschaft zu berücksichtigen und keine Maßnahmen, die den Gläubigern Schaden zufügen könnte, vorzunehmen:[719] „*In a solvent company the proprietary interests of the shareholders entitle them as a general body to be regarded as the company when questions of the duty of directors arise. ...But where a company is insolvent the interests of creditors intrude. They become prospectively entitled, through the mechanism of liquidation, to displace the power of the shareholders and directors to deal with the company's assets. It is in a practical sense their assets and not the shareholders' assets that, through the medium of the company, are under the management of the directors pending either liquidation, return to solvency, or the imposition of some alternative administration.*"[720]

Die Gläubigerinteressen sind somit in der Insolvenz der *limited* - zumindest hinsichtlich der Realisierung der Vermögenswerte - den Gesellschafterinteressen vorrangig.[721] Der genaue Zeitpunkt, zu dem diese Haftung eintreten wird, ist unklar, allerdings ist davon auszugehen, daß die Gesellschaft jedenfalls noch nicht

---

Rechtsentwicklung *Sealy* [1988] CLJ 175ff.; *ders.* in *Ziegel* Current Developments in International and Comparative Corporate Insolvency Law S. 486ff.

716 *Nicholson v Permakraft (NZ) Ltd* [1985] 1 NZLR 242, 249f.

717 *Nicholson v Permakraft (NZ) Ltd* [1985] 1 NZLR 242, 249; *Grantham* [1991] JBL 1, 7.

718 *Yukong Line Ltd of Korea v Rendsburg Investments Corpn of Liberia* [1998] 1 WLR 294.

719 *Grantham* [1991] 54 MLR 576, 578.

720 *Kinsela v Russell Kinsela Pty Ltd* [1986] 4 ACLC 215, 223. So auch *Brady v Brady* [1987] 3 BCC 353; *Lonrho Ltd v Shell Petroleum Co Ltd* [1981] 2 All ER 456.

721 *Griffin* Liability and Disqualification of Company Directors S. 11. A.a. *Habersack/Verse* ZHR 168 (2004), die dafür plädieren, die Interessen der Gläubiger und der Gesellschafter nebeneinander zu berücksichtigen.

insolvent sein muß, da dann s. 214 IA 1986 eingreifen wird. Eine Handlung ist sicherlich dann nicht angreifbar, wenn sie zu einem Zeitpunkt erfolgt, zu dem die Gesellschaft noch solvent ist und der Eintritt der Insolvenz nicht unmittelbar bevorsteht, da dann, wie dargestellt, nur die Gesellschafterinteressen als Verkörperung des Gesellschaftsinteresses zu beachten sind.[722] Umgekehrt sind in der Insolvenz der Gesellschaft die Gläubigerinteressen zu beachten, wie sich auch aus der Existenz von ss. 213, 214 IA 1986 ergibt.[723] Im *leading case West Mercia Safetywear Ltd v Dodd*[724] schloß sich ein englisches Gericht der eben zitierten Beurteilung in *Kinsela v Russell Kinsela*[725] an. In *West Mercia* hatte der *director* einer insolventen Gesellschaft die Zahlung auf eine Verbindlichkeit der Muttergesellschaft veranlaßt. Der Mittelzufluß hatte das Ziel, sein Haftungsrisiko zu vermindern, da er für die Verbindlichkeiten der Mutter eine Bürgschaft bestellt hatte. Das Gericht hielt fest, daß die Zahlung in Kenntnis der Zahlungsunfähigkeit der Tochter eine Mißachtung der Gläubigerinteressen darstellte und somit der Geschäftsführer gegenüber der Gesellschaft eine Pflichtverletzung begangen hatte. Der *director* mußte den Betrag mit Zinsen zurückerstatten.
Ein weiterer Fall, der sich mit der Pflicht zur Berücksichtigung der Gläubigerinteressen beschäftigte, ist *Yukong Line Ltd of Korea v Rendsburg Investments Corpn of Liberia.*[726]
Hier übertrug ein *director* Vermögenswerte auf eine ebenfalls von ihm kontrollierte Gesellschaft, um im Vorfeld eines Schadensersatzprozesses wegen Vertragsverletzung dem Kläger die Haftungsmasse zu entziehen. Das Gericht sah hierin eine Pflichtverletzung gegenüber der Gesellschaft, der das Vermögen entzogen wurde.[727] Da die *directors* nach dem Gesagten keine direkte Pflicht gegenüber den Gläubigern trifft, sondern diese vielmehr durch die Gesellschaft vermittelt wird, kann ein einzelner Gläubiger keine Klage auf die Verletzung der *directors' duties* stützen. Allerdings gibt es Stimmen, die einen Direktanspruch

---

[722] So auch das Gericht in *Nicholson v Permakraft (NZ) Ltd* [1985] 1 NZLR 242. Kritisch hierzu *Sappideen* [1991] JBL 365, 386ff., 392ff. *Habersack/Verse* ZHR 168 (2004), 174, 200 wollen insoweit auf den Zeitpunkt abstellen, zu dem Zweifel an der Solvenz der Gesellschaft bestehen.

[723] *Bruce* Rights and Duties of Directors 4.19; *Hannigan* Company Law S. 205; Gore-Browne on Companies vol. 2 § 27.1; British Company Law & Practice Rn. 32-450; *James* Practitioner's Guide to Directors' Duties and Responsibilites S. 333.

[724] [1988] BCLC 250.

[725] *Kinsela v Russell Kinsela Pty Ltd* [1986] 4 ACLC 215, 223.

[726] [1998] 1 WLR 294. Siehe auch *Facia Footwear Ltd v Hinchcliffe* [1998] 1 BCLC 218.

[727] Vgl. hierzu die Analyse von *Ord v Belhaven Pubs Ltd* [1998] 2 BCLC 447, CA, in dem der *Court of Appeal* unter vergleichbaren Umständen den Haftungsdurchgriff unter Verweis auf das Fehlen einer betrügerischen Motivation nicht zuließ.

der Gläubiger befürworten.[728] Die Geltendmachung eines derartigen Verstoßes obliegt nach dem Gesagten der Gesellschaft selbst in Anwendung der Regel in *Foss v Harbottle*[729], die eine Klage der Gesellschaft wegen einer ihr gegenüber begangenen Pflichtverletzung i.w.S. ermöglicht. Zusätzlich kommt eine indirekte Durchsetzung durch den *liquidator* im Rahmen von *misfeasance proceedings* gemäß s. 212 IA 1986 oder nach s. 214 IA 1986 in Betracht.
Ergänzend haben die *directors* auch die Interessen der Gesamtheit der Arbeitnehmer zu berücksichtigen, vgl. s. 309(1) CA 1985. Die Geltendmachung etwaiger Verstöße obliegt hierbei den eben dargestellten Grundsätzen, da auch diese Pflicht ein Teil der Pflicht zur Berücksichtigung der Interessen der Gesellschaft ist, vgl. s. 309(2) CA 1985. Diese *statutory duty* erfaßt auch *shadow directors*, s. 309(3) CA 1985. Die Verpflichtung, die Arbeitnehmerinteressen zu berücksichtigen, ergibt sich allerdings bereits aus dem *common law*, falls dies im Interesse der Gesellschaft geboten ist.[730]
Es bleibt somit zusammenfassend festzuhalten, daß die *directors* im Interesse der *shareholders* handeln müssen, dieses Erfordernis allerdings unter dem Vorbehalt etwaiger Arbeitnehmer- und unter bestimmten Umständen Gläubigerinteressen stehen kann.[731]

b) Fiduciary duties of directors

Als Ausfluß der *fiduciary duties*, deren wichtigster Bestandteil die Treuepflicht *(duty of loyality)* gegenüber der *limited* ist,[732] unterliegen die *directors* zunächst der Verpflichtung, gutgläubig im Interesse der Gesellschaft zu handeln *(duty to act bona fide in the interests of the company)* und die ihnen durch den Gesellschaftsvertrag verliehene Rechtsmacht nur für im Zusammenhang mit der Übertragung stehende Zwecke zu verwenden *(proper purpose doctrine)*. Zusätzlich müssen die *directors* Interessenkonflikte meiden und dürfen aus ihrer Position keine unzulässigen Vorteile ziehen. Auch diese Pflichten betreffen sowohl *de iure* als auch *de facto* und *shadow directors*.[733]

---

[728] *Finch* [1992] 55 MLR 179, 204; *Grantham* [1991] JBL 1, 17.

[729] [1843] 2 Hare 461.

[730] *Hutton v West Cork Rly Co* [1883] 23 Ch D 654; *Bruce* Rights and Duties of Directors Rn. 4.19.

[731] Zu den zu berücksichtigenden Personengruppen vgl. *Grantham* [1991] 54 MLR 576, 580.

[732] Vgl. zur Treuepflicht auch *Behrens* Die Gesellschaft mit beschränkter Haftung im internationalen und europäischen Recht GB/NI/EI Rn. 26.

[733] *Selangor United Rubber Estates Ltd v Cradock (No. 3)* [1968] 1 WLR 1555; British Company Law and Practice Rn. 28-200; Palmer's Company Law Vol. 2, Rn. 8.501. A.a. *Pennington* Directors' Personal Liability S. 29.

Die zentrale Pflicht in diesem Kontext ist die erstgenannte Verpflichtung, *bona fide in the interests of the company* zu handeln.[734] In *Re Smith & Fawcett Ltd*[735] definierte Lord Green MR dieses Erfordernis wie folgt: „*Directors must exercise their discretion bona fide in what they consider - not what the court may consider - is in the interests of the company...* ". Der *director* muß also in gutem Glauben davon ausgehen, daß seine Handlung im Gesellschaftsinteresse liegt: „ *...the question is whether the director honestly believed that his act or ommission was in the interests of the company. The issue is as to the director's state of mind.* "[736] Die Frage nach der Erfüllung der Pflicht ist also aufgrund einer subjektiven Beurteilung zu beantworten, ohne daß das englische Gericht insofern die Erwägungen des Geschäftsführers durch eigene substituieren darf,[737] wobei allerdings dann, wenn die Handlung der Gesellschaft einen schweren Schaden zugefügt hat, die Gerichte der Einschätzung des *directors* nicht ohne weiteres folgen werden.[738] So wurde in *Neptune (Vehicle Washing Equipment) Ltd v Fitzgerald (No 2)*[739] dem *director* einer *limited* infolge der Beendigung seines Dienstvertrages eine Schadenssumme von über 100000 Pfund durch eine Geschäftsführerversammlung zugesprochen, zu der nur der fragliche *director* selbst und der *company secretary*[740] anwesend waren. Das befaßte Gericht kam zu dem Schluß, daß diese Handlung allein aus persönlichem, nicht aber dem Interesse der Gesellschaft motiviert war. Die Pflicht, *bona fide in the interests of the company* zu handeln, beinhaltet ferner grundsätzlich das Verbot, mit einem Dritten einen das Ermessen des Geschäftsführers einschränkenden Vertrag zu schlie-

[734] Palmer's Company Law Rn. 8.505; Rechtsvergleichend hierzu *Putt* [1994] 15 Co Law 253ff.

[735] [1942] Ch D 304.

[736] *Regentcrest plc v Cohen* [2001] 2 BCLC 80, 105.

[737] Hierbei handelt es sich um einen generellen Ansatz der englischen Gerichte. Diese sind bei der Beurteilung von Geschäftsentscheidungen, wie etwa dem wirtschaftlichen Sinn einer Akquisition oder Diversifikation, äußerst zurückhaltend. Vgl. hierzu die Anmerkungen des Gerichts in *Re Elgindata Ltd* [1991] BCLC 959, 994.

[738] *Regentcrest plc v Cohen* [2001] 2 BCLC 80, 105; vgl. *Extrasure Travel Insurances Ltd v Scattergood* [2002] All ER 307, Ch D. So wurde in *Hutton v West Cork Rly Co* [1993] 23 Ch D 654, 671 die überragende Maßgeblichkeit des *bona fide tests* in Frage gestellt, da ansonsten auch völlig irrationales Verhalten zulässig wäre.

[739] [1995] BCC 1000.

[740] Dieser ist eine Art Verwaltungsangestellter, der vor allem Administrativaufgaben wahrnimmt, wie etwa die Überwachung der Einhaltung der *disclosure and information requirements* des Companies Acts 1985 oder die Beachtung der vom *board of directors* einzuhaltenden Verfahrensweisen, vgl. *Mayson/French and Ryan* Company Law S. 571ff.

ßen.[741] Dies kann nur dann anders zu beurteilen sein, wenn eine solche Vereinbarung im Gesellschaftsinteresse liegt.

Inhalt der *proper purpose doctrine*[742] ist, daß der *director* die ihm eingeräumte Rechtsmacht nur zu den gesellschaftsvertraglich vorgesehenen Zwecken gebrauchen darf.[743] In *Howard Smith Ltd v Ampol Petroleum Ltd*[744] definierte das Gericht den Inhalt dieser Pflicht. Danach hat der Richter zunächst die Natur und die Grenzen der übertragenen Rechtsmacht festzustellen, um in einem zweiten Schritt die tatsächlichen Ziele ihrer Ausübung zu kontrollieren.[745] Hierbei hat das Gericht bei der Frage, ob die Rechtsmacht in legitimer Weise ausgeübt wurde, ausschließlich den Hauptzweck zu betrachten, so daß etwaige zu mißbilligende Nebenzielsetzungen irrelevant sind.[746] So wurden in *Extrasure Travel Insurances Ltd v Scattergood*[747] Gelder der Klägerin an eine andere Gesellschaft in der Unternehmensgruppe übertragen, um die Empfängerin der Zahlung zur Befriedigung eines ihrer Gläubiger zu befähigen. Das Gericht entschied, daß generell gesehen dieser Transfer auch dem Interesse der Klägerin zu dienen bestimmt war, da aufgrund der Beteiligungsstruktur ein Zusammenbruch der verbundenen Gesellschaft auch die überweisende *limited* tangiert hätte. Jedoch lag der Hauptgrund in der Befriedigung des fraglichen Gläubigers und somit nicht vorrangig im Interesse der klagenden Gesellschaft. In *Bishopsgate Investment Ltd v Maxwell (No 2)*[748] übertrug der Geschäftsführer unentgeltlich Vermögenswerte der Gesellschaft auf eine von ihm als *director* geführte Familiengesellschaft. Das Gericht sah hierin einen Gebrauch der Verfügungsmacht über das Gesellschaftsvermögen zu einem *improper purpose* und verurteilte den *director* zum Scha-

---

[741] *Fulham Football Club Ltd v Cabra Estates plc* [1994] BCLC 363; *Thorby v Goldberg* [1964] 112 CLR 597.

[742] Viele der unter diesem Schlagwort diskutierte Fälle betreffen allerdings die Befugnis zur Ausgabe von Anteilen, vgl. *Piercy v S Mills & Co Ltd* [1920] 1 Ch D 77; *Hogg v Cramphorn Ltd* [1967] Ch D 254; *Bamford v Bamford* [1970] Ch D 212.

[743] Butterworths Corporate Law Service Rn. 25.66ff.; Palmer's Company Law Rn. 8.512ff. Es ist allerdings noch unklar, ob es sich hierbei rechtskonstruktiv um die Interpretation des Gesellschaftsvertrages oder um die gerichtliche Überprüfung der Geschäftsführerentscheidungen am Maßstab eines sorgfältigen Geschäftsmannes handelt, vgl. *Sealy,* [1985] 15 Mon LR 265, 276 und [2001] 22 Co Law 79, 82.

[744] [1974] AC 821.

[745] [1974] AC 821, 835.

[746] *Howard Smith Ltd v Ampol Petroleum Ltd* [1974] AC 821; *Ngurli v McCann* [1954] 90 CLR 425, 440; vgl. auch *Extrasure Travel Insurances Ltd v Scattergood* [2002] All ER 307, Ch D; *Criterion Properties plc v Stratford UK Properties LLC* [2003] BCC 50.

[747] [2002] All ER 307, Ch D.

[748] [1993] BCLC 1282.

densersatz. Bei einem Verstoß gegen die *proper purpose doctrine* wird der *director* somit als *constructive trustee* haftbar gemacht. Etwaige Ansprüche wegen *breach of trust* können sich auch gegen einen wissenden Dritten in seiner Eigenschaft als *knowing recipient of trust property* richten. Für die hierbei geltenden Grundsätze wird auf die Darstellung zu unzulässigen Gewinnausschüttungen verwiesen, da insofern die gleichen Grundsätze gelten.

Ferner unterliegen die *directors* der Verpflichtung, als Ausfluß der Treuepflicht gegenüber der Gesellschaft *(duty of loyality)* Interessenkonflikte zu vermeiden:[749] *„The distinguishing duty of a fiduciary is the obligation of loyality. The principal is entitled to the sinlge-minded loyality of his beneficiary. This core liability has several facets. A fiduciary must act in good faith; he must not make a profit out of his trust; he must not place himself in a position where his duty and his interest may conflict..."*.[750]
Zu unterstreichen ist, daß bereits dann, wenn sich der *director* in einer derartigen Konfliktsituation befindet, die Gesellschaft den Vertrag rückabwickeln und den Geschäftsführer für eventuell realisierte Gewinne als *constructive trustee* haftbar machen kann, ohne daß es einer Verletzung der Treuepflicht bedarf.[751] Vielmehr ist die bloße Möglichkeit eines Konfliktes bereits haftungsbegründend. Dies ergibt sich daraus, daß das *no-conflict principle* keine Pflicht des *directors* darstellt, sondern vielmehr als immanente Handlungsbeschränkung *(no-conflict disability)* zu verstehen ist. Trotz der Qualifikation des *no-conflict principles* als rein interne Handlungsbeschränkung kann in einem Verstoß zusätzlich eine zum Schadensersatz führende Pflichtverletzung liegen.[752]

Auch das englische Recht kennt eine Geschäftschancenlehre *(corporate opportunity doctrine)*. Danach begeht der *director* eine Pflichtverletzung, wenn er zu seinem eigenen Vorteil Geschäftschancen der Gesellschaft an sich zieht.[753] Die Gerichte wenden hierbei einen strengen Maßstab an, der die *directors* zur Vermeidung derartiger Transaktionen unabhängig von einem Schaden der Gesellschaft und dem Vorliegen von bestimmten subjektiven Anforderungen seitens der Geschäftsführer haftbar macht. Die klassische Entscheidung zu dieser Facet-

---

[749] *Aberdeen Rly Co v Blaikie Bros* [1854] 1 Macq 461; Butterworths Corporate Law Service Rn. 25.41; Palmer's Company Law Rn. 8.516ff.

[750] *Bristol v West Building Society v Mothew* [1998] Ch D 1.

[751] *Movitex Ltd v Bulfield* [1988] BCLC 104, 120; *Aberdeen Rly Co v Blaikie Bros* [1854] 1 Macq 461; *Transvaal Lands Company v New Belgium (Transvaal) Land and Development Company* [1914] 2 Ch D 488; *Boulting v Association of Cinematograph, Television and Allied Technicians* [1963] 2 QB 606.

[752] *JJ Harrison (Properties) Ltd v Harrison* [2002] 1 BCLC 162, CA.

[753] Palmer's Company Law Rn. 8.536ff.

te der *fiduciary duties* ist *Regal (Hastings) Ltd v Gulliver*[754]. Die *directors* von *Regal Ltd*, die ein Kino betrieb, wollten zwei weitere Kinos erwerben, um anschließend alle drei gemeinsam gewinnbringend zu veräußern. Da der geplante Erwerb der zwei zusätzlichen Kinos durch eine unzureichend kapitalisierte Tochter von *Regal* auf Schwierigkeiten stieß, wurde deren *paid-up capital* durch die zusätzliche Übernahme von Anteilen durch die *directors* von *Regal* erhöht, da der Gesellschaft selbst die hierfür erforderlichen Mittel nicht zur Verfügung standen. Später wurde das gesamte Unternehmen plangemäß veräußert und sowohl die Tochter als auch die Geschäftsführer machten einen beachtlichen Profit. Die Erwerber von *Regal* ernannten ein neues *board of directors* und die Gesellschaft reichte gegen seine alten Geschäftsführer Klage mit dem Ziel ein, die gemachten Gewinne herauszugeben. Das *House of Lords* befand, daß die *directors* die Profite als Folge und in Ausübung ihrer Geschäftsführerposition gemacht hatten. Sie hatten an der Transaktion im Rahmen ihrer Geschäftsführung und den damit verbundenen Kenntnissen und Möglichkeiten teilgenommen und waren daher unabhängig davon, daß sie zur Ermöglichung des Erwerbs der zwei zusätzlichen Kinos in gutem Glauben handelten, zur Herausgabe verpflichtet:
„*The rule of equity which insist on those, who by use of a fiduciary position make a profit, being liable to account for that profit, in no way depends on fraud, or absence of bona fides; or upon such questions or considerations as whether the would or should otherwise have gone to the plaintiff, or whether the profiteer was under a duty to obtain the source of the profit for the plaintiff, or whether he took a risk or acted as he did for the benefit of the plaintiff, or whether the plaintiff has in fact been damaged or benefited by his action. The liability arises from the mere fact of a profit having, in the stated circumstances, been made. The profiteer, however honest and well-intentioned, cannot escape the risk of being called upon to account.*"[755]
Nach dem Gesagten ist insbesondere festzuhalten, daß unabhängig von der Frage, ob die Gesellschaft selbst in der Lage gewesen wäre, die Geschäftschance zu realisieren, die Haftung des *directors* aufgrund der bloßen Tatsache eintritt, daß dieser den Gewinn für sich gezogen hat.

Ein weiterer Fall, der sich mit dieser Frage beschäftigt, ist *Cook v Deeks*[756], in dem drei von vier *directors* einer Gesellschaft einen Vertrag, über den diese verhandelte, an eine andere von ihnen kontrollierte Gesellschaft weitergeleitet hatten. Der *Privy Council* entschied, daß die Möglichkeit zum Vertragsschluß

---

[754] [1942] 1 All ER 378, [1967] 2 AC 134n, HL.

[755] *Regal (Hastings) Ltd v Gulliver*[1942] 1 All ER 378, 386, (1967] 2 AC 134n, 144, HL; vgl. auch *Chan v Zacharia* [1984] 154 CLR 178.

[756] [1916] 1 AC 554, PC.

den *directors* in ihrer Eigenschaft als Geschäftsführer ihrer Gesellschaft eröffnet wurde und der Vertrag somit der ersten Gesellschaft zustand.[757]
In dem Fall *CMS Dolphin Ltd v Simonet and another*[758], der bereits im Rahmen des Haftungsdurchgriffs zitiert wurde, verließ der *director CMS Dolphin*, gründete eine neue Gesellschaft und übernahm alle Angestellten der alten Gesellschaft zusammen mit den von ihm angeworbenen Kunden. Als Folge dieser Transaktion hatte *CMS Dolphin* weder Angestellte noch Kunden. Das Gericht urteilte, daß der *director* Geschäftschancen der Gesellschaft unberechtigt an sich gezogen habe und er daher die daraus gezogenen Vorteile als *constructive trustee* für die Gesellschaft hielt. Danach ist es also unerheblich, ob der *director* die Geschäftschancen persönlich oder durch mit ihm verbundene Gesellschaften in eigenem Interesse ausbeutet:
„*The underlying basis of the liability of a director of a company who exploited after his resignation a maturing business opportunity of the company of which he had knowledge as a result of his being a director was that the opportunity was to be treated as if it were property of the company in relation to which the director had fiduciary duties. By seeking to exploit the opportunity after his resignation he was appropriating for himself that property and became a constructive trustee of the fruits of his abuse of the company's property,...he remained liable notwithstanding that the profits were made by a company against which there was no effective remedy because for reasons unconnected with the relevant contracts it was insolvent.*"[759]

Zu erörtern bleibt nunmehr, ob auch im Gesellschaftsrecht der im *law of trusts* geltende Grundsatz zum Tragen kommt, daß bei vollständiger Information der *fiduciaries* diese den *trustee* vor oder nach der fraglichen Handlung von seinen Verpflichtungen ihnen gegenüber befreien können.[760] Dies ist insbesondere vor dem Hintergrund des Gläubigerschutzes dann relevant, wenn, wie etwa in *Cook v Deeks*[761] oder *CMS Dolphin Ltd v Simonet and another*[762] durch den *director* der Gesellschaft lebenswichtige oder zumindest zentrale Vermögenswerte entzogen werden. So ist bezüglich des *no-conflict principles* anerkannt, daß bei Vorliegen einer entsprechenden gesellschaftsvertraglichen Regelung durch die vorherige Offenlegung des Konfliktes gegenüber dem *board of directors* dieser

757 Siehe auch den vergleichbaren Fall *Canadian Aero Service Ltd v O'Malley* [1973] 40 DLR (3rd) 371.
758 [2001] 2 BCLC 704.
759 *CMS Dolphin Ltd v Simonet and another* [2001] 2 BCLC 704, 705.
760 *Parker and Mellows* Trusts S. 699ff.
761 [1916] 1 AC 554, PC.
762 [2001] 2 BCLC 704.

Grundsatz suspendiert werden kann.[763] So findet sich in art. 85 Table A eine derartige Klausel. Zudem kann die Verletzung auch nachträglich durch einfachen Mehrheitsbeschluß der Gesellschafterversammlung genehmigt werden.[764] Der betroffene Gesellschafter-Geschäftsführer ist hierbei stimmberechtigt.
Auch sehen bestimmte gesetzliche Vorschriften die Möglichkeit einer Suspendierung des *no-conflict principles* vor, so etwa bei Offenlegung eines bestehenden Interesses an Verträgen oder anderen Transaktionen, im Rahmen von Regelungen betreffend die Anstellungsverträge der *directors*, umfangreichen Vermögensübertragungen oder in besonderen Ausnahmefällen bei der Gewährung von Darlehen an die *directors.*[765]
Auch bei einer unberechtigten Wahrnehmung von geschäftlichen Chancen der Gesellschaft kommt eine Genehmigung durch die Gesellschafterversammlung in Betracht. Allerdings unterliegen nicht sämtliche Pflichtverstöße der Möglichkeit der Genehmigung durch die Gesellschafterversammlung.[766] Vielmehr haben die englischen Gerichte erkannt, daß für die *directors*, insbesondere jene, die die faktische oder rechtlich vermittelte Kontrolle über die Gesellschafterversammlung haben, die Möglichkeit besteht, durch die Wahrnehmung ihres Stimmrechts oder die Einflußnahme auf die Abstimmung den Pflichtverstoß zu genehmigen. Diese Gefahr wird noch dadurch verstärkt, daß die Stimmrechte als eigentumsähnlich angesehen werden und ihre Ausübung somit nicht am Gesellschaftsinteresse, sondern am individuellen Interesse des einzelnen Gesellschafters ausgerichtet ist.[767] Die genaue Grenzziehung zwischen zulässigen und unzulässigen Genehmigungen ist hierbei jedoch noch unklar. Es ist davon auszugehen, daß zwischen ratifizierbaren Pflichtverstößen, bei denen der Gewinn nur anläßlich der Transaktion gemacht wurde,[768] und den Fällen der *misappropriation of corporate property*, d.h. der mißbräuchlichen Verwendung von Gesellschaftsmitteln, unterschieden werden muß.[769] In letzterem Fall scheidet eine Genehmigung

---

[763] *Movitex Ltd v Bulfield* [1988] BCLC 104, 120.

[764] *Regal(Hastings) Ltd v Gulliver (1942)* [1967] 2 AC 134n, [1942] 1 All ER 378, HL; *North-West Transportation Co Ltd v Beatty* [1887] 12 AC 589.

[765] Vgl. ss. 317, 320-322, 330-344. Die Darlehensgewährung ist, abgesehen von geringfügigen und kurzfristigen Krediten, verboten, s. 332 CA 1985.

[766] *Putt* [1994] 15 Co Law 253.

[767] *North-West Transportation v Beatty* [1887] 12 AC 589, PC; *Goodfellow v Nelson Line* [1912] 2 Ch D 324; *Northern Counties Securities Ltd v Jackson & Steeple Ltd* [1974] 1 WLR 1133.

[768] So wies das *House of Lords* in *Regal (Hastings) Ltd v Gulliver*[1942] 1 All ER 378, 386, (1967] 2 AC 134n, 144, HL ausdrücklich auf die Möglichkeit hin, daß der Verstoß ratifizierbar gewesen wäre.

[769] Alternativ wird eine Unterscheidung zwischen dem Handeln der *directors bona fide* bzw. *in bad faith* erwogen, Palmer's Company Law Vol. 2, Rn. 8.539.1.

aus:[770] „ *...directors holding a majority of votes would not be permitted to make a present to themselves.*"[771] Zusammenfassend läßt sich sagen, daß hinsichtlich einer Vielzahl von Pflichtverletzungen eine Ratifizierung in Betracht kommt,[772] wie etwa im Fall des *conflict of interest*, den *improper purposes* oder der noch zu diskutierenden Verletzung von *common law duties*. Voraussetzung hierfür ist allerdings, daß der *director* weder in bösen Glauben handelte noch ein Fall der *misappropriation of corporate property* vorliegt. Bei einem betrügerischen Verhalten zu Lasten der Gesellschaftsgläubiger ist somit eine Genehmigung durch die Gesellschafterversammlung nicht möglich.[773] Insofern besteht eine starke Ähnlichkeit zum deutschen Recht, das der Billigung durch die Gesellschafterversammlung, vgl. § 46 Nr. 5 GmbHG, eine haftungsausschließende Wirkung zuerkennt,[774] von diesem Grundsatz allerdings Ausnahmen für den Fall des Verstoßes gegen zwingende gläubigerschützende Normen, die guten Sitten oder im Fall des § 43 III GmbHG macht.[775]

Ferner kann das Gericht den Geschäftsführer von den Folgen seiner Pflichtverletzung unter den Voraussetzungen von s. 727 CA 1985 freisprechen, wenn „*...[the director] has acted honestly and reasonably, and... having regard to all the circumstances of the case...he ought fairly to be excused...*" .[776]

---

[770] *Cook v Deeks* [1916] 1 AC 554, PC; vgl. hierzu *Hannigan* [2000] JBL 493.

[771] *Cook v Deeks* [1916] 1 AC 554, 564, PC. Zwar wurde dieser Aspekt im Kontext des Minderheitenschutzes entwickelt, kann aber mittelbar auch zum Schutz der Gesellschaftsgläubiger herangezogen werden.

[772] Unklar ist die Rechtslage allerdings bei der Pflicht, im besten Interesse der Gesellschaft zu handeln. Gegen die Möglichkeit der Ratifizierung vgl. *Neptune (Vehicle Washing Equipment) Ltd v Fitzgerald (No 2)* [1995] BCC 1000, anders aber *Gower* Company Law S. 440. Zu beachten bleibt auch s. 310 CA 1985, der unter bestimmten Umständen eine Ratifizierung, etwa durch eine gesellschaftsvertragliche Regelung, ausschließt. Auch hier bestehen allerdings noch Unsicherheiten. Vgl. hierzu Palmer's Company Law Vol. 2; *Lowry* [1997] 48 NILQ 211; *Gower* Company Law S. 396.

[773] *Aveling Barford Ltd v Perion Ltd* [1989] 5 BCC 677; *Grantham* [1991] JBL 1, 17.

[774] Hachenburg/*Mertens* § 43 Rn. 72; GmbH-HdB § 43 Rn. 2467; *Fleck* GmbHR 1974, 224, 226.

[775] Vgl. Hachenburg/*Mertens* § 43 Rn. 7f. m.w.N.; *Konzen* NJW 1989, 2977, 2982; BGH NJW 1980, 589; OLG Naumburg GmbHR 1999, 1028, 1029.

[776] Vgl. die Darstellung zu s. 727 CA 1985 im Rahmen von s. 214 IA 1986.

c) *Common law duties of care, skill and diligence*

Im *common law*, d.h. unabhängig von ihrer Stellung als Treuhänder des Gesellschaftsvermögens, unterliegen die *directors* einer *limited* Sorgfaltspflichten. Während diese früher stark subjektiv geprägt waren und daher eine Pflichtverletzung in den meisten Fällen ausschied,[777] etablierte sich in den letzten Jahren ein wesentlich anspruchsvolleres Pflichtenniveau.
So hielt das englische Gericht in *Norman v Theodore Goddard*[778] fest, daß die vom *director* zu erfüllenden Anforderungen mit den in s. 214(4) IA 1986 normierten identisch sind. Danach ist das Verhalten des Geschäftsführers an dem Verhalten einer vernünftigen Durchschnittsperson als objektivem Minimalstandard zu messen,[779] wobei wiederum ergänzend die Funktion des *directors* in der Gesellschaft zu berücksichtigen ist. Insofern kann auf die Ausführungen zu s. 214 IA 1986 verwiesen werden.
Der genauere Inhalt der Verpflichtung im Kontext der *common law duties of care, skill and diligence* kann anhand des *leading case Re Barings plc*[780] illustriert werden. Der Sachverhalt des Falls, der auch in Deutschland einige Berühmtheit erlangte, stellte sich wie folgt dar: Die *Barings Group* kollabierte im Jahr 1995 mit einem Verlust von ca. 827 Millionen Pfund, was auf nicht genehmigte Geschäfte von Nick Leeson, einem Investmentbanker in Singapur, zurückzuführen war. Einige *senior directors* hatten die Supervision der Aktivitäten von Mr. Leeson versäumt. Anläßlich dieses Falles faßte das erstinstanzliche Gericht den Sorgfaltsmaßstab wie folgt zusammen:[781]
„*(i) Directors have, both collectively and individually, a continuing duty to aquire and maintain sufficient knowledge and understanding of the company's business to enable them properly to discharge their duties as directors.*
(ii) While directors are entitled (subject to the articles of association of the company) to delegate particular functions to those below them in the management chain, and to trust their competence and integrity to a reasonable extent, the exercise of the power of delegation does not absolve a director from the duty to supervise the discharge of the delegated functions.

---

[777] *Re Cardiff Savings Bank: The Marquis of Bute's Case* [1892] 2 Ch D 100; *Re City Equitable Fire Insurance Co Ltd* [1925] Ch D 407.

[778] [1991] BCLC 1028; gefolgt in *Re D'Jan of London Ltd* [1993] BCC 646.

[779] Palmer's Company Law Rn. 8.408.

[780] *Re Barings plc (No 5), Secretary of State for Trade and Industry v Baker (No 5)* [1999] 1 BCLC 433, bestätigt durch den *Court of Appeal* [2000] 1 BCLC 523, 535, CA.

[781] *Re Barings plc (No 5), Secretary of State for Trade and Industry v Baker (No 5)* [1999] 1 BCLC 433, 489. Die Formel wurde durch den *Court of Appeal* [2000] 1 BCLC 523, 535, CA bestätigt. Ähnlich auch *Re Westmid Packing Services Ltd, Secretary of State for Trade and Industry v Griffiths* [1998] 2 BCLC 646.

(iii) No rule of universal application can be formulated as to the duty referred to in (ii) above. The extent of the duty, and the question whether it has been discharged, must depend on the facts of each particular case, including the directors' role in the management of the company."

Ein Verstoß gegen die *common law duties of care, skill and diligence* verpflichtet den Geschäftsführer zum Ersatz des der Gesellschaft entstandenen Schadens. Hierbei muß zwischen dem Tun[782] oder Unterlassen[783] des *directors* und dem Schaden Kausalität bestehen.
Auch bei einem Verstoß gegen die *common law duties* kommt ein Verzicht auf die daraus erwachsenden Ansprüche in Betracht.[784] In der Praxis ist allerdings eher davon auszugehen, daß insbesondere in kleinen Gesellschaften der Anspruch aufgrund der (beherrschenden) Gesellschaftereigenschaft des *directors* nicht geltend gemacht werden wird und selbst größere Unternehmen den mit einer Klageerhebung verbundenen Imageschaden in den meisten Fällen meiden werden. Die Situation ist allerdings dann abweichend zu beurteilen, wenn die Gesellschaft insolvent ist. Dann wird der *liquidator* den Anspruch der Gesellschaft geltend machen und auf diesem Weg das zur Gläubigerbefriedigung zur Verfügung stehende Gesellschaftsvermögen mehren.[785] Die wahrscheinlichste und in praxi aufgrund der genannten Aspekte effektivere Sanktion eines Verstoßes gegen die *common law duties* liegt in der Disqualifizierung der *directors* für einen bestimmten Zeitraum gemäß s. 6 CDDA 1986 wegen *unfitness*.
Diese Sanktion trägt nicht zuletzt auch der Tatsache Rechnung, daß die Geschäftsführer einer insolventen Gesellschaft in den meisten Fällen weder eine D & O -Versicherung mit ausreichender Deckung noch genügend eigene Vermögenswerte zur Verfügung haben dürften, um etwaige Schadensersatzforderungen zu befriedigen.[786] Auch dem Disqualifizierungsregime kommt somit ein zentraler Stellenwert in der Bekämpfung sog. *„rogue directors"* zu.

d) Folgerungen

Abschließend ist festzuhalten, daß auch den *directors' duties* eine gläubigerschützende Funktion zukommt. So sind in der Insolvenz der Gesellschaft die Gläubigerinteressen zu berücksichtigen, die an die Stelle der grundsätzlich maßgeblichen Gesellschafterinteressen treten. Auch außerhalb der Insolvenz erfolgt

---

[782] *Cohen v Selby* [2001] 1 BCLC 176, 183, 186.

[783] *Bishopsgate Investment Management Ltd v Maxwell (No 2)* [1993] BCLC 1282, 1285.

[784] *Multinational Gas and Petrochemical Co v Multinational Gas and Petrochemical Services Ltd* [1983] Ch D 258; *Re D'Jan of London Ltd* [1994] 1 BCLC 561, 564.

[785] *Hannigan* Company Law S. 298f., 312f.

[786] So auch *Hannigan* Company Law S. 311; siehe ferner *Finch* [1994] 57 MLR 880.

durch die *directors' duties* ein mittelbarer Schutz der Gläubiger, da die *directors*, einschließlich der faktisch diese Position innehabenden Personen, der Gesellschaft bei für diese nachteiligen Eingriffen, wie etwa dem Entzug von lebenswichtigen und zentralen Vermögenswerten, haftbar sind. Liegt eine *misappropriation of corporate property* vor, scheidet zudem die Genehmigung des fraglichen Verstoßes durch die Gesellschafterversammlung aus. Bei für die Gesellschaft nachteiligen Handlungen und bei gläubigerschädigenden Verhaltensweisen in der Insolvenz sind die *directors*, unter bestimmten Umständen auch die Gesellschafter selbst, der Gesellschaft zum Schadensersatz verpflichtet.
Im Vergleich zum deutschen Recht ist insbesondere darauf zu verweisen, daß es sich in beiden Rechtsordnungen um eine Innenhaftung gegenüber der Gesellschaft handelt. Der an den *fiduciary duties* eines Treuhänders, der jeweiligen Position des Geschäftsführers und Pflichten des *common law* orientierte Sorgfaltsmaßstab des englischen Rechts ist mit dem im Recht der GmbH geltenden - Sorgfalt eines ordentlichen Geschäftsmannes in verantwortlich leitender Position bei selbständiger Wahrnehmung fremder Vermögensinteressen - weitgehend identisch.[787] Bei Interessenkonflikten und bei der Vereinnahmung von Geschäftschancen der Gesellschaft tritt die Haftung im Recht der *limited* verschuldensunabhängig ein. Hinsichtlich des Sorgfaltsmaßstabs ist darüber hinaus zu bemerken, daß die im Einzelfall zu stellenden Anforderungen in vielen Bereichen übereinstimmen. So trifft auch den GmbH-Geschäftsführer eine an objektiven Maßstäben zu messende Pflicht zur sorgfältigen Unternehmensleitung , die die ordnungsgemäße Organisation der Gesellschaft, deren Überwachung und die regelmäßige Kontrolle der finanziellen Situation einschließt.[788] Zudem ist ebenso wie im englischen Recht die geschuldete Bemühung von der Branche, der Größe der Gesellschaft und der jeweiligen Situation abhängig.[789] Eine Delegation der Verantwortung ist ebenfalls nicht unbeschränkt möglich.[790] Zudem existiert auch im deutschen Recht, mit Ausnahme des Alleingesellschafter-Geschäftsführers, ein Wettbewerbsverbot.[791] Ferner ist, der englischen Rechtslage vergleichbar, die Eigenverwertung von Geschäftschancen der Gesellschaft untersagt.[792]

---

[787] Zum deutschen Recht siehe Michalski/*Haas* § 43 Rn. 189; Lutter/Hommelhoff § 43 Rn. 21.

[788] Scholz/*Schneider* § 43 Rn. 70ff.; *Raiser* Kapitalgesellschaftsrecht § 32 Rn. 85; *Thümmel* Persönliche Haftung von Managern und Aufsichtsräten S. 74ff.

[789] Vgl. hierzu *Heisse* Die Beschränkung der Geschäftsführerhaftung S. 28ff.

[790] BGH NJW 1997, 130ff.

[791] *Raiser* Kapitalgesellschaftsrecht § 32 Rn. 90; Rowedder/Schmidt-Leithoff/*Koppensteiner* § 43 Rn. 19.

[792] Vgl. hierzu BGH ZIP 1997, 1063; BGH WM 1985, 1443ff.; OLG Köln NZG 1999, 1008, 1009; *Polley* Wettbewerbsverbot und Geschäftschancenlehre S. 120ff.; Scholz/*Schneider* § 43

Im Kontext der Durchgriffshaftung wegen existenzvernichtenden Eingriffs ist zudem zu betonen, daß im deutschen Recht in einem solchen Fall analog §§ 128, 129 HGB eine Außenhaftung der Gesellschafter eintritt. Demgegenüber sanktioniert das englische Recht, wie etwa im Fall *Bishopsgate Investment Ltd v Maxwell (No 2)*[793], Verhaltensweisen der *directors*, die der Gesellschaft zum eigenen Vorteil Vermögenswerte entziehen, durch die Haftung wegen *breach of duty* im Innenverhältnis. Ergänzend ist noch auf das Verhältnis von s. 214 IA 1986 und dem Konzept des *breach of duty to act bona fide in the interests of the company* hinzuweisen. Die Anerkennung einer Pflicht, in Insolvenznähe die Interessen der Gläubiger zu berücksichtigen, geht auf die gesetzlichen Neuerungen, insbesondere die Einführung der Haftung wegen *wrongful trading* zurück, die den Interessen der Gläubiger größere Bedeutung beimessen. Daher haben sich beide Konzepte gegenseitig beeinflußt und können, wie bereits im Rahmen der Erörterungen zu s. 212 IA 1986 dargelegt, nebeneinander geltend gemacht werden.

2. Company Directors Disqualification Act 1986

Das Regelungsziel des *Company Directors Disqualification Act 1986* besteht im Schutz der Allgemeinheit vor einem Mißbrauch der juristischen Person:
„The concept of limited liability and the sophistication of our corporate law offers great privileges and great opportunities for those who wish to trade under that regime. But the corporate environment carries with it the discipline that those who avail themselves of those privileges must accept the standards laid down and abide by the regulatory rules and disciplines in place to protect creditors and shareholders...The parliamentary intention to improve managerial safeguards and standards for the long term good of employees, creditors and investors is clear."[794]
Durch die Disqualifizierung einer Person, deren Verhalten nicht den ordnungsgemäßen geschäftlichen Standards entspricht, von der Geschäftsführerposition soll, insbesondere auch durch die damit verbundene Abschreckungsfunktion,[795] ein ergänzender Schutz der Allgemeinheit, auch und gerade für die Zukunft,[796] bewirkt werden.[797] Die Allgemeinheit umfaßt hierbei die Gesellschafter und die

---

Rn. 126ff., 144ff.; Hachenburg/*Mertens* § 43 Rn. 38ff.; *Lawall* NJW 1997, 1743ff.; *Merkt* ZHR 159(1995), 423, 428ff.; *Koppensteiner* ZHR 155 (1991) 97, 102ff.

[793] [1993] BCLC 1282.

[794] *Secretary of State for Trade and Industry v Gray* [1995] 1 BCC 554, CA.

[795] Vgl. hierzu *Ong* [1998] 19 Co Law 7.

[796] *Mithani* Directors' Disqualification Rn. I [6], [7].

[797] *Re Lo-Line Electric Motors Ltd* [1988] Ch D 477, 486; *Re Sevenoaks Stationers (Retail) Ltd* [1991] 1 BCLC 325, 329; *Re Westmid Packing Services Ltd, Secretary of State for Trade*

Gesamtheit der Gläubiger, wie etwa Angestellte, Kreditgeber und Kunden, wobei der Schwerpunkt auf dem Schutz der Gläubiger liegt.[798] Zudem sollen die generell einzuhaltenden professionellen Standards angehoben werden.[799] Die Rechtsfolge einer *disqualification order* ist zunächst, daß die fragliche Person ohne gerichtliche Erlaubnis nicht in die Gründung, Leitung oder Auflösung einer Gesellschaft involviert sein darf, vgl. hierzu s. 1(1) CDDA 1986:

„ *1(1) (a) [the person] shall not be a director of a company, act as receiver of a company's property or in any way, whether directly or indirectly, be concerned or take part in the promotion, formation or management of a company unless...he has leave of the court, and*

(b) he shall not act as an insolvency practitioner. "

Der Begriff „*be concerned or take part in*" ist hierbei sehr weit auszulegen und umfaßt die mit einiger Verantwortung verbundene Involvierung in den Entscheidungsprozeß der Gesellschaft. Unter Management ist die Teilnahme an Entscheidungen zu verstehen, die die Gesellschaft als ganzes oder einen wichtigen Teil betreffen und die potentiell eine große Auswirkung auf die finanzielle Situation der Gesellschaft haben können.[800] So kann auch die Tätigkeit eines Unternehmensberaters, der im Rahmen des Finanzmanagements oder der Restrukturierung der Gesellschaft tätig ist, unter s. 1(1)(a) CDDA 1986 fallen.[801] Zudem tritt im Fall einer Zuwiderhandlung die persönliche Haftung für die während des Verstoßes begründeten Verbindlichkeiten der Gesellschaft ein, s. 15 CDDA 1986.[802] Diese Haftung erstreckt sich nicht nur auf die disqualifizierte Person, sondern auch auf jeden, der in Kenntnis der Disqualifizierung auf Weisung einer von der Disqualifizierung betroffenen Person handelt, s. 15(1)(b) CDDA 1986. Ein Verstoß gegen eine *disqualification order* hat zudem nach s. 13 CDDA strafrechtliche Konsequenzen. Bei der Haftung nach Maßgabe von s. 15 CDDA 1986 handelt es sich um einen weiteren Fall des *lifting of the veil* und das potentielle Haftungsrisiko dürfte für die Einhaltung der Disqualifizierung letztlich von größerer Bedeutung als die Möglichkeit strafrechtlicher Verfolgung sein.[803] Um

---

and Industry v Griffiths [1998] 2 BCLC 646, 655; *Re Barings plc (No 5), Secretary of State for Trade and Industry v Baker (No 5)* [1999] 1 BCLC 433, 482; *Finch* [1993] 22 Ind LJ 35, 39; *Bailey/Groves/Smith* Corporate Insolvency Rn. 16.43; *Hicks* Disqualification of Directors S. 68f.; I.E. zustimmend *Finch* Corporate Insolvency Law S. 141.

798 *Re Tech Textiles Ltd, Secretary of State for Trade and Industry v Vane* [1998] 1 BCLC 259, 268.

799 *Hicks* Disqualification of Directors S. 69.

800 *Commissioners for Corporate Affairs v Bracht* [1989] VR 82.

801 *R v Campbell* [1983] 78 Cr App R 95.

802 *Fletcher* The Law of Insolvency Rn. 27-051.

803 So auch *Hicks* [1988] JBL 27, 45.

ausreichende Publizität sicherzustellen, hat das Gericht dem *Secretary of State* Mitteilung von dem disqualifizierenden Urteil zu machen, damit diese Information in das auch im Internet verfügbare *register of disqualification orders and undertakings* eingetragen werden kann.[804]

a) Disqualifizierungstatbestände

Die Umstände, unter denen eine *disqualification order* ausgesprochen werden kann, sind in ss. 2-10 CDDA 1986 normiert und können in drei Gruppen unterteilt werden.

Ss. 2-5 CDDA betreffen generelles Fehlverhalten im Zusammenhang mit Gesellschaften. So kann nach s. 2 CDDA 1986 eine Disqualifizierung für bis zu 15 Jahre ausgesprochen werden, wenn die fragliche Person eine strafbare Handlung im Zusammenhang mit der Gründung, dem Management oder der Auflösung der Gesellschaft begangen hat.[805]

Unter s. 3 CDDA 1986 kann das Gericht bei wiederholtem Verstoß gegen das kodifizierte Gesellschaftsrecht, wie etwa bei einem Verstoß gegen die Pflicht zur ordnungsgemäßen Einreichung der Gesellschaftsunterlagen beim *registrar of companies*, eine Disqualifizierung für einen Zeitraum von bis zu maximal 5 Jahren anordnen.[806] Diesem Tatbestand ähnelt s. 5 CDDA 1986, der eine vergleichbare *disqualification order* im Fall einer strafrechtlichen Verurteilung wegen Nichteinhaltung der Pflicht, die erforderlichen Eingaben beim *registrar of companies* vorzunehmen, durch das Strafgericht selbst ermöglicht.

S. 4 CDDA ermöglicht eine Disqualifizierung von bis zu 15 Jahren, falls die fragliche Person an dem den Tatbestand des *fraudulent tradings* erfüllenden Verhalten vorsätzlich teilgenommen hat und aus diesem Grund gemäß s. 458 CA 1985 strafbar ist.[807] S. 4 CDDA 1986 greift ferner auch bei Betrug gegenüber der Gesellschaft bzw. im Fall des *breach of duty*.

Der wichtigste und häufigste Grund für eine Disqualifizierung ist die Unfähigkeit zur Geschäftsführung, sog. *unfitness*. Mit diesem Disqualifizierungsgrund beschäftigen sich ss. 6-9 CDDA 1986.

---

[804] www.companieshouse.gov.uk.

[805] Ein Beispiel für die Anwendung dieser Norm findet sich in *R v Goodman* [1992] BCC 625. Hier wurde ein *director* einer *public company* wegen Insidergeschäften für 10 Jahre disqualifiziert.

[806] Vgl. *Re Arctic Engineering Ltd & Ors* [1986] 1 WLR 686.

[807] Eine rechtskräftige Verurteilung ist allerdings nicht erforderlich, vgl. s. 4(1)(a) CDDA 1986.

Aufgrund s. 10 CDDA kann das Gericht für den Fall, daß der *director* aufgrund von ss. 213 oder 214 IA 1986 der Gesellschaft haftbar ist, eine *disqualification order* für einen Zeitraum von maximal 15 Jahren aussprechen.[808]
Gemäß s. 11 CDDA 1986 ist ein nicht von seiner Restschuld befreiter Insolvenzschuldner *(undischarged bankrupt)* automatisch disqualifiziert, wobei die Möglichkeit besteht, eine derartige Tätigkeit mit gerichtlicher Erlaubnis auszuüben.

Aufgrund der praktischen Relevanz von *disqualification orders* nach Maßgabe von s. 6 CDDA 1986 beschränkt sich die Darstellung im folgenden allein auf diesen Tatbestand.[809]
S. 6 CDDA 1986 lautet wie folgt:
„*(1) The court shall make a disqualification order against a person in any case where, on an application under this section, it is satisfied-*
(a) that he is or has been a director of a company which has at any time become insolvent (whether while he was a director or subsequently), and
(b) that his conduct as a director of that company (either taken alone or taken together with his conduct as a director of any other company or companies) makes him unfit to be concerned in the management of a company.
(2) For the purposes of this section and the next, a company becomes insolvent if-
(a) the company goes into liquidation at a time when its assets are insufficient for the payment of its debts and other liabilities and the expenses of the winding up,
(b) an administration order is made in relation to the company, or
(c) an administrative receiver of the company is appointed;
and references to a person's conduct as a director of any company or companies include, where that company or any of those companies has become insolvent, that person's conduct in relation to any matter connected with or arising out of the insolvency of that company."

Eine Disqualifizierung unter s. 6 CDDA 1986 richtet sich demnach gegen einen *director*, wobei aufgrund der ausdrücklichen Anordnung in ss. 6(3C) und 22 (4), (5) CDDA 1986 sowohl *shadow* als auch *de facto directors* erfaßt werden. Für

---

808 *Fletcher* The Law of Insolvency Rn. 27-023; *Mithani* Directors' Disqualification Rn. III [1519].

809 So erfolgen ca. 88% aller Disqualifizierungen auf der Grundlage von s. 6 CDDA 1986. Seit der Einführung der *disqualification undertakings* gemäß s. 6 IA 2000 sank diese Zahl auf 28% in 2001/2002 bzw. 18% in 2002/2003. Dieses Verfahren erlaubt es dem *Secretary of State*, aufgrund einer Disqualifizierungsvereinbarung mit dem Betroffenen ohne ein gerichtliches Verfahren eine Disqualifizierung zu bestimmen.

die Auslegung dieser Begriffe kann auf die obige Darstellung zum Haftungsdurchgriff verwiesen werden.
Bei Vorliegen der Voraussetzungen ist die *disqualification order* zwingend zu erlassen.[810]

Entscheidend ist die Überzeugung des Gerichts, daß aufgrund des Verhaltens des *directors* dieser zur Geschäftsführung einer Gesellschaft untauglich ist.[811] Bei der Bestimmung einer derartigen Untauglichkeit sind insbesondere die in Schedule 1, Part I genannten Umstände zu berücksichtigen, s. 9 CDDA 1986, die allerdings nicht erschöpfend sind. Im Fall der Insolvenz der Gesellschaft ist zusätzlich Part II CDDA 1986 zu berücksichtigen. Gemäß Schedule 1, Part I, CDDA 1986 umfassen die für die Beurteilung der *unfitness* relevanten Aspekte unter anderem:
„*1. Any misfeasance or breach of any fiduciary or other duty by the director in relation to the company.*
2. Any misapplication or retention by the director of, or any conduct by the director giving rise to an obligation to account for, any money or other property of the company."
Ferner werden Verstöße gegen bestimmte, mit Offenlegungs- bzw. Rechnungslegungspflichten befaßte, gesellschaftsrechtliche Vorschriften genannt.

Im Fall der Insolvenz der Gesellschaft ist nach Maßgabe von Part II, Schedule 1, CDDA 1986 insbesondere das Folgende zu beachten:
„*6. The extent of the directors responsibility for the causes of the company becoming insolvent.*
7. The extent of the director's responsibility for any failure by the company to supply any goods or services which have been paid for....
8. The extent of the director's responsibility for the company entering into any transaction or giving any preference-
(a) liable to be set aside under section 127 or sections 238 to 240 of the Insolvency Act, or
(b) challengable under section 242 or 243 of that Act...."
Zudem sind Verstöße gegen bestimmte Pflichten in der Insolvenz der Gesellschaft, wie etwa Mitwirkungspflichten gegenüber dem *liquidator* oder die Pflicht zur Einberufung einer Gläubigerversammlung im Rahmen eines *voluntary winding up*, in die Beurteilung einzubeziehen.

Da diese Umstände, wie eingangs erwähnt, nicht abschließend sind, kann auch unabhängig von ihrem Vorliegen eine Disqualifizierung auf *unfitness* gestützt

---

[810] *Finch* [1993] 22 Ind LJ 35; Palmer's Corporate Insolvency Rn. 4.006.
[811] Palmer's Corporate Insolvency Rn. 4.007.4.

werden. Eine Hilfe für die Interpretation dieses Begriffs findet sich in der Entscheidung des *Court of Appeal* in *Secretary of State v Baker*[812]. Danach muß das gesamte Verhalten des *directors* unter Berücksichtigung etwaiger mildernder Umstände unter das von Geschäftsführern zu erwartende Kompetenzniveau fallen. Falls dies der Fall ist, Unredlichkeit jedoch nicht vorliegt, muß die Inkompetenz besonders gravierend sein, um eine Disqualifizierung zu rechtfertigen. Die *commercial incompetence* ist also von bloßem wirtschaftlich unvernünftigem Verhalten abzugrenzen *(„mere business folly").*[813] So wurden die *directors* in *Re Bath Glass Ltd*[814], die sich von dem aufrichtigen und vernünftigen Glauben *(„honest and reasonable belief")* daran, daß die Gesellschaft wieder in die Solvenz zurückkehren werde, leiten ließen und daher der Gesellschaft weiteres *share capital* zuführten, professionellen Rat einholten und die Aussichten der Gesellschaft sorgfältig, wenn auch unzutreffend untersuchten, nicht disqualifiziert.[815] Jedenfalls ist eine *disqualification order* dann gerechtfertigt, wenn das Verhalten hinter den Verhaltensanforderungen, die vernünftigerweise an einen Geschäftsführer gestellt werden können, deutlich zurückbleibt.[816] Die Verantwortlichkeit des *directors* für die Insolvenz der Gesellschaft ist nicht anhand von Kausalitätserwägungen zu bestimmen. Zudem muß das Gericht nicht zu dem Schluß kommen, daß der *director* zur Führung jeder denkbaren Gesellschaft untauglich ist. Ausreichend ist vielmehr, daß vor dem Hintergrund des konkreten Aufgabenkreises von einer Unfähigkeit zur Leitung der Gesellschaft und somit von *unfitness* ausgegangen werden kann. Zwar ist es möglich, aus dem Vorliegen einer Pflichtverletzung auf die erforderliche Inkompetenz zu schließen, allerdings ist diese weder unabdingliche noch ausreichende Voraussetzung für deren Vorliegen.[817] Ob das Verhalten des *directors* unter den Begriff der *unfitness* gefaßt werden kann, ist anhand der Umstände des Einzelfalles zu bestimmen, so daß eine präzise Definition der Voraussetzungen, unter denen der Erlaß einer *disqualification order* denkbar erscheint, nicht möglich ist.[818] Dennoch ergibt die Analyse der zu s. 6 CDDA 1986 ergangenen Entscheidungen bestimmte Konstellationen, in denen von einer solchen Unfähigkeit zur Geschäftsführung ausgegangen werden kann. So ist bei einem wiederholten Verstoß gegen die Prü-

---

812 [2000] 1 BCLC 523.

813 *Finch* [1990] 53 MLR 385, 386.

814 [1988] 1 BCLC 329.

815 *Re Bath Glass* [1988] BCLC 329. So auch *Mithani* Directors' Disqualification Rn. III [659]ff., der aus dem Versuch, durch Geschäftsfortführung in die Solvenz zurückzukehren, nicht notwendigerweise auf *unfitness* schließen will.

816 *Griffin* Liability and Disqualification of Company Directors S. 171; *Re Linvale Ltd* [1993] BCLC 654.

817 So auch i.E. *Mithani* Directors' Disqualification Rn. III [656].

818 *Re Sevenoaks Stationers (Retail) Ltd* [1991] Ch 164.

fungs- und Offenlegungspflichten, etwa bezüglich des Jahresabschlusses, von *unfitness* auszugehen.[819] Ferner wird eine solche Schlußfolgerung dann naheliegen, wenn Vermögensgegenstände und Goodwill einer sich in finanziellen Schwierigkeiten befindenden Gesellschaft an eine andere *limited* übertragen werden und die derart ihrer wirtschaftlichen Substanz beraubte Gesellschaft dann insolvent wird.[820] Eine weitere Konstellation, in der von einer Disqualifizierung ausgegangen werden kann, ist dadurch gekennzeichnet, daß der *director* sich einen Vermögensvorteil zum Nachteil der Gesellschaft zukommen läßt. Dies ist unter anderem dann der Fall, wenn durch die Gesellschaft eine Leistung ohne vollwertige Gegenleistung erbracht wird,[821] etwa im Fall verdeckter Gewinnausschüttungen. Schließlich können auch wiederholte Verstöße gegen die der mit der Auflösung der insolventen Gesellschaft befaßten Person geschuldeten Mitwirkungspflichten eine *disqualification order* nach sich ziehen.[822] Auch im Rahmen des Begriffs *unfitness* ist die Pflicht, sich über die Angelegenheiten der *limited* zu informieren, von Relevanz und ein Verstoß ermöglicht den Rückschluß auf *unfitness*.[823] Zudem kann das Verhalten des *directors* in bezug auf andere von ihm geführte Gesellschaften in die Beurteilung einbezogen werden.[824] Die Inanspruchnahme professioneller Beratung, die sich ex post als unzutreffend erweist, kann dann die Annahme der Unfähigkeit zur Wahrnehmung von Geschäftsführungsaufgaben ausschließen bzw. zugunsten des Geschäftsführers berücksichtigt werden,[825] wenn das Vertrauen in die Auskunft vernünftig erscheint.[826]

Um eine *disqualification order* auf die genannten Umstände stützen zu können, muß das Gericht nach Maßgabe des normalen zivilrechtlichen Beweisstandards, sog. *balance of probabilities*, überzeugt sein, daß das Verhalten des *directors* schwerwiegend genug ist, um eine Disqualifizierung zu rechtfertigen.[827] Hierbei berücksichtigt das Gericht insbesondere die mit dem Verhalten des Geschäftsführers für die Allgemeinheit verbundenen Nachteile, die auf eine Ausnutzung

---

[819] Vgl. *Mithani* Directors' Disqualification Rn. III [693] und [1492].

[820] *Re Keypack Homecare Ltd (No 2)* [1990] BCLC 440.

[821] *Re Funtime* [2000] 1 BCLC 247, anders aber *Re Deaduck Ltd* [2000] 1 BCLC 148 im Fall von für die Gesamtgläubigerschaft nachteiligen Zahlungen.

[822] *Secretary of State v McTighe (No 2)* [1996] 2 BCLC 477.

[823] *Re Park House Properties Ltd* [1997] 2 BCLC 530; *Re Galeforce Pleating Co Ltd* [1999] 2 BCLC 704 .

[824] Vgl. hierzu *Re Bath Glass* [1988] BCLC 329; *Re Grayan Building Services Ltd* [1995] Ch 241; *Re Surrey Leisure Ltd* [1999] 2 BCLC 457.

[825] Palmer's Corporate Insolvency Rn. 4.010.1.

[826] *Re Bradcrown* [2001] BCLC 547.

[827] *Griffin* Liability and Disqualification of Company Directors S. 163.

der mit der Haftungsbeschränkung auf das Gesellschaftsvermögen verbundenen Vorteile hinweisen. In diesem Kontext sind insbesondere die Mißachtung der Interessen der Gläubiger, der Arbeitnehmer sowie der Allgemeinheit generell, die grobe Fahrlässigkeit oder Leichtfertigkeit des *directors* im Rahmen der Geschäftsführung und die Nichteinhaltung der gesellschaftsrechtlichen Gesetze von Relevanz. So wird in einem Verstoß gegen die Pflicht zu ordnungsgemäßer Buchführung, als dessen Folge die Insolvenz der Gesellschaft nicht rechtzeitig erkennbar war, eine die Disqualifizierung rechtfertigende Mißachtung der Gläubigerinteressen liegen.[828] Ferner sind in diesem Kontext auch etwaige, nach ss. 238ff. IA 1986 anfechtbare Rechtsgeschäfte zu berücksichtigen. Das Vorliegen derartiger Transaktionen ist ein starkes Indiz für die Unfähigkeit des *directors* zur Geschäftsführung.[829]

Die Haltung der Gerichte kann zusammenfassend anhand der folgenden Zitate illustriert werden:
„*The primary purpose of the section is...to protect the public against the future conduct of companies by persons whose past records as directors of insolvent companies have shown them to be a danger to creditors and others. ...Ordinary commercial misjudgement is in itself not sufficient to justify disqualification. In the normal case, the conduct complained of must display a lack of commercial probity although I have no doubt that in an extreme case of gross negligence or total incompetence disqualification could be appropriate.*"[830]
" *[Unfitness would be established where] ...a director has been guilty of a serious failure or serious failures, whether deliberately or through incompetence to perform those duties of directors which are attendant on the privilege of trading through companies with limited liability.*"[831]

b) Einleitung eines Disqualifizierungsverfahrens

Die Antragsberechtigung für eine *disqualification order* ist nicht einheitlich normiert, sondern hängt von der anzuwendenden Vorschrift ab. Grundsätzlich unterliegt die Einleitung eines Verfahrens der *Disqualification Unit*, einer dem *Secretary of State and Industry* nachgeordneten Behörde. Diese untersucht jedoch, von noch anzusprechenden Ausnahmen abgesehen, nicht selbst die Insolvenz der Gesellschaft und das Verhalten des Managements. Vielmehr ist von

---

[828] *Re City Investment Centres Ltd* [1992] BCLC 956; *Re Burnham Marketing Services Ltd* [1993] BCC 518; *Secretary of State for Trade and Industry v Arif* [1997] 1 BCLC 34; *Re D D J Matthews (Joinery Design) Ltd & Anor* [1988] BCC 513.
[829] *Hannigan* Company Law S. 851.
[830] *Re Lo-Line Electric Motors Ltd & Ors* [1988] 2 BCLC 689, 703.
[831] *Re Bath Glass* [1988] BCLC 329.

dem mit der Abwicklung der Gesellschaft in der Insolvenz befaßten *office holder*, d.h. dem *official receiver, liquidator, administrative receiver* oder *administrator,* bei dieser Behörde eine das Verhalten des *directors* betreffende Meldung einzureichen, falls dieser Anhaltspunkte dafür hat, daß die fragliche Person aufgrund der Umstände unfähig ist, Geschäftsführungsangelegenheiten wahrzunehmen, vgl. s. 7(3) CDDA 1986.[832] Die Qualität derartiger Meldungen wird dadurch gesichert, daß von den *office holders* eine bestimmte Berufsqualifikation, s. 230 IA 1986, und Registrierung verlangt wird, ss. 390ff IA 1986. Allerdings greift dann, wenn ein förmliches Auflösungsverfahren nicht stattfindet, die Gesellschaft vielmehr lediglich aus dem Register gestrichen wird, dieses Regelungssystem nicht ein.[833] Im Fall einer Disqualifizierung unter ss. 6 oder 8 CDDA 1986 ist grundsätzlich nur der *Secretary of State and Industry*,[834] bei s. 6 CDDA 1986 im Rahmen einer *compulsory liquidation* jedoch auch der *official receiver* auf Anordnung des *Secretary of State*, antragsberechtigt. Im Fall einer Disqualifizierung gemäß s. 10 CDDA 1986, d.h. bei Vorliegen der Voraussetzungen von ss. 213, 214 IA 1986, ist das Gericht berechtigt, auch ohne entsprechenden Antrag eine *disqualification order* anzuordnen. Die *disqualification order* selbst ist allerdings immer durch das zur Entscheidung über die Disqualifizierung berufene Gericht auszusprechen. Lediglich ein nicht befreiter Insolvenzschuldner ist ohne gerichtliche Anordnung disqualifiziert.
Aufgrund der durch s. 6 IA 2000 bewirkten Rechtsänderung kann ferner bei unstrittigen Sachverhalten in den Fällen der ss. 6 und 8 CDDA 1986 zwischen dem *director* und der *Disqualification Unit* eine Vereinbarung des Inhalts getroffen werden, daß der Geschäftsführer für einen bestimmten Zeitraum keine vom CDDA 1986 erfaßte Tätigkeiten ausübt.[835] Durch diese *disqualification undertakings* wird die Notwendigkeit eines gerichtlichen Verfahrens beseitigt und das Verfahren einem schnellen Ende zugeführt.

c) Territoriale Anwendbarkeit

Nach s. 22(2)(b) CDDA 1986 unterfällt jede Gesellschaft, die nach Part V IA 1986 aufgelöst werden kann, der Anwendung des CDDA 1986.[836] Zwar erstreckt sich Part V IA 1986 dem Wortlaut nach nur auf *unregistered companies*, allerdings ist die Vorschrift so zu verstehen, daß zusätzlich auch registrierte Gesell-

---

[832] Ferner bestehen Berichtspflichten bei Anhaltspunkten für eine Strafbarkeit des *directors* Palmer's Corporate Insolvency Rn. 1.055.

[833] So auch *Hicks* Disqualification of Directors S. 71; siehe auch *ders.* [2001] JBL 433.

[834] *Fletcher* The Law of Insolvency Rn. 27-045.

[835] Siehe hierzu Palmer's Coporate Insolvency Rn. 4.005.1.

[836] Ferner erklären ss. 22A und 22B CDDA 1986 den Act für besondere Gesellschaftsformen, die hier nicht von Interesse sind, für anwendbar.

schaften, also *registered companies*, dem Disqualifizierungsregime unterfallen.[837] Erfaßt sind ferner über s. 220(1) IA 1986 auch ausländische Gesellschaften. Das Gericht kann hierbei das Verhalten von Personen, die weder britische Staatsbürger noch in Großbritannien ansässig sind, als Grundlage für eine *disqualification order* heranziehen.[838] Dies ergibt sich aus der weiten territorialen Geltung des CDDA 1986. Nach Auffassung der englischen Gerichte beinhalten die Vorschriften keine explizite territoriale Beschränkung und können somit unabhängig von der Frage, wo die betreffenden Handlungen stattfanden oder welcher Nationalität der Geschäftsführer ist, [839] zur Anwendung kommen. Im Grundsatz ist auch unerheblich, nach welchem Recht die Gesellschaft gegründet wurde.[840] Zwar sind sich die Gerichte bewußt, daß die Beurteilung eines Verhaltens, das außerhalb der englischen Rechtsordnung stattgefunden hat und somit möglicherweise ganz anderen Maßstäben unterliegt, als eine relativ exzessive Jurisdiktion angesehen werden könnte.[841] Ausreichend ist im vorliegenden Kontext für die Anwendbarkeit des CDDA 1986 auf im Ausland tätige *limited companies* jedoch, daß es sich um eine in England eingetragene Gesellschaft handelt. Wie bereits dargestellt, ist die Frage, inwiefern die relevanten Verhaltensweisen in England stattfanden oder ob diese überhaupt einen räumlichen Bezug zu diesem Land aufweisen, irrelevant. Auch wird die *Investigation Branch* des *DTI* Beschwerden aus dem Ausland, die das Verhalten eines *directors* einer *limited* betreffen, nach den gleichen Maßstäben beurteilen, wie dies bei innerstaatlichen Sachverhalten der Fall ist.[842] Für derartige Fälle ist eigens eine *Overseas Liason Branch* eingerichtet. Anfragen werden in einem solchen Fall an die *registered office* bzw. die Privatadresse des *directors* gerichtet.[843]

---

[837] *Mithani* Directors' Disqualification Rn. V [21]; *Sinclair/Vogel/Snowden* Company Directors: Law and Liability Rn. 7.7.

[838] *Re Seagull Manufacturing Co Ltd (No 2)* [1994] Ch 91; *Official Receiver v Vass* [1999] BCC 516; *Re Kaytech International plc* [1999] 2 BCLC 351.

[839] *Sinclair/Vogel/Snowden* Company Directors: Law and Liability Rn. 7.7.f.

[840] *Re Seagull Manufacturing Co Ltd (No 2)* [1994] Ch 91; *Nolan* [1994] 15 Co Law 278, 280. Hinsichtlich ausländischer Gesellschaften bestehen allerdings gewisse Einschränkungen, die allerdings im vorliegenden Kontext der Frage der Anwendbarkeit des CDDA 1986 auf den ausländischen *director* einer in England registrierten *limited* keine Relevanz besitzen. *Sinclair/Vogel/Snowden* Company Directors: Law and Liability Rn. 7.9.

[841] *Nolan* [1994] 15 Co Law 278, 280; *Sinclair/Vogel/Snowden* Company Directors: Law and Liability Rn. 7.11.

[842] Diese Information war auf Anfrage bei der *Companies Investigations Branch* erhältlich.

[843] Siehe vorhergehende Fußnote.

d) *Zusammenfassung*

Festzuhalten bleibt somit, daß das englische Gesellschaftsrecht den Mißbrauch der Haftungsbeschränkung ergänzend durch die Disqualifizierung der an der Geschäftsführung beteiligten Personen zu begegnen sucht. Das Hauptziel eines solchen Verfahrens besteht im Schutz der Allgemeinheit, namentlich der Gläubiger und Arbeitnehmer, vor mißbräuchlichen Verhaltensweisen. In diesem Kontext wird insbesondere der Abschreckungsfunktion einer potentiellen *disqualification order* Gewicht beigemessen, da die Berichtspflichten der *office holder* eine gewisse Überwachungsfunktion sichern und der *director* bei Fehlverhalten daher mit einer Disqualifizierung rechnen muß. Das Disqualifizierungsregime wird somit als eine weitere Reaktion des Gesetzgebers auf die beschränkte Haftung der Kapitalgesellschaften verstanden. Obwohl ex ante keinerlei Anforderungen an *directors* gestellt werden, können diese auch in Abwesenheit einer Pflichtverletzung disqualifiziert werden, falls sie unfähig sind, die Geschäfte der Gesellschaft zu führen. Hierbei unterliegt das gesamte Verhalten des Geschäftsführers einer Überprüfung, ohne daß eine zeitliche Bindung an den Zeitpunkt, zu dem die Auflösung der Gesellschaft wegen Insolvenz unvermeidbar war, gegeben ist. Insofern ist der Anwendungsbereich des CDDA 1986 weiter als der von s. 214 IA 1986. So kann in diesem Kontext letztlich auch die Entscheidung, die Gesellschaft mit unzureichenden Kapitalmitteln auszustatten, relevant werden. Der Einfluß der *disqualification orders* darf in der Praxis allerdings nicht überschätzt werden. So waren nach den Angaben im *Annual Report* des *DTI* in den Jahren 1998-2003 ca. 1, 5 Millionen Gesellschaften registriert, im Schnitt wurden aber jährlich nur ca. 1500 bis 2000 Disqualifizierungen ausgesprochen.

Zwar sanktioniert der CDDA 1986 gläubigerschädigendes Verhalten nur für die Zukunft, zieht aber bei einem Verstoß gegen eine auf seiner Grundlage ergangene Disqualifizierung die persönliche Haftung für die eingegangenen Verbindlichkeiten mit sich. Der erfaßte Personenkreis ist darüber hinaus aufgrund der eindeutigen Einbeziehung von *shadow* und *de facto directors* bzw. des umfassenden, sich auf jegliche in der Geschäftsführung involvierte Personen erstrekkenden Anwendungsbereichs sehr weit. In diesem Kontext kann jedoch nicht von einem stark verwaltungsrechtlich geprägten Charakter des englischen Gesellschaftsrechts gesprochen werden, da zwar die Initiierung eines Disqualifizierungsverfahrens in der Hand einer speziell dafür zuständigen Behörde liegt, diese sich jedoch auf die durch die *office holders*, also etwa durch einen *liquidator*, gewonnenen Erkenntnisse stützt. Zudem wird im Fall des *fraudulent trading* das Gericht auch ohne entsprechenden Antrag tätig und die Anordnung einer *disqualification order* obliegt letztlich allein dem Gericht als Organ der Rechtsprechung.

Auch das GmbH-Gesetz sieht in § 6 II 3, 4 GmbHG vor, daß ungeeignete Personen von der Geschäftsführerstellung ausgeschlossen werden, wenn diesen durch ein strafgerichtliches Urteil, §§ 70ff StGB, oder die Entscheidung einer Verwaltungsbehörde, § 35 GewO, ein Berufs- oder Gewerbeverbot erteilt wurde. In diesem Aspekt ist die deutsche Regelung mit s. 2 CDDA 1986, der die Disqualifizierung wegen Begehung einer Straftat im Zusammenhang mit der Gründung, der Führung oder Auflösung der Gesellschaft zum Gegenstand hat, vergleichbar. Letztlich ist aber aufgrund der weiteren Regelung im *CDDA 1986*, der eine Vielzahl von Fallkonstellationen regelt, die Möglichkeit eines Ausschlusses viel umfassender als dies im deutschen Recht der Fall ist. Zudem erfaßt der *CDDA 1986* etwa mit der Pflicht zur ordnungsgemäßen Buchführung und Berücksichtigung der Gläubigerinteressen Sachverhalte, die im deutschen Recht durch die Rechtsfigur des Haftungsdurchgriffs gelöst werden.

IV. Transparenz und Publizität der Gesellschaftsverhältnisse

Prägendes Element des englischen Gesellschaftsrechts ist die Überzeugung, daß eine Offenlegung von Informationen über die Vermögens-, Finanz- sowie die Ertragslage der Gesellschaft ein effektives Mittel zum Gläubigerschutz darstellt: *„On the basis that „forewarned is forearmed" the fundamental principle underlying the Companies Acts has been that of disclosure"*.[844] Der tragende Grundgedanke ist, daß zwingende Publizität einen entscheidenden Regelungsmechanismus zum Schutz der Allgemeinheit darstellt und daß die möglichst umfassende Information der Öffentlichkeit, insbesondere die Offenlegung des finanziellen Status der Gesellschaft, der für das Privileg der beschränkten Haftung zu zahlende Preis ist.[845]

Diesem Prinzip entsprechend erfolgt im englischen Recht die umfassende Veröffentlichung gesellschaftsbezogener Informationen durch die Publikation wichtiger Vorgänge beim *registrar of companies* als oberstem Verwaltungsorgan der *Companies House* genannten Regierungsbehörde, die Verfügbarkeit bestimmter Unterlagen am Satzungssitz der Gesellschaft sowie die Angabe in ihren Geschäftsunterlagen und schließlich die Veröffentlichung wichtiger Umstände in der *London Gazette*.[846] Auch wird der Medienöffentlichkeit eine gewisse regulatorische Funktion zugesprochen.[847]

Die Verfügbarkeit relevanter Daten ist demnach dem Schutz der Allgemeinheit, vor allem aber dem der Gesellschaftsgläubiger, zu dienen bestimmt. Die Publizi-

---

[844] *Gower* Company Law S. 533, 190, 227, 229.

[845] *Hannigan* Company Law S. 499; *Gower* Company Law S. 531; *Mayson, French and Ryan* Company Law S. 269.

[846] *Finch* [1992] 55 MLR 179, 189.

[847] *Gower* Company Law S. 539.

tätserfordernisse sollen die Gesellschaftsgläubiger in die Lage versetzen, die Kreditwürdigkeit der Gesellschaft abschätzen zu können und entweder auf geschäftlichen Kontakt zu verzichten oder zusätzliche Sicherheiten zu verlangen.[848] Das deutsche GmbH-Recht sucht den Schutz der Gläubiger vor allem durch das Mindestkapitalsystem und die damit eng verbundenen Regelungskomplexe der Kapitalaufbringung und -erhaltung zu erreichen, ohne der Information der Gläubiger über Gesellschaftsverhältnisse eine vergleichbar große Bedeutung beizumessen, wie dies in England der Fall ist. Demgegenüber geht das englische Recht einen anderen, der neuesten EuGH-Rechtsprechung nicht unähnlichen, Weg, indem den Gesellschaftsgläubigern gewissermaßen „Informationsobliegenheiten" auferlegt werden. Diese Sichtweise kann bereits am Fall *Salomon v. Salomon & Co Ltd*[849] illustriert werden. Durch die Umwandlung eines einzelkaufmännischen Unternehmens in eine *limited* kontrahierten die Gläubiger des Einzelkaufmanns nunmehr mit einer juristischen Person, die aufgrund eines widrigen Konjunkturverlaufs zu einem späteren Zeitpunkt wegen Überschuldung aufgelöst wurde. Das Gericht befaßte sich mit der Stellung der Gläubiger und kam unter anderem zu folgender Schlußfolgerung: „*The unsecured creditors ...may be entitled to sympathy, but they have only themselves to blame for their misfortunes. They trusted the company ...because they had long dealt with Mr. Salomon, and he had always paid his way; but they had full notice that they were no longer dealing with an individual....* "[850]

Flankiert wird dieser auf Publizität beruhende Schutz Dritter durch die Aufsicht und Unternehmensprüfungen staatlicher Behörden, die vom *Secretary of State* und dem *Department of Trade and Industry*, unter dessen Oberhoheit eine *Companies Investigation Branch* steht, ausgeübt werden.[851] Den Untersuchungen des *DTI* kann jedoch keine herausragende Stellung im Gläubigerschutzsystem zugesprochen werden, worauf im Laufe der Darstellung noch näher einzugehen sein wird.[852]

---

[848] Fleischer DStR 2000, 1015, 1019; *Halpern/Trebilcock/Turnbull* [1980] 30 U Tor LJ 117, 139; näher zu diesem Problemkomplex auch *Muscat* Liability of the Holding Company S. 182f. Weiterführend *Easterbrook/Fischel* [1985] U Chi Law Rev 89, 104ff. Zu Reformgedanken, die eine Ausweitung der Publizitätspflichten auf ökologische und soziale Aspekte befürwortet vgl. *Gower* Company Law S. 532.

[849] [1897] AC 22, HL.

[850] [1897] AC 22, HL.

[851] *Gower* Company Law S. 467.

[852] Anderer Ansicht Staudinger/*Großfeld* Internationales GesR Rn. 131ff., 148ff.; *Zimmer* Internationales Gesellschaftsrecht S. 290; *Ulmer* JZ 1999, 662, 664; *Görk* GmbHR 1999, 793, 795, Fn. 24; *Ebenroth/Eyles* DB 1989, 413, 417; *Kieninger* ZGR 1999, 724, 740f.; *Borges*

1. Offenlegung der unternehmensbezogenen Daten

Der *registrar of companies* erhält aufgrund gesetzlicher Anordnung in den gesellschaftsrechtlichen Kodifikationen, etwa des *Companies Acts 1985*, des *Insolvency Acts 1986* und des *Company Directors Disqualification Acts 1986*, umfassende, die Verhältnisse der Gesellschaft betreffende Informationen. Das Register des *Companies House* stellt somit die Hauptquelle von Informationen über *registered companies* dar, wobei mittlerweile viele der dort verwalteten Dokumente auch über das Internet verfügbar sind.[853] Die aufgrund der genannten Gesetze beim *Companies House* geführten Dokumente sind jedermann zugänglich und jede interessierte Person kann Abschriften verlagen, s. 709(1) CA 1985. Von zentraler Bedeutung für die Gesellschaftsgläubiger sind der *annual return*, vgl. ss. 363-365 CA 1985, und die *annual accounts*, ss. 221-262 CA 1985. Der *annual return*, d.h. der Jahresbericht, dient der Aktualisierung der beim *registrar of companies* verwahrten Gesellschaftsunterlagen und ist grundsätzlich am Jahrestag der *incorporation* einzureichen,[854] s. 363(1) CA 1986. Er enthält Informationen zum aktuellen Satzungssitz der Gesellschaft, ihrem wirtschaftlichen Hauptbetätigungsfeld, den Organen, Anteilseignern und Gläubigern sowie zur Kapitalstruktur der Gesellschaft, ss. 363-364A CA 1985. Insbesondere sind detaillierte Angaben zur Höhe des Nominalkapitals, des gezeichneten, ausstehenden, eingeforderten und eingezahlten Kapitals sowie den Gesamtbelastungen des Gesellschaftsvermögens erforderlich, s. 363 i.V.m. Schedule 15 CA 1985. Auch muß eine Klassifizierung des verkörperten Gesellschaftstyps erfolgen, s. 364 (2) CA 1985, d.h. beispielsweise die Angabe, daß es sich bei der Gesellschaft um eine *private company limited by shares* handelt. Zusammen mit dem *annual return* ist auch der Jahresabschluß, d.h. der *annual account,* mit Bilanz, Gewinn- und Verlustrechnung und dem Geschäftsbericht einzureichen, s. 242 CA 1985. Bei der Erstellung der Dokumente ergeben sich aufgrund der europäischen Harmonisierung Ähnlichkeiten mit dem deutschen Recht, da die englischen Regelungen insoweit auf die entsprechenden Richtlinien zurückgehen.[855]

RIW 2000,167, 177; *M. Ulmer* Harmonisierungsschranken S. 150. Wie hier i.E. auch *Höfling* Das englische internationale Gesellschaftsrecht S. 172.

[853] www.companieshouse.gov.uk.

[854] Zum genauen Inhalt siehe British Company Law & Practice Rn. 53-310 und Palmer's Company Law Rn. 9005ff.

[855] Vierte gesellschaftsrechtliche Richtlinie (Jahresabschluß- oder Bilanzrichtlinie) vom 25.7.1978, Richtlinie Nr. 78/660/EWG, ABl. EG Nr. L 222/11, geändert durch Richtlinie Nr. 90/604/EWG vom 8.11.1990 (Mittelstandsrichtlinie), ABl. EG Nr. L 317/57 und durch Richtlinie Nr. 90/605/EWG vom 8.11.1990 (GmbH&Co.KG-Richtlinie), ABl. EG Nr. L 317/60. Ferner die Siebente gesellschaftsrechtliche Richtlinie (Konzernabschlußrichtlinie) vom 13.6.1984, Nr. 83/349/EWG, ABl. EG Nr. L 193/1 und die Achte gesellschaftsrechtliche

Für kleine und mittlere Unternehmen bestehen Erleichterungen, die insbesondere auch im Fall von *private companies* greifen,[856] ss. 246-249 CA 1985. Die Inanspruchnahme dieses Privilegs bedarf dann aber eines deutlichen Vermerks auf den Unterlagen, s. 246A (4) CA 1985.
Die Professionalität der Abschlüsse wird durch die zwingende Bestellung eines Rechnungsprüfers *(auditors)* gesichert, s. 385 CA 1985, der im Falle der fehlenden Bestellung seitens der Gesellschaft auch durch das Wirtschaftsministerium ernannt werden kann, s. 387 CA 1985. Wiederum sind Erleichterungen für kleine und mittlere Unternehmen vorgesehen,
s. 385 A, 388 i.V.m. 249A CA 1985. Ferner ist ein weit über finanzielle Informationen hinausreichender, etwa auch Arbeitnehmerfragen und Fortbildungsmaßnahmen abdeckender alljährlicher *director's report* zu verfassen, s.234 i.V.m. Sch. 4 CA 1985. Im Falle der Nichterfüllung der die *accounts* betreffenden Pflichten machen sich die Manager strafbar und unterliegen sie ebenso wie die Gesellschaft einer Geldbuße,[857] ss. 242, 242A CA 1985. S. 713(3) CA 1985 sieht eine vergleichbare Konsequenz für den Verstoß gegen jegliche *filing requirements* vor. Außerdem kann, wie bereits im Rahmen der Darstellung zum CDDA 1986 erörtert, bei wiederholtem Verstoß gegen diese Pflichten eine Disqualifizierung der betroffenen *directors* nach ss. 3 und 5 CDDA 1986 ausgesprochen werden.
Zudem, und hierin dürfte insbesondere für ausschließlich in Deutschland tätige limiteds die empfindlichste Sanktion liegen, kann der registrar, wenn die Gesellschaft die erforderlichen Unterlagen nicht einreicht, die Gesellschaft aus dem Register streichen, wenn diese nicht auf seine postalischen Anfragen reagiert, ss. 652, 653 CA 1985. Das führt dann zur Auflösung der Gesellschaft, s. 652(3) CA 1986, und zum Verlust der Rechtspersönlichkeit nach englischem Recht. Gemäß s. 645(1) CA 1985 fällt das englische Vermögen an die Krone.858 Hinsichtlich des in Deutschland belegenen Vermögens bleibt aus deutscher Sicht eine Restgesellschaft bestehen, deren rechtliche Qualifikation allerdings noch unklar ist. Es besteht aber die Gefahr, daß sich die Gesellschaft in ein Einzelunternehmen oder eine Personengesellschaft mit der Folge einer persönlichen Haftung gewandelt hat.[859]

Richtlinie (Prüferbefähigungsrichtlinie) vom 10.4.1984, Richtlinie Nr. 84/253/EWG, ABl. EG Nr. L 126/20.

[856] *Behrens* GmbH im internationalen und europäischen Recht Rn. GB/NI/EI 50.

[857] British Company Law & Practice Rn. 53-170.

[858] In der Praxis kann das Finanzministerium das Vermögen aber auf den „eigentlichen" Rechtsträger übertragen.

[859] *Happ/Holler* DStR 2004, 730, 736.

Abgerundet wird der Schutz durch das Erfordernis der Veröffentlichung besonders wichtiger Umstände in der *London Gazette*[860], wie etwa des Erwerbs eigener Anteile,[861] und der Verfügbarkeit von bestimmten Informationen am Satzungssitz der Gesellschaft, s. 222 CA 1985. Letzteres erfaßt insbesondere die Buchführungsunterlagen, ein Register der *directors*, *secretaries* und *shareholders*, Dokumente über Hauptversammlungen, Kopien der Anstellungsverträge von Managern, ein Verzeichnis der Gläubiger und von maßgeblichen Beteiligungen an *public companies*. Bestimmte Unterlagen, die sich auf Gläubigerinteressen besonders tangierende Vorgänge beziehen, sind diesen unter Ausschluß der Öffentlichkeit zugänglich zu machen, wie etwa der Geschäftsführer- und Wirtschaftsprüferbericht im Fall des Erwerbs eigener Anteile aus *share capital*, vgl. s. 175(6)(b) CA 1985. Ergänzend normiert s. 238 CA 1985 Offenlegungspflichten bezüglich der Buchführungsunterlagen und anderer Gesellschaftsberichte gegenüber Gesellschaftern und Gläubigern. Für den Fall, daß die Buchführungsunterlagen außerhalb Großbritanniens verwahrt werden, müssen diese auch im Vereinigten Königreich verfügbar gemacht werden, s. 222(2) CA 1985. Eine Zuwiderhandlung gegen ss. 222(1)-(3) CA 1985 ist strafbewehrt, s. 222(3) CA 1985.

Zusammenfassend ist festzuhalten, daß den Gesellschaftsgläubigern ausreichende Ressourcen zur Informationsgewinnung zur Verfügung stehen. Durch die Möglichkeit, Dokumente auch über das Internet zu erhalten, steht der Allgemeinheit ein zeitnahes und einfach zu bedienendes Informationsmedium zur Verfügung. Auf diese Weise können die Vertragsgläubiger auf ein zuverlässiges Mittel zur Abschätzung ihrer Risiken zurückgreifen.

2. Sonderprüfungen

Um Mißbräuchen der juristischen Person entgegenzuwirken, kann das *Department of Trade and Industry (DTI)* Untersuchungen von Gesellschaftsangelegenheiten durchführen, die zivil- oder strafrechtliche Sanktionen nach sich ziehen können. Die Untersuchungsergebnisse stehen den Gerichten in einem späteren Verfahren als Beweismittel zur Verfügung. Die Möglichkeiten des *Department of Trade and Industry (DTI)*, Untersuchungen der Gesellschaftsverhältnisse durchzuführen, ergeben sich aus Part XIV, ss. 431-453 CA 1985. Untersuchungsgegenstand sind hierbei unter anderem das Verhalten von *directors*, die Beteiligungsstruktur oder bestimmte Konflikte zwischen den Anteilseignern. Hierfür stehen dem *DTI* zwei verschiedene Verfahrensarten zur Verfügung. Ei-

[860] V.a. die in s. 711 CA 1985 genannten Umstände. Für eine ausführliche Erörterung wird auf die Darstellung in *Mayson, French and Ryan* Company Law S. 130f. verwiesen.
[861] Beim Erwerb aus *share capital*, vgl. s. 175(1) CA1985.

nerseits kann die Inspektion durch sog. *inspectors*, die vom Ministerium ernannt werden und zumeist besonders qualifizierte Anwälte oder Steuerberater sind, durchgeführt werden, vgl. ss. 431ff. CA 1985. Eine andere Möglichkeit besteht darin, von der Gesellschaft die Herausgabe von relevanten Dokumenten zu verlangen, die von Spezialisten des *DTI* intern ausgewertet werden, s. 447 CA 1985. Da diese Art der Untersuchung für die Gesellschaft, insbesondere im Hinblick auf ihr Geheimhaltungsinteresse, weniger belastend ist, werden ca. 95% aller *investigations* auf s. 447 CA 1985 gestützt.[862] Nur für besonders im öffentlichen Interesse liegende Fälle wird die Möglichkeit der Einsetzung von Inspektoren wahrgenommen.[863]

Das *DTI* wird gemäß s. 431(2) CA 1985 aufgrund des Antrags von mindestens zweihundert Anteilseignern oder einer Gruppe von Gesellschaftern, die mindestens 10% des Gesellschaftskapitals halten, der Gesellschaft selbst oder gemäß s. 432(1) CA 1985 aufgrund eines Gerichtsbeschlusses tätig. Darüber hinaus kann eine Untersuchung auch dann eingeleitet werden, wenn das *DTI* dies aus eigenem Ermessen bestimmt, s. 432 CA 1985. Das ist unter anderem dann der Fall, wenn der *Secretary of State* Anhaltspunkte dafür hat, daß die Gesellschaft mit Gläubigerschädigungsvorsatz oder aus einem sonstigen betrügerischen oder rechtswidrigen Grund geführt wird bzw. sich eine in der Gesellschaft involvierte Person einer derartigen Verhaltensweise schuldig gemacht hat. Eine Bitte um Untersuchung, auf die hin das *DTI* nach eigenem Ermessen tätig wird, kann von jedem Mitglied der Öffentlichkeit, aber auch anderen Behörden, wie etwa dem *Insolvency Service*, oder Organisationen wie der *Bank of England* kommen. Die *officers* und *agents*[864] der Gesellschaft sind verpflichtet, den *inspectors* alle Gesellschaftsdokumente herauszugeben, zur Befragung zur Verfügung zu stehen und bei der Untersuchung jegliche Unterstützung, die vernünftigerweise erwartet werden kann, zu gewähren,[865] s. 434 CA 1985. Aus dem letzten Erfordernis ergibt sich auch die Verpflichtung der genannten Personen, alle Fragen der Inspektoren zu beantworten. Die *inspectors* müssen das *DTI* von ihren Untersu-

---

[862] *DTI Annual Report Companies in 2002-2003, Table 2.*

[863] Dies war z.B. bei *Re House of Fraser plc* [1987] 1 BCLC 293, *affd* unter *House of Fraser plc v ACGE Investments Limited* [1987] 1 BCLC 478 (Untersuchungsgegenstand waren die Umstände der Kontrollübernahme an House of Fraser [„*Harrods*"] durch die Fayed-Brüder) und *Re an inquiry into Mirror Group Newspapers plc* [1999] 1 BCLC 690 (Gegenstand war hier der Zusammenbruch der Maxwell-Verlagsgruppe) der Fall.

[864] Gemäß s. 434(4) CA 1985 schließt dies auch die Rechtsanwälte, Wirtschaftsprüfer und Bankberater der Gesellschaft mit ein. Allerdings macht s. 452(1)(a) und (1A) CA 1985 bezüglich des Berufsgeheimnisses Ausnahmen.

[865] Vgl. hierzu die Darstellung in *Lidbetter* Company Investigations and Public Law Rn. 6.3.1.ff.

chungsergebnissen unterrichten, s. 437 CA 1985, und das *DTI* kann diese entweder einzelnen Personen oder der Allgemeinheit zugänglich machen,[866] s. 437(3)(a), (b) und (c). Die häufigsten Konsequenzen einer derartigen Unternehmensprüfung bestehen in der Einleitung eines strafrechtlichen Verfahrens, der Disqualifizierung von *directors* wegen *unfitness*, s. 6 CDDA 1986 oder dem Antrag auf Auflösung der Gesellschaft gemäß s. 124A IA 1986 *(winding up on grounds of public interest).*[867]

Gemäß s. 447 CA 1985 kann das *DTI* nach eigenem Ermessen auch die Herausgabe bestimmter Dokumente verlangen. Anregungen können wiederum von Gesellschaftern, aus der Öffentlichkeit oder von anderen Behörden kommen. Die Herausgabe kann dann angeordnet werden, wenn der *Secretary of State* einen vernünftigen Grund *(good reason)* für ein derartiges Verlangen hat. Dies ist dann der Fall, wenn die in s. 432 CA 1986 genannten Umstände, wie etwa Verdacht auf Betrug, *misfeasance*, Benachteiligung einzelner Gesellschafter oder Fehlverhalten vorliegen. Die Nichtherausgabe, Fälschung oder Zerstörung der Dokumente ist strafbar, ss. 447(6) und 450 CA 1985.[868] Die Folgen der Prüfung sind mit den unter ss. 431ff. CA 1985 geschilderten identisch.

3. Zusammenfassung

Durch die Offenlegung relevanter Daten, insbesondere hinsichtlich der Vermögenslage, wird nach englischem Verständnis ein wichtiger Beitrag zum Gläubigerschutz geleistet. Die breite Verfügbarkeit unternehmensbezogener Informationen bietet den (Vertrags-)Gläubigern eine Basis für die Abschätzung der Kosten, die sich aus der Transaktion mit der anvisierten Gesellschaft ergeben. Auf diesem Wege wird, etwa bei schwacher Kapitaldecke des potentiellen Vertragspartners, die Internalisierung der mit der Haftungsbeschränkung verbundenen Kosten erreicht. Als ergänzenden Schutz vor dem Mißbrauch der Haftungsbeschränkung sieht der *Companies Act 1985* die Möglichkeit von Unternehmensprüfungen vor. Dieser „Staatsaufsicht", d.h. den Untersuchungen des *DTI*, kommt hierbei jedoch keine zentrale Rolle für den Gläubigerschutz zu. Bereits die Zahlenverhältnisse weisen darauf hin, daß der Möglichkeit der Untersuchungen, wie dargestellt, zwar eine Abschreckungsfunktion zukommt, aber diesem Instrument keine entscheidende Stellung im Gläubigerschutzsystem zuzusprechen ist. So wurden bei einer Zahl von ca. 1, 5 Millionen Gesellschaften in den Jahren 1998-2002 jeweils ca. 250 *investigations* durchgeführt. Das Berichtsjahr

---

[866] *Lidbetter* Company Investigations and Public Law Rn. 9.1ff.

[867] Zum Ganzen *Lidbetter* Company Investigations and Public Law Rn. 12.1ff.

[868] Wiederum gelten s. 452(1)(a) und (1A) CA 1985.

2002-2003 zeigt einen Anstieg auf ca. 460 Untersuchungen. Danach waren lediglich 0,016 bzw. 0,3% der Gesellschaften Gegenstand einer *investigation*.

Mit dem *DTI* besteht somit im englischen Recht eine Behörde, die Unternehmensprüfungen anordnen kann und es wird von dieser Möglichkeit, wie dargestellt, auch durchaus Gebrauch gemacht. Auch kann ein Gläubiger als Mitglied der Allgemeinheit eine Prüfung durch das *DTI* anregen. Eine solche Untersuchung dient somit auch dem Schutz der Gesellschaftsgläubiger. Den *companies investigations* kann nach dem Gesagten jedoch zumindest eine zentrale, wenn nicht überhaupt eine wichtige Rolle im Gläubigerschutzsystem des englischen Rechts abgesprochen werden. Vielmehr wird die Möglichkeit einer *DTI investigation* vordringlich als Mittel des Minderheitenschutzes wahrgenommen. Die Untersuchungen dienen also vor allem dem Schutz der Gesellschafter und ferner dem der Verbraucher vor wettbewerbs-, strafrechtlich- und insolvenzrechtlich relevanten Verhaltensweisen.

Wie bereits angedeutet, dürfte sich die Bedeutung der staatlichen Unternehmensprüfungen in der Anwendung auf *high-profile cases*, in denen das öffentliche Interesse und der Rechtsfrieden stark tangiert sind, oder als Impuls für eine Rechtsänderung erschöpfen. Auch führt aufgrund der beschränkten Ressourcen des *DTI* nur ein sehr geringer Prozentsatz der eingehenden Vorschläge zu einer Untersuchung.[869] Somit kann in den Vorschriften über die *investigation of companies* auch kein vollwertiger Ausgleich für das Fehlen des gesetzlichen Mindestkapitals oder ein Korrektiv für das liberale englische Gesellschaftsrecht gesehen werden. Allenfalls ist diese Regelung als eine Ergänzung zu den anderen, dem Mißbrauch der juristischen Person entgegenwirkenden Mechanismen zu verstehen.

V. Die Private Limited Company in der Insolvenz

Auch im englischen Insolvenzrecht existieren Anfechtungstatbestände, die sich gegen die Wirksamkeit von Transaktionen mit dem Ziel, der Gesellschaft noch vor dem Insolvenzverfahren Vermögenswerte zu Lasten der Gesellschaftsgläubiger zu entziehen, richten.[870]
Die Regelungen finden sich einerseits in ss. 239-241, 244, 245 sowie ss. 423-425 IA 1986.

---

[869] So wurden in den Jahren 1998-2003 jeweils ca. 50% der Beschwerden nicht angenommen oder an andere Behörden, wie etwa die Börsenaufsicht oder die Polizei, abgegeben.

[870] Eingehend hierzu *Fletcher* The Law of Insolvency Rn. 26-025; *ders.* in *Ziegel* Current Developments in International and Comparative Corporate Insolvency Law S. 297ff.

Ihre Anwendbarkeit setzt grundsätzlich ein bestimmtes förmliches Liquidationsverfahren voraus.[871] Das englische Recht kennt vier verschiedene Verfahrensarten: *Voluntary arrangements*, *winding up (voluntary* und *compulsory)*[872], *administration* sowie *administrative receiverships*.[873] Die nähere Darstellung der einzelnen Verfahren würde den Rahmen der vorliegenden Erörterung sprengen. Zum Verständnis wird darauf verwiesen, daß *administration* die Sanierung der Gesellschaft zum Ziel hat oder zumindest einer optimalen Realisierung der verbleibenden Vermögenswerte außerhalb eines *winding up* dienen soll, Sch B1, para 3, IA 1986. *Administrative receiverships* dienen der Verwertung von Sicherungsrechten, vgl.
s. 29(2) IA 1986. Infolge der Reform durch den Enterprise Act 2002, der die Möglichkeit der *administration* auch außerhalb des Bestehens von Sicherungsrechten einführte, haben *receiverships* deutlich an Relevanz verloren. Nunmehr stellt die *administration* das eigentliche „Hauptverfahren" dar. *Voluntary arrangements* ermöglichen die Durchführung eines von den Beteiligten selbst initiierten und gestalteten Auflösungsverfahrens, wenn sowohl die Gesellschafter als auch dreiviertel der ungesicherten Gesellschaftsgläubiger in der Gläubigerversammlung zustimmen, vgl. ss. 1-7 IA 1986. Das *voluntary winding up* geht auf die Initiative der Gesellschafter zurück. Der Grund hierfür kann unter anderem in reinem Zeitablauf oder Zweckerreichung, aber auch darin bestehen, daß die Gesellschafter einen außerordentlichen Gesellschafterbeschluß des Inhalts fassen, daß die *limited* aufgrund der sie treffenden Verbindlichkeiten nicht mehr zur Geschäftsfortführung in der Lage ist. In letzterem Fall sind die Gesellschaftsgläubiger zu unterrichten, damit eine Gläubigerversammlung einberufen werden kann, ss. 98ff. IA 1986. Im Rahmen des *compulsory winding up* wird die Gesellschaft durch das Gericht aufgelöst. Der häufigste Auflösungsgrund findet sich in s. 122(1)(f) IA 1986. Danach kann jeder Gesellschaftsgläubiger den Antrag auf Auflösung der Gesellschaft stellen, wenn die *limited* i.S.v. s. 123 IA 1986 zahlungsunfähig ist.[874] Zahlungsunfähigkeit ist dann gegeben, wenn die Gesellschaft innerhalb von drei Wochen eine geschuldete Summe von über 750 Pfund trotz eindeutiger und förmlicher Leistungsaufforderung nicht zahlt, auf einen Vollstreckungstitel nicht geleistet wird oder das Gericht überzeugt ist, daß die Gesellschaft ihre Verbindlichkeiten bei Fälligkeit nicht befriedigen kann. Letzteres wird dann angenommen, wenn die Verbindlichkeiten die Vermögenswerte übersteigen. Dem Antrag des Gläubigers wird jedoch dann nicht Folge

---

[871] *Feldman/Meisel* Corporate and Commercial Law S. 182.

[872] Das *winding up* wird auch als *liquidation* bezeichnet.

[873] Vgl. zum Ganzen Palmer's Corporate Insolvency Rn. 1.004ff.

[874] Ausführlich hierzu *Keay* McPherson's Law of Company Liquidation Rn. 3.23.

geleistet, wenn die Gesellschaft in gutem Glauben die Rechtsbeständigkeit der zugrundeliegenden Verbindlichkeit angreift.[875]

Aus den einzelnen Anfechtungstatbeständen läßt sich entnehmen, welches Verfahren für ihre Einschlägigkeit jeweils Voraussetzung ist. Ss. 423-425 IA 1986 *(Provisions against Debt Avoidance)* finden allerdings auch außerhalb der Insolvenz der Gesellschaft Anwendung. Hieran läßt sich beispielhaft illustrieren, daß die Trennung zwischen Gesellschafts- und Insolvenzrecht nicht derart ausgeprägt ist, wie beispielsweise im deutschen Recht.[876]

1. Transactions at an undervalue

Im Fall eines Rechtsgeschäfts ohne wertgleiche Gegenleistung kann das Gericht auf Antrag des *administrators* oder *liquidators* nach eigenem Ermessen eine Reihe von Anordnungen i.S.v. s. 241 IA 1986 treffen, um die Lage, die bestehen würde, wenn die Gesellschaft diese Transaktion nicht vorgenommen hätte, wiederherzustellen. S. 238 IA 1986 bestimmt folgendes:
"(1) This section applies in the case of a company where-
(a) an administration order is made in relation to the company where, or
(b) the company goes into liquidation;...

(2) Where the company has at a relevant time (defined in section 240) entered into a transaction with any person at an undervalue, the office holder [the administrator or liquidator] may apply to the court for an order under this section.

(3) Subject as follows, the court shall, on such an application, make such an order as it thinks fit for restoring the position to what it would have been if the company had not entered into that transaction.

(4) For the purposes of this section...a company enters into a transaction with a person at an undervalue if-
(a) the company makes a gift to that person or otherwise enters into a transaction with that person on terms that provide for the company to receive no consideration, or
(b) the company enters into a transaction with that person for a consideration, the value of which, in money or money's worth, is significantly less than the value, in money or money's worth, of the consideration provided by the company.

---

[875] *Re London and Paris Banking Corp* [1874] LR 19 Eq 444.

[876] Vor diesem Hintergrund läßt sich auch die Formulierung *„core company law"* von *Ferran* verstehen, *Ferran* [1999] 20 Co Law 314, 322.

(5) The court shall not make an order under this section in respect of a transaction at an undervalue if it is satisfied-
(a) that the company which entered into the transaction did so in good faith and for the purpose of carrying on its business, and
(b) that at the time it did so there were reasonable grounds for believing that the transaction would benefit the company."

Voraussetzung ist zunächst, daß sich die Gesellschaft in *administration* oder *liquidation* befindet. Die fragliche Transaktion muß ferner zu einem Zeitpunkt stattgefunden haben, zu dem die Gesellschaft zahlungsunfähig war oder infolge dieses Rechtsgeschäfts wurde, wobei die Zahlungsunfähigkeit anhand von s. 123 IA 1986 zu bestimmen ist. Zudem sind nur Handlungen relevant, die innerhalb einer Frist von zwei Jahren vor dem Beginn der Insolvenz vorgenommen wurden. Der maßgebliche Zeitpunkt bestimmt sich nach der Stellung des Insolvenzantrags im Fall des *compulsory winding up*[877], beim *voluntary winding up*[878] nach dem Gesellschafterbeschluß zur Auflösung der Gesellschaft sowie im Rahmen der *administration* nach der Stellung des entsprechenden, diese einleitenden Antrags[879]. Bezüglich der *administration* wird der Zeitraum noch um die Zeitspanne zwischen dem Antrag auf *administration* und dem Erlaß der *administration order* ausgedehnt, s. 240 (1)(c) IA 1986. Eine *transaction at an undervalue* liegt dann vor, wenn entweder eine Schenkung vorliegt oder der von der Gesellschaft erhaltene Gegenwert deutlich geringer ist als der Wert ihrer Leistung. Hierbei ist ein Vergleich des Wertes von Leistung und Gegenleistung vorzunehmen. Die beiderseitigen Leistungen müssen in Geld meßbar sein.[880] Allerdings ist eine Anfechtung dann ausgeschlossen, wenn die Gesellschaft die Rechtshandlung mit dem Ziel der Geschäftsfortführung in gutem Glauben[881] vorgenommen hat und vernünftige Gründe die Annahme stützten, die Handlung würde für die Gesellschaft vorteilhaft sein. Dies kann etwa dann der Fall sein, wenn der Verkauf eines Vermögensgegenstands unter Wert durch die Gesellschaft in einer finanziellen Notsituation die einzige Möglichkeit zur Sicherung ihrer Liquidität darstellt.[882] Die Beweislast liegt diesbezüglich bei der Partei, die die Anfechtbarkeit der Rechtshandlung bestreitet.

---

[877] S. 129(2) IA 1986.
[878] S. 86 IA 1986.
[879] S. 240 (3)(a) IA 1986.
[880] *Re MC Bacon Ltd* [1990] BCC 78.
[881] *Re Welfab Engineers* [1990] BCC 78.
[882] *Re Barton Manufacturing Co Ltd* [1999] 1 BCLC 740.

Sofern die genannten Voraussetzungen vorliegen, kann das Gericht gemäß s. 238(3) und s. 241 IA 1986 nach freiem Ermessen Anordnungen treffen, um die Lage, die bestehen würde, wenn die Gesellschaft diese Transaktion nicht vorgenommen hätte, wiederherzustellen. So kann das Gericht anordnen, daß der Vermögensgegenstand wieder an die Gesellschaft zu übertragen ist, Sicherungsrechte zurückzugewähren bzw. wiedergutmachende Zahlungen an die Gesellschaft zu leisten sind. Der Rückgewähranspruch richtet sich grundsätzlich auch gegen Dritte. Ausgeschlossen ist ein derartiger Anspruch allerdings dann, wenn dieser den Vermögenswert in gutem Glauben und entgeltlich von einer anderen Person als der Gesellschaft erhalten hat, s. 241(2)(a) IA 1986.

2. Preferences

Um die gleichmäßige Befriedigung der Gläubiger sicherzustellen, kann das Gericht auf Antrag des *liquidators* oder *administrators* Transaktionen, deren Folge die Bevorzugung eines Gläubigers gegenüber den anderen Gesellschaftsgläubigern ist, für unwirksam erklären:
„*S. 239(1) This section applies as does section 238.*

(2) Where the company has at a relevant time ...given a preference to any person, the office holder may apply to the court for an order under this section.

(3) Subject as follows, the court shall, on such an application, make such an order as it thinks fit for restoring the position to what it would have been if the company had not given that preference.

(4) For the purposes of this section ...a company gives a preference to a person if- (a) that person is one of the company's creditors or a surety or guarantor for any of the company's debts or other liabilities, and
(b) the company does anything or suffers anything to be done which (in either case) has the effect of putting that person into a position which, in the event of the company going into insolvent liquidation, will be better than the position he would have been in if that thing had not been done.

(5) The court shall not make an order under this section in respect of a preference given to any person unless the company which gave the preference was influenced in deciding to give it by a desire to produce in relation to that person the effect mentioned in subsection (4)(b)."

Hinsichtlich des zeitlichen Anwendungsbereichs kann aufgrund der Verweisung in s. 239(1) und (2) IA 1986 grundsätzlich die Darstellung zu s. 238 IA 1986 herangezogen werden. Lediglich bezüglich der Gesellschaft nicht nahestehender Personen ergibt sich aus s. 240(1)(b) IA 1986 die Einschränkung der Frist auf sechs Monate anstatt der an sich geltenden zwei Jahre.

Die Gesellschaft muß ferner einem Gesellschaftsgläubiger oder einer Person, die der *limited* Sicherheiten für ihre Verbindlichkeiten Dritten gegenüber gewährt hat, einen Vorteil gewähren, der den Gläubiger oder Sicherungsgeber bei Eintritt der Insolvenz der Gesellschaft in eine bessere Position versetzt als dies ohne die fragliche Handlung der Fall gewesen wäre,
s. 239(4) IA 1986. Entscheidend ist hierfür, daß die Gesellschaft den Wunsch hatte, die betroffene Person besserzustellen, s. 239(5) IA 1986. Das Vorliegen dieses Wunsches kann aus den Umständen des Einzelfalles geschlossen werden. Im Fall von mit der Gesellschaft verbundenen Personen wird das Vorliegen dieses *desire to prefer* widerleglich vermutet, s. 239(6) IA 1986.[883]

Bei Vorliegen der Voraussetzungen kann das Gericht nach eigenem Ermessen eine Anordnung erlassen, um die Lage herzustellen, die bestehen würde, wenn die Gesellschaft den Gläubiger nicht bevorzugt hätte. Hinsichtlich des denkbaren Regelungsinhalts, der sich ebenfalls nach s. 241 IA 1986 bemißt, kann auf die Darstellung zu s. 238 IA 1986 verwiesen werden.[884] Ergänzend kann, auch ohne daß die einzelnen Voraussetzungen von s. 239 IA 1986 erfüllt wären, aufgrund eines Verhaltens, das einzelne Gläubiger bevorzugt, eine *disqualification order* angestrengt werden.[885]

3. Transactions defrauding creditors

Gemäß s. 423 IA 1986 kann das Gericht für den Fall, daß die Insolvenzschuldnerin durch ein Rechtsgeschäft ohne wertgleiche Gegenleistung Vermögenswerte dem Zugriff der Gläubiger entziehen will, die ursprüngliche Rechtslage wiederherstellende Anordnungen erlassen.
S. 423 IA 1986 bestimmt das Folgende:
„*(1) This section relates to transactions entered into at an undervalue; ...*

---

[883] Vgl. hierzu *Re Exchange Travel (Holdings) Ltd* [1996] BCC 933; *Wills v Corfe Joinery Ltd* [1997] BCC 511. Vgl. auch den im Rahmen von s. 213 IA 1986 besprochenen Fall *Morphites v Bernasconi* [2003] 2 WLR 1521, in dem Übertragung der Vermögenswerte unter Marktwert zur Anfechtbarkeit geführt hätte.

[884] Beispiele aus dem Fallrecht: *Re Shapland Inc* [2000] BCC 106; *Re Exchange Travel (Holdings) Ltd (No 3)* [1996] BCC 933.

[885] *Re Sykes (Butchers) Ltd, Secretary of State for Trade and Industry v Richardson* [1998] 1 BCLC 110.

(2) Where a person has entered into such a transaction, the court may, if satisfied under the next subsection, make such an order as it thinks fit for-

(a) restoring the position to what it would have been if the transaction had not been entered into, and

(b) protecting the interests of persons who are victims of the transaction.

(3) In the case of a person entering into such a transaction, an order shall only be made if the court is satisfied that it was entered into by him for the purpose-

(a) of putting assets beyond the reach of a person who is making, or may at some time make, a claim against him, or

(b) of otherwise prejudicing the interests of such a person in relation to the claim which he is making or may make.

...

Danach muß die Gesellschaft eine *transaction at an undervalue* vorgenommen haben, wobei für dieses Erfordernis aufgrund der weitgehenden Inhaltsgleichheit auf die Darstellung zu
ss. 238, 239 IA 1986 verwiesen werden kann. Zusätzlich ist erforderlich, daß die Transaktion dem Ziel des Entzugs der Vermögenswerte vor dem Zugriff des Gläubigers, der einen Anspruch geltend macht bzw. geltend machen könnte, oder der sonstigen Beeinträchtigung eines derartigen Anspruchs zu dienen bestimmt ist, s. 423(3) IA 1986. Dieses Motiv muß den dominanten Beweggrund für das Rechtsgeschäft darstellen. Dieser Anspruch ist nicht fristgebunden, also auch außerhalb der Insolvenz der Gesellschaft geltend gemacht werden kann, und somit nur der allgemeinen zivilrechtlichen Verjährung unterliegt. Die Rechtsfolgen ähneln den bereits zu ss. 238, 239 IA 1986 dargestellten. So kann das Gericht die vor der Transaktion bestehende Rechtslage wiederherstellen oder alternativ die Interessen der benachteiligten Parteien schützende Anordnungen treffen, ss. 423(2), 425 IA 1986. Die Anordnungen können wiederum auf Dritte erstreckt werden, wobei der gutgläubige und entgeltliche Dritterwerber wiederum gemäß s. 425(2) IA 1986 privilegiert ist.

4. Sonstige Anfechtungstatbestände

Über die dargestellten Möglichkeiten der Insolvenzanfechtung hinaus finden sich in s. 244 IA 1986 *(extortionate credit transactions)* und in s. 245 IA 1986 *(avoidance of floating charges)* weitere Anfechtungstatbestände. Gemäß s. 244 IA 1986 sind wucherische Kreditgeschäfte mit der Gesellschaft, die innerhalb eines Zeitraumes von drei Jahren vor Beginn des Insolvenzverfahrens bzw. dem Erlaß der *adminstration order* vorgenommen wurden, anfechtbar.
S. 245 IA 1986 dient dem Zweck, dinglichen Sicherungsrechten, die in Insolvenznähe gegeben werden, um bereits bestehende Verbindlichkeiten der Gesell-

schaft zu sichern, die Rechtswirksamkeit zu versagen. Die *floating charge*, d.h. das Sicherungsrecht am Gesellschaftsvermögen, muß innerhalb der letzten zwölf Monate vor dem Beginn der Insolvenz begründet worden sein, wobei die Frist bei Involvierung von mit der Gesellschaft verbundenen Personen auf zwei Jahre ausgedehnt ist, s. 245(3)(a) und (b) IA 1986. Die Gesellschaft muß zum Zeitpunkt des Rechtsgeschäfts grundsätzlich zahlungsunfähig sein oder als dessen Folge werden, wobei dieses Erfordernis bei verbundenen Personen irrelevant ist. S. 245(2) IA 1986 beinhaltet eine Ausnahme für den Fall, daß der Gesellschaft tatsächlich Leistungen, wie Warenlieferungen oder Dienstleistungen, erbracht wurden.[886]

5. Zusammenfassung und Vergleich mit den deutschen Anfechtungstatbeständen

Der *Insolvency Act 1986* mit den unterschiedlichen Verfahrensarten dient, ebenso wie die deutsche Insolvenzordnung, der Sicherung der gleichmäßigen Befriedigung der Gesellschaftsgläubiger. Daher erklären die erörterten Anfechtungstatbestände Transaktionen im Vorfeld der Insolvenz, die aufgrund der einseitigen Bevorzugung einzelner Gläubiger dieses Ziel gefährden könnten, für unwirksam. Wie eingangs bereits erwähnt, finden ss. 423-425 IA 1986 *(Provisions against Debt Avoidance)* auch außerhalb der Insolvenz der Gesellschaft Anwendung. An der scheinbar systemwidrigen Stellung dieser Vorschriften kann illustriert werden, daß dem englischen Recht eine strikte Trennung zwischen Gesellschaftsrecht einerseits und Insolvenzrecht andererseits, wie sie das deutsche Verständnis prägt, fremd ist. Vielmehr dienen sowohl der *Companies Act 1985* als auch der *Insolvency Act 1986* der Lösung von gesellschaftsrechtlichen Interessenkonflikten. Dies kann auch daran deutlich gemacht werden, daß die Regelungen betreffend die Unternehmensinsolvenz vor der Gesetzesreform von 1986 noch im Companies Act normiert waren. Beide Gesetzestexte bilden daher insofern eine Einheit.

Rechtsvergleichend bestehen zwischen den Anfechtungstatbeständen des deutschen und englischen Rechts gewisse Parallelen. Gegenstand der Darstellung sollen nur die wichtigsten Aspekte sein. So decken sich der Anwendungsbereich von s. 238 IA 1986 *(transactions at an undervalue)* und § 134 InsO (unentgeltliche Leistung des Schuldners) jedenfalls dann weitestgehend, wenn eine Leistung ohne vollwertige Gegenleistung erbracht wird. Allerdings sind die im englischen Recht geltenden Zweijahresfristen kürzer als die im deutschen Recht geltende Frist von vier Jahren. Enger ist das englische Recht auch insofern, als Voraussetzung ist, daß die Gesellschaft infolge der Handlung zahlungsunfähig wird

---

[886] Vgl. hierzu *Power v Sharp Investments Ltd* [1994] 1 BCLC 111, CA.

oder dies bereits war. Andererseits kennt § 134 InsO keine s. 238(5) IA 1986 vergleichbare Entlastungsmöglichkeit.

Eine s. 239 IA 1986 *(preferences)* korrespondierende einheitliche Regelung existiert im deutschen Recht nicht. Vielmehr finden sich einerseits in den §§ 130, 131 InsO, die die Anfechtbarkeit von Sicherungsgeschäften zum Gegenstand haben, und andererseits den §§ 132, 133 InsO, die unmittelbar die Insolvenzgläubiger benachteiligende Rechtsgeschäfte sowie die vorsätzliche Benachteiligung von Gläubigern erfassen, vergleichbare Anfechtungstatbestände.

Zwischen s. 239 IA 1986 und § 130 InsO besteht zunächst der Unterschied, daß im deutschen Recht lediglich Sicherungs- oder Befriedigungshandlungen relevant sind, während das englische Recht jegliche den Gläubiger besserstellende Handlungen erfaßt. Überdies reicht es im Rahmen der englischen Regelung aus, daß die Zahlungsunfähigkeit als Folge der Transaktion eintritt. Entgegen der Regelung in § 130 InsO muß die Gesellschaft im englischen Recht die Absicht besessen haben, den Gläubiger zu begünstigen *(desire to prefer)*. Strenger ist das deutsche Recht hinsichtlich der übrigen subjektiven Anforderungen, da s. 239 IA 1986 keine Kenntnis von der Zahlungsunfähigkeit oder den sie begründenden Umständen verlangt. Ausreichend ist vielmehr, daß die Gesellschaft die genannte Begünstigungsabsicht besaß.
Ein wichtiger Unterschied findet sich in den Fristenregelungen, da gemäß § 130 I Nr. 1 InsO eine im Vergleich zum englischen Recht deutlich kürzere Dreimonatsfrist gilt.

Ähnliche Schlußfolgerungen ergeben sich aus dem Vergleich mit § 131 InsO. Die durch
s. 239 IA 1986 erfaßten Verhaltensweisen sind, anders als die Regelung in § 131 InsO, nicht auf Sicherungs- oder Befriedigungshandlungen beschränkt. Auch hinsichtlich der subjektiven Anforderungen ergeben sich Unterschiede. So verlangt zumindest § 131 I InsO Nr. 3 InsO die Kenntnis des Gläubigers von der Benachteiligung der übrigen Gläubiger für Handlungen innerhalb von zwei bis drei Monaten vor dem Eröffnungsantrag. § 131 I Nr. 1, 2 InsO stellt, ähnlich der englischen Rechtslage, kein zusätzliches subjektives Erfordernis auf.

Der Anfechtungstatbestand des § 132 InsO (unmittelbar nachteiliger Rechtshandlungen) ist im Vergleich mit dem englischen Recht enger, da er die Zahlungsunfähigkeit der Insolvenzschuldnerin voraussetzt, während für die *limited* nach englischem Insolvenzrecht wiederum ausreichend ist, daß die Zahlungsunfähigkeit als Folge der Transaktion eintritt. Zudem erfordert das deutsche Recht auch bei dieser Norm die Kenntnis des Anfechtungsgegners von der Zahlungs-

unfähigkeit bzw. der Stellung des Eröffnungsantrages. Kürzer ist auch hier die Anfechtungsfrist von drei Monaten, § 132 I Nr. 3 InsO.
Im Vergleich zwischen § 133 InsO und s. 239 IA 1986 ergeben sich folgende Unterschiede:
§ 133 InsO erfordert die Kenntnis des Leistungsempfängers vom Benachteiligungsvorsatz des Schuldners und geht somit über das englische Recht hinaus.
§ 133 II InsO erfaßt auch nahestehende Personen i.S.v. § 138 InsO und stellt im Fall entgeltlicher Verträge keine weiteren Voraussetzungen auf. Ausreichend ist dann, daß das Rechtsgeschäft innerhalb der letzten zwei Jahre vor dem Eröffnungsantrag vorgenommen wurde. Daher greift § 133 II InsO in dieser Hinsicht weiter als s. 239 IA 1986. Deutlich ist auch der Unterschied zwischen den Ausschlußfristen. Während im englischen Recht die Anfechtung nur innerhalb von zwei Jahren bzw. bei nicht mit der Gesellschaft verbundenen Personen innerhalb von sechs Monaten erfolgen kann, beträgt die Anfechtungsfrist im deutschen Recht gemäß § 133 I InsO zehn, bei verbundenen Personen zwei Jahre. Kannte der Dritte den Vorsatz des Schuldners nicht, ist die Anfechtung bereits aus diesem Grund ausgeschlossen.

Zusammenfassend läßt sich festhalten, daß das deutsche Recht insbesondere hinsichtlich der subjektiven Voraussetzungen höhere Anforderungen aufstellt. Ferner gelten im englischen Recht Verjährungsfristen von sechs bzw. zwölf Jahren ab Eröffnung der *liquidation*, während im deutschen Recht nach § 146 I InsO der Anfechtungsanspruch in zwei Jahren seit Eröffnung des Insolvenzverfahrens verjährt.

§ 3 Folgerungen für die Diskussion über ein gläubigergefährdendes Regelungsgefälle zwischen dem Recht der GmbH und dem der private limited company

Als Ergebnis der vorgehenden Untersuchung läßt sich festhalten, daß sich der wichtigste und zugleich offensichtlichste Unterschied zwischen der GmbH und der englischen *private limited company* im Bereich der Kapitalaufbringung und -erhaltung ergibt. Während das Recht der deutschen GmbH der ordnungsgemäßen Aufbringung und Erhaltung des gesetzlich bestimmten Mindestkapitals die zentrale Rolle für den Gläubigerschutz zuspricht und hierin das Äquivalent für den Ausschluß der persönlichen Haftung sieht,[887] steht das englische Recht einer solchen Regelung traditionell ablehnend gegenüber.[888] Das deutsche Recht sucht die Kapitalaufbringung durch die Gründungsvorschriften der §§ 9, 9a, 9b, 9c GmbHG sowie durch die Grundsätze der Vorbelastungshaftung zu realisieren. Ergänzend versucht es die reale Aufbringung des Stammkapitals durch die Sicherung der Einzahlungsansprüche gemäß § 19 II-V und § 5 IV GmbHG zu bewirken und normiert eine Ausfallhaftung der Gesellschafter im Fall der Nichtleistung auf eine Einlageschuld durch einen Mitgesellschafter, § 24 GmbHG, sowie den Ausschluß säumiger Gesellschafter in §§ 21-23 GmbHG. Der Kapitalerhaltung dienen das Rückzahlungsverbot des § 30 GmbHG mit den Ansprüchen gemäß §§ 31, 43 II GmbHG bei Verstößen sowie die Vorschriften über eigenkapitalersetzende Gesellschafterdarlehen und gleichgestellte Rechtshandlungen in §§ 32a, b GmbHG. Obwohl dem englischen Recht die meisten dieser Mechanismen unbekannt sind, wird dennoch sichergestellt, daß die Gläubiger einer *limited* ausreichend geschützt werden. So muß die Gesellschaft, falls in ihrem Gesellschaftsvertrag ein *share capital* vorgesehen ist, dieses auch tatsächlich aufbringen. Allerdings besteht keine Verpflichtung zu einer unabhängigen Bewertung der Sacheinlagen, so daß das auch im Recht der *limited* geltende Verbot der Unterpariemission insoweit entwertet wird. Im Bereich der Kapitalerhaltung verhindert das englische Recht, der Regelung im GmbHG vergleichbar, den Abzug des Gesellschaftsvermögens zu Lasten der Gläubiger durch die Gesellschafter durch eine Vielzahl von Vorschriften, sog. *doctrine of capital maintenance*. Auch dieser Mechanismus steht zwar mit der Höhe des aufgebrachten *share capitals* in Verbindung, da Auszahlungen aus Kapital grundsätzlich unzulässig sind. Zu betonen ist aber nochmals, daß die englische Regelung, die grundsätz-

---

[887] *Lutter* Festschrift Stiefel S. 505; Großkomm. AktG/*Röhricht* § 27 Rn. 2; MüKo - AktG/*Heider* § 1 Rn. 86; *Hüffer* § 1 Rn. 10.

[888] Es wird an dieser Stelle nochmals auf die durch die Zweite gesellschaftliche Richtlinie (Kapitalschutzrichtlinie vom 13.12. 1976, Nr. 77/91/EWG, ABl. EG 1977 Nr. L 26/1 bewirkten Änderungen verwiesen, als deren Folge für *public companies* nunmehr ein Mindestkapitalerfordernis von 50000 Pfund gilt.

lich nur die Auszahlung von Gewinnen für zulässig erklärt und hierfür verlangt, daß diese im Jahresabschluß ausgewiesen sind, insofern über die Anforderungen des GmbH-Gesetzes, insbesondere des § 30 GmbHG, hinausgeht und sich dem Aktiengesetz nähert. Zudem müssen die *directors*, wie mehrfach erwähnt, auch die Fähigkeit der Gesellschaft zur Befriedigung ihrer Verbindlichkeiten nach der Ausschüttung bei der Beurteilung der Zulässigkeit der *distribution* beachten. Während § 30 I GmbHG nur die Auszahlung des zur Erhaltung des Stammkapitals erforderlichen Vermögens verbietet, ist die Rechtslage bei der *limited* demnach enger. Letztlich sichert auch dies die Gläubiger der Gesellschaft ab und unterstützt wirtschaftlich vernünftiges Verhalten, so daß das Fehlen eines Mindestkapitals insofern ohne Belang ist. Zudem richtet sich ein etwaiger Erstattungsanspruch bei unzulässiger Auszahlung nicht nur gegen die Gesellschafter, sondern auch gegen die *directors*. Aus dem Gesagten ergibt sich auch, daß das Recht der *limited* kein Eigenkapitalersatzrecht kennt. Da die Gesellschaft in dieser Situation allerdings der Gefahr ausgesetzt ist, aufgrund des *balance sheet tests* insolvent zu werden, kann ein Gläubiger die Auflösung der Gesellschaft gemäß s. 122(1)(f) IA 1986 beantragen und die *directors* somit potentiell der Haftung aus ss. 212ff. IA 1986 aussetzen. Dies wiederum wird er dann nicht wollen, wenn die Gesellschaft ihre Verbindlichkeiten dennoch bei Fälligkeit befriedigt. Die bloße Fortführung der Gesellschaft im Stadium der Insolvenz löst, da die Haftung wegen *wrongful trading* erst dann relevant wird, wenn das Insolvenzverfahren eröffnet ist, im englischen Recht noch keine Haftung aus. Im Gegensatz zum Recht der GmbH besteht demnach keine Insolvenzantragspflicht, deren Verletzung eine Insolvenzverschleppungshaftung auslöst.

Entscheidend ist unter dem Aspekt des Gläubigerschutzes letztlich, welcher Stellenwert der Existenz eines gesetzlich bestimmten Mindestkapitals zugewiesen wird. So sieht die deutsche Rechtsordnung, wie bereits dargelegt, im Rahmen der mit der Haftungsbeschränkung auf das Gesellschaftsvermögen verbundenen Risikoverteilung das Mindestkapitalsystem mit seinen flankierenden Regelungen als einem ex ante, d.h. bereits bei Gründung eingreifenden Schutzmechanismus als unverzichtbare Voraussetzung für einen effektiven Gläubigerschutz an. Anstelle eines derartigen, ex ante eingreifenden Schutzsystems, das vielfach als zu undifferenziert und kostspielig empfunden wird, bietet das englische Recht einen einfachen, schnellen und kostengünstigen Zugriff auf körperschaftliche Rechtsformen.[889] Auch wenn ein solcher Gedanke an die Grundlagen des deutschen Kapitalgesellschaftsrechts rührt, kann die Berechtigung eines starren Mindestkapitals auch bei ökonomischer Analyse der Regelung angezweifelt werden. Zwar dient das Mindestkapital nach der gesetzgeberischen Konzeption

---

[889] So auch *Freedman* [1994] 57 MLR 555, 564.

als Haftungsfonds für die Gläubiger.[890] Andererseits ist zu bezweifeln, inwieweit ein Stammkapital von 25.000 Euro diesem Ziel gerecht wird.[891] Allein die Anlaufkosten nach der Gründung der Gesellschaft dürften diese Summe sehr schnell schmelzen lassen. Zwar wird angeführt, daß dieser Betrag als Seriositätsschwelle fungiere.[892] Als Kehrseite einer solchen Markteingangskontrolle erschwert er allerdings guten Geschäftsideen den Zugang zum Markt. Nicht von der Hand zu weisen ist auch der Einwand von *Davies*,[893] daß, falls der Kernpunkt der Diskussion in der angemessenen Kapitalausstattung besteht, diese wohl bei einer die Aktivitäten der Gesellschaft ständig prüfenden Bank besser gewahrt ist als durch ein Mindestkapitalerfordernis.[894] Zwar kann ein solches die Aufbringung dieser Summe sicherstellen, schützt aber ebensowenig wie das englische Recht vor operativen Verlusten der Gesellschaft.
Auch ist zu berücksichtigten, daß die besonders schutzwürdigen Deliktsgläubiger nicht vorrangig zu befriedigen sind, da sie in der Aufzählung der vorrangig zu befriedigenden Masseforderungen, vgl. §§ 53ff InsO, nicht aufgeführt werden. Da zudem laut der Insolvenzstatistik für Deutschland[895] in ca. fünfzig Prozent der Fälle die Eröffnung eines Insolvenzverfahrens mangels Masse abgelehnt wird, scheint der durch das Mindestkapitalerfordernis bewirkte Schutz nicht so umfassend zu sein, wie in der Theorie angenommen.[896] Aus diesen Ausführungen ergibt sich, daß auch das deutsche Recht Schutzlücken aufweist, die bisher durch das Mindestkapitalsystem nicht geschlossen werden konnten. Zudem sind die Gläubiger in England, trotz des Fehlens eines Mindestkapitals, nicht völlig schutzlos gestellt. Vielmehr bewirkt das englische Recht den Gläubigerschutz durch ex post eingreifende Regelungssysteme, wie unter anderem ss. 212ff. IA 1986, die Disqualifizierung von *directors* bei gläubigerschädigenden oder -gefährdenden Verhaltensweisen, *veil lifting* unter bestimmten Umständen und die umfassende Information der Gläubiger. Somit ist im englischen Recht der Gläubigerschutz nicht von der Existenz eines derartigen Mindestkapitals abhängig und führt auch sein Fehlen zu keinen eklatanten Mißständen. Beim Schutz der Allgemeinheit, insbesondere dem der Gesellschaftsgläubiger, konzentriert sich das englische Kapitalgesellschaftsrecht vor allem auf die Haftung

---

890 *Wiedemann* Gesellschaftsrecht I S. 557.

891 Zweifel äußert auch *Altmeppen* NJW 2004, 97, 102.

892 Hachenburg/*Ulmer* GmbHG § 5 Rn. 7; *Happ/Holler* DStR 2004, 730, 732.

893 *Davies* AG 1998, 346, 353.

894 Vgl. hierzu auch *Sandrock* BB 2004, 897, 899.

895 Statistik des Statistischen Bundesamtes Deutschland S. 12f. Abrufbar unter www.destatis.de/presse/deutsch/pk/2004/insolvenzen_2003_i.pdf.

896 So auch *Ferran* Creditors' Interests and „core" company law [1999] 20 Co Law 314, 316ff. So verweist auch *Sandrock* BB 2004, 897, 898 darauf, daß der Gläubigerschutz nicht so umfassend sein kann, wenn Deutschland „Weltmeister bei der Zahl der Insolvenzen" ist.

der an der Unternehmensleitung beteiligten Personen.[897] Aufgrund der personellen Identität zwischen den *directors* und den (mehrheitlich beteiligten) Gesellschaftern in kleinen Gesellschaften bzw. der Einbeziehung der *shadow* und *de iure directors* geht der dergestalt erfaßte Personenkreis allerdings über die Geschäftsführer hinaus.[898] Dabei ist für das Verständnis von Bedeutung, daß die unter dem Stichwort *lifting of the corporate veil* diskutierten Fälle Mißbrauchskonstellationen betreffen, aber häufig einem Haftungsdurchgriff im deutschen Sinne, wie im Rahmen des *lifting of the veil* dargestellt, nicht zu dienen bestimmt sind. Ferner kennt das englische Recht keine Durchgriffshaftung wegen existenzvernichtenden Eingriffs als solche. Umstrukturierungsmaßnahmen, die für die Gläubiger nachteilig sind, werden als dem Gesellschaftsrecht immanente Gestaltungsmöglichkeiten akzeptiert. Wie aber aus den Ausführungen zum Haftungsdurchgriff zu entnehmen ist, liegt die Grenze dort, wo diese Restrukturierung durch betrügerische Motive getragen wird. In dieser größeren Freiheit im Rahmen der Unternehmensverbindungen bzw. bei Einsatz einer *limited* dürfte neben dem Fehlen eines Eigenkapitalersatzrechts einer der größten Vorteile dieser Gesellschaftsform liegen. Es sei aber nochmals darauf verwiesen, daß der Entzug wichtiger Vermögenswerte einen Verstoß gegen die *directors' duties* darstellt und sich der *director*, ebenso wie die *shadow* und *de facto directors*, die Gesellschafter sein können, auf diesem Wege haftbar machen kann. Der Kapitalerhaltung dienen folglich auch die *directors' duties*,[899] die der Veruntreuung von Gesellschaftsvermögen entgegenwirken und bei deren Verletzung die Haftung, anders als im Rahmen von § 43 GmbHG, unter bestimmten Umständen auch verschuldensunabhängig eintritt. Zudem haben die *directors* im Vorfeld der Insolvenz auch die Interessen der Gläubiger als Teil ihres gegenüber der Gesellschaft bestehenden Pflichtenkanons zu berücksichtigen. Auch kann bei Geschäftsfortführung in der Insolvenz unter bestimmten Umständen eine Haftung aus ss. 213, 214 IA 1986 eingreifen, die sich wiederum auf Gesellschafter in ihrer Eigenschaft als *de facto* und *shadow directors* erstrecken kann. Mittelbar kann für die Haftung aus ss. 213, 214 IA 1986 zudem auch die inadäquate Kapitalausstattung einer *limited* relevant werden, falls die Gesellschaft aufgrund ihrer unzureichenden Kapitaldecke keine vernünftige Aussicht mehr auf die Vermeidung der *insolvent liquidation* hat. Ergänzend unterliegen die an der Geschäftsführung beteiligten Personen einem umfassenden Disqualifizierungsregime aufgrund des *CDDA 1986*. Dessen Regelungsgehalt geht weit über den von § 6 II 3, 4 GmbHG hinaus und ist auch in der Praxis weitaus bedeutender. So sind be-

---

[897] Zu den Auswirkungen derartiger Regelungen vgl. die Stellungnahme von *Telfer* in Rickett & Grantham Corporate Personality S. 127, 137.

[898] *Hicks/Drury/Smallcombe* Alternative Company Structures for the Small Business S. 13.

[899] So *Ziegel* [1993] 43 UTorLJ 511, 530, der in der Pflicht zur Berücksichtigung auch der Gläubigerinteressen einen Ausgleich zur beschränkten Haftung sieht.

stimmte Verhaltensweisen, wie etwa eine unzureichende oder fehlerhafte Buchführung, die im Recht der GmbH den Haftungsdurchgriff wegen Vermögensvermischung rechtfertigen können, im Rahmen des *CDDA 1986* relevant. Ferner sanktioniert das Disqualifizierungsregime gläubigerschädigende Verhaltensweisen, denen im deutschen Recht mittels des Haftungsdurchgriffs entgegengewirkt wird.

Die bisher dargestellten Mechanismen des englischen Kapitalgesellschaftsrechts, die sich aus Vorschriften zur Prävention zukünftiger Mißbräuche und zur Kompensation eines eingetretenen Schadens zusammensetzen, bewirken somit einen ausreichenden Schutz der Gläubiger vor den mit der beschränkten Haftung verbundenen Gefahren.

Als Ergebnis der Untersuchung der Gläubigerschutzsysteme ergibt sich zwischen beiden Rechtssystemen folglich kein gravierendes Regelungsgefälle.

§ 4 Lösungsansätze zur Realisierung des Gläubigerschutzes in kritischen Fallgruppen

Insgesamt ergibt sich damit vor dem Hintergrund der eingangs zur Verhältnismäßigkeit der Anwendung von inländischen Vorschriften gefundenen Ergebnisse folgendes Bild:
Die anfänglich geäußerte Ansicht, daß das gesellschaftsrechtliche Gläubigerschutzsystem im deutschen und englischen Recht im wesentlichen vergleichbar ist, ist bestätigt worden.
Auch kann der in der deutschen Literatur häufig vertretenen Auffassung, daß das englische Gesellschaftsrecht stark verwaltungsrechtlich geprägt und daher aufgrund der territorialen Gebundenheit hoheitlichen Handelns in Deutschland nicht anwendbar sei,[900] nicht gefolgt werden. Soweit derartige behördliche Aufsichtsbefugnisse von Relevanz sind, wurde dargelegt, daß diese auch im Ausland durch die englischen Behörden über die *registered office* der Gesellschaft durchgesetzt werden können. Sollte die Durchsetzung dieser Mechanismen im Einzelfall dennoch nicht praktikabel sein, was hier jedoch nicht angenommen wird, so ist darauf zu verweisen, daß der in der deutschen Diskussion einen hohen Stellenwert einnehmenden Aufsicht durch das *DTI* zumindest keine derart große Bedeutung zukommt, wie es die Diskussion vermuten läßt. Daher würde durch die Nichtanwendung der *DTI investigations* keine gravierende Schutzlükke entstehen.

Wie ausführlich dargestellt [A.§1 III 2.(c)(1)], ist die Geltung einer gläubigerschützenden Regelung des deutschen Rechts für eine in Deutschland tätige *limited* dann nicht erforderlich, wenn der Gläubigerschutz durch das Gründungsrecht in adäquater Weise erreicht wird. Hierfür ist es nach dem Gesagten ausreichend, daß im englischen Recht ein hinreichender Schutz besteht. Dieses Ergebnis wird auch nicht dadurch in Frage gestellt, daß im Einzelfall im deutschen Recht ein höheres Schutzniveau bewirkt wird[901] und es ist auch nicht erforderlich, daß dieses auf identischen Mechanismen beruht. Zudem muß beachtet werden, daß der Mißbrauch im rein gesellschaftsrechtlichen Kontext, d.h. ein nicht auf der Ausnutzung des durch die Niederlassungsfreiheit eröffneten Spielraums beruhendes mißbräuchliches Verhalten, allein durch die Normen des englischen Rechts sanktioniert werden kann. Hieraus folgt, daß die verhältnismäßige Anwendung deutscher gläubigerschützender Vorschriften nur dann zur

[900] So aber Staudinger/*Großfeld* IntGesR Rn. 27; *Geyrhalter/Gänßler* NZG 2003, 409, 411; *Knobbe-Keuk* ZHR 154 (1990) 325, 347; *Weller* IPRax 2003, 207, 209; *Altmeppen* NJW 2004, 97, 99; in diese Richtung auch *Borges* ZIP 2004, 733, 735.
[901] Zu diesem Gedanken EuGH Rs. C-101/94, Slg. 1996, I-2691, 2725, Tz. 17 - *Kommission/Italien.*

Anwendung kommen kann, wenn im Einzelfall ein nicht mehr vom Ziel der Niederlassungsfreiheit gedecktes, diese ausnutzendes Verhalten vorliegt. Die Sanktion eines derartigen Mißbrauchs erfolgt dann im konkreten Fall mit Hilfe des nicht dem Gründungsrecht unterfallenden allgemeinen Zivilrechts, insbesondere des Deliktsrechts, oder etwa im Wege der Sonderanknüpfung bzw. des *ordre public* durch spezifische Anwendung deutscher gesellschaftsrechtlicher Normen.

Im Folgenden sollen die aus deutscher Sicht als problematisch empfundenen Fallgruppen, wie etwa die Frage nach der Anwendbarkeit der Mindestkapitalvorschriften, der Grundsätze der Durchgriffshaftung wegen existenzvernichtenden Eingriffs, des Eigenkapitalersatzrechts oder der Geltung der Insolvenzantragspflichten aufgegriffen und ihre Vereinbarkeit mit dem Europarecht untersucht werden.

I. Mindestkapital

Das Fehlen eines gesetzlich bestimmten Mindestkapitals wird als das „entscheidende Problem der *Limited*... aus deutscher Sicht“ angesehen,[902] da eine im Inland ansässige englische *limited*, der ein Mindestkapital fremd ist, zur Umgehung des Mindestkapitalschutzkonzepts benutzt werden kann. Daher wird mit dem pauschalen Hinweis auf die Eignung der Mindestkapitalvorschriften zum Gläubigerschutz von einigen Stimmen ein obligatorisches Mindestkapital für eine in Deutschland ihren effektiven Hauptverwaltungssitz nehmende *limited* gefordert.[903] So wurde bereits vor der Entscheidung *Inspire Art*[904] eine aufsichtsrechtliche Lösung, nach der Voraussetzung einer Zulassung zum inländischen Geschäftsbetrieb die Hinterlegung einer Sicherheit für die Erfüllung der Geschäftsverbindlichkeiten bei einer inländischen Amtsstelle ist, als Alternativmodell für ein Mindestkapitalerfordernis erwogen.[905] Diese soll im Insolvenzfall den Gläubigern als Haftungsfonds zur Verfügung stehen, wobei sich die Höhe des fraglichen Betrages an den im gesellschaftsrechtlichen Sekundärrecht enthaltenen Summen orientieren müsse. Grundlage dieser Gedankenführung ist die Entscheidung des Gerichtshofs zur Aufnahme der Geschäftstätigkeit von Wertpapiermaklern, in der der EuGH die im zu entscheidenden Fall verlangte Sicherheitsleistung als gegenüber dem Erfordernis der Sitznahme im Tätigkeitsstaat weniger einschneidende Maßnahme bewertet.[906] Im Ergebnis läuft die von *Kind-*

---

[902] *Borges* ZIP 2004, 733, 734.

[903] *Forsthoff* DB 2003, 979, 981; *v. Halen* WM 2003, 571, 576.

[904] EuGH Rs. C-167/01, RIW 2003, 957, 960, Tz. 104ff. - *Inspire Art.*

[905] *Kindler* NJW 2003, 1073, 1078.

[906] EuGH Slg. 1996, I-2691, EuZW 1996, 571, Tz. 23.

ler geforderte Verpflichtung zur Hinterlegung einer Sicherheit auf die zwingende Aufbringung eines Mindestkapitalbetrages hinaus, so daß sich dieser Lösungsansatz mit denselben, sogleich näher zu erörternden Einwänden konfrontiert wie die Forderung nach der Einhaltung der Mindestkapitalvorschriften sieht.

Für die Europarechtskonformität des Mindestkapitalsystems sowie vergleichbarer Konzepte ist zunächst entscheidend, daß dieser zentrale Bereich der gesellschaftsrechtlichen Haftungsverfassung aufgrund der Kollisionsnorm der Art. 43, 48 EG dem Gründungsrecht der Gesellschaft unterfällt. Die Geltung der deutschen Vorschriften käme daher nur über den *ordre public* oder im Wege einer Sonderanknüpfung zum Schutz zwingender Allgemeininteressen, d.h. dem Schutz der Gläubiger, in Betracht. In *Inspire Art* hat der EuGH, ohne auf die Frage nach der Geeignetheit einer solchen Maßnahme einzugehen, die Erforderlichkeit eines Mindestkapitals im Hinblick darauf, daß die *limited* als Gesellschaft ausländischen Rechts auftritt und daher die Gläubiger durch dieses alternative und weniger eingreifende Instrument ausreichend geschützt sind, verneint.[907] Zwar kann die Eignung eines Mindestkapitals zum Gläubigerschutz nicht generell ausgeschlossen werden, differenzierter dürfte sich aber die Rechtslage hinsichtlich der Erforderlichkeit einer derartigen Regelung darstellen. Im Verlauf der Erörterung ist schon mehrfach angedeutet worden, daß die Effektivität des Mindestkapitalsystems auch in Deutschland nicht unbestritten ist. Die herrschende Meinung sieht in der ordnungsgemäßen Aufbringung des gesetzlich vorgesehenen Mindestkapitals das Äquivalent zur Haftungsbeschränkung.[908] Nur bei Erfüllung der gesetzlichen Anforderungen können sich die Gesellschafter von der persönlichen Haftung „freikaufen". Demgegenüber wird darauf verwiesen, daß im deutschen Recht gerade keine ex ante wirkenden Normativbestimmungen über das notwendige bzw. hinreichende Eigenkapital existieren und daher die Vorschriften über das Mindestgarantiekapital für sich betrachtet nicht zur Legitimation des Fehlens der Gesellschafterhaftung herangezogen werden können.[909] Diese Legitimationswirkung komme dem Garantiekapital erst zusammen mit den strengen Regeln der Kapitalaufbringung und -erhaltung, den Unterkapitalisierungsverboten und den Insolvenzantragspflichten bei Überschuldung zu.[910]

Mit ähnlicher Argumentation wie *Karsten Schmidt* hebt die *Group of German Experts on Corporate Law* die Funktion des Mindestkapitals als Seriositäts-

---

[907] EuGH Rs. C-212/97, DB 1999, 625ff, Tz. 36f. - *Centros;* EuGH Rs. C-167/01, RIW 2003, 957, 960, Tz. 135 - *Inspire Art*; *Schanze/Jüttner* AG 2003, 661, 663.

[908] Vgl. statt vieler Rowedder/Schmidt-Leithoff/ *Schmidt-Leithoff* § 5 Rn. 2; *Hüffer* § 1 Rn. 10; *Raiser* Kapitalgesellschaftsrecht § 24 Rn. 5.

[909] *K. Schmidt* Gesellschaftsrecht § 18 II 4.a) und § 18 IV 1.b) bb).

[910] *K. Schmidt* Gesellschaftsrecht § 18 IV 1.b) bb).

schwelle hervor, die „den Gläubiger- und Anlegerschutz ...mehr theoretisch als praktisch“ [911] erfüllt. Die volkswirtschaftliche Tragbarkeit einer derartigen Marktzugangskontrolle erscheint jedoch auch deshalb fraglich, weil eine allgemeingültige Regel des Inhalts, daß jeder Marktteilnehmer, der die erforderliche Summe aufbringt, die für die Fortführung des Unternehmens erforderlichen unternehmerischen Fähigkeiten besitzt, während der, dem dies nicht gelingt, keine derartigen Fertigkeiten aufweist, nicht existiert.[912] Das Bestehen eines Mindestkapitalerfordernisses i.H.v. 25.000 Euro gemäß § 5 I GmbHG hat nach den getroffenen Feststellungen keinerlei Bezug zum jeweiligen Kapitalbedarf der Gesellschaft und zudem wird das Garantiekapital, da kein Schutz vor operativen Verlusten besteht, im Fall der Insolvenz häufig aufgebraucht sein.[913] Nur für die wenigsten Unternehmen wird die gesetzlich fixierte Höhe des Garantiekapitals angemessen sein, in vielen Fällen dürfte sie zu gering, in einigen zu hoch angesetzt sein. Die Mindestkapitalregel ist daher eine ineffiziente gesetzliche Typisierung, die zudem die Illusion eines ausreichenden finanziellen Puffers bewirkt.[914] Ein an der Gründung der Gesellschaft anknüpfendes, ex ante wirkendes Schutzsystem kann den dauerhaften Bestand des dem Gläubigerschutz dienenden Gesellschaftskapitals allein letztlich nicht sicherstellen. So spricht *Micheler* hinsichtlich des Mindestkapitals von einer „empirisch nicht belegten Nützlichkeitsbewertung“.[915] Ferner wird darauf verwiesen, daß die meisten GmbHs unterkapitalisiert sind.[916] Wie im Rahmen der Darstellung des englischen Rechts ausgeführt wurde, stützt sich das englische Recht nicht darauf, den Gläubigern einen (scheinbar) abgesicherten Haftungsfonds zur Verfügung zu stellen. Vielmehr wird der Gläubigerschutz durch die persönliche Haftung von Geschäftsführern und Gesellschaftern, die Möglichkeit der Disqualifizierung von *directors* und auf die Geschäftsführung Einfluß nehmenden Gesellschaftern sowie

---

[911] Gegenstand der Stellungnahme der *High Level Group of Company Law Experts* war die Harmonisierung des gesamten Rechts der börsennotierten Gesellschaften in Europa und ihrer Corporate Governance, ZIP 2003, 863, 872.

[912] So zutreffend auch *Micheler* ZGR 3-4/2004, 324, 333.

[913] Statistik des Statistischen Bundesamtes Deutschland S. 12f. Abrufbar unter www.destatis.de/presse/deutsch/pk/2004/insolvenzen_2003_i.pdf.

[914] *Micheler* ZGR 3-4/2004, 324, 332. Vgl. auch *Payne* [2000] 21 Co Law 62, die von einer irreführenden Wirkung für gesellschaftsrechtlich nicht versierte (Klein-)Gläubiger ausgeht.

[915] *Micheler* ZGR 3-4/2004, 324, 333.

[916] *Frank/Wachter* GmbHR 2002, 17, 18, 21. Vgl auch die Statistik des Statistischen Bundesamtes Deutschland S. 12f., nach der ca. 50% der Insolvenzverfahren bei Unternehmensinsolvenzen mangels Masse nicht eröffnet werden (www.destatis.de/presse/deutsch/pk/2004/insolvenzen_2003_i.pdf).

Markttransparenz und Publizität[917] realisiert. Ein weiterer wichtiger Aspekt besteht in der Pflicht der Geschäftsführer, bei zweifelhafter Solvenz der Gesellschaft die Interessen der Gläubiger als Bestandteil des Gesellschaftsinteresses zu berücksichtigen sowie der Verpflichtung, im Rahmen einer Gewinnausschüttung zu prüfen, ob die Gesellschaft auch nach der Ausschüttung in der Lage sein wird, ihre Verbindlichkeiten bei Fälligkeit zu befriedigen. Somit sucht das englische Recht den gleichfalls als notwendig erachteten Gläubigerschutz durch ex post wirkende Mechanismen zu bewirken, die, trotz des Fehlens einer „Eingangskontrolle", zu einem vergleichbaren Gläubigerschutzniveau führen. Da diese Regelungen somit gleichermaßen wirksam sind, zudem nur im Bedarfsfall eingreifen und daher eine gegenüber einem pauschalen gesetzlich normierten Mindestkapital, das eine generelle Marktzugangsschwelle bildet, eine weniger eingreifende Lösung bieten, ist eine starre Mindestkapitalisierung für einen effektiven Gläubigerschutz nicht erforderlich.

Somit können die Vorschriften über das gesetzliche Mindestkapital bzw. funktional an ihre Stelle tretende Normen nicht auf eine englische *limited* zur Anwendung gebracht werden.[918]
Dies hat zur Konsequenz, daß die mit dem Mindeststammkapital in Verbindung stehenden Vorschriften über die Kapitalaufbringung, wie etwa §§ 9, 9a, 9c und 19 GmbHG, ebenfalls nicht zur Geltung kommen können. Die Nichtanwendbarkeit des Rechts der Kapitalaufbringung hat auf andere mit der Mindestkapitalisierung verbundene Bereiche, etwa auf die Frage einer Durchgriffshaftung wegen Unterkapitalisierung, Auswirkungen, auf die an der gegebenen Stelle einzugehen sein wird.

II. Verantwortlichkeit der Gesellschafter und Geschäftsführer

1. Haftung wegen existenzvernichtenden Eingriffs

Die am heftigsten diskutierte Fallgruppe, deren Anwendung auf eine *limited* erwogen wird, ist die Haftung wegen existenzvernichtenden Eingriffs.[919] Diese

[917] Für eine Neuorientierung in Richtung einer mehr auf Publizität als auf Interventionismus basierenden Gesellschaftsrechtsordnung siehe *Merkt* ECFR 1/2004, 3, insb. 13ff.

[918] *Bayer* BB 2003, 2357, 2364; *Schumann* DB 2004, 743.

[919] Vgl. etwa *Schumann* DB 2004, 743, 749; *Meilicke* GmbHR 2003, 1271, 1272; *Schulz* NJW 2003, 2705, 2708; *Forsthoff* DB 2003, 987, 981; *Weller* IPRax 2003, 207, 210; *ders.* DStR 2003, 1800, 1804; *ders.* IPRax 2003, 324, 328; *ders.* IPRax 2003, 520, 524, *Schanze/Jüttner* AG 2003, 661, 670; *Eidenmüller* ZIP 2002, 2233, 2242; *ders.* ZGR 2004, 159ff; *Paefgen* DB 2003, 487, 489; *Merkt* RIW 2003, 458ff; *Behrens* IPRax 2003, 193, 206; *ders.* IPRax 2004, 20, 25; *Altmeppen* NJW 2004, 97, 101; *Horn* NJW 2004, 893, 899.

vom BGH für das Recht der GmbH entwickelte Durchgriffshaftung basiert auf der Prämisse, daß Zugriffe der Gesellschafter auf das zur vorrangigen Befriedigung der Gläubiger gebundene Gesellschaftsvermögen, die diese Zweckbindung außer acht lassen, einen Mißbrauch der Rechtsform der GmbH darstellen, der zum Verlust des Haftungsprivilegs nach § 13 II GmbHG führt.[920] Entziehen die Gesellschafter danach der GmbH Vermögen, das diese zur Erfüllung ihrer Verbindlichkeiten benötigt, haftet jeder Gesellschafter, der aktiv oder durch sein Einverständnis am Vermögensabzug mitgewirkt hat, den Gläubigern unmittelbar, sofern der der Gesellschaft zugefügte Nachteil nicht nach Maßgabe der §§ 30, 31 GmbHG ausgeglichen werden kann.[921] Die Gesellschaftsgläubiger sind berechtigt, ihre Forderungen bei Vorliegen der genannten Voraussetzungen direkt gegen die Gesellschafter geltend zu machen, soweit sie von der Gesellschaft keine Befriedigung erlangen können.[922]
Da das Gesellschaftsstatut der Auslandsgesellschaft zwingend nach dem jeweiligen Gründungsrecht zu bestimmen ist und darüber hinaus jede zur Anwendung gebrachte nationale Vorschrift den erörterten Kriterien der Verhältnismäßigkeitsprüfung standhalten muß, kommt der Rückgriff auf die Existenzvernichtungshaftung nur insoweit in Betracht, als er kollisions- und sachrechtlich unter den Vorgaben der Niederlassungsfreiheit europarechtskonform möglich ist. Somit stellt sich das Problem der kollisionsrechtlichen Behandlung[923] der Existenzvernichtungshaftung und die sich daran anschließende Frage, ob die in der Anwendung dieses Rechtsinstituts liegende Beeinträchtigung der Niederlassungsfreiheit gerechtfertigt werden kann.

Die zunächst entscheidende Problemstellung befaßt sich mit der kollisionsrechtlichen Qualifikation der Existenzvernichtungshaftung bzw. der Frage, ob es einer derartigen Einordnung nach Maßgabe des nationalen Kollisionsrechts überhaupt bedarf. In dem Versuch, die Anwendbarkeit dieser Rechtsfigur auf eine ausländische Gesellschaft sicherzustellen, werden in der wissenschaftlichen Diskussion verschiedene, auch dem Kollisionsrecht vorgelagerte, Ansätze gewählt. So wird vorgeschlagen, die Durchsetzung der Existenzvernichtungshaftung nicht an der Frage der gesellschaftsrechtlichen Qualifikation auszurichten, sondern die Lösung vielmehr anhand der Wertungen des europäischen Gemein-

---

920 BGH ZIP 2002, 1578, 1. Leitsatz (KBV). Grundlegend zu dieser Rechtsfigur BGH ZIP 2001, 1874ff (Bremer Vulkan); BGH ZIP 2002, 1578ff (KBV); statt vieler *Altmeppen* ZIP 2002, 1553ff; *Ulmer* ZIP 2001, 2021ff; *Bitter* WM 2001, 2133ff.

921 BGH ZIP 2002, 1578, 1. Leitsatz (KBV).

922 BGH ZIP 2002, 1578, 2. Leitsatz (KBV).

923 Hinsichtlich der Möglichkeiten, trotz der generellen Gründungsanknüpfung einzelne Normen des inländischen Gesellschaftsrechts internationalprivatrechtlich zur Geltung zu bringen, wird auf die kurze Erörterung unter A. §1 III. 2. a. verwiesen.

schaftsrechts zu suchen.[924] Unter Rückgriff auf die der Regelung des Art. 44 Abs. II lit. g EG zugrundeliegenden Erwägungen wird darauf verwiesen, daß die Niederlassungsfreiheit der Art. 43, 48 EG ihre Begrenzung in den auf Grundlage dieser Ermächtigungsnorm ergangenen Richtlinien findet. Das Ziel der Sekundärrechtsakte ist auch der Gläubigerschutz, der sich aufgrund der Tatsache, daß zur Befriedigung Dritter lediglich das Gesellschaftsvermögen zur Verfügung steht, als regelungsbedürftig erweist. Da der Gedanke der Haftungsbegrenzung auch die Vorschriften der Publizitätsrichtlinie trägt und die Rechtfertigung für die in verschiedenen Artikeln, wie Art. 3, 7,9,11f., zum Ausdruck kommende Trennung zwischen der Rechtsperson und ihren Verbindlichkeiten bildet, wird von diesen Erwägungen ausgehend das auch der Existenzvernichtungshaftung zugrundeliegende Prinzip der Vermögenstrennung nicht nur als zwingende Vorgabe für den einzelstaatlichen, sondern auch den gemeinschaftsrechtlichen Gesetzgeber verstanden.[925] In Konsequenz dieser Gedankenführung gründet sich die Anwendbarkeit der Existenzvernichtungshaftung nicht auf eine kollisionsrechtliche Lösung, sondern den in Art. 44 Abs. 2 lit. g EG normierten Vorbehalt. Bei einem kollisionsrechtlichen Lösungsansatz kommt eine delikts-, gesellschafts- oder insolvenzrechtliche Qualifikation in Betracht, was auch darauf beruht, daß die GmbH-rechtliche Diskussion um die Frage der dogmatischen Einordnung der Existenzvernichtungshaftung noch nicht abgeschlossen ist.[926]
Für die Verortung der Existenzvernichtungshaftung im Deliktsrecht spricht nach einer Ansicht, daß in der rücksichtslosen Ausnutzung der Rechtsstellung des Gesellschafters zur Gläubigerschädigung die Verletzung einer von § 826 BGB erfaßten qualifizierten Verkehrspflicht liegt.[927] Eine solche Sichtweise verkennt jedoch, daß das haftungsauslösende Moment nicht in der unmittelbaren Gläubigerschädigung, sondern in dem Vermögensabzug zu Lasten der Gesellschaft, in dessen Folge die GmbH nicht mehr in der Lage ist, ihren Verbindlichkeiten nachzukommen,[928] liegt.[929] Ob neben der Haftung wegen Existenzvernichtung noch der Tatbestand des § 826 in Betracht kommt, wird zu einem späteren Zeitpunkt noch näher erörtert.

---

[924] *Schön* ZHR 168 (2004), 268, 293f.
[925] *Schön* ZHR 168 (2004), 268, 294.
[926] Vgl. etwa *Altmeppen* ZIP 2002, 1553ff; *Ulmer* ZIP 2001, 2021ff; *Bitter* WM 2001, 2133ff; *Wilhelm* NJW 2003, 175, 178 m.w.N.; *Westermann* NZG 2002, 1129, 1135.
[927] *Schanze/Jüttner* AG 2003, 661, 669. So, wenn auch ohne dogmatische Begründung, i.E. auch *Kindler* NZG 2003, 1086, 1090; *Zimmer* NJW 2003, 3585, 3588; *Bayer* BB 2003, 2357, 2365. Siehe auch *Haas* WM 2003, 1929, 1940.
[928] *Röhricht* Festschrift 50 Jahre BGH S. 83, 106f.
[929] *Schön* ZHR 168 (2004), 268, 292.

Deutsches Sachrecht wäre ferner dann zur Anwendung berufen, wenn die Haftung wegen existenzvernichtenden Eingriffs ein dem Insolvenzrecht zuzuordnendes Rechtsinstitut wäre.
So könnte dieses als eine Insolvenzverursachungshaftung, deren dominantes Merkmal der insolvenzverursachende Abzug von Gesellschaftsvermögen zu Lasten der Gläubigergesamtheit ist, verstanden werden.[930] Diese Gedankenführung basiert darauf, daß das haftungsauslösende Verhalten in einer Umgehung des förmlichen Insolvenzverfahrens liegt, da die Gesellschaft durch den Eingriff unter Mißachtung des Prinzips der vorrangigen Gläubigerbefriedigung bei der Desinvestition des Gesellschaftsvermögens, also gleichsam „auf kaltem Wege", liquidiert wird. Somit ist nach dieser Ansicht eine Funktionsäquivalenz zu den insolvenzrechtlichen Anfechtungsvorschriften gegeben und die Existenzvernichtungshaftung folglich insolvenzrechtlich einzuordnen. Eine solche Sichtweise berücksichtigt zwar die sachliche Nähe dieser Rechtsfigur zur Insolvenz, läßt aber außer acht, daß diese Durchgriffshaftung auf einem zentralen gesellschaftsrechtlichen Grundprinzip, der dem Kapitalgesellschaftsrecht immanenten Trennung zwischen den Gesellschaftern und der Gesellschaft, deren Vermögen den Gläubigern als Haftungssubstrat dienen soll, basiert. Wie eingangs dargestellt, löst die Mißachtung dieser Trennung des Gesellschaftsvermögens vom Vermögen der Gesellschafter und der „strikten Bindung des ersteren zur - vorrangigen - Befriedigung der Gesellschaftsgläubiger" die Haftung aus.[931] Gerade hierin liegt eine objektiv-zweckwidrige Verwendung der Haftungsbeschränkung durch die Gesellschafter, so daß dieser Fall außerhalb des mit § 13 II GmbHG verfolgten Zwecks liegt und die Haftungsbeschränkung im Wege der teleologischen Reduktion des § 13 II GmbHG durchbrochen werden muß. Es handelt sich demnach bei diesem Rechtsinstitut um eine gesellschaftsrechtlich zu qualifizierende Durchgriffshaftung im Wege der teleologischen Reduktion von § 13 II GmbHG i.V.m. einer Analogie zu §§ 105, 128 HGB.[932]

Folgt man der hier vertretenen Einordnung als gesellschaftsrechtlich, so kann die Durchsetzung der Existenzvernichtungshaftung kollisionsrechtlich im Wege einer Sonderanknüpfung[933] oder über den *ordre public*[934] erfolgen. Die Gemein-

---

930 *Weller* IPRax 2003, 207, 209; *ders.* DStR 2003, 1800, 1804; *ders.* IPRax 2003, 324, 328.

931 Vgl. BGH ZIP 2002, 1578ff, 1580.

932 *Bitter* WM 2001, 2133ff, 2139f.; i. E. so auch *Wilhelm* NJW 2003, 175, 178 m.w.N., der dies mit einer Analogie zu § 43 GmbHG zu begründen sucht und *Ulmer* JZ 2002, 1049, der die Existenzvernichtungshaftung aus der Treuepflicht der Gesellschafter ableitet.

933 *Eidenmüller* ZIP 2002, 2233, 2242; *Schulz* NJW 2003, 2705, 2707; *Behrens* IPRax 2003, 193, 206.

934 So auch *Weller* IPRax 2003, 207, 210; *Schulz* NJW 2003, 2705, 2707; *Ulmer* JZ 1999, 662, 665.

samkeit beider Konstruktionen besteht darin, daß in ihrer Konsequenz eine Korrektur der Verweisung auf das englische Gründungsrecht erfolgt, indem für den fraglichen Bereich ausnahmsweise deutsches Sachrecht zur Anwendung berufen wird. Der *ordre public*-Vorbehalt des Art. 6 EGBGB beschränkt sich hierbei zunächst auf eine negative Funktion,[935] die einer ausländischen Rechtsnorm, deren Anwendung zu einem Ergebnis führt, das mit wesentlichen Grundsätzen des deutschen Rechts offensichtlich unvereinbar ist, die Geltung im Inland versagt. Besteht der Verstoß gegen den deutschen *ordre public*, wie möglicherweise im Fall des existenzvernichtenden Eingriffs, in dem Fehlen einer nach dem deutschen Recht erforderlichen Regelung, so führt die Anwendung von Art. 6 EGBGB letztlich zur Geltung des deutschen Rechts als Ersatzrecht.[936] Auch über Sonderanknüpfungen wird zur Durchsetzung bestimmter zwingender Regelungsbereiche, hier gesellschaftsrechtlicher Gläubigerschutznormen, die Anwendung des deutschen Rechts herbeigeführt.[937]

Kann somit der Haftung wegen existenzvernichtenden Eingriffs kollisionsrechtlich zur Geltung verholfen werden, indem die Maßgeblichkeit des englischen Gesellschaftsstatuts punktuell durchbrochen wird, führt dies zu der sich daran anschließenden Frage, ob die Anwendung dieses Rechtsinstituts auf eine englische *limited* in Deutschland mit Art. 43, 48 EG vereinbar ist, d.h. ob sie eine verhältnismäßige Einschränkung der Niederlassungsfreiheit darstellt. In der Literatur wird die Diskussion um die Geltung der Existenzvernichtungshaftung sehr heftig geführt, wobei der Schwerpunkt der Diskussion allerdings auf der kollisionsrechtlichen Behandlung dieses Rechtsinstituts liegt. Teilweise wird die Anwendbarkeit bejaht, ohne daß auf die weitergehende Frage nach der Erforderlichkeit der Anwendung dieser Durchgriffshaftung auf eine inländische *limited* näher eingegangen wird. Aus diesem Grund ist eine genaue Systematisierung der noch am Anfang stehenden Diskussion nicht ohne weiteres möglich.

An dieser Stelle soll zunächst versucht werden, die wesentlichen Argumentationsstrukturen
aufzuzeigen, um im Anschluß daran die eigene Position darzustellen.

Eine Auffassung will die Existenzvernichtungshaftung als ein gegen einen „ausnahmsweisen" gesellschaftsrechtlichen Mißbrauch gerichtetes Rechtsinstitut auf eine Auslandsgesellschaft zur Anwendung bringen, wenn der Gesellschaft im konkreten Fall ein Mißbrauch nachgewiesen werden kann. Dieser Haftungstatbestand sei eine einzelfallbezogene, gegen ein mißbräuchliches Verhalten im

---

935 *Rauscher* Internationales Privatrecht 5. Abschnitt C. 3.

936 MüKo-BGB/*Sonnenberger* Internationales Privatrecht Art. 6 Rn. 5; *Rauscher* Internationales Privatrecht 5. Abschnitt C. 3. c).

937 *Rauscher* Internationales Privatrecht 5. Abschnitt C. 4.

Sinne der EuGH-Rechtsprechung gerichtete Gläubigerschutzmaßnahme.[938] Demgegenüber wird darauf verwiesen, daß der Grundgedanke der Existenzvernichtungshaftung in der Sanktionierung der Mißachtung der Trennung der Vermögensmassen von Gesellschaftern und Gesellschaft als dem Funktionsprinzip einer Kapitalgesellschaft besteht.[939] Während *Altmeppen* daraus folgert, daß unabhängig von der dogmatischen Einordnung dieses Rechtsinstituts die verantwortlichen Anteilseigner und Geschäftsführer einer *limited* das „aus dem Wesen der Kapitalgesellschaft resultierende „Erste Gebot" für Kapitalgesellschaften mit Sitz in Deutschland" zu respektieren haben,[940] leitet *Schön* diese Maxime aus der europäischen Vorgabe der Vermögenstrennung, basierend auf einer Gesamtbetrachtung der Niederlassungsfreiheit und den Mindeststandards der Richtliniengesetzgebung her.[941] Ein Verstoß gegen dieses Rechtsprinzip erfordert daher die Anwendung der in diesen Fällen einschlägigen nationalen Schutzinstrumente. Eine andere Auffassung lehnt die Anwendbarkeit ab, da sich der Schutz der Minderheitsgesellschafter und Gläubiger einer abhängigen Gesellschaft nach dem Personalstatut der abhängigen Gesellschaft, also englischem Recht richten müsse.[942] In Betracht käme in derartigen Fallkonstellationen lediglich eine ergänzende Haftung aus § 826 BGB oder § 823 II BGB i.V.m. einem ausländischen Schutzgesetz.

Einige Stellungnahmen in der Literatur gehen auf die Frage der Erforderlichkeit etwas ausführlicher ein.[943] So will unter anderem *Behrens* die Regelungen des Sitzrechts nur einzelfallbezogen und insoweit zur Anwendung bringen, wie es erforderlich ist, einen nicht bereits im Gründungsrecht hinreichend bewirkten Schutz zu ergänzen.[944] Ferner verweist er auch darauf, daß bei der Feststellung der Erforderlichkeit auch die Selbstschutzmöglichkeiten der Gläubiger zu berücksichtigen sind.[945] Auch *Eidenmüller/Rehm* stellen darauf ab, ob das Gründungsrecht der Gesellschaft eine „gewisse Form von Gläubigerschutz" be-

---

[938] *Horn* ZIP 2004, 893, 899; *Zimmer* NJW 2003, 3585, 3589. Ähnlich auch *Meilicke* GmbHR 2003, 1271, 1272, der „konkrete, tatsächlich festzustellende rechtswidrige Handlungen" verlangt, weil sich die Frage, welche nachteiligen Weisungen der Gesellschafter erteilen oder ob er Gewinne abziehen darf, „unmöglich" nach dem jeweiligen Sitzrecht richten könne.

[939] *Altmeppen* NJW 2004, 97, 101; *Schön* ZHR 168 (2004) 268, 294.

[940] *Altmeppen* NJW 2004, 97, 101.

[941] *Schön* ZHR 168 (2004) 268, 295. Vgl. dazu auch die bereits oben erfolgte Erörterung dieses Lösungskonzepts.

[942] *Schumann* DB 2004, 743, 749.

[943] *Borges* NJW 2004, 733, 742; *Behrens* IPRax 2003, 193, 206; *ders.* IPRax 2004, 20, 25; *Eidenmüller* ZIP 2002, 2233, 2242; *Eidenmüller/Rehm* ZGR 2004, 159, 173ff.

[944] *Behrens* IPRax 2003, 193, 206; *ders.* IPRax 2004, 20, 25. Wie *Behrens* auch *Ziemons* ZIP 2003, 1913, 1917.

[945] *Behrens* IPRax 2003, 193, 206; *ders.* IPRax 2004, 20, 25.

wirkt.[946] Daher wird nach ihrer Auffassung „sehr selten“ der Rückgriff auf das Recht des Sitzstaates erforderlich sein, da „die Mitgliedstaaten der Europäischen Union sämtlich über ausgefeilte und ausgewogene Rechtsordnungen verfügen“.[947] Nach einer anderen Ansicht steht die Erforderlichkeit der Anwendung der Existenzvernichtungshaftung jedoch nicht unter dem Vorbehalt einer Lücke im Gründungsrecht der Gesellschaft.[948] Der EuGH habe in keinem seiner Urteile eine Aussage mit Bezug zu der Rechtslage im Gründungsstaat getroffen. Ein solches Erfordernis würde lediglich Rechtsunsicherheit schaffen, Kosten verursachen und zur Verzögerung der Streiterledigung führen.[949]

Vor dem Hintergrund der geschilderten Diskussion ist festzuhalten, daß die Existenzvernichtungshaftung im deutschen Recht mit Blick auf die GmbH als ein auf den Einzelfall bezogenes Schutzinstrument aus dem auch nach deutschem Verständnis als dringend betrachteten Grund des Gläubigerschutzes erforderlich ist.[950] Auch eignet sich diese Rechtsfigur gerade wegen des ihr eigenen Bezugs auf die Umstände des Einzelfalls zur Bekämpfung mißbräuchlichen Verhaltens. Im Kontext der transnationalen Verlegung des Verwaltungssitzes stellt sich aber die, wie dargelegt nur von wenigen Autoren näher erörterte, entscheidende Frage nach der Erforderlichkeit der Anwendung der Existenzvernichtungshaftung auf eine in Deutschland tätige *limited.* Für die Erforderlichkeit der Anwendung der Existenzvernichtungshaftung bedarf es hierbei des Nachweises, daß die Durchsetzung gegenüber der Scheinauslandsgesellschaft eine verhältnismäßige, d.h. nichtdiskriminierende, geeignete und erforderliche Maßnahme zum Schutz der Gläubiger oder zur Verhinderung von Mißbrauch darstellt. Da die Haftung wegen existenzvernichtenden Eingriffs sich in nichtdiskriminierender Weise auf in- wie ausländische Gesellschaften erstreckt und der Gläubigerschutz auf diesem Wege auch grundsätzlich erreicht werden kann, so daß es sich auch um ein geeignetes Mittel zur Erreichung dieses Ziels handelt, ist nunmehr auf die zentrale Frage nach der Erforderlichkeit der Durchgriffshaftung wegen existenzvernichtenden Eingriffs einzugehen.
Gemäß den am Anfang der Darstellung getroffenen Feststellungen setzt die Erforderlichkeit voraus, daß die Anwendung der Existenzvernichtungshaftung das mildeste Mittel zur Erreichung des Gläubigerschutzes darstellt.[951] Entscheidend

---

[946] *Eidenmüller/Rehm* ZGR 2004, 159, 173ff. Zurückhaltender noch *Eidenmüller* ZIP 2002, 2233, 2242, der in diesem Beitrag darauf abstellte, ob „das Gründungsrecht *im Einzelfall* vergleichbare Regelungen kennt“.
[947] *Eidenmüller/Rehm* ZGR 2004, 159, 173.
[948] *Borges* NJW 2004, 733, 741.
[949] *Borges* NJW 2004, 733, 742; *Altmeppen* NJW 2004, 97, 101.
[950] Grundlegend hierzu *Röhricht* Festschrift 50 Jahre BGH S. 83ff.
[951] Siehe dazu ausführlich unter A. § 1 III. 2.

ist hierbei, ob der Schutz der Gläubiger auch durch das Gründungsrecht adäquat erreicht werden kann. Maßgeblich ist in diesem Zusammenhang nicht die Gleichwertigkeit des alternativen Schutzinstruments, sondern die Frage, ob nach dem Recht des Gründungsstaates ein hinreichender Schutz der Gläubigerinteressen besteht. Insoweit ist auf die Gesamtkonzeption des ausländischen Gesellschaftsrechts abzustellen, so daß ein vergleichbarer Rechtsschutz nicht auf identischen Schutzmechanismen beruhen muß. Zur Bejahung der Erforderlichkeit der Geltung einer gläubigerschützenden Regelung bedarf es somit des Nachweises, daß bei alleiniger Geltung des Gründungsrechts, d.h. ohne die ergänzende Anwendung des Rechts des Niederlassungsstaates, eine nicht zu schließende Gläubigerschutzlücke entstehen würde, der Gläubigerschutz mithin völlig verfehlt würde.[952] Im Rahmen dieser Prüfung ist zudem auch ein durch Sekundärrechtsakte, wie etwa die Publizitätsrichtlinie,[953] bewirkter Gläubigerschutz zu berücksichtigen.

Auf dieser Grundlage ist für die Erforderlichkeit der Anwendung der Haftung wegen existenzvernichtenden Eingriffs auf eine in Deutschland hauptsächlich oder ausschließlich tätige *limited* entscheidend, ob das Recht der englischen *limited* einen dem Recht der GmbH vergleichbaren Schutz der Gläubiger gewährt. Nur dann, wenn der Gläubigerschutz im Recht der englischen *limited* völlig verfehlt wird, besteht ein konkretes Schutzbedürfnis des inländischen Rechtsverkehrs, das die Anwendung der Existenzvernichtungshaftung als ein erforderliches Instrument des Gläubigerschutzes rechtfertigt. Wie im Rahmen der Darstellung des englischen Rechts ausführlich dargestellt wurde, bewirkt auch das englische Recht der *limited* durch eine Reihe sich ergänzender Konzepte den Schutz der Gläubiger. Dieses Gläubigerschutzsystem erstreckt sich von der *doctrine of capital maintenance*, dem *lifting of the corporate veil*, den *directors' duties*, der Haftung wegen *wrongful* bzw. *fraudulent trading* und dem Disqualifizierungsregime bis zu den umfassenden Offenlegungs- und Publizitätspflichten. An dieser Stelle sollen die wesentlichen Aspekte dieser Instrumente, soweit sie hier von Bedeutung sind, nochmals kurz wiederholt werden.

In der Gesamtbetrachtung der gläubigerschützenden Regelungen des englischen Rechts nimmt die *doctrine of capital maintenance* einen wichtigen Platz ein.[954] Zwar sind die Regeln der Kapitalaufbringung und zum Teil die der Kapitalerhaltung für eine *limited*, die kein Mindestkapital aufweist, in der Praxis von untergeordneter Bedeutung. Andererseits kann eine ohne ein *minimum share capital*

---

[952] So auch *Eidenmüller/Rehm* ZGR 2004, 159, 173.

[953] Publizitätsrichtlinie vom 9.3.1968, Nr. 68/151/EWG, ABl. 1968, L 65/8, geändert durch Richtlinie 2003/58/EG, ABl. 2003, L 221/13.

[954] Vgl. hierzu die ausführliche Darstellung unter B. § 2 I.

operierende *limited* nicht ihr gesamtes Vermögen zur Ausschüttung bringen. Die Tatsache, daß die Zulässigkeit von Ausschüttungen nicht anhand einer Stammkapitalziffer beurteilt wird, führt nicht zwangsläufig zu einem im Vergleich mit dem deutschen Recht niedrigeren Schutzniveau. So ist die Zulässigkeit einer Auszahlung, ähnlich dem Recht der Aktiengesellschaft, anhand einer nach Maßgabe der Bilanzierungsvorschriften der ss. 270-276 CA 1985 erstellten Bilanz zu bestimmen. Danach kann eine Ausschüttung nur dann erfolgen, wenn *profits available for the purpose* i.S.v. s. 263(1) CA 1985 zur Verfügung stehen. Hierbei handelt es sich um Gewinne, die aus den kumulierten, realisierten Gewinnen, soweit nicht bereits ausgeschüttet oder kapitalisiert, abzüglich der kumulierten, realisierten Gewinne, soweit nicht bereits im Rahmen einer Kapitalherabsetzung abgeschrieben, errechnet werden. Zudem unterliegt der *director* der Pflicht, zu prüfen, ob die *limited* mit Rücksicht auf die fälligen und künftigen Verbindlichkeiten und die Ertragsaussichten der Gesellschaft auch nach der Ausschüttung in der Lage sein wird, ihre Verbindlichkeiten bei Fälligkeit zu befriedigen.[955] Infolge unzulässiger Auszahlungen steht der *limited* ein Rückzahlungsanspruch gegen die Gesellschafter und die Geschäftsführer zu, wobei auch faktische Geschäftsführer von dieser Haftung erfaßt werden.[956] Zudem erfaßt der Begriff *distribution* in s. 263(1) CA 1985 auch verdeckte Gewinnausschüttungen. Somit darf eine sach- oder geldwerte Ausschüttung nur dann vorgenommen werden, wenn sie in Übereinstimmung mit den soeben erwähnten Vorschriften oder aufgrund eines in Leistung und Gegenleistung ausgewogenen Vertrages erfolgt.[957] Darüber hinaus kommt auch dem *lifting of the corporate veil* ein zentraler Stellenwert für den Gläubigerschutz zu.[958] Das englische Verständnis des Haftungsdurchgriffs ist hierbei äußerst weit und erfaßt neben der Haftung der Gesellschafter auch die Geschäftsführer der Gesellschaft einschließlich der auf die Geschäftsführung Einfluß nehmenden *shadow* und *de facto directors*. So ist nach der Grundsatzentscheidung des *Court of Appeal* in *Adams v Cape Industries plc*[959] ein Haftungsdurchgriff denkbar, wenn eine sog. *agency relationship* vorliegt oder die Gesellschaft eine die wahren Verhältnisse verschleiernde *mere façade* bzw. lediglich ein Name ohne jede Substanz ist. Ein Haftungsdurchgriff kommt zunächst dann in Betracht, wenn betrügerische oder mißbräuchliche Verhaltensweisen vorliegen, etwa, wenn die Gesellschafter versuchen, unter

955 British Company Law & Practice Rn. 32.500.

956 *Canadian Aero Service Ltd v O'Malley* [1973] 40 DLR (3d) 371; *DPC Estates Pty Ltd v Grey* [1974] 1 NSWLR 443.

957 *Ridge Securities Ltd v IRC* [1964] WLR 479; *Hannigan* Annotated Guide to Companies Act s. 263(2); Buckley on Companies Act Rn. 263.7.

958 Vgl. hierzu die ausführliche Darstellung unter B. §2 II.

959 [1990] Ch D 433, CA.

Einsatz einer *limited* Steuerschulden[960] oder vertraglichen Verpflichtungen zu entgehen[961] sowie in Fällen, in denen die Gesellschaft lediglich der Aufnahme von veruntreuten Geldern dient und daher eine bloße Fassade darstellt.[962] Weiterhin erfaßt der Haftungsdurchgriff auch die *directors* der Gesellschaft, unter anderem, wenn diese Geschäftschancen ihrer Gesellschaft an sich ziehen und die Gewinne auf eine andere *limited* übertragen.[963] Im Vergleich mit dem deutschen Recht existieren zwei Fallgruppen, in denen das englische Recht hinsichtlich der Frage eines Haftungsdurchgriffs restriktiver ist als das Recht der GmbH. So ist die Unterkapitalisierung einer Gesellschaft kein anerkannter Durchgriffsfall.[964] Die Unterkapitalisierung kann allerdings mittelbar für eine Haftung gemäß s. 214 IA 1986 relevant werden. In Fallkonstellationen, in denen einer Gesellschaft Vermögenswerte entzogen werden und dieser Eingriff der Gesellschaft die Fähigkeit nimmt, ihre Verbindlichkeiten zu erfüllen, liegt nach deutschem Recht ein sog. existenzvernichtender, einen Haftungsdurchgriff rechtfertigender Eingriff vor, während das englische Recht in diesen Fällen auch dem zugrundeliegenden Motiv Beachtung schenkt. Ein *lifting of the corporate veil* kommt danach nur dann in Betracht, wenn die Vermögenswerte mit betrügerischen Absichten übertragen werden und die Gesellschaftsstruktur dazu dient, die tatsächlichen Verhältnisse zu verschleiern. So wurde in dem Fall *Re a Company*[965], in dem die Übertragung der Vermögenswerte nach Beginn des Prozesses zu dem Zweck erfolgte, diese dem Zugriff des Klägers zu entziehen, ein Haftungsdurchgriff auf das Vermögen der aufnehmenden Gesellschaft zugelassen. In dem Fall *Ord v Belhaven*[966] wurde, wie ausführlich erörtert, die Übertragung des operativen Geschäfts von einer Gesellschaft auf eine andere *limited* vom *Court of Appeal* nicht in Frage gestellt, da diese Restrukturierung auf eine Rezession zurückzuführen war, die Vermögenswerte weit über dem Buchwert übertragen wurden und keinerlei betrügerische oder gläubigerbenachteiligende Motive involviert waren. Ein Haftungsdurchgriff schied in Abwesenheit der offenen und von *good faith* getragenen Transaktion aus. Jedoch sind in einer solchen Situation, in der die Gesellschaft insolvenzgefährdet ist, die Interessen der Gläubiger zu berücksichtigen, deren Verletzung als Bestandteil der gegenüber der *limited* zu beachtenden *directors' duties* bei Mißachtung zu einer Schadensersatzpflicht

---

[960] *Re H* [1996] 2 BCLC 500, CA.

[961] Gilford Motor Co Ltd v Horne [1933] Ch D 935, CA; Jones v Lipman [1962] 1 All ER 442.

[962] *Trustor AB v Smallbone* [2001] 2 BCLC 436.

[963] *CMS Dolphin Ltd v Simonet and another* [2001] 2 BCLC 704; *Gencor ACP Ltd v Dalby* [2000] 2 BCLC 734.

[964] *Atlas Maritime Co SA v Avalon Maritime Ltd, The Coral Rose* [1991] 4 All ER 769.

[965] [1985] BCLC 333, CA.

[966] [1998] 2 BCLC 447, CA.

der *directors* einschließlich der *shadow* und *de facto directors* führen kann.[967] Zudem kann in dem Entzug von Vermögenswerten eine *misappropriation of corporate property* und somit ein Verstoß gegen die *proper purpose doctrine*, die zu einer Schadensersatzhaftung der *de iure, de facto* und *shadow directors* führt, liegen.[968] In Betracht kommt ferner eine Haftung aus ss. 213, 214 IA 1986, wenn die Geschäftsführer die *limited*, deren Vermögenswerte auf eine andere Gesellschaft übertragen wurden, in die Insolvenz wegen Überschuldung treiben und die *directors* wußten oder hätten wissen müssen, das keine vernünftige Aussicht bestand, die Insolvenz zu vermeiden. Ergänzt wird dieses Schutzsystem durch die Disqualifizierung von *directors* bzw. ihnen gleichgestellten Personen aufgrund des *Company Directors Disqualification Acts 1986* und die Publizitäts- und Offenlegungspflichten.[969]

Daher bewirkt auch das englische Recht durch diese Regelungsmechanismen einen ausreichenden Gläubigerschutz. Daß in einzelnen Konstellationen, etwa in dem diskutierten Fall *Ord v Belhaven Pubs Ltd*[970] die Schutzintensität abweicht, ist aus europarechtlicher Sicht ebenso unbedenklich wie die Unterschiedlichkeit der Instrumentarien, da allein entscheidend ist, daß im englischen Recht, abgestellt auf dessen Gesamtkonzeption, ein hinreichender Gläubigerschutz besteht. Als Ergebnis ist somit festzuhalten, daß die Anwendung der Existenzvernichtungshaftung zum Zweck des Gläubigerschutzes auf eine in Deutschland tätige *limited* nicht erforderlich ist.[971]

Unabhängig davon, daß die Existenzvernichtungshaftung kein erforderliches Mittel zur Verwirklichung des Gläubigerschutzes ist, kann diese Rechtsfigur dennoch ein verhältnismäßiges Mittel zum Mißbrauchsschutz, der einen weiteren anerkannten zwingenden Grund des Allgemeinwohls[972] darstellt, sein. Dies

---

[967] *Hannigan* Company Law S. 204ff.

[968] *Bishopsgate Investment Ltd v Maxwell (No 2)* [1993] BCLC 1282.

[969] Vgl. hierzu die Darstellung unter B. §2 III. 2. und B. §2 IV.

[970] [1998] 2 BCLC 447, CA.

[971] Wie hier i.E. *Schumann* DB 2004, 743, 749. A.A. *Schulz* NJW 2003, 2705, 2708; *Forsthoff* DB 2003, 987, 981; *Weller* IPRax 2003, 207, 210; *ders.* DStR 2003, 1800, 1804; *ders.* IPRax 2003, 324, 328; *ders.* IPRax 2003, 520, 524; *Schanze/Jüttner* AG 2003, 661, 670; *Eidenmüller* ZIP 2002, 2233, 2242; zurückhaltender aber *Eidenmüller/Rehm* ZGR 2004, 159ff.; *Paefgen* DB 2003, 487, 489; *Merkt* RIW 2003, 458ff.; wohl auch *Behrens* IPRax 2003, 193, 206; vorsichtiger *ders.* IPRax 2004, 20, 25; *Altmeppen* NJW 2004, 97, 101; *Horn* NJW 2004, 893, 899. Insgesamt ablehnend gegenüber einer persönlichen Gesellschafter- und Geschäftsführerhaftung *Zimmer* BB 2003, 1, 6.

[972] Unter den zwingenden Gründen des Allgemeinwohls versteht der EuGH den Schutz der Gläubiger, Arbeitnehmer, Minderheitsgesellschafter und von Fiskalinteressen, die Erhaltung

basiert darauf, daß der existenzvernichtende Eingriff den Nachweis eines mißbräuchlichen Verhaltens im Einzelfall voraussetzt. Hierbei ist auf die im Rahmen der Reichweite der Niederlassungsfreiheit erarbeitete [A. § 1 III. 2. c) (2)] Zweistufigkeit der Niederlassungsfreiheit zu verweisen.
Danach ist der Mißbrauch im gesellschaftsrechtlichen Kontext ausschließlich nach dem englischen Recht zu beurteilen und es kann einer derartigen mißbräuchlichen Verhaltensweise nur mit den soeben skizzierten Instrumentarien des Rechts der *limited* begegnet werden. Somit kann die Verursachung einer Gläubigerschädigung allein nicht bereits die Anwendung der Existenzvernichtungshaftung rechtfertigen.[973] Diese kann nur dann Geltung erlangen, wenn es sich um eine betrügerische Betätigung handelt, die aufgrund des durch die Niederlassungsfreiheit eröffneten Spielraums ermöglicht wurde und die nicht mehr vom Zweck der Art. 43, 48 EG gedeckt ist. Dieser europarechtlich vermittelte Mißbrauch kann dann anhand des deutschen Rechts festgestellt werden, so daß ein Rückgriff auf das englische Recht in dieser Konstellation entbehrlich ist [zum Ganzen siehe A. § 1 III. 2. c) (2)]. Dies bedeutet, daß der erreichte Erfolg gerade auf dem Einsatz einer *limited* als ausländischer Rechtsform beruhen muß, so daß sich die Beteiligten in mißbräuchlicher Weise der Anwendung des nationalen Rechts entziehen. Bei Vorliegen dieser Voraussetzungen ist im Einzelfall davon auszugehen, daß die Existenzvernichtungshaftung ein verhältnismäßiges Mittel zur Mißbrauchsbekämpfung darstellt. An dieser Stelle ist nun auf den vom AG Hamburg entschiedenen Fall zurückzukommen.[974]

Eine mit einem Stammkapital von 100 britischen Pfund gegründete *limited*, deren zwei Gesellschafterinnen zwei englische *limiteds* ohne nennenswerte Eigenkapitalausstattung waren, war ausschließlich auf dem deutschen Markt tätig und teilte ihr Betriebsgrundstück mit einer auf demselben Geschäftsgebiet tätigen GmbH. Die Geschäfte der GmbH wurden faktisch vom *director* der *limited* betrieben. Die Geschäftsbetriebe beider Gesellschaften waren dergestalt miteinander verknüpft, daß die *limited* den Materialeinkauf tätigte und die Arbeitnehmer beschäftigte, mithin für die Mehrzahl der Rechnungen haftete, die GmbH aber stets als Vertragspartnerin für die Eingänge auftrat und ihr somit alle Einnahmen zustanden. Das AG Hamburg entschied, daß eine derartige Gestaltung einen

---

der Lauterkeit des Handelsverkehrs und die Bekämpfung der mißbräuchlichen Ausnutzung der Niederlassungsfreiheit. Vgl. hierzu EuGH Rs. C-212/97, DB 1999, 625, 626, Tz. 24 - *Centros*; EuGH Rs. C-208/00, DB 2002, 2425, 2428, Tz. 92 - *Überseering*; EuGH Rs. 167/01, RIW 2003, 957, 960f., Tz. 136, 140 - *Inspire Art*.

[973] So aber *Borges* NJW 2004, 733, 742; *Horn* NJW 2004, 893, 89; *Drygala* EWiR 2003, 1029, 1030.

[974] AG Hamburg, Beschluß vom 14.5.2003 - 67 g IN 358/02 = NZG 2003, 732ff.

Mißbrauch darstellt und erkannte die Haftungsbeschränkung nicht an,[975] da die Berufung auf die Haftungsbeschränkung jedenfalls dann nicht möglich sei, wenn die *limited* nach rechtsmißbräuchlicher Auslandsgründung ausschließlich in Deutschland tätig und nicht mit hinreichendem Kapital ausgestattet ist. Entgegen der klaren europarechtlichen Rechtslage wertet das Gericht somit die Gründung einer (nach deutschen Maßstäben unterkapitalisierten) *limited* nach dem liberaleren englischen Recht durch deutsche Staatsangehörige mit unmittelbar anschließender Verlegung des Hauptverwaltungssitzes ins Inland als rechtsmißbräuchlich. Erfolgversprechender erscheint daher der zweite Argumentationsstrang des Gerichts: Die Rechtsmißbräuchlichkeit ergebe sich zumindest aus der Trennung zwischen Forderungen und Verbindlichkeiten auf verschiedene Gesellschaften unter Einsatz der unterkapitalisierten *limited* als Trägerin der Verbindlichkeiten.[976]
Nach den erarbeiteten Grundsätzen wäre zunächst zu beachten, daß die Anwendung des deutschen Rechts voraussetzt, daß der Mißbrauch des durch die Niederlassungsfreiheit eröffneten Handlungsspielraums gerade durch den Einsatz der ausländischen Rechtsform vermittelt wird. Entscheidend ist also, ob der erreichte Erfolg, der Einsatz einer unterkapitalisierten Gesellschaft als reinem Haftungsträger für eine andere Gesellschaft, mit deren Geschäftsbetrieb sie untrennbar verknüpft ist, auch durch den Einsatz einer GmbH erreichbar gewesen wäre. Dies ist zu bejahen. Der erwünschte Effekt hätte ebenso durch die Verwendung einer unterkapitalisierten GmbH, deren Stammkapital durch Verluste bereits aufgebraucht wurde, erreicht werden können. Es handelt sich somit nicht um einen Mißbrauch, der gerade auf der Verwendung der ausländischen Gesellschaftsform beruht, ein Mißbrauch der Niederlassungsfreiheit scheidet mithin aus.

Es kann aber nicht ausgeschlossen werden, daß es sich bei dieser Konstellation um eine mißbräuchliche Ausnutzung englischer gesellschaftsrechtlicher Grundsätze handelt, indem eine unterkapitalisierte, d.h. mit geringem Eigenkapital ausgestattete, Gesellschaft als alleiniger Träger der Verbindlichkeiten eingesetzt wird, ohne daß dieser Haftung die damit normalerweise einhergehenden Ansprüche gegenüberstehen. Ob ein derartiger Einsatz einer *limited* rechtsmißbräuchlich ist, [977] muß nach den vorangegangenen Erörterungen anhand des

---

[975] AG Hamburg, Beschluß vom 14.5.2003 - 67 g IN 358/02 = NZG 2003, 732, 733.

[976] AG Hamburg, Beschluß vom 14.5.2003 - 67 g IN 358/02 =NZG 2003, 732, 734.

[977] Vgl. hierzu auch die Äußerung von *Großerichter* DStR 2003, 159, 169, daß eine solche geringe Kapitalausstattung im englischen Recht zulässig ist und die Gesellschaft daher nicht per se als unterkapitalisiert betrachtet werden darf. So auch *Leible/Hoffmann* RIW 2002, 925, 930; *Eidenmüller* ZIP 2002, 2233, 2242.

Gründungsrechts überprüft werden.[978] Wie anläßlich der Untersuchung des englischen Rechts festgestellt wurde [B. §2 II. 1. und B. §2 II. 2. b)], können aus der Unterkapitalisierung allein keine Rechtsfolgen hergeleitet werden. In Betracht käme aber die Anwendung der Grundsätze des *lifting of the veil*. Ein Haftungsdurchgriff aufgrund der bestehenden ökonomischen Einheit der beiden Gesellschaften, sog. *single economic unit argument*, kommt nicht in Betracht, da der Einsatz mehrerer *limiteds* mit dem Ziel der Haftungsminimierung für eine oder mehrere der beteiligten Gesellschaften zunächst unbedenklich ist.[979]

Denkbar erscheint hier aber, die *limited*, die vom faktischen Geschäftsführer der GmbH durch die Geschäftsaufteilung und die faktische Einflußnahme kontrollierte wurde, als bloße Fassade anzusehen. Da die Verflechtung der Betriebe aufgrund des Auftretens der Ehefrau, die die deutsche GmbH offiziell betrieb, für außenstehende Gläubiger nicht ersichtlich war und die GmbH dergestalt „im Verborgenen" alle Gewinne erhielt, diente die Gesellschaftsstruktur dazu, die tatsächlichen Verhältnisse zu verschleiern. Die Eigenschaft der *limited* als reines Vehikel für Verbindlichkeiten war für Nichtbeteiligte gerade nicht offenkundig. Es erscheint somit möglich, die Gesellschafter der *limited* wegen der betrügerischen Umstände haftbar zu machen.[980] Das Gericht müßte hierzu auch Feststellungen zu den Motiven der Beteiligten treffen, was in der Sachverhaltsschilderung des Gerichts keinen Raum einnahm, so daß zu diesem Aspekt nicht näher Stellung bezogen werden kann. Die Durchgriffshaftung nach englischen Grundsätzen könnte sich dann auch, was das AG Hamburg nicht geprüft hat, auf den Geschäftsführer als *de facto director* erstrecken. In Betracht kommt zudem noch ein Verstoß gegen die *directors' duties*, falls der Geschäftsführer bei nahender Insolvenz der Gesellschaft die Gläubigerinteressen mißachtete. Dieser Anspruch

---

[978] Daß anschließend nicht explizit eine Mißbrauchskontrolle anhand einer diesen sanktionierenden Rechtsfigur geprüft wird, ist darauf zurückzuführen, daß das englische Recht eine solches allgemeines Prinzip nicht kennt, vgl. *Schurig* Festschrift Ferid S. 375, 379ff; *Merz* ZfRV 1977, 162, 163ff. Es ist auch darauf zu verweisen, daß ein Präzedenzfall für die vorliegende Konstellation nicht ersichtlich ist. Dennoch haben die Gerichte, wie zum englischen Recht dargestellt, Wege gefunden, mißbräuchliches bzw. betrügerisches Verhalten zu sanktionieren. Rechtstechnisch müßte ein Gericht, das einen Fall aufgrund eines vom *precedent* abweichenden Sachverhalts anders entscheiden möchte, diesen anhand der Fakten als unterscheidbar bezeichnen *(distinguishing)*. Instruktiv hierzu *Smith&Bailey* On the Modern English Legal System S. 413ff; sehr anschaulich *Smith & Keenan's* English Law S. 133ff.

[979] *Adams v Cape Industries plc* [1990] Ch 433, CA; *Re Polly Peck International plc (No. 3)* [1996] 1 BCLC 428.

[980] Sog. *fraud exception*, vgl. *Adams v Cape Industries plc* [1990] Ch D 433, CA; *Jones v Lipman* [1962] 1 All ER 442; *Gilford Motor Co Ltd v Horne* [1933] Ch D 935, CA; *Re H* [1996] 2 All ER 391, CA; *Trustor AB v Smallbone* [2001] 2 BCLC 436; *CMS Dolphin Ltd v Simonet and another* [2001] 2 BCLC 704; *Gencor ACP Ltd v Dalby* [2000] 2 BCLC 734.

ist dann vom *liquidator* gemäß s. 212 IA 1986, *misfeasance*, geltend zu machen. Nach Maßgabe des Sachverhalts kann dies wohl unterstellt werden. Zu denken ist auch an eine Haftung gemäß ss. 212ff. IA 1986. Am aussichtsreichsten erscheint eine Schadensersatzpflicht nach s. 214 IA 1986, da der Geschäftsführer hätte feststellen müssen, daß die *limited* bei diesem Geschäftsmodell keine vernünftige Aussicht hatte, die Insolvenz zu vermeiden. Ob die übrigen Voraussetzungen erfüllt sind, wäre dann anhand eines entsprechend aufbereiteten Sachverhalts zu prüfen. Festzuhalten bleibt, daß dem *director* die Berufung auf die sich aus dem englischen Gründungsstatut ergebende Haftungsbeschränkung in einem derartigen Fall bereits nach englischem Recht versagt wäre.

Nach dem hier gefundenen Ergebnis läßt sich festhalten, daß in einer Konstellation wie der vorliegenden die Anwendung des deutschen Rechts nicht in Betracht kommt, sondern vielmehr auf englische Grundsätze zurückzugreifen ist.[981] Dies gilt entsprechend auch für die Konstellation, in der der Gesellschaft lebenswichtige Ressourcen und Gewinnchancen entzogen werden.[982] Zu der Frage, inwiefern neben dieser Haftung nach englischen Grundsätzen nach dem Tatortprinzip eine Haftung aus § 826 BGB in Betracht kommt, wird im Rahmen der Erörterung der Anwendbarkeit zivilrechtlicher Normen Stellung genommen. Zu klären ist, wo sich der Gerichtsstand für die Klagen der Gläubiger befindet. Der allgemeine Gerichtsstand der Scheinauslandsgesellschaft befindet sich gemäß Art. 2, 60 Abs. 1 EuGVVO[983] alternativ am satzungsmäßigen Sitz, dem Ort der Hauptverwaltung oder -niederlassung. Für den satzungsmäßigen Sitz einer *limited* aus dem Vereinigten Königreich bestimmt Art. 60 Abs. 2 EuGVVO, daß sich dieser an der *registered office* der Gesellschaft befindet. Klärungsbedürftig ist daher, ob der allgemeine Gerichtsstand einer englischen *limited* ausschließlich in England begründet ist oder ob sich aufgrund ihres effektiven Sitzes in Deutschland auch die Zuständigkeit deutscher Gerichte ergibt. Da die Scheinauslandsgesellschaft in England keine Hauptverwaltung oder -niederlassung unterhält und der EuGH keine Unterscheidung zwischen der Haupt- und Zweigniederlassung trifft, kann auch bei der Eintragung einer bloßen Zweigniederlassung im deutschen Handelsregister die Realität, d.h. das Vorliegen einer Hauptniederlassung, zugrunde gelegt werden. Daher ist insoweit (auch) auf den in

---

[981] I.E. ebenso *Spindler/Berner* RIW 2004, 7, 9; a.A. (für Anwendbarkeit der Existenzvernichtungshaftung) *Roth* NZG 2003, 1081, 1085; *Ulmer* JZ 1999, 662, 665; *ders.* NJW 2004, 1201, 1207; *Schanze/Jüttner* AG 2003, 661, 669; *Weller* IPRax 2003, 207, 209; *ders.* DStR 2003, 1800, 1804; *ders.* IPRax 2003, 324, 328; *ders.* IPRax 2003, 520, 524.

[982] Sog. „Liquidation auf kaltem Wege", siehe *Altmeppen* ZIP 2001, 1837, 1839.

[983] Verordnung EG Nr. 44/2001 des Rates vom 22.12.2000 über die gerichtliche Zuständigkeit und die Anerkennung und Vollstreckung von Entscheidungen in Zivil- und Handelssachen, ABl. EG 2001 Nr. L 12 S.1.

Deutschland befindlichen Sitz der Haupt- oder Zweigniederlassung abzustellen. Die Gläubiger der Gesellschaft können ihre Ansprüche daher auch in Deutschland vor deutschen Gerichten geltend machen.[984] Daneben besteht ein weiterer allgemeiner Gerichtsstand in England.

Es stellt sich somit die Frage, für welche Fallgruppen die Grundsätze des existenzvernichtenden Eingriffs zur Bekämpfung eines konkreten Mißbrauchs der Niederlassungsfreiheit überhaupt zum Einsatz kommen können. Nach der hier vertretenen Ansicht ist der Anwendungsbereich denkbar gering. Der bereits am Anfang der Erörterung erwähnte Fall, daß eine *limited* im Rechtsverkehr fälschlich als GmbH auftritt, wird bereits durch die Haftung nach s. 349(4) CA 1985, *misdescription of the company's name*, adäquat erfaßt.
Letztlich bleibt nur der Fall, daß unter Ausnutzung der mit einer Auslandsgesellschaft verbundenen größeren Täuschungsmöglichkeiten ein betrügerisches Geschäftsmodell betrieben wird.[985] Dies könnte etwa dann gelten, wenn durch eine ausländische Gesellschaftsform
eine nicht existente Internationalität vorgespiegelt würde und dieser dann zum Schaden der Gläubiger systematisch Vermögenswerte entzogen würden. In diesen Fällen wird dann häufig zugleich der Tatbestand des § 826 BGB unter Einbezug seiner subjektiven Anforderungen erfüllt sein. Festzuhalten bleibt somit, daß die Konstellationen, in denen die Anwendung der Grundsätze der Existenzvernichtungshaftung in Betracht kommt, letztlich nach englischem Recht zu lösen sein werden und ein Rückgriff auf das deutsche Recht nur in außergewöhnlichen Ausnahmefällen in Betracht zu ziehen sein dürfte.

2. Unterkapitalisierung

Bisweilen wird eine Haftung der Gesellschafter einer *pseudo-foreign limited*, die mit keinem oder nur wenig *share capital* ausgestattet ist, nach den Grundsätzen der Durchgriffshaftung wegen materieller Unterkapitalisierung befürwortet, da in der völlig unzureichenden Vermögensausstattung der Gesellschaft ein Rechtsformmißbrauch liege.[986]

---

[984] So i.E. auch *Altmeppen/Wilhelm* DB 2004, 1083, 1086.

[985] So sieht *Eidenmüller* JZ 2004, 24, 26 hierin einen denkbaren Mißbrauchsfall.

[986] So LG Stuttgart NJW-RR 2002, 463, 466; *Borges* ZIP 2004, 733, 742; wohl auch *Altmeppen* NJW 2004, 97, 101. A.a. *Kersting/Schindler* RdW 2003, 621, 625; *Leible/Hoffmann* RIW 2002, 925, 930; *Meilicke* GmbHR 2003, 793, 805; *Weller* IPRax 2003, 520, 524; vgl. auch Generalanwalt *Alber* DB 2003, 377, 379 - Schlußanträge zu *Inspire Art* Tz. 104 hinsichtlich zwingender Vorschriften des Mindestkapitals. Zum Recht der GmbH vgl. Rowedder/Schmidt-Leithoff/*Pentz* § 13 Rn. 133ff. m.w.N.; *K. Schmidt* GesR § 18 II 4.; § 9 IV 4.

Bedenklich ist der Durchgriff aufgrund materieller Unterkapitalisierung jedoch zunächst vor dem Hintergrund, daß aus der Niederlassungsfreiheit auch ein Diskriminierungsverbot folgt. Da der BGH in dem Umstand, daß eine GmbH unterkapitalisiert ist, weder für sich allein noch bei gleichzeitiger finanzieller, wirtschaftlicher und organisatorischer Eingliederung ohne weitere Anhaltspunkte eine den Haftungsdurchgriff rechtfertigende Gestaltung sieht,[987] lehnt die Rechtsprechung eine Pflicht der Gesellschafter zur angemessenen Kapitalausstattung der GmbH ab,[988] was sicherlich auch auf den Unwägbarkeiten der Bestimmung einer adäquaten Kapitalausstattung im Einzelfall liegen dürfte. Da die Voraussetzungen und Rechtsfolgen der Durchgriffshaftung in diesem Kontext daher umstritten sind und sich diese Rechtsfigur noch nicht endgültig durchgesetzt hat[989] würde die Anwendung auf eine *limited* folglich gegen das Diskriminierungsverbot verstoßen. Auch fehlt es hinsichtlich einer Gesellschaftsform, die gerade kein gesetzliches Mindestkapital erfordert, an einem Bezugspunkt für die Bewertung als Rechtsmißbrauch. Da das englische Recht kein spezifisches Kapitalisierungserfordernis kennt, kann durch eine Neubewertung der Haftungsverfassung seitens des Sitzstaats aus dem Fehlen einer Kapitalausstattung nicht auf einen die Mißachtung der Haftungsbeschränkung rechtfertigenden Mißbrauch geschlossen werden. Die Gesellschaft unterliegt hinsichtlich der Behandlung einer Unterkapitalisierung somit ausschließlich ihrem Gründungsstatut.[990]

3. Eigenkapitalersatzrecht

In der wissenschaftlichen Diskussion wird die Frage, ob die GmbH-rechtlichen Vorschriften über den Eigenkapitalersatz auf die *limited* Anwendung finden können, kontrovers diskutiert.[991] Zu unterscheiden ist insofern zwischen den in richterlicher Rechtsfortbildung entwickelten Rechtsprechungsregeln des BGH, die auf einer analogen Anwendung der §§ 30, 31 GmbHG basieren und den durch den Gesetzgeber eingeführten sog. Novellenregeln, die aus den §§ 32a, b GmbHG, §§ 39, 135 InsO bzw. § 6 AnfG bestehen. Diese beiden Regelungssy-

---

[987] BGHZ 78, 318ff; BGH NJW 1977, 1449ff.

[988] BGH ZIP 1999, 24ff; siehe auch Lutter/*Hommelhoff* § 13 Rn. 14.

[989] Es sei hier nur auf die widersprechenden höchstrichterlichen Urteile verwiesen. Für den Durchgriff BGH WM 1958, 460ff.; BGH NJW 1970, 2015ff.; BGH NJW 1977, 1683ff.; kritisch NJW 1977, 1449ff; NJW 1960, 285ff; BGH NJW-RR 1991, 1312ff. Übergreifend *Henze* Handbuch zum GmbH-Recht Rn. 892; *Goette* Die GmbH § 9 Rn. 45.

[990] EuGH Rs. C-208/00, DB 2002, 2425ff, Tz. 72 - *Überseering*; EuGH Rs. C-167/01, RIW 2003, 957, 961, Tz. 142 - *Inspire Art*. So bereits unten A. § 1 III. 2. a), c) (1).

[991] *Ulmer* NJW 2004, 1201, 1207; *Fischer* ZIP 2004, 1477, 1480; *Schumann* DB 2004, 743, 748; *Müller* NZG 2003, 414, 417; *Zimmer* NJW 2003, 3585, 3589; *Weller* DStR 2003, 1800, 1804; *Paulus* ZIP 2002, 729, 734; *Kindler* NZG 2003, 1086, 1090.

steme, deren Grundgedanke darin besteht, Vermögensmittel, die an sich Eigenkapital darstellen, in der Krise der Gesellschaft zu binden und somit dem den Gläubigern zur Verfügung stehenden Haftungsfond zuzuführen, sind nebeneinander anwendbar.[992] Der grundlegende Unterschied zwischen beiden Systemen besteht darin, daß die §§ 32a, b GmbHG nur in der Insolvenz der Gesellschaft zur Anwendung gelangen, während die Vermögensbindung der §§ 30, 31 GmbHG in jedem Fall, d.h. auch ohne Anbindung an ein Insolvenzverfahren eingreift. Dem Umfang nach ist der durch die §§ 30, 31 GmbHG bewirkte Schutz entsprechend dem Analogieansatz auf das zur Erhaltung des Stammkapitals erforderliche Vermögen beschränkt, während der in §§ 31a, b GmbHG angeordnete Rangrücktritt bzw. der Rückerstattungsanspruch die gesamte eigenkapitalersetzende Leistung erfaßt.[993] Eine Rechtshandlung, die für die Forderung eines Gesellschafters auf Rückgewähr des eigenkapitalersetzenden Darlehens oder für eine gleichgestellte Forderung im letzten Jahr vor oder nach dem Eröffnungsantrag Befriedigung gewährt hat, ist nach Maßgabe des § 135 InsO anfechtbar.

Entscheidend für die Durchsetzung der Novellenregeln der §§ 32a, b GmbHG, §§ 39, 135 InsO bzw. § 6 AnfG gegenüber der Auslandsgesellschaft ist zunächst die kollisionsrechtliche Behandlung dieses Rechtsinstituts. In der Literatur wird zur Frage der Qualifikation der Novellenregeln mit leicht unterschiedlicher Begründung z.T. die Einordnung unter das Insolvenzstatut vertreten.[994] So argumentiert *Fischer*, die §§ 32a, b GmbHG knüpften aufgrund des Bezugs zu §§ 39, 135 InsO an das Insolvenzverfahren an und wären vom Vorliegen eines Garantiekapitals unabhängig. Da zudem die Rechtsfolgen ausschließlich insolvenzbezogen sind und vor Insolvenzeintritt keine präventive Ausschüttungssperre besteht, sondern erst nach dem Eintritt der Insolvenz eine Insolvenzanfechtung bzw. die Anordnung der Nachrangigkeit in Betracht kommt, sei daher das Insolvenzstatut anzuwenden.[995] Ähnlich verweist auch *Ulmer* darauf, daß die §§ 32a, b i.V.m. §§ 39 I Nr. 5, 135 InsO trotz des materiell-rechtlichen Ansatzes im GmbHG durch die Insolvenzordnung zu einem insolvenzrechtlichen Rechtsinstitut ausgestaltet wurden.[996] Eine andere Meinungsgruppe befürwortet eine gesell-

---

992 BGH NJW 1984, 1891ff; Rowedder/Schmidt-Leithoff/*Pentz* § 32a Rn. 1.

993 Rowedder/Schmidt-Leithoff/*Pentz* § 32a Rn. 3f.

994 *Fischer* ZIP 2004, 1477, 1480; *Paulus* ZIP 2002, 729, 734; *Ulmer* NJW 2004, 1201, 1207; anders jetzt auch *Kindler* NZG 2003, 1086, 1090; i.E. *Forsthoff* DB 2003, 980, 981; *Altmeppen* NJW 2004, 97, 103.

995 *Fischer* ZIP 2004, 1477, 1480.

996 *Ulmer* NJW 2004, 1201, 1207.

schaftsrechtliche Qualifikation.[997] So stellt *Müller* darauf ab, daß die Qualifikation eines Darlehens als eigenkapitalersetzend die ordnungsgemäße Kapitalausstattung der Gesellschaft und die Finanzierungsverantwortung der Gesellschafter betrifft.[998] Hierbei handele es sich um rein gesellschaftsrechtliche Fragen, zumal es überraschend wäre, wenn das maßgebliche Gesellschaftsstatut die Fremdfinanzierung der Gesellschaft uneingeschränkt billigen würde, im Fall der Insolvenz in Deutschland dann aber eine Anfechtung möglich sein solle.

Für die Frage der Qualifikation ist zunächst entscheidend, daß die genannten Vorschriften in engem Zusammenhang mit dem Anfechtungstatbestand des § 135 InsO stehen und daher dessen kollisionsrechtliche Qualifikation teilen könnten. Welchem Insolvenzrecht eine in Deutschland ansässige *limited* unterliegt, richtet sich nach der Europäischen Insolvenzverordnung (EuInsVO).[999] Danach gilt für das Verfahren und seine Wirkungen das Recht desjenigen Staates, in dem das Verfahren eröffnet wurde, Art. 4 I EuInsVO. Der Staat der Verfahrenseröffnung ist gemäß Art. 3 I EuInsVO der Mitgliedstaat, in dessen Gebiet der Mittelpunkt der hauptsächlichen Interessen des Schuldners liegt. Die Vermutung, daß sich dieser bei Gesellschaften am Satzungssitz befindet, ist bei Gesellschaften, die im Gründungsland keinerlei Aktivitäten entfalten, widerlegt. Bei diesen bildet der im Inland liegende Verwaltungssitz den Interessenmittelpunkt.[1000] Somit ist für eine in Deutschland tätige *limited*, die in England nur ihren Satzungssitz hat, deutsches Insolvenzrecht hinsichtlich des Verfahrens und der materiell-rechtlichen Bestimmungen zur Anwendung berufen.[1001] Nach Maßgabe von Art. 4 II lit. i und m EuInsVO zählen die Anfechtung und die Verteilung des Erlöses zu den von der Verordnung ausdrücklich erwähnten Bereichen, die dem Recht des Eröffnungsstaates als dem Staat, in dem der wirtschaftliche Hauptschwerpunkt angesiedelt ist, unterliegen, vgl. Art. 3 I EuInsVO. Somit ist die Anfechtung nach § 135 InsO insolvenzrechtlich zu qualifizieren. Davon klar zu unterscheiden ist jedoch die Vorfrage, welche Darlehen überhaupt einen eigenkapitalersetzenden Charakter haben. Die auf der Verordnung beru-

---

[997] *Trunk* Internationales Insolvenzrecht S. 192f.; MüKo-BGB/*Kindler* IntGesR Rn. 475; *Müller* NZG 2003, 414, 417; *Schumann* DB 2004, 743, 748; *Zimmer* NJW 2003, 3585, 3589.

[998] *Müller* NZG 2003, 414, 417; ähnlich *Schumann* DB 2004, 743, 748.

[999] Verordnung des EG-Rates Nr. 1346/2000 vom 29.05.2000 - ABlEG Nr. L 160 vom 30.06.2000. Weiterführend *Paulus* ZIP 2003, 1725ff.

[1000] Duursma-Kepplinger/Duursma/*Chalupsky* EuInsVO Art. 3 Rn. 12, 23f.; Siehe auch die 13. Begründung zur EUInsVO: „Als Mittelpunkt der hauptsächlichen Interessen sollte der Ort gelten, an dem der Schuldner gewöhnlich der Verwaltung seiner Interessen nachgeht und damit für Dritte feststellbar ist."

[1001] Duursma-Kepplinger/Duursma/*Chalupsky* EuInsVO Art. 4 Rn. 9; Nerlich/Römermann/*Mincke* InsO Art. 4 VO (EG) 1364/2000 Rn. 2.

hende Anwendbarkeit von § 135 InsO enthält hierzu keinen Anhaltspunkt. Sieht man die Vorschriften der §§ 32a, b GmbHG als im Zusammenhang mit der Insolvenz stehende Vorschriften, die durch die Insolvenzordnung zu einem insolvenzrechtlichen Rechtsinstitut ausgestaltet wurden, zieht dies die Qualifizierung als Teil der *lex fori concursus* nach sich. Somit wären die gesetzlichen Vorschriften über den Eigenkapitalersatz auf die *limited* an sich anwendbar. Eine derartige Qualifikation würde allerdings außer acht lassen, daß das Eigenkapitalersatzrecht im engen Zusammenhang mit der Finanzverfassung, insbesondere der Kapitalausstattung der Gesellschaft steht. Der Gedanke, auf dem die Entwicklung des Eigenkapitalersatzrechts basiert, ist, daß ein Darlehen, das der Gesellschaft mit dem Ziel zur Verfügung gestellt wurde, die Insolvenz abzuwenden und das daher funktional Eigenkapital darstellt, nicht vor dem endgültigen Erreichen dieses Zwecks abgezogen werden kann, ohne daß der Gesellschafter sich dem Vorwurf des widersprüchlichen Verhaltens aussetzt.[1002] Die Qualifizierung eines Darlehens als eigenkapitalersetzend ist somit eine gesellschaftsrechtliche Fragestellung.

Will man das Eigenkapitalersatzrecht dennoch zur Anwendung bringen, bleibt somit kollisionsrechtlich nur die Möglichkeit einer Sonderanknüpfung oder die Durchsetzung über den *ordre public*.[1003] Ob den Eigenkapitalersatzregeln auf diesem konstruktiven Weg oder über eine insolvenzrechtliche Qualifikation zur Geltung verholfen wird, kann letztlich dahinstehen, da die Anwendung der §§ 32a, b GmbHG in jedem Fall mit der Niederlassungsfreiheit vereinbar sein müßte. Den Aspekt der Erforderlichkeit der Regelung nach dem Gründungsrecht übersehen, die hier zitierten Stellungnahmen in der Literatur, die bei gesellschaftsrechtlicher Qualifikation zur Nichtanwendbarkeit der Vorschriften, bei Einordnung unter das Insolvenzstatut ohne weitere Prüfung zur Anwendbarkeit gelangen. Allein *Müller* geht auf die Frage nach der Rechtslage im Gründungsrecht ein und konstatiert, daß eine Anfechtung nach § 135 InsO nur dann in Betracht kommt, wenn die in Frage stehenden Rechtsordnungen die Gleichstellung eines Darlehens mit Eigenkapital unter ähnlichen Umständen praktizieren.[1004]
Setzt man die Eignung eines solchen Instrumentariums zum Gläubigerschutz als gegeben voraus, stellt sich als nächstes die Frage der Erforderlichkeit der Anwendung der Novellenregeln auf eine in Deutschland ansässige *limited*. Diese würde nach der hier vertretenen Ansicht dann nicht gegeben sein, wenn im Gründungsrecht nach dessen Gesamtkonzeption ein vergleichbarer Schutz der Gläubigerinteressen bewirkt würde. Wie im Rahmen der Erörterung des englischen Rechts (B. §2 I. 2.) dargestellt wurde, kennt das englische Recht eine

---

[1002] Vgl. BGH NJW 1960, 285ff; Rowedder/Schmidt-Leithoff/*Pentz* § 32a GmbHG Rn. 213.
[1003] So *Forsthoff* DB 2003, 980, 981.
[1004] *Müller* NZG 2003, 414, 417.

Gleichstellung von in der Gesellschaftskrise durch einen Gesellschafter gewährtem Fremdkapital mit Eigenkapital nicht. Entscheidend ist zunächst, daß durch das englische Gesellschaftsrecht ein adäquater Schutz der Gläubiger bewirkt wird. So sichert unter anderem die *doctrine of capital maintenance* das Gesellschaftsvermögen der *limited* vor einseitigen Schmälerungen zu Lasten der Gläubiger. Auch erscheint es denkbar, daß ein Gesellschafter, der seiner Gesellschaft zu einem Zeitpunkt ein Darlehen gibt, zu dem er wußte oder hätte erkennen müssen, daß die *limited* keine vernünftige Aussicht hatte, die Insolvenz wegen Überschuldung abzuwenden, gemäß s. 214 IA 1986 haftbar sein kann. Der haftungsauslösende Umstand besteht dann allerdings nicht, wie im deutschen Recht, darin, daß der Gesellschafter der GmbH Geldmittel in Form von Fremdkapital in einem Zeitpunkt gewährt, in dem ihr die Gesellschafter als ordentliche Kaufleute Eigenkapital zugeführt hätten, vgl. § 32a I GmbHG, so daß aus Gläubigerschutzgesichtspunkten eine Umqualifizierung erforderlich ist.[1005] Die Haftung gemäß s. 214 IA tritt vielmehr dann ein, wenn der Gesellschafter bzw. Geschäftsführer (*de iure*, *de facto* und *shadow director*) zu einem Zeitpunkt, zu dem er hätte erkennen müssen, daß die Gesellschaft trotz der Finanzierung in Form von Darlehen keine vernünftige Aussicht besitzt, die Insolvenz wegen Überschuldung zu vermeiden, die Geschäfte entgegen dem Verhaltensmaßstab eines sorgfältigen Geschäftsleiters unverändert fortführt, die Insolvenz durch die Mittelzuführung mithin lediglich hinauszögert und dadurch den Gläubigern einen Schaden zufügt.
In Betracht kommt ferner ein Anspruch wegen Verletzung der *directors duties*, basierend auf der Nichtbeachtung der Interessen der Gläubiger bei zweifelhafter Solvenz der Gesellschaft, der gemäß s. 212 IA 1986 geltend zu machen wäre. Das gefundene Ergebnis läßt sich zudem durch die zusätzliche Erwägung stützen, daß auf eine Gesellschaftsform, die weder ein gesetzliches Mindestkapitalerfordernis noch die Figur des *phantom equity* kennt, ein auf diesem Konzept basierendes Eigenkapitalersatzrecht ohne einen Systembruch nur schwerlich übertragen werden kann. Die Anwendung der deutschen Novellenregeln ist daher in diesem Zusammenhang nicht erforderlich.[1006]

Für die Bekämpfung von Mißbräuchen im Einzelfall eignen sich die Novellenregeln bereits wegen des in ihrer Anwendung liegenden generell-abstrakten Eingriffs in die nach dem Gründungsrecht bestehende Haftungsverfassung nicht. Die Anwendung von §§ 32a, b i.V.m. §§ 39 I Nr. 5, 135 InsO auf eine in

---

[1005] *Raiser* Kapitalgesellschaftsrecht § 38 Rn. 16f.

[1006] Für die Nichtanwendbarkeit *Roth* IPRax 2003, 117, 125; *Müller* NZG 2003, 414, 417; *Geyrhalter/Gänßler* NZG 2003, 409, 411f.; *Kallmayer* DB 2003, 2521, 2522; zweifelnd auch *Paefgen* DB 2003, 487, 490. A.A. *Paulus* ZIP 2002, 729, 734; *Kindler* NZG 2003, 1086, 1090; *Altmeppen* NJW 2004, 97, 103.

Deutschland ansässige *limited* ist somit sowohl zum Gläubigerschutz als auch zum Schutz vor der mißbräuchlichen Berufung auf das Gemeinschaftsrecht nicht erforderlich.

Rein gesellschaftsrechtlich zu qualifizieren sind die sich auf den Schutz des Stammkapitals beschränkenden Rechtsprechungsregeln, da sie in Analogie zu §§ 30, 31 GmbHG bei einer Finanzierung in der Krise unabhängig von der Eröffnung des Insolvenzverfahrens Anwendung finden.[1007] Diese Vorschriften sind zur Anwendung auf eine englische *limited* nicht erforderlich, da im Gründungsrecht, wie zu den Novellenregeln dargestellt, ein ausreichender Gläubigerschutz bewirkt wird. Zudem scheitert ihre Europarechtskonformität an ihrer Orientierung am gesetzlichen Mindestkapital und dem generell-abstrakten Geltungsanspruch, da die generelle Beachtung von zwingenden Vorschriften des inländischen Gesellschaftsrechts von Auslandsgesellschaften nicht verlangt werden kann und die Haftung der Gesellschafter daher (jedenfalls im vorliegenden Kontext) dem Gesellschaftsstatut zu unterstellen ist.[1008]

4. Haftung gemäß § 31 GmbHG wegen rückzahlungsbedingter Kapitalverminderung

Nach dem Recht der GmbH darf das Stammkapital als Ausgleich für die Haftungsbeschränkung nicht nachträglich durch die Gesellschafter entzogen werden.[1009] Folglich dürfen Ausschüttungen an die Anteilseigner diesen Betrag nicht tangieren. Dieses Prinzip wird durch das Auszahlungsverbot des § 30 GmbHG und den verschuldensunabhängigen Erstattungsanspruch des § 31 GmbHG realisiert. Der Anspruch aus § 31 GmbHG steht somit mit dem Mindestkapitalerfordernis des § 5 I GmbHG in engem Zusammenhang, so daß an sich bereits aus diesem Grund die Anwendung auf eine *limited* ausscheidet. Dennoch will *Altmeppen* § 31 GmbHG bei verbotenen, an die Gesellschafter einer Auslandsgesellschaft erfolgten Rückzahlungen anwenden.[1010] Zur Begründung führt er an, daß das Wesen der Kapitalgesellschaft jedenfalls in Bezug auf das der Gläubigerbefriedigung gewidmete Vermögen von einer Ausschüttungssperre geprägt sei. Da die Haftung der Gesellschafter sich in den praktisch relevanten Fällen, d.h. in der Insolvenz der Gesellschaft, auf die Beseitigung der Überschuldung

---

[1007] Vgl. *Ulmer* NJW 2004, 1201, 1207. Baumbach/Hueck/*Fastrich* GmbHG § 32a Rn. 72ff. m.w.N.; Allgemein zu der analogen Anwendung der §§ 30, 31 GmbHG durch die Rechtsprechung Rowedder/Schmidt-Leithoff/*Pentz* § 32a Rn. 19, 213ff.

[1008] EuGH Rs. C-167/01, RIW 2003, 957, 959f., Tz. 98, 100, 104 - *Inspire Art*.

[1009] Rowedder/Schmidt-Leithoff/*Pentz* § 30 Rn. 1.

[1010] *Altmeppen* NJW 2004, 97, 102; zweifelnd *Ulmer* NJW 2004, 1201, 1209.

beschränke, wie auch an § 31 II, III GmbHG ersichtlich sei,[1011] könne § 31 GmbHG auch auf ausländische Kapitalgesellschaften mit inländischem Sitz angewandt werden.[1012] Entscheidend sei für die Gläubiger letztlich nur die Beseitigung einer Überschuldung, nicht jedoch die Auffüllung des Stammkapitals. Dies gelte, da eine Orientierung am Stammkapital nicht stattfindet, auch für Gesellschaftsformen, denen ein Mindeststammkapital fremd ist. Soweit die Gesellschafter einer solchen Gesellschaft Ausschüttungen zu Lasten des den Gläubigern als Haftungsfonds zur Verfügung stehenden Vermögens erhalten, unterliegen sie nach Ansicht von *Altmeppen* folglich dem modifizierten Erstattungsanspruch des § 31 GmbH, während die Haftung der Geschäftsführer entsprechend aus § 43 III GmbHG herzuleiten sei. Allerdings basiert *Altmeppens* Grundannahme darauf, daß das deutsche Kapitalgesellschaftsrecht nur hinsichtlich der Gründungsvorschriften und anderer „Grundlagenentscheidungen", wie etwa des Erlöschens der Gesellschaft, der Umwandlung oder der Satzungsänderung, vom Gründungsrecht verdrängt wird.[1013] Im übrigen sei deutsches Recht anwendbar, ein eventueller durch das Gründungsrecht bewirkter Schutz vor derartigen Ausschüttungen sei bei der Betrachtung irrelevant. Bestehe er im Einzelfall doch, scheidet nach seiner Sichtweise bereits aus diesem Grund eine Verletzung der Niederlassungsfreiheit aus.

Dem kann nicht gefolgt werden. Zunächst ist entscheidend, daß die Anwendung einer Anspruchsgrundlage, die in dieser Form im deutschen Recht nicht anerkannt ist, gegen das Diskriminierungsverbot verstößt.
Die Erforderlichkeit einer derartigen deutschen Sanktion ist im Hinblick auf den zum englischen Schutzniveau zu ziehenden Vergleich äußerst zweifelhaft. Zunächst bewirkt das englische Recht generell einen hinreichenden Gläubigerschutz. Bezüglich des Schutzes des Gesellschaftsvermögens ist auf die Ausführungen zur Zulässigkeit von Gewinnausschüttungen im Recht der *limited* zu verweisen [B. §2 I.2.a)]. Danach ist eine Gewinnausschüttung nur dann zulässig, wenn bilanziell ausgewiesene realisierte Gewinne *(profits available for the purpose)* bestehen oder die Ausschüttung im Rahmen eines in Leistung und Gegenleistung ausgewogenen Vertrages erfolgt. Zudem muß der Geschäftsführer überprüfen, ob die Gesellschaft auch nach der Ausschüttung noch zur Befriedigung ihrer Gläubiger in der Lage sein wird. Bei Verstoß gegen diese Grundsätze machen sich die Gesellschafter und Geschäftsführer haftbar. Da somit im englischen Recht ein vergleichbares Schutzniveau existiert, scheidet eine Anwendung

---

[1011] Hier kritisiert *Ulmer* NJW 2004, 1201, 1209 zu Recht, daß der zur Gläubigerbefriedigung erforderliche Betrag nicht unbedingt mit dem zur Beseitigung einer durch Ausschüttung verursachten Überschuldung erforderlichen Betrag identisch ist.
[1012] *Altmeppen* NJW 2004, 97, 102.
[1013] *Altmeppen* NJW 2004, 97, 100.

des § 31 GmbHG unter dem Gesichtspunkt der Erforderlichkeit aus.[1014] Es ist zudem fraglich, ob die Anwendung von deutschen Normen, die bereits im Herkunftsland existierenden Vorschriften vergleichbar sind, keine Verletzung der Niederlassungsfreiheit beinhaltet. Man könnte schon in der Anwendung des für die Gesellschaft ausländischen, wenn auch inhaltsgleichen Rechts aufgrund der fremden Prägung eine die Niederlassungsfreiheit zumindest mittelbar beeinträchtigende Maßnahme sehen. Folglich kann § 31 GmbHG nicht auf eine englische *limited* zur Anwendung gebracht werden.

5. Insolvenzverschleppungshaftung und Insolvenzantragspflicht

Hinsichtlich der Frage, ob die Insolvenzantragspflicht des Geschäftsführers einer deutschen GmbH gemäß § 64 I GmbHG und die darauf aufbauende Insolvenzverschleppungshaftung auf die *directors* einer *pseudo-foreign limited company* übertragen werden können, finden sich in der Literatur unterschiedliche Stellungnahmen.[1015] Das deutsche Recht bestimmt für den Geschäftsführer einer GmbH in § 64 I GmbHG, daß dieser bei Zahlungsunfähigkeit bzw. Überschuldung (§§ 17, 19 InsO) ohne schuldhaftes Zögern, spätestens aber drei Wochen nach Eintritt dieses Umstands die Eröffnung des Insolvenzverfahrens zu beantragen hat. Da für eine nur durch einen Satzungssitz mit England verbundene *limited* deutsches Insolvenzrecht zur Anwendung berufen ist, Art. 3 I i.V.m. 4 I EuInsVO, erscheint es denkbar, daß der Geschäftsführer einer *limited* in analoger Anwendung des § 64 I GmbHG der Verpflichtung unterliegt, fristgerecht einen Insolvenzantrag zu stellen und bei Verstoß hiergegen einer Sanktion in Form einer Schadensersatzverpflichtung ausgesetzt ist.

Für die Frage der Anwendbarkeit der Insolvenzantragspflicht auf den *director* einer *limited* ist wiederum zunächst die kollisionsrechtliche Qualifikation von Relevanz. Bei einer Qualifikation als Bestandteil der *lex fori concursus* wäre

---

[1014] Vgl. *Geyrhalter/Gänßler* DStR 2003, 2167, 2171, die von der Nichtanwendbarkeit des Kapitalerhaltungsrechts ausgehen; ferner *Meilicke* GmbHR 2003, 1271f. So auch *Horn* NJW 2004, 893, 899, der die Geschäftsführerhaftung, soweit diese an die Verletzung von Normen der Kapitalaufbringung und Erhaltung anknüpft, dem Gründungsrecht unterstellt. Ähnlich auch *Ulmer* NJW 2004, 1201, 1209f., der ausdrücklich betont, die Anwendung von § 30 GmbH sei nur dann gerechtfertigt, wenn die Verhältnismäßigkeit einer Regelung nicht unter Rückgriff auf das Schutzniveau des Gründungsstaates bestimmt wird, ohne jedoch Bezug auf eine bestimmte Rechtsordnung zu nehmen.

[1015] *Mock/Schildt* ZInsO 396, 399f.; *Spindler/Berner* RIW 2004, 7, 11f.; *Fischer* ZIP 2004, 1477, 1481f.; *Zimmer* NJW 2003, 3585, 3589f.; *Ulmer* NJW 2004, 1201, 1207f.; *Schumann* DB 2004, 743, 746; *Müller* NZG 414, 416f.; *Borges* ZIP 2004, 733, 736ff; *Riedemann* GmbHR 2004, 345, 348f.; *Altmeppen* NJW 2004, 97, 100.

aufgrund der Regelung in Art. 4 I i.V.m. 3 I EuInsVO deutsches Recht anwendbar. Für die Unterstellung der Insolvenzantragspflicht unter das Insolvenzstatut spricht sich *Müller* mit dem Argument aus, daß zwischen der Insolvenzantragspflicht und dem hiermit korrespondierenden Antragsrecht eine enge Verbindung bestehe.[1016] Nur diejenige Person, die antragsberechtigt ist, könne auch antragsverpflichtet sein. Die Unterstellung unter unterschiedliche Statute führe daher zu einer nicht akzeptablen Unterbrechung dieses Zusammenhangs.[1017] Infolgedessen treffe den Geschäftsführer einer Scheinauslandsgesellschaft, dem GmbH-Geschäftsführer vergleichbar, auch die vorgelagerte Pflicht zur ständigen Kontrolle und Überwachung der Gesellschaft. [1018] *Borges* verweist in seiner Stellungnahme darauf, daß die Verortung der Insolvenzantragspflicht im GmbHG ausweislich der Gesetzgebungsgeschichte kein Ausdruck einer bewußten dogmatischen Einordnung gewesen sei. Da die Insolvenzantragspflicht dem Schutz des Rechtsverkehrs vor insolventen Gesellschaften und damit einem Anliegen des Insolvenzrechts diene, sei sie vielmehr diesem sachlich zuzuordnen.[1019] Demgegenüber verweist *Ulmer* darauf, daß das inländische Insolvenzrecht lediglich die Insolvenzeröffnungsgründe regele, während die Antragspflichten durch das jeweilige Organisationsrecht geregelt würden.[1020] So beschränke sich auch die Beschreibung der *lex fori concursus* gemäß Art. 4 II 1 EuInsVO auf die Voraussetzungen, unter welchen das Insolvenzverfahren eröffnet wird. Da weder diese Formulierung noch der Beispielskatalog des Art. 4 II 2 EuInsVO die Antragspflichten erfaßten,[1021] scheide eine insolvenzrechtliche Qualifikation aus. *Schumann* ordnet die Insolvenzantragspflichten dem Gesellschafts- und Deliktsrecht zu.[1022] Da die deutsche Insolvenzordnung keine allgemeine Insolvenzantragspflicht für die Geschäftsführungsorgane von Kapitalgesellschaften kenne, es sich bei § 64 I GmbHG vielmehr um eine den Geschäftsführer einer GmbH treffende Handlungspflicht in einer spezifischen ökonomischen Situation handele, sei die Insolvenzantragspflicht als eine gesellschaftsrechtliche Organpflicht einzuordnen. Dem stehe auch nicht die Maßgeblichkeit der *lex fori concursus* für das Insolvenzverfahren entgegen, da die Frage der Antragsverpflichtung diesem vorgelagert und somit von dem eigentlichen Verfahren zu unterscheiden sei.

[1016] So auch, unter Bezug auf *Müller Riedemann* GmbHR 2004, 345, 348.

[1017] *Müller* NZG 2003, 414, 416.

[1018] *Müller* NZG 2003, 414, 417.

[1019] *Borges* ZIP 2004, 733, 736ff., 739; siehe auch *Riedemann* GmbHR 2004, 345, 348. I.E. ebenso, wenn auch ohne nähere Begründung *Altmeppen* NJW 2004, 97, 100.

[1020] *Ulmer* NJW 2004, 1201, 1207.

[1021] Ebenso *Spindler/Berner* RIW 2004, 7, 12.

[1022] *Schumann* DB 2004, 743, 746.

Weder die Verortung der Antragspflicht im GmbHG noch der fehlende Bezug in Art. 4 II 1, 2 EuInsVO können allein die Einordnung der Insolvenzantragspflicht als eine gesellschaftsrechtlich zu beurteilende Fragestellung überzeugend tragen. So ist zunächst anerkannt, daß für die Qualifikation einer Norm nicht ihre Stellung, sondern ihr materieller Gehalt maßgeblich ist.[1023] Aus der Sicht des deutschen materiellen Rechts könnte die Insolvenzantragspflicht daher dem Insolvenzrecht zuzuordnen sein.[1024] Diese Betrachtungsweise wird dadurch gestützt, daß der Zweck der Antragstellung der Schutz etwaiger Neugläubiger vor dem Kontakt mit insolventen Gesellschaften und die Sicherung einer möglichst hohen quotalen Befriedigung der Altgläubiger durch die Erhaltung der noch vorhandenen Vermögensmasse ist.[1025] Gerade um die Erreichung dieses Ziels sicherzustellen, wurde für juristische Personen zusätzlich der Insolvenzgrund der Überschuldung eingeführt.[1026] Die Pflicht zur Antragstellung steht danach mit dem durch sie ausgelösten Insolvenzverfahren in engem Zusammenhang, da ihr Sinn im Schutz des Rechtsverkehrs vor den mit der Tätigkeit einer insolventen Gesellschaft verbundenen Gefahren besteht.[1027] Andererseits wird in dem auf die *lex fori concursus* verweisenden Art. 4 II EuInsVO lediglich auf die Voraussetzungen, unter denen das Verfahren eröffnet wird sowie die Durchführung und Beendigung desselben Bezug genommen, während die Antragspflichten im Katalog des Art. 4 II lit. a - m EuInsVO keine Erwähnung finden. Das entscheidende Argument gegen eine insolvenzrechtliche Qualifikation ist letztlich, daß die Insolvenzantragspflicht eine rechtsformspezifische Regelung des GmbH-Organisationsrechts ist.[1028] Daher richtet sich die Zulässigkeit einer Insolvenzantragspflicht als gesellschaftsrechtliche Fragestellung nach dem Recht der jeweiligen Gesellschaft.[1029] Die Pflicht zur Antragstellung ist daher Bestandteil des Gesellschaftsstatuts.

Möglich erscheint jedoch, die Insolvenzantragspflicht des *directors* einer *pseudo-foreign limited* aus einem rechtsformübergreifenden allgemeinen Grundsatz zu entwickeln oder im Wege einer Sonderanknüpfung bzw. des *ordre public* die Geltung der Insolvenzantragspflicht gegenüber der Scheinauslandsgesellschaft durchzusetzen. Ähnlich lautet der Vorschlag von *Fischer*, der, allerdings ohne Begründung, aufgrund des Fehlens einer ausdrücklichen Regelung im deutschen

---

[1023] BGH NJW 1959, 717; *Müller* NZG 2003, 414, 416; *Zimmer* NZG 2003, 1086, 1090.

[1024] Zur Maßgeblichkeit der Qualifikation nach der *lex fori* siehe *Kegel/Schurig* Internationales Privatrecht S. 286ff., insb. 287.

[1025] *Altmeppen* NJW 2004, 97, 100.

[1026] *Hahn* Materialien zur Konkursordnung S. 390.

[1027] MüKo-InsO/*Schmahl* § 15 Rn. 66.

[1028] *Häsemeyer* Insolvenzrecht Rn. 7.04.; Kübler/Prütting/*Pape* InsO § 13 Rn. 12.

[1029] Vgl. hierzu § 64 I GmbHG, § 92 II AktG; § 99 I GenG; § 42 II BGB; §§ 130a, 177a HGB.

Recht im Wege der richterrechtlichen Rechtsfortbildung eine Lückenschließung in Form einer Analogie befürwortet.[1030] Die Entwicklung einer rechtsformübergreifenden Insolvenzantragspflicht scheitert jedoch daran, daß bereits bei den Personengesellschaften keine Antragspflicht bei Überschuldung normiert ist.[1031] Hinsichtlich der Durchsetzung über den deutschen *ordre public* oder eine Sonderanknüpfung ist entscheidend, daß ein solcher Lösungsansatz eine rechtfertigungsbedürftige Beschränkung der Niederlassungsfreiheit darstellt, da den *director* einer *limited* gerade keine Antragspflicht trifft. Für die Erforderlichkeit der Geltung der Antragspflicht nach deutschem Recht ist entscheidend, daß, ebenso wie im englischen Recht gemäß ss. 124(1), 122(1)(f), 123(1) und (2) IA 1986, den Gläubigern der *limited* ein Antragsrecht gemäß §§ 14, 17, 19 InsO zusteht. Die Geltung der Insolvenzantragspflicht für die *directors* einer *limited* ist vor dem Hintergrund, daß es den Gläubigern unbenommen bleibt, einen Antrag zu stellen, daher europarechtlich nicht zu rechtfertigen. Hierfür spricht auch, daß die gefundene Lösung mit dem Selbstschutzmodell des Gerichthofs übereinstimmt. Dort, wo die Gläubiger sich durch ein gewisses Maß an Eigeninitiative, etwa durch externe Kontrolle der Gesellschaft, absichern können, bedarf es keiner zwingenden Schutzvorschriften.[1032] Dieses Ergebnis wird auch durch die restriktive Haltung des Europäischen Gerichtshofs gegenüber der Statuierung von zusätzlichen, in den Pflichtenkanon der Geschäftsführer einer Auslandsgesellschaft eingreifenden, belastenden Vorschriften gestützt.[1033] Der Geschäftsführer einer *limited* unterliegt somit keiner Insolvenzantragspflicht aus § 64 I GmbHG.

Die geschilderte Nichtanwendbarkeit der Insolvenzantragspflicht des § 64 I GmbHG hat jedoch keine Auswirkungen auf die Frage, ob die Insolvenzverschleppungshaftung des § 823 II BGB i.V.m. § 64 I GmbHG auf die Geschäftsführer einer *limited* anwendbar ist. Hinsichtlich der in der wissenschaftlichen Diskussion vorgetragenen Argumente für die Qualifikation der Insolvenzverschleppungshaftung kann im wesentlichen auf die Darstellung zur Insolvenzantragspflicht verwiesen werden. Aufgrund des engen Zusammenhangs der beiden Konzepte präjudiziert die Zuordnung der Antragspflicht zu einem spezifischen Statut die Einordnung der darauf gestützten Haftung, so daß die diesbezüglichen

---

[1030] *Fischer* ZIP 2004, 1477, 1481. In diese Richtung auch *Zimmer* NJW 2003, 3583, 3589, der darauf verweist, daß die in den §§ 64 I GmbHG, 92 II AktG nicht rechtsformgebunden zu interpretieren sind.

[1031] Für die Antragspflicht bei der OHG siehe *K. Schmidt* Gesellschaftsrecht § 52 III 3.

[1032] EuGH Rs. C-167/01, RIW 2003, 957, 960, Tz. 135 - *Inspire Art*; Vgl. zu dem Gedanken des milderen Mittels *nach dem Sitzrecht* EuGH Rs. C-212/97, DB 1999, 625, 626, Tz. 33, 37 - *Centros*.

[1033] EuGH Rs. C-167/01, RIW 2003, 957, 959f., Tz. 98ff - *Inspire Art*.

Ergebnisse in den Stellungnahmen identisch sind.[1034] Zum Teil wird allerdings für die Haftung auch eine deliktsrechtliche Einordnung in Betracht gezogen.[1035] Die Einordnung unter das Insolvenzrecht scheitert jedoch daran, daß die Haftung der Organe generell dem Gesellschaftsstatut zu unterstellen ist.[1036] Dies folgt daraus, daß die Regelung der Organpflichten und die Bestimmung der Haftungsfolgen bei Verletzung derselben aus der Unternehmensverfassung folgen, mit der Stellung der Gesellschaftsorgane und dem sie definierenden Normkomplex aufs engste verbunden sind und daher unabhängig vom Ort ihrer Kodifikation eine rein gesellschaftsrechtliche, vom Zuweisungsgehalt der Niederlassungsfreiheit erfaßte Fragestellung betreffen.[1037]

Somit kann diese Haftung nur dann mit den zur Verfügung stehenden internationalprivatrechtlichen Instrumentarien unter Durchbrechung der Maßgeblichkeit des Gründungsstatuts auf eine inländische *limited* zur Anwendung gebracht werden, wenn sie zum Gläubigerschutz oder der Bekämpfung von Mißbrauch erforderlich ist. Bedenken gegen eine Durchsetzung gegenüber Scheinauslandsgesellschaften bestehen bereits deshalb, weil die Insolvenzverschleppungshaftung gemäß § 823 II BGB i.V.m. § 64 I GmbHG auf einem für *directors* einer *limited* nicht anwendbarem Handlungsbefehl basiert. In Betracht käme lediglich die Haftung wegen Masseschmälerung gemäß § 64 II GmbHG. Unabhängig davon, ob man der hier vorgeschlagenen Argumentation folgt oder die Anwendbarkeit der Insolvenzverschleppungshaftung aufgrund dieses Gedankengangs nicht ablehnen will, würde die Erforderlichkeit der Regelung das Bestehen einer Lücke im Gläubigerschutz nach der Gesamtkonzeption des Gründungsrechts voraussetzen. Bei der Fortführung des Geschäfts einer insolvenzreifen Gesell-

---

[1034] Für die Einordnung als insolvenzrechtlich *Müller* NZG 414, 416f.; *Borges* ZIP 2004, 733, 736ff; für die gesellschaftsrechtliche Einordnung *Spindler/Berner* RIW 2004, 7, 11f.; *Ulmer* NJW 2004, 1201, 1207f.; *Schumann* DB 2004, 743, 746.

[1035] *Riedemann* GmbHR 2004, 345, 348f.

[1036] Großkommentar z. AktG/*Assmann* Einl. Rn. 600; MüKo-BGB/*Kindler* IntGesR Rn. 479. Anders zwar der EuGH in *Gourdain/Nadler* RIW 1979, 273, 274 für die Klage des Konkursverwalters gegen den Geschäftsführer einer französischen Gesellschaft zur Ausgleichung der Gesellschaftsschulden, sog. *action en comblement de passif social*. In diesem Rechtsstreit unterstellte der Gerichtshof die Streitigkeit dem Insolvenzrecht. Diese Entscheidung basierte jedoch auf der autonomen Auslegung der Begriffe der EuGVÜ und den Spezifika des französischen Rechts, so daß daraus für die Frage der Qualifikation der Insolvenzverschleppungshaftung vor dem Hintergrund von Art. 4 EuInsVO keine Folgerungen gezogen werden können. Vgl. *Ulmer* NJW 1201, 1207 Fn. 61; a.A. *Zimmer* NJW 2003, 3585, 3590.

[1037] Zur Nichtanwendbarkeit des Sitzrechts siehe EuGH Rs. C-167/01, RIW 2003, 957, 960f., Tz. 104f., 142f. - *Inspire Art*; a.A. (für Einordnung als insolvenzrechtlich) *Borges* ZIP 2004, 733, 739.

schaft kann nach dem Recht der *limited company* unter bestimmten Umständen eine Haftung der Geschäftsleiter aus ss. 212, 213, 214 IA 1986 eintreten. An dieser Stelle tritt jedoch die Besonderheit auf, daß die fraglichen Haftungstatbestände des englischen Rechts in Deutschland anwendbar sein müssen, was zweifelhaft sein könnte, da die Anwendbarkeit in Deutschland die Qualifikation der einschlägigen englischen Vorschriften als gesellschaftsrechtlich voraussetzt. Bei einer insolvenzrechtlichen Qualifikation würde demgegenüber ihre Anwendbarkeit in Deutschland gemäß Art. 4 I, II EuInsVO ausscheiden. Sollten sie Teil des Insolvenzstatuts sein, käme es aufgrund der nur partiellen Übernahme des ausländischen Gläubigerschutzrechts zu dem zu Beginn der Erörterung dargestellten Normenmangel [A. §1 III.2.c)(1)], dem dann durch die verhältnismäßige Anwendung des Gründungsrechts oder eine Sonderanknüpfung der fraglichen Vorschriften entgegenzuwirken wäre. In diesem Kontext unterstreicht *Borges* die Funktionsähnlichkeit zwischen der *wrongful-trading*-Haftung gemäß s. 214 IA 1986 und der deutschen Insolvenzantragspflicht, da letztlich auch s. 214 IA 1986,
§ 64 I GmbHG vergleichbar, vom *director* verlange, die Gesellschaft zu liquidieren oder zu sanieren.[1038] Daher sei die Haftung aus s. 214 IA 1986 insolvenzrechtlich zu qualifizieren. Zudem habe der englische Gesetzgeber diese Vorschrift „wegen ihrer Zugehörigkeit zum Insolvenzrecht" bei der Insolvenzrechtsreform von 1985 in den *Insolvency Act* eingefügt. Demgegenüber stellen *Mock/Schildt* darauf ab, daß es sich bei s. 214 IA 1986 um die haftungsrechtliche Sanktionierung von Pflichtverstößen der Geschäftsführer aus der Zeit vor der Eröffnung des Insolvenzverfahrens handelt, die primär gesellschaftsrechtlich fundiert ist.[1039] Da es sich um allgemeine haftungsrechtliche Fragen des Gesellschaftsrechts handele, sei das Gründungsrecht der Gesellschaft maßgeblich, so daß die Einordnung in eine insolvenzrechtliche Kodifikation der Qualifizierung als gesellschaftsrechtlich nicht entgegensteht. Auch *Schumann* verweist darauf, daß am gesellschaftsrechtlichen Charakter der ss. 213, 214 IA 1986 die Verortung im *Insolvency Act 1986* nichts ändere, da diese Haftung erst durch die Gesellschaftsrechtsreform von 1985/1986 aus dem *Companies Act 1985* übertragen wurde.[1040]

Die kollisionsrechtliche Einordnung der ss. 212, 213, 214 IA 1986 ist gemäß der herrschenden *lex-fori*-Qualifikation nach Maßgabe der Normen der Rechtsordnung vorzunehmen, unter deren Kollisionsvorschriften eine Rechtsfrage subsu-

---

[1038] A.a. *Borges* ZIP 2004, 733, 739; aus Sicht des englischen Rechts ohne eingehende Begründung auch *Höfling* Das englische internationale Gesellschaftsrecht S. 234; ohne Argumentation auch *Hirte* ZInsO 2003, 833, 836.

[1039] *Mock/Schildt* ZInsO 2003, 396, 400.

[1040] *Schumann* DB 2004, 743, 748.

miert werden soll, vorliegend also nach deutschem Recht.[1041] Wie bereits zu § 64 GmbHG dargestellt, sind Normen, die die Haftung der Organe betreffen, aufgrund ihres engen Bezugs zur Haftungsverfassung gesellschaftsrechtlicher Natur. Wie erörtert, ist dies daraus zu folgern, daß die Organpflichten und die Rechtsfolgen bei ihrer Verletzung sowohl vor dem Eintritt der Insolvenz als auch nach diesem Zeitpunkt aus der Haftungsverfassung der Kapitalgesellschaft folgen. Auch kann aus der Tatsache, daß die Vorschriften durch die Gesellschaftsrechtsreform von 1985/1986 in den *Insolvency Act 1986* übertragen wurden, keine ergänzende Aussage zu der kollisionsrechtlichen Einordnung gewonnen werden, da dem englischen Recht die strikte Trennung zwischen Gesellschafts- und Insolvenzrecht gerade fremd ist und daher hieraus keine dogmatische Aussage zur Einordnung dieses Haftungsinstruments abgeleitet werden kann. Somit sind die gesellschaftsrechtlich zu qualifizierenden ss. 213, 214 IA 1986 auch auf eine hauptsächlich im Inland tätige *limited* anwendbar. Daher ergibt sich in dieser Konstellation kein Normenmangel.

Wie bereits mehrfach dargestellt wurde, haben die *directors* einer *limited* bei zweifelhafter Solvenz die Interessen der Gläubiger zu berücksichtigen, da in dieser ökonomischen Lage die Gläubigerinteressen die Interessen der Gesellschafter hinsichtlich der Vermögenswerte der Gesellschaft ersetzen. Diese Pflicht ist Teil der gegenüber der Gesellschaft bestehenden *directors' duties* und ein eventueller Schadensersatzanspruch ist durch den *liquidator* gemäß s. 212 IA 1986 geltend zu machen. Daneben kommt eine Haftung aus ss. 213, 214 IA 1986 in Betracht, wenn über das Vermögen der Gesellschaft wegen Überschuldung das Insolvenzverfahren eröffnet wurde, der *director* erkannt hat oder hätte erkennen müssen, daß keine vernünftige Aussicht bestand, die Insolvenz zu vermeiden und dennoch die Geschäfte unverändert entgegen der Sorgfalt einer *reasonably diligent person*
fortgeführt hat. Bei Vorliegen der Tatbestandsmerkmale erstrecken sich die ss. 212, 213, 214 IA 1986 zudem auf die *de facto* bzw. *shadow directors* und somit unter Umständen auch auf Gesellschafter. Daher ist die Anwendung der Grundsätze der deutschen Insolvenzverschleppungshaftung bzw. des Schadensersatzanspruchs aus § 64 II GmbHG wegen Masseschmälerung nicht erforderlich und scheidet somit aus.

6. Allgemeines Zivilrecht

Nachdem im Rahmen der bisherigen Erörterung die Anwendbarkeit des deutschen Rechts auf eine englische *limited* mit hauptsächlichem oder ausschließlichem Tätigkeitsschwerpunkt im Inland weitestgehend abgelehnt wurde, stellt sich nunmehr die Frage der Durchsetzbarkeit des allgemeinen Zivilrechts ge-

---

[1041] *Kropholler* IPR S. 117ff; *Kegel/Schurig* IPR § 7 III 2a, S. 286ff., insb. 287.

genüber der Scheinauslandsgesellschaft. In diesem Zusammenhang ist insbesondere die Vereinbarkeit von § 826 BGB, § 823 II i.V.m. § 263 StGB mit der Niederlassungsfreiheit von Relevanz. Kollisionsrechtlich ergibt sich das anwendbare Recht aus Art. 40 EGBGB. Da Handlungs- und Erfolgsort bei einer ausschließlich in Deutschland tätigen *limited* im Inland liegen werden, ist somit deutsches Recht zur Anwendung berufen, Art. 40 I S. 1, 2 EGBGB. Fraglich ist, ob auch allgemeine zivilrechtliche Vorschriften, die auf eine Auslandsgesellschaft zur Anwendung kommen sollen, der Rechtfertigung anhand der Verhältnis
mäßigkeitsprüfung[1042] bedürfen.[1043] Gegen eine Verhältnismäßigkeitsprüfung hinsichtlich der allgemeinen Vorschriften spricht sich unter anderem *Ulmer* mit dem Argument aus, daß es sich nicht um Haftungsrisiken handele, die einen deutlichen Bezug zu Auslandsgesellschaften aufweisen und sich dadurch als Zuzugshindernis auswirken.[1044] Die Verpflichtung zur Beachtung allgemeiner, von jedermann zu respektierenden Vorschriften, die nicht gesellschaftsrechtlich beeinflußt sind, könne auch von Scheinauslandsgesellschaften erwartet werden.

Nach der hier vertretenen Auffassung ist der Anwendungsvorrang der Niederlassungsfreiheit jedoch hinsichtlich jeder nationalen Regelung zu beachten (A. §1 III. 2.a) S. 22ff.). Daher muß jede die Niederlassungsfreiheit einschränkende Regelung der Verhältnismäßigkeitsprüfung standhalten. Die Anwendung der deliktsrechtlichen Regeln käme daher dann in Betracht, wenn sie zum Schutz der Gläubiger oder zur Bekämpfung von Mißbrauch erforderlich wäre.

So könnte die Anwendung von § 826 BGB darauf gestützt werden, daß die Tatbestandsvoraussetzungen dieser Normen bei Vorliegen eines existenzvernichtenden Eingriffs häufig gegeben sein werden und die einen Durchgriff begründenden Verhaltensweisen in aller Regel einen durch diese Vorschrift zu sanktionierenden Mißbrauch darstellen. In diesem Zusammenhang kann § 826 BGB jedoch keine Geltung beanspruchen, da ein Mißbrauch im gesellschaftsrechtlichen Kontext ausschließlich nach dem Gründungsrecht der Gesellschaft zu beurteilen ist [A. §1 III. 2. c) (2)]. Die alternative Heranziehung einer deliktsrechtlichen Anspruchsgrundlage neben der Haftung wegen existenzvernichtenden

---

1042 Zur Verhältnismäßigkeitsprüfung vgl. EuGH Rs. C-19/92, Tz. 32 - *Kraus*; EuGH Rs. C-55/94, Tz. 37 - *Gebhard*; EuGH Rs. C-212/97, DB 1999, 625ff, Tz. 34 - *Centros*.

1043 Zurückhaltender *Bayer* BB 2003, 2357, 2364f.; *Zimmer* NJW 2003, 3585, 3589.

1044 *Ulmer* NJW 2004, 1201, 1207; *Schanze/Jüttner* AG 2003, 661, 670; so auch *Eidenmüller/Rehm* ZGR 2/2004, 159, 166, die sich für eine teleologische Einschränkung des Schutzbereichs einsetzen, so daß gleichmäßig und gering belastende allgemeingültige Vorschriften, wie etwa deliktsrechtliche Normen, aus dem Schutzbereich ausgenommen sind. Siehe auch *Spindler/Berner* RIW 2004, 7, 11; zögerlich auch *Leible/Hoffmann* RIW 2002, 925, 930.

Eingriffs aufgrund eines Verhaltens, das nach deutschem Recht jedenfalls die Haftung wegen Existenzvernichtung auslösen würde, stellt einen unverhältnismäßigen, weil nach der Lage im Gründungsrecht der Gesellschaft nicht erforderlichen Eingriff in die Niederlassungsfreiheit dar. Da insofern dieselben Erwägungen greifen wie im Fall der Existenzvernichtungshaftung, wird auf die dortigen Ausführungen (B. §4 II.1. S. 198ff.) verwiesen.

In Betracht kommt die Haftung aus den genannten Vorschriften allerdings dann, wenn durch die Ausnutzung des durch die Niederlassungsfreiheit eingeräumten Handlungsspielraums Gläubiger durch unseriöse Geschäftsmodelle vorsätzlich in betrügerischer Art und Weise geschädigt werden. Da die Sanktion des § 823 II BGB i.V.m. § 263 StGB eine anhand der konkreten Umstände festzustellende Maßnahme gegen betrügerische Verhaltensweisen darstellt und der Verstoß gegen die guten Sitten gemäß § 826 BGB anhand einer einzelfallbezogenen Wertung festzustellen ist,[1045] handelt es sich bei diesen Sanktionen um ein erforderliches Mittel zur Mißbrauchsbekämpfung im Einzelfall.
Teilweise wird der Versuch unternommen, unter Rückgriff auf ss. 213, 214 IA 1986 als Schutzgesetz bei Verstoß gegen diese Vorschriften eine Haftung aus § 823 II BGB wegen der Nichteinhaltung des Gebots, die Schäden der Gläubiger möglichst gering zu halten, herzuleiten.[1046] Ein derartiger Lösungsansatz scheitert letztlich daran, daß ein Verstoß gegen den gesellschaftsrechtlichen Pflichtenkanon nur nach Maßgabe des englischen Rechts sanktioniert werden kann. Da dieses in Form von ss. 213, 214 IA 1986 zudem ein adäquates Gläubigerschutzinstrument bereithält und bereits aus diesen Vorschriften ein vergleichbarer Schadensersatzanspruch resultiert, ist die Anwendung des deutschen Rechts mithin nicht erforderlich.
Es stellt sich nunmehr die Frage, wie der Fall zu behandeln wäre, daß eine *limited* als GmbH auftritt, etwa um den Eindruck einer gewissen Mindestkapitalisierung zu vermitteln. Auf den ersten flüchtigen Blick käme eine unter das Vertragsstatut fallende Haftung aus *culpa in contrahendo* gemäß §§ 280 I, 311 II, III BGB oder eine Rechtsscheinhaftung in Betracht. Diese müßte dann erforderlich sein. Ein Blick in das Gründungsrecht der Gesellschaft zeigt jedoch, daß in den Fällen der fehlenden Offenlegung der Haftungsbeschränkung, d.h. bei fehlender Angabe des Namens der Gesellschaft und des Rechtsformzusatzes, s. 349(4) CA 1985 eine Haftung des Geschäftsführers vorsieht. Der *director* einer *limited*, der die Rechtsform dem Vertragspartner nicht offenlegt, würde dem-

[1045] Grundlegend *Larenz/Canaris* Schuldrecht Band II/2 § 78 II.
[1046] *Schumann* DB 2004, 743, 748; ähnlich *Schanze/Jüttner* AG 2003, 661, 670.

nach bereits nach dem Gründungsrecht persönlich haften.[1047] Die Anwendung der Haftung aus *culpa in contrahendo* gemäß §§ 280 I, 311 II, III BGB oder einer Rechtsscheinhaftung wäre demnach nicht erforderlich.
Hinsichtlich der Haftung aus *culpa in contrahendo* gemäß §§ 280 I, 311 II, III BGB basierend auf dem Wissen oder Wissenmüssen des Geschäftsführers, daß die GmbH nicht in der Lage sein wird, ihre Verbindlichkeiten zu erfüllen, ist darauf zu verweisen, daß ihr Platz im englischen Recht funktional durch die *wrongful-trading*-Haftung bzw. die *directors' duties* eingenommen wird. Daher besteht auch diesbezüglich nach dem Gründungsrecht ein ausreichender Schutz. Die Anwendung des genannten deutschen Haftungsinstituts ist nach dem Gesagten daher ebenfalls nicht erforderlich.

III. Firmenrecht und Registerpublizität

Ein weiterer mit der Niederlassung einer *limited* in Deutschland verbundener Fragenkomplex
besteht in der Anwendbarkeit des deutschen Firmen- und Handelsregisterrechts auf Scheinauslandsgesellschaften. Zur Lösung dieser Probleme ist auf die im Rahmen der Erörterung der europäischen Rechtslage getroffene Feststellung zurückzugreifen, daß der EuGH nicht nur die Gründung einer Zweigniederlassung, sondern auch die tatsächliche Verlegung des Verwaltungssitzes als Ausübung der sekundären Niederlassungsfreiheit mittels einer Zweigniederlassung behandelt [A. §1 III. 2. a)]. Demnach wird jede Niederlassung einer ausländischen Gesellschaft in einem anderen Mitgliedstaat unabhängig vom Vorliegen einer Hauptniederlassung als Zweigniederlassung behandelt (vgl. die ausführliche Darstellung unter A. §1 III. 2. a). Indem der Europäische Gerichtshof dem Begriff der Zweigniederlassung eine derart weite Bedeutung zuspricht, ist ihm die Prüfung der Tätigkeit einer nach dem Recht eines EU-Staates gegründeten Gesellschaft in einem anderen Mitgliedstaat anhand der Zweigniederlassungsrichtlinie möglich.[1048] Diese Lösung ist deshalb überzeugend, weil die Tätigkeit einer ausländischen Gesellschaft mittels einer Zweigniederlassung die gleichen Auswirkungen mit sich bringt wie mittels einer Verlegung des Hauptverwaltungssitzes.[1049] Auch soll die Zweigniederlassungsrichtlinie ausweislich der sie tragenden Begründungserwägungen zur Erleichterung der Niederlassungsfreiheit eine Koordinierung der dem Interesse Dritter dienender Schutzbestimmungen ermög-

---

[1047] Ähnlich der Regelung in s. 349(4) CA 1985 tritt die Haftung auch im deutschen Recht bei Auslassen des Rechtsformzusatzes im Rahmen eines mündlichen Vertragsschlusses nicht ein, OLG Hamm GmbHR 1995, 661.
[1048] Zweigniederlassungsrichtlinie vom 22.12.1989, Nr. 89/666/EWG, ABl. EG Nr. L 395/36.
[1049] So auch *Leible/Hoffmann* EuZW 2003, 677, 680.

lichen. Aus diesem Grund statuiert sie Offenlegungspflichten.[1050] Dieser Schutzzweck aber ist, wie erwähnt, bei der faktischen Sitzverlegung gleichermaßen betroffen. Daher ist bereits an dieser Stelle folgendes festzuhalten:
Die im Inland ansässige *limited* ist nach den gefundenen Ergebnissen unabhängig von dem dem Zuzug zugrundeliegenden Sachverhalt als Zweigniederlassung zu behandeln, da der EuGH nicht zwischen einer Zweig- und Hauptniederlassung trennt. Somit unterfällt die inländische Niederlassung der Auslandsgesellschaft in jedem Fall dem Anwendungsbereich der Zweigniederlassungsrichtlinie und den diese umsetzenden nationalen Vorschriften. Vor dem Hintergrund dieses Befundes ist nunmehr die Anwendbarkeit des deutschen Firmen- und Handelsregisterrechts zu prüfen.

Aus der Zweigniederlassungsrichtlinie selbst ist nicht ersichtlich, nach welchem Recht sich die Zulässigkeit der Firma der EU-ausländischen Gesellschaft richtet. Maßgeblich ist insoweit daher der Maßstab der Art. 43, 48 EG, die die Behandlung der gesellschaftsrechtlichen Innen- und Außenverhältnisse dem Gründungsrecht der Gesellschaft unterstellen wollen (vgl. A. §1 III. 2. a). Aufgrund des engen Zusammenhangs zwischen der Gründung der Gesellschaft und der Firmierung ist das Gesellschaftsstatut und damit englisches Recht maßgeblich.[1051] Folglich richtet sich die Zulässigkeit der Firma nach dem *Business Names Act 1985*, dem *Companies Act 1985,* den *Company and Business Names Regulations 1981* und dem *common law*.
Verboten sind danach unter anderem aufgrund der damit verbundenen Möglichkeit der Irreführung oder der Gefahr, daß nicht existierende Verbindungen suggeriert werden, die Verwendung der Begriffe *Architect* oder *Credit Union*. Besonderer Genehmigung bedürfen ferner Bezeichnungen wie etwa *International,*

[1050] Zweigniederlassungsrichtlinie vom 22.12.1989, Nr. 89/666/EWG, ABl. EG Nr. L 395/36. Vgl. auch EuGH Rs. C-167/01, RIW 2003, 957, 958, Tz. 14ff. - *Inspire Art*.

[1051] *Hirsch/Britain* NZG 2003, 1100, 1102; *Geyrhalter/Gänßler* NZG 2003, 409, 412; *Bayer* BB 2003, 2357, 2364; vgl. hierzu auch der EuGH, der offensichtlich gleichermaßen davon ausgeht, daß die Gesellschaft als solche ihres Gründungsrechts auftritt: EuGH Rs. C-167/01 , RIW 2003, 957, 960, Tz. 135 - *Inspire Art*. A.a. *Wachter* GmbHR 2003, 1254, 1256; *Leible/Hoffmann* EuZW 2003, 677, 680; *Kindler* NJW 2003, 1073, 1079; *Ulmer* JZ 1999, 662, 662; *ders*. DB 2003, 487, 490; MüKo-BGB/*Kindler* IntGesR Rz. 149; *Hopt* HGB § 13d Rz. 4; Ebenroth/Boujong/Joost/*Pentz* HGB § 13d Rz. 21; zurückhaltender hinsichtlich Unternehmen aus anderen Mitgliedstaaten Röhricht/Graf v. Westphalen/*Ammon* HGB § 13d Rz. 14; ebenso Koller/Roth/Morck/*Roth* HGB § 13d Rz. 7; sehr weit *Ebert/Levedag* GmbHR 2003, 1337, 1339, die sowohl das englische als auch das deutsche Firmenrecht zur Anwendung bringen wollen.

Holding, Royal oder *Institute.*[1052] Zudem ist auch im englischen Recht eine Firma, die die Verwechslungsgefahr mit der Bezeichnung eines bereits bestehenden anderen Unternehmens mit sich bringt, unzulässig. Der *registrar of companies* hat in diesem Fall die Registrierung der Gesellschaft abzulehnen.[1053] Bei Verstoß gegen dieses *common-law*-Verbot des *passing off* kann der Verletzte die Unterlassung der Benutzung des Namens verlangen.[1054] Da somit auch nach dem Gründungsrecht ein firmenrechtlicher Schutz besteht, kann unter dem Aspekt der Erforderlichkeit einer deutschen Regelung ergänzend weder das deutsche Firmenrecht noch deutsches Wettbewerbsrecht, vgl. § 3 UWG, oder Markenrecht, siehe § 5 MarkenG, zur Anwendung gebracht werden.

Wie der EuGH in *Inspire Art* feststellte, können die Mitgliedstaaten eine über die Anforderungen der Zweigniederlassungsrichtlinie hinausgehende Offenlegung von gesellschaftsbezogenen Informationen, wie etwa den streitgegenständlichen Zusatz „formal ausländische Gesellschaft" des niederländischen WFBV, nicht verlangen, da diese abschließend sind.[1055]
Zudem fehlt es an der Erforderlichkeit zusätzlicher Angaben nach dem Recht des Sitzstaates.
Für den Gläubigerschutz ausreichend ist nach der Sichtweise des EuGH die Erkennbarkeit der Tatsache, daß die EU-ausländische Gesellschaft einem anderen Recht als dem inländischen unterliegt.[1056] Da nach Art. 6 der Zweigniederlassungsrichtlinie auf Geschäftsbriefen und Bestellscheinen der Gesellschaft das Register der Zweigniederlassung und die Nummer der dortigen Eintragung sowie i.V.m. Art. 4 der Ersten gesellschaftsrechtlichen Richtlinie[1057] die Rechtsform und der Satzungssitz der Gesellschaft anzugeben sind, ist die ausländische Gesellschaftsform ausreichend ersichtlich. Auch läßt die erforderliche Angabe des Satzungssitzes der Gesellschaft einen Rückschluß auf das Gründungsrecht zu.
Zudem unterliegt eine englische *limited* der Verpflichtung zur Angabe ihrer Rechtsform bereits nach dem Gründungsrecht, vgl. ss. 25(2) und 27(1) und (4)

[1052] Vgl. zum Ganzen *Mayson/French/Ryan* Company Law S. 67ff; *Pennington* Company Law S. 4ff, 70ff.

[1053] *Pennington* Company Law S. 7f.

[1054] *Exxon Corpn v Exxon Insurance Consultants International Ltd* [1981] 2 All ER 495.

[1055] EuGH Rs. C-167/01, RIW 2003, 957, 960, Tz. 135 - *Inspire Art*. Vgl. hierzu *Spindler/Berner* RIW 2003, 949, 952.

[1056] EuGH Rs. C-167/01, RIW 2003, 957, 960, Tz. 135 - *Inspire Art*.

[1057] Publizitätsrichtlinie vom 9.3.1968, Nr. 68/151/EWG, ABl. 1968, L 65/8, geändert durch Richtlinie 2003/58/EG, ABl. 2003, L 221/13. Vgl. hierzu die Umsetzung durch § 35a GmbHG. Bedenklich ist nach *Inspire Art* das Erfordernis der Angabe der Geschäftsführer und des Stammkapitals.

CA 1985.[1058] Darüber hinausreichende Offenlegungspflichten, wie etwa die Firmierung als *„private company limited by shares* **nach britischem Recht**“ stellen mithin eine nicht zu rechtfertigende Beschränkung der Niederlassungsfreiheit dar und verstoßen daher gegen das Gemeinschaftsrecht.[1059]
Aufgrund des weiten Verständnisses des Begriffs Zweigniederlassung unterliegt eine *limited*, die hauptsächlich oder ausschließlich im Inland tätig ist, dem deutschen Registerzwang. Die maßgeblichen Vorschriften, die die Vorgaben der Zweigniederlassungsrichtlinie in das deutsche Recht umsetzen,[1060] finden sich in §§ 13d-g HGB. Danach sind gegenüber dem Staat der Niederlassung unter anderem folgende Umstände offenzulegen:
Die Anschrift und Tätigkeit der Zweigniederlassung, das Register im Gründungsland und die Nummer des dortigen Eintrags, die Firma und die Rechtsform dieser Gesellschaft, ein Nachweis des Registers im Land der Gründung bezüglich des Bestehens der Gesellschaft sowie der Errichtungsakt.[1061]

Zusammenfassend ist festzuhalten, daß wie dargestellt, eine in Deutschland ansässige *limited* dem englischen Firmenrecht unterliegt. Da sie unabhängig davon, ob tatsächlich die Gründung einer Zweigniederlassung oder vielmehr eine faktische Sitzverlegung vorliegt, dem Anwendungsbereich der Zweigniederlassungsrichtlinie unterfällt, scheidet bereits aus diesem Grund die Statuierung zusätzlicher Offenlegungspflichten aus.
Infolge des Gesagten unterliegt eine in Deutschland ihre Zweigniederlassung oder Hauptverwaltung errichtende englische *limited* dem deutschen Registerzwang.

[1058] Vgl. zu diesem Aspekt EuGH Rs. C-167/01, RIW 2003, 957, 960, Tz. 135 - *Inspire Art*; EuGH Rs. C-212/97, DB 1999, 625, 627, Tz. 36 - *Centros*.

[1059] *Schanze*/Jüttner AG 2003, 661, 663; I.E. wie hier auch *Leible/Hoffmann* EuZW 2003, 677, 680, die aber bei mehrdeutigen Bezeichnungen, wie etwa der im belgischen, luxemburgischen, französischen, portugiesischen oder spanischen Recht gebräuchlichen Abkürzung S. A. einen auf den Gründungsstaat verweisenden Zusatz verlangen. Diese Argumentation übersieht allerdings, daß aufgrund der ebenfalls erforderlichen Angabe des Satzungssitzes auf den Geschäftsbriefen und dem durch das Gründungsrecht bewirkten Schutz ein solcher Zusatz nicht erforderlich ist. Für die Erkennbarkeit des Gründungsrechts aus der Firma *Borges* ZIP 2004, 733, 736; *Paefgen* DB 2003, 487, 490; *Ulmer* JZ 1999, 662, 663; *Zimmer* NJW 2003, 3585, 3587; *Bayer* BB 2003, 2357, 2364; *Ebert/Levedag* GmbHR 2003, 1337, 1338.

[1060] MüKo-BGB/*Kindler* IntGesR Rn. 27.

[1061] Die nähere Darstellung der offenzulegenden Tatsachen würde den Rahmen der vorliegenden Arbeit überschreiten. Insofern wird auf die ausführliche Darstellung in Röhricht/Graf von Westphalen/*Ammon* HGB §§ 13d ff.; Ebenroth/Boujong/Joost/*Pentz* HGB §§ 13d ff verwiesen. Ausführlich auch *Wachter* GmbHR 2003, 1254ff.

IV. Insolvenzanfechtung

Die Anfechtbarkeit von Rechtshandlungen in der Insolvenz ist gemäß Art. 4 II lit. m EuInsVO nach Maßgabe der *lex fori concursus*, d.h. bei einer ausschließlich im Inland tätigen *limited* nach deutschem Recht zu bestimmen. Danach sind die im Rahmen der Erörterung des Rechts der *private limited company* dargestellten Anfechtungstatbestände des englischen Rechts nicht anwendbar. Dies ist letztlich auch nicht bedenklich, da wie dargestellt, auch das deutsche Recht in dieser Hinsicht einen adäquaten Schutz bewirkt.

V. Strafvorschriften

Nach dem Ergehen des Urteils in der Rechtssache *Inspire Art* stellt sich auch die Frage, inwiefern deutsche Strafvorschriften auf EU-ausländische Gesellschaften anwendbar sind.
Nach dem Territorialitätsprinzip der §§ 3-7 StGB darf der deutsche Staat alle innerhalb seines Staatsgebietes begangenen Straftaten seiner Strafgewalt unterwerfen.[1062] Nach der Rechtsprechung des EuGH unterfällt auch dieses Rechtsgebiet dem Anwendungsvorrang des Gemeinschaftsrechts,[1063] so daß auch die Strafvorschriften des nationalen Rechts an der Niederlassungsfreiheit zu messen sind. Ausgehend von der Annahme, daß die Normen des Strafrechts die Ausübung der Niederlassungsfreiheit weniger attraktiv machen, bedarf ihre Anwendung der Rechtfertigung. Dieser Problemkreis soll anhand der im vorliegenden Kontext besonders relevanten Strafvorschriften erörtert werden. Aufgrund des im Strafrecht geltenden Analogieverbotes[1064] ist die Insolvenzstraftat des § 84 GmbHG nicht auf die *directors* einer *limited* anwendbar, da § 84 GmbHG die Eigenschaft des Täters als Geschäftsführer einer GmbH voraussetzt. Anwendbar sind demgegenüber die Allgemeindelikte der §§ 263, 266 StGB, deren Regelungszweck in der Sanktionierung betrügerischer bzw. mißbräuchlicher Verhaltensweisen liegt.

VI. Verhältnis der Anspruchsnormen zueinander

Nach dem in dieser Arbeit vertretenen Ansatz und der ihr zugrundeliegenden Trennung zwischen einem gesellschafts- bzw. europarechtlichen Mißbrauch kommt es zu keinen Überschneidungen zwischen den Anspruchsgrundlagen.

[1062] Schönke/Schröder/*Eser* StGB § 3 Rn. 1f.

[1063] EuGH Rs. C-348/96, Slg. 1999, I-11, Tz. 17 - *Calfa*; EuGH Rs. C-274/96, Slg. 1998, I-7637, Tz. 17 - *Bickel*; EuGH Rs. 186/87, Slg. 1989, 195, Tz. 19 - *Cowan*.

[1064] *Wessels/Beulke* Strafrecht AT Rn. 53; BGHSt 33, 21, 23; BVerfGE 82, 6.

VII. Fazit

Es hat sich gezeigt, daß aufgrund des sehr weiten Schutzbereichs der Niederlassungsfreiheit eine in Deutschland ansässige *limited* umfassend nach ihrem Gesellschaftsstatut zu behandeln ist. Auch bei der Anwendung des Verkehrsrechts, etwa den Vorschriften des Deliktsrechts, und des Strafrechts ist eine eventuelle Beschränkung der Niederlassungsfreiheit nach dem Vier-Konditionen-Test zu rechtfertigen. Es erscheint nach dem hier entwickelten Ansatz nur in außergewöhnlichen Fällen denkbar, deutsches Recht zur Mißbrauchsbekämpfung zur Anwendung zu bringen.

C. Zusammenfassung der Ergebnisse und Ausblick

§ 5 Zusammenfassung

Als Ergebnis der Untersuchung ist festzuhalten, daß der Niederlassungsfreiheit von Kapitalgesellschaften in der Europäischen Union nunmehr keine Grenzen mehr gesetzt sind.
Der Gerichtshof ist in den Entscheidungen *Centros*, *Überseering* und *Inspire Art* der Argumentation, daß nur durch eine Mindestkapitalisierung und die damit verbundenen Bereiche der Kapitalerhaltung sowie eine umfassende Gründungsprüfung eine hinreichende Seriosität von Gesellschaftsgründungen und ein effektiver Schutz vor betrügerischen Handlungen zu erreichen ist, nicht gefolgt. Daher sind die Gesellschaften infolge der europarechtlich gebotenen Gründungsanknüpfung nach ihrem Gründungsrecht zu behandeln, die Anwendung der bisher geltenden Sitztheorie ist folglich nicht mehr möglich. Zudem ist es den EU-Staaten versagt, die Wahrnehmung der Niederlassungsfreiheit durch eine nach den Rechtsvorschriften eines anderen Mitgliedstaates gegründete Gesellschaft von der partiellen Beachtung ihres Gesellschaftsrechts abhängig zu machen. Etwaigen Versuchen, im Wege der Sonderanknüpfung den für die EU-ausländische Gesellschaften geltenden Schutzstandard durch die generelle Geltung bestimmter nationaler Normen auf das inländische Niveau anzuheben, hat der EuGH eine deutliche Absage erteilt. Somit sind auch die zwischen den Positionen der Gründungs- und Sitztheorie stehenden Versuche, das Sitzrecht für bestimmte Fragen zum Schutz des inländischen Rechtsverkehrs zur Anwendung zu bringen, nicht europarechtskonform.

Aufgrund der zentralen Bedeutung der Niederlassungsfreiheit für die Schaffung eines gemeinsamen Marktes sowie einer Wirtschaftsunion müssen alle mitgliedstaatlichen Beeinträchtigungen des Schutzbereichs der Niederlassungsfreiheit, gleich ob tatsächlich oder potentiell, mittelbar oder unmittelbar, gemeinschaftsrechtlich gerechtfertigt sein. Daher ist unabhängig von der internationalprivatrechtlichen Qualifikation einer Norm jede einen Bezug zur Niederlassungsfreiheit aufweisende nationale Regelung, gleich ob sie dem materiellen Recht oder dem Kollisionsrecht zuzuordnen ist, an Art. 43, 48 EG zu messen. Der Schutzbereich der Niederlassungsfreiheit wird sowohl direkt durch Art. 43, 48 EG als auch durch die in Übereinstimmung mit diesen Artikeln stehenden Sekundärrechtsakte definiert. Diese stellen zumindest dann eine abschließende, weitergehende nationale Anforderungen ausschließende Regelung dar, wenn sie den Mitgliedstaaten Wahlrechte einräumen. In diesem Fall begründen höhere mitgliedstaatliche Pflichten oder Sanktionen einen grundsätzlich nicht zu rechtfertigenden Eingriff in die Niederlassungsfreiheit. Da der Gerichtshof auch die im Inland gelegene Hauptverwaltung einer *limited* unter den weit verstandenen Be-

griff der Niederlassung subsumiert, finden auf diese die Offenlegungspflichten der Zweigniederlassungsrichtlinie Anwendung und bilden somit eine abschließende Regelung im genannten Sinn. Die Frage, welche Bereiche dem Gesellschaftsstatut unterfallen, muß anhand der auch eine Kollisionsregel enthaltenden Niederlassungsfreiheit bestimmt werden, um die Konturierung der Reichweite derselben der Dispositionsbefugnis der Mitgliedstaaten zu entziehen und eine einheitliche Handhabung dieser Frage in den fünfundzwanzig Mitgliedstaaten der Union sicherzustellen.
Danach sind die gesellschaftsrechtlichen Innen- und Außenverhältnisse der Gesellschaft, insbesondere die Rechtsvorschriften betreffend die Gründung, die Haftung der Gesellschafter und der Geschäftsführer sowie die Aspekte, die die Tätigkeit und die Beendigung der Gesellschaft betreffen, dem Gesellschaftsstatut zu unterstellen. Ausgenommen sind insofern nicht gesellschaftsrechtlich zu qualifizierende Vorschriften wie etwa arbeits- und gewerberechtliche Aspekte.

Eingriffe in den derart weit verstandenen Schutzbereich der Niederlassungsfreiheit sind nach dem Vier-Konditionen-Test nur dann als gerechtfertigt anzusehen, wenn sie in nichtdiskriminierender Weise erfolgen, dem Schutz zwingender Gründe des Allgemeinwohls dienen, zur Erreichung des verfolgten Zieles geeignet sind und nicht über das hinausgehen, was zur Zielerreichung erforderlich ist. Entscheidende Bedeutung bei der Prüfung, ob eine innerstaatliche Maßnahme einen gerechtfertigten Eingriff in die Niederlassungsfreiheit darstellt, kommt der Frage nach der Erforderlichkeit zu. Für die Erforderlichkeit einer Regelung ist die Untersuchung ausschlaggebend, ob auch ohne den Eingriff des Sitzstaates ein hinreichender, nicht aber notwendig gleichwertiger Schutz der Gläubigerinteressen nach dem Gründungsrecht besteht. Hierbei ist zu beachten, daß ein vergleichbarer Rechtschutz nicht auf identischen Mechanismen beruhen muß. Ausreichend ist vielmehr, daß das Schutzziel nach der Gesamtkonzeption des ausländischen Gesellschaftsrechts überhaupt erreicht wird. Von zentraler Bedeutung ist also, ob ohne die ergänzende Anwendung des Rechts des Niederlassungsstaates aufgrund der völligen Verfehlung des Gläubigerschutzes durch das Gründungsrecht eine nicht zu schließende Schutzlücke entstehen würde. In diese Betrachtung sind als ein Bestandteil des für im Inland tätige Auslandsgesellschaften geltenden Gläubigerschutzsystems auch die Anforderungen von Sekundärrechtsakten einzubeziehen. Für jede mitgliedstaatliche Rechtsordnung ist folglich unter dem Aspekt der Erforderlichkeit einer deutschen Regelung die Prüfung vorzunehmen, ob das im jeweiligen Gründungsrecht bestehende Gläubigerschutzniveau unter Einbezug europäischer Rechtsakte mit dem deutschen Standard verglichen werden kann.
Dieses Lösungskonzept basiert auf der Annahme der grundsätzlichen Vergleichbarkeit der nationalen Rechtsordnungen. Die Richtigkeit dieser Ansicht ist hinsichtlich des englischen Rechts bestätigt worden. Auch wird den Gläubigern

durch die Verfügbarkeit von zur Entscheidungsfindung erforderlichen Informationen eine Basis zur eigenverantwortlichen Absicherung bereitgestellt. Die Schwäche dieses Modells hinsichtlich des Schutzes von gesetzlichen Gläubigern wird einerseits durch bereits bestehende Pflichtversicherungen, etwa die Verkehrshaftpflichtversicherung oder die versicherungspflichtige Tätigkeit von Arbeitnehmern, andererseits aber auch durch einen im Gründungsrecht bewirkten Schutz, wie insbesondere unter B. §4 dargestellt, ausgeglichen.

Der einzige Bereich, in dem in europarechtskonformer Weise nationale Schutzvorschriften zur Anwendung gebracht werden können, ist die Mißbrauchskontrolle. Zum Schutz vor betrügerischen Verhaltensweisen der Staatsangehörigen der Mitgliedstaaten, die sich in mißbräuchlicher Weise unter Ausnutzung der durch den EG-Vertrag geschaffenen Möglichkeiten der Anwendung des inländischen Rechts entziehen, können die einzelnen Staaten zwar Sanktionen vorsehen. Aufgrund des engen Verständnisses des Gerichtshofs von einem Mißbrauchstatbestand und der gebotenen Beurteilung eines Mißbrauchs im gesellschaftsrechtlichen Kontext nach dem Gründungsrecht ist der Geltungsbereich dieses Gläubigerschutzinstruments allerdings äußerst gering. Der scheinbar augenscheinlichste Fall eines Mißbrauchs, das Ausweichen auf ein permissiveres Gesellschaftsrecht zum Zweck der Gründung, stellt keinen Mißbrauch dar. Denkbar ist daher allein der Fall betrügerischer Aktivitäten durch die mit der Tätigkeit einer Auslandsgesellschaft verbundenen größeren Täuschungsmöglichkeiten, etwa indem eine starke internationale Ausrichtung des Unternehmens vorgespiegelt und somit auch der Eindruck eines finanzstarken Unternehmens bewirkt wird.

Anhand der Darstellung des Rechts der englischen *private limited company* wurde deutlich, daß ein gravierendes gläubigergefährdendes Regelungsgefälle zwischen den beiden Gesellschaftsformen nicht besteht. So kennt auch das englische Recht Vorschriften zur Kapitalaufbringung und -erhaltung, sog. *doctrine of capital maintenance*, deren Zweck wie im Recht der GmbH darin besteht, sicherzustellen, daß das von der Gesellschaft vorgesehene Kapital auch tatsächlich aufgebracht und zum Schutz der Gläubiger aufrechterhalten wird. Besondere Aufmerksamkeit sollte hierbei dem Recht der Kapitalerhaltung gewidmet werden, das in seinen Anforderungen über das GmbH-Recht hinausgeht. So dürfen bei der *limited* lediglich erwirtschaftete Gewinne, die im Jahresabschluß ausgewiesen sind, nach Verrechnung mit Verlustvorträgen zur Auszahlung gebracht werden. Zudem muß der *director* sicherstellen, daß Vermögen, das die Gesellschaft zur Befriedigung ihrer Gläubiger benötigt, nicht ausgeschüttet wird. Bei Verstoß gegen diese Pflicht macht er sich schadensersatzpflichtig. Diese Haftung illustriert ein dem englischen Recht zugrundeliegendes Prinzip: Dem Problem des *abuse of limited liability* wird insbesondere durch die Haftung und

Disqualifizierung der *controllers of companies*, d.h. vor allem der Geschäftsführer, begegnet, was allerdings über die Rechtsfigur der *shadow* bzw. *de iure directors* auf die Geschäftsführung der Gesellschaft Einfluß nehmende Gesellschafter einschließt. Ein weiterer wichtiger Bestandteil des Gläubigerschutzkonzepts besteht in der unter bestimmten Voraussetzungen eintretenden Haftung der *directors* der *limited* für Gesellschaftsverbindlichkeiten bei Verstoß gegen die ihn treffenden Pflichten, etwa aufgrund der ss. 212ff. IA 1986, sowie die Möglichkeit der Disqualifizierung aufgrund des *Company Directors Disqualification Act 1986 (CDDA 1986)*. Das Disqualifizierungsregime findet auch bei im Ausland tätigen Gesellschaften Anwendung.

Ein weiteres Instrument des Gläubigerschutzes ist die *doctrine of lifting the corporate veil*, die allerdings restriktiv gehandhabt wird. Weiter räumt das englische Recht, nahezu in Übereinstimmung mit dem EuGH, den Bilanzierungs- und Prüfungsanforderungen und der damit verbundenen umfassenden Publizität der Gesellschaftsverhältnisse einen hohen Stellenwert ein.
Ergänzt wird der Schutz durch eine in der Praxis allerdings keine sonderliche Rolle spielende Aufsicht durch das *DTI* und Anfechtungstatbestände in der Insolvenz. Das englische Kapitalgesellschaftsrecht bewirkt, wie bereits an anderer Stelle erörtert wurde (B. §2 VI.), anhand der angeführten Regelungskomplexe einen hinreichenden Gläubigerschutz.

Aus diesem Befund folgt allerdings auch die weitgehende Nichtanwendbarkeit deutscher Schutzvorschriften auf eine im Inland tätige *limited*. Etwas anderes kann letztlich nur in besonders gelagerten Ausnahmefällen eines Mißbrauchs gelten.

Abschließend ist somit festzuhalten, daß nicht nur der Rechtswahlfreiheit der Gründer keine Schranken gesetzt sind, sondern daß die privatautonome Entscheidung von den Mitgliedstaaten zu respektieren ist und nur in engen Mißbrauchsfällen die mit der Niederlassungsfreiheit verbundenen Handlungsmöglichkeiten durch die Anwendung des inländischen Rechts eingeschränkt werden können.

§ 6 Ausblick

Die Entscheidung des EuGH für die Pluralität des Gesellschaftsrechts erfordert von den Mitgliedstaaten eine völlige Neuorientierung. Spätestens seit dem Urteil *Inspire Art* ist der Wettbewerb der Gesellschaftsrechtssysteme eröffnet. Für die Staaten der Union bedeutet dies, daß eine Einstellung auf den Binnenmarkt erforderlich ist. So haben Spanien und Frankreich durch Vereinfachung ihres Kapitalgesellschaftsrechts eine „Blitz-GmbH“ geschaffen, die dem Wunsch der Gründer nach Flexibilisierung entgegenkommt.[1065]
Es bleibt abzuwarten, ob und in welcher Form der deutsche Gesetzgeber hierauf reagiert und die im Ausland als überreguliert empfundene GmbH einer Reform unterzieht.[1066]
Auch vor dem Hintergrund der erwähnten Reformbestrebungen wird die Befürchtung geäußert, die begonnene Entwicklung führe zu einem „ruinösen Wettbewerb der Rechtsordnungen mit dem Ziel, durch größtmögliche Liberalität ausländische Investoren zu gewinnen,...[was] für die Allgemeinheit schädlich ist.“[1067] Dahinter steht die Annahme, das stark durch ein öffentlich-rechtliches Aufsichtssystem geprägte Gesellschaftsrecht des anglo-amerikanischen Rechtskreises sei im Ausland unanwendbar.[1068]
Es ist bereits mehrfach darauf hingewiesen worden, daß diese These nicht zutrifft. Kann man zudem wirklich annehmen, das in weiten Teilen des *Commonwealth* noch maßgebliche englische Gesellschaftsrecht kenne keine akzeptablen Gläubigerschutzmechanismen? Wie dargestellt, ist von einem allgemeinschädlichen Regelungsgefälle nicht auszugehen.

Zudem ist fraglich, ob der Wettbewerb der Gesellschaftsrechtsordnungen tatsächlich den befürchteten *race to the bottom* auslöst. Zu Recht verweist *Eidenmüller* darauf, daß der Wettbewerb auf Gütermärkten *prima facie* wohlfahrtssteigernde Effekte hat.[1069] Auch wird übersehen, daß die Verlegung des Verwal-

---

[1065] Vgl. zur spanischen Rechtslage *Vietz* GmbHR 2003, 26; zum französischen Recht *Becker* GmbHR 2003, 706.

[1066] Kritisch auch *Bayer* BB 2003, 2357, 2366.

[1067] *Bayer* BB 2003, 2357, 2366.

[1068] So unter anderem *Altmeppen* NJW 2004, 97, 99; *Bayer* BB 2003, 2357, 2366; *Geyrhalter/Gänßler* EWiR 2003, 569, 570.

[1069] *Eidenmüller* ZIP 2002, 2233, 2235, 2237; ähnlich *Sandrock* BB 2002, 1601. Kritisch hinsichtlich der amerikanischen Erfahrungen *Merkt* US-Amerikanisches Gesellschaftsrecht Rn. 17ff., der aber auch darauf verweist, daß die einzelstaatliche Deregulierung den Anstoß für den Bundesgesetzgeber bildete, zum Schutz Dritter Einfluß zu nehmen, *a.a.O.* Rn. 27ff. Allerdings ist zu beachten, daß das einzelstaatliche Regelungsniveau sehr niedrig ist, *Korner* Kollisionsrecht der Kapitalgesellschaften in den Vereinigten Staaten, S. 9ff. In Europa präsen-

tungssitzes von US-ausländischen Gesellschaften, die etwa dem Recht von *Delaware* unterliegen, unter Beibehaltung ihrer Rechtspersönlichkeit seit der Ratifizierung des Freundschafts-, Handels- und Schiffahrtsvertrages[1070] vom 29.10.1954 zulässig ist, ohne daß diese Möglichkeit zu gravierenden Fehlentwicklungen geführt hat.[1071]
Zudem führt die Gründung einer Gesellschaft nach ausländischem Recht zur Geltung dieses Gesellschaftsrechts für die Innenverhältnisse, etwa im Bereich der Gewinnausschüttung und der Beschlußfassung, so daß insofern auch für die Gründer, die auf entsprechende Beratung durch spezialisierte Anwälte zurückgreifen müssen, Kostenrisiken bestehen, was die Wahl einer solchen Gesellschaftsform unattraktiv macht.[1072]

Für die Rechtswissenschaft bedeutet die Europäisierung des Gesellschaftsrechts, daß sich diese in noch stärkerem Maße als bisher der Beschäftigung mit fremden Gesellschaftsformen einerseits und der kritischen Revision des nationalen Gesellschaftsrechts andererseits widmen muß. Solange der europäische Gesetzgeber keine Harmonisierung herbeiführt, wird zudem mit einer weiteren Ausdifferenzierung der Niederlassungsfreiheit durch die Rechtsprechung des EuGH zu rechnen sein. Daraus resultiert auch ein Harmonisierungsdruck auf die Mitgliedstaaten. So sollten die 10. Richtlinie über eine grenzüberschreitende Verschmelzung[1073] und die 14. Richtlinie über die Sitzverlegung[1074] sowie der Kommissionsvorschlag für eine Transparenzrichtlinie[1075] vorangetrieben werden.[1076] Auch ist zu überlegen, ob über die Einführung einer Europäischen Gesellschaft

---

tiert sich in dieser Hinsicht eine andere Lage. Auch ist zu beachten, daß Sonderanknüpfungen zum Schutz außenstehender Dritter das Vertrags- oder Deliktsstatut, nicht aber gesellschaftsrechtliche Fragen betreffen, *Korner a.a.O.* S. 100ff, 239; *Merkt a.a.O.* Rn. 149ff. Nach *Merkt a.a.O.* Rn. 156 kommt nur für die Innenverhältnisse das Sitzrecht zur Anwendung. Zur Kapitalaufbringung und -erhaltung und zur *pseudo-foreign-corporation*-Lehre näher *Korner a.a.O.*, S. 109, 78ff; *Merkt a.a.O.* Rn. 156.

1070 BGBl. II/1956, S. 487.

1071 *Eidenmüller* ZIP 2002, 2233, 2244.

1072 Auf diesen Aspekt weisen *Maul/Schmidt* BB 2003, 2297, 2299 und *Happ/Holler* DStR 2004, 730ff. zu Recht hin.

1073 KOM (2003) 703, abrufbar unter www.europa.eu.int.

1074 Abgedruckt in ZIP 1997, 1721ff. Vgl. außerdem den Besprechungsaufsatz von *Leible* ZGR 3-4 (2004), 531ff.

1075 Vorschlag für eine Richtlinie des Europäischen Parlaments und des Rates zur Harmonisierung der Transparenzanforderungen in Bezug auf Informationen über Emittenten, deren Wertpapiere zum Handel auf einem geregelten Markt zugelassen sind und zur Änderung der Richtlinie 2001/34/EG vom 26.03.2003, KOM (2003) 138; abrufbar unter www.europa.eu.int.

1076 Hierzu *Eidenmüller* JZ 2004, 24, 31.

(SE)[1077] hinaus weitere europäische Unternehmensformen einzuführen sind, für die nicht ergänzend nationales Gesellschaftsrecht, vgl. Art. 9 I lit. c SE-VO, sondern autonomes Recht gilt. Eine solche Rechtsform könnte eine Alternative zur Wahl eines liberalen mitgliedstaatlichen Rechts darstellen. Vor dem Hintergrund des Gewichts, das der Gerichtshof der Publizität beilegt, gewinnt ferner das ab 2007 bestehende europaweite online-Register an Relevanz.[1078] Danach ist ab diesem Zeitpunkt das Register der einzelnen Mitgliedstaaten auch in elektronischer Form zu führen und zusätzlich in ein mehrsprachiges europaweit verfügbares Register einzustellen.

Das europäische Gesellschaftsrecht wird somit in der Zukunft sowohl von dem Gemeinschaftsgesetzgeber als auch vom Europäischen Gerichtshof gestaltet werden. In den Grenzen des Europäischen Wirtschaftsraums sind bereits zu diesem Zeitpunkt die Voraussetzungen für ein schnelles Zusammenwachsen der Märkte gegeben. Für die Rechtswissenschaft bietet diese neue Entwicklung die Herausforderung, durch die Weiterentwicklung des Gemeinschaftsrechts verläßliche Rahmenbedingungen für die europäischen Unternehmen zu bieten und somit ein ausreichendes Koordinatensystem für den Wettbewerb der Gesellschaftsrechte zur Verfügung zu stellen.

[1077] Verordnung (EG) v. 08.10.2001, Nr. 2157/2001 über das Statut der Europäischen Gesellschaft (SE), ABl. L 294 v. 10.11.2001, S. 1ff.

[1078] Reform der Ersten gesellschaftsrechtlichen Richtlinie ABl. EG Nr. 1968 L 65/8; 2003 L 221/3. Näher hierzu *Grundmann* DStR 2004, 232, 235. Vgl. auch die Einrichtung des *European Business Registers*, verfügbar unter www.ebr.org., an dem Deutschland jedoch nicht offiziell teilnimmt, sondern ein privater Anbieter die unverbindliche Auswertung der öffentlichen Register übernimmt. England mit dem *CompaniesHouse* (www.companieshouse.gov.uk) bzw. Frankreich mit dem *Registre National du Commerce et Sociétés* (www.euridile.inpi.fr) kennen bereits elektronische Register.

Literaturverzeichnis

Altmeppen, Holger: Zur Entwicklung des neuen Gläubigerschutzkonzeptes in der GmbH, ZIP 2002, 1553ff.

ders.: Grundlegend Neues zum „qualifiziert faktischen" Konzern und zum Gläubigerschutz in der Einmann-GmbH, ZIP 2001, 1837ff.

ders.: Schutz vor "europäischen" Kapitalgesellschaften, NJW 2004, 97ff.

Altmeppen, Holger/Wilhelm, Jan: Gegen die Hysterie um die Niederlassungsfreiheit der Scheinauslandsgesellschaften, DB 2004, 1083ff.

Armour, John: Share Capital and Creditor Protection: Efficient Rules for a Modern Company Law [2000] MLR 355ff.

Bamford, Colin: Directors' Duties: the public dimension [2000] 21 Co Law 38ff.

Baumbach/Hueck: GmbH-Gesetz, Kommentar, 17. A., München 2000.

Bailey, S.H./Gunn, M.J.: Smith & Bailey On The Modern English Legal System, London 1996.

Bailey, Edward/Groves, Hugo/Smith, Cormac: Corporate Insolvency, Law and Practice, 2. A., London, Edinburgh 2001.

Baumbach, Adolf /Hopt, Klaus J./Merkt, Hanno: Handelsgesetzbuch, 31. A., München 2003.

v. Bar, Christian: Internationales Privatrecht, Zweiter Band, München 1987.

Bauschke, Hans-Joachim: Durchgriffshaftung bei juristischen Personen - Terminologische und inhaltliche Probleme, BB 1975, 1322ff.

Bayer, Walter: Die EuGH-Entscheidung „Inspire Art" und die deutsche GmbH im Wettbewerb der europäischen Rechtsordnungen, BB 2003, 2357ff.

ders.: Aktuelle Entwicklungen im Europäischen Gesellschaftsrecht, BB 2004, 1ff.

Becker, Patricia: Baldiges neues Gründungsverfahren in Frankreich: Die französische „Blitz-S.A.R.L.", GmbHR 2003, 706ff.

Behrens, Peter: Die Gesellschaft mit beschränkter Haftung im internationalen und europäischen Recht, 2. A., Berlin, New York 1997.

ders.: Der Anerkennungsbegriff des Internationalen Gesellschaftsrechts, ZGR 5 (1978) 499ff.

ders.: Das Internationale Gesellschaftsrecht nach dem Überseering-Urteil des EuGH und den Schlußanträgen zu Inspire Art, IPRax 2003, 193ff.

ders.: Niederlassungsfreiheit und internationales Gesellschaftsrecht, RabelsZ 52 (1988), 499ff.

ders.: Gemeinschaftsrechtliche Grenzen der Anwendung inländischen Gesellschaftsrechts auf Auslandsgesellschaften nach Inspire Art, IPRax 2004, 20ff.

Benne, Dietmar: Haftungsdurchgriff bei der GmbH, insbesondere im Fall der Unterkapitalisierung, Mainz 1978.

Beutler, Bengt/Bieber, Roland/Pipkorn, Jörn/Streil,Jochen:Die Europäische Union, Rechtsordnung und Politik, 5. A., Baden-Baden 2001.
Bhattacharyya, Gautam, Shadow directors and wrongful trading revisited [1995] 16 Co Law 151ff.
Bitter, Georg: Der Anfang vom Ende des „qualifiziert faktischen GmbH-Konzerns", WM 2001, 2133ff.
Bleckmann, Albert: Europarecht, 6. A., Köln, München 1997.
ders.: Teleologie und dynamische Auslegung des Europäischen Gemeinschaftsrechts, EuR 1979, 239ff.
Blumberg, Multinational Challenge to Corporation Law, Oxford, New York, 1993.
Borges, Georg: Die Sitztheorie in der Centros-Arä: Vermeintliche Probleme und unvermeidliche Änderungen, RIW 2000, 167ff.
ders.: Gläubigerschutz bei ausländischen Gesellschaften mit inländischem Sitz, ZIP 2004, 33ff.
Bowmer, Simon: To Pierce Or Not to Pierce the Corporate Veil - Why Substantive Consolidation is Not an Issue under English Law [2000] JIBL 193ff.
British Company Law & Practice, Loseblatt, London 2000ff.
Brödermann, Eckart/Iversen, Holger: Europäisches Gemeinschaftsrecht und Internationales Privatrecht, Tübingen 1994.
Bromilow, Daniel: Creasey v Breachwood Motors: mistaken identity leads to untimely death [1998] 19 Co Law 198ff.
Bruce, Martha: Rights and Duties of Directors, 4. A., London 2001.
Butterworths Corporate Law Service, Loseblatt, London 1999ff.
Bydlinski, Franz: System und Prinzipien des Privatrechts, Wien, New York 1996.
Cheffins, Brian R.: Company Law: Theory, Structure, and Operation, Oxford 1997.
Davies, Paul L.: Gower and Davies' Principles of Modern Company Law, 7. A., London 2003.
Davies, Paul: Legal Capital in Private Companies in Great Britain, AG 1998, 346ff.
Doran, Nigel J.L.: Transactions at an undervalue and the maintenance of capital principle [1991] 10 Co Law 169ff.
Doyle, Louis G: Misfeasance Proceedings:chasing the delinquents: Part 1 [1994] 7 Insolv Intel 25ff.
Drygala, Tim: Kurzkommentar zu der Entscheidung Inspire Art, EWiR 2003, 1029ff.
Duursma-Kepplinger, Henriette-Christine/Duursma, Dieter/Chalupsky, Ernst: Europäische Insolvenzverordnung, Wien, New York 2002.
Easterbrook, Frank H./Fischel, Daniel R.: Limited Liability and the Corporation [1985] U Chi Law Rev 89ff.

Ebenroth, Carsten Thomas: Die verdeckten Vermögenszuwendungen im transnationalen Unternehmen, Berlin 1979.

Ebenroth, Carsten Thomas/Eyles, Uwe: Die innereuropäische Verlegung des Gesellschaftssitzes als Ausfluß der Niederlassungsfreiheit?, DB 1989, 363ff. und 413ff.

Ebenroth, Carsten Thomas/Sura, Achim: Die Probleme der Anerkennung im internationalen Gesellschaftsrecht - Feststellung der Rechtsfähigkeit und Bestimmung des Personalstatuts, RabelsZ 43 (1979) 315ff.

Ebenroth, Carsten Thomas/Boujong, Karlheinz/Joost, Detlev: Handelsgesetzbuch, Band 1, Kommentar, München 2001.

Ebert, Sabine/Levedag, Christian: Die zugezogene „private company limited by shares (Ltd.)" nach dem Recht von England und Wales als Rechtsformalternative für in- und ausländische Investoren in Deutschland, GmbHR 2003, 1337ff.

Efferink, Harm van/Ebert, Sabine/Levedag, Christian: Die zugezogene niederländische B.V. als Rechtsformalternative zur deutschen GmbH für in- und ausländische Unternehmen in Deutschland, GmbHR 2004, 880ff.

Eidenmüller, Horst: Wettbewerb der Gesellschaftsrechte in Europa, ZIP 2002, 2233ff.

ders.: Mobilität und Restrukturierung von Unternehmen im Binnenmarkt, Entwicklungsperspektiven des europäischen Gesellschaftsrechts im Schnittfeld von Gemeinschaftsgesetzgeber und EuGH, JZ 2004, 24ff.

Eidenmüller, Horst/Rehm, Gebhard: Niederlassungsfreiheit versus Schutz des inländischen Rechtsverkehrs: Konturen des Europäischen Internationalen Gesellschaftsrechts – Zugleich eine Besprechung der Entscheidung *Inspire Art*, ZGR 2004, 159ff.

Emmerich, Volker/Habersack, Mathias: Aktien- und GmbH-Konzernrecht, 3. A., München 2003.

Epiney, Astrid: Umgekehrte Diskriminierungen, Zulässigkeit und Grenzen der discrimination à rebours nach europäischem Gemeinschaftsrecht und nationalem Verfassungsrecht, Köln, München 1995.

Everling, Ulrich: Das Niederlassungsrecht im gemeinsamen Markt, Berlin 1963.

Eyles, Uwe: Das Niederlassungsrecht der Kapitalgesellschaften in der Europäischen Gemeinschaft, Baden-Baden 1990.

Farrar, John H.: Fraud, Fairness and Piercing the Corporate Veil [1990] 16 Canb LR 474ff.

Farrar, John H./Hannigan, Brenda: Farrar`s Company Law, 4. A., London, Edinburgh 1998.

Feldman, David/Meisel, Frank: Corporate and Commercial Law: Modern Developments, London, New York 1996.

Ferran, Eilís: Company Law and Corporate Finance, Oxford, New York 1999.

ders.: Creditors' Interests and „core" company law [1999] 20 Co Law 314ff.

Finch, Vanessa: Personal Accountability and Corporate Control: The Role of Directors' and Officers' Liability Insurance [1994] 57 MLR 880ff.
dies.: Disqualification of Directors: A Plea for Competence [1990] 53 MLR 385ff.
dies.: Company Directors: Who Cares about Skill and Care? [1992] 55 MLR 179ff.
dies.: Disqualifying Directors: Issues of Right, Privileges and Employment [1993] 22 Ind LJ 35ff.
dies.: Corporate Insolvency Law, Perspectives and Principles, Cambridge, New York 2002.
Fischer, Michael: Die Verlagerung des Gläubigerschutzes vom Gesellschafts- in das Insolvenzrecht nach „Inspire Art", ZIP 2004, 1477ff.
Fleck, Hans-Joachim: Zur Haftung des GmbH-Geschäftsführers, GmbHR 1974, 224ff.
Fleischer, Holger: Gläubigerschutz in der kleinen Kapitalgesellschaft: Deutsche GmbH versus englische private limited company, DStR 2000, 1015ff.
Fletcher, Ian F.: The Law of Insolvency, 3. A., London 2002.
ders.: Voidable Transactions in Bancruptcy: British Law Perspectives, in: Ziegel Jacob S., Current Developments in International and Comparative Corporate Insolvency Law S. 297ff.
Frank, Susanne/Wachter, Thomas: Kapitalaufbringung bei der Bargründung einer GmbH in Europa, GmbHR 2002, 17ff.
Freedman, Judith: Small Businesses and the Corporate Form: Burden or Privilege? [1994] 57 MLR 555ff.
Forsthoff, Ulrich: Internationales Gesellschaftsrecht im Umbruch – Zugleich Anmerkung zu BGH-Urteil vom 13.03.2003, DB 2003, 979ff.
ders.:EuGH fördert Vielfalt im Gesellschaftsrecht – Traditionelle deutsche Sitztheorie verstößt gegen Niederlassungsfreiheit -, DB 2002, 2471ff.
Geßler, Ernst/Hefermehl, Wolfgang: Aktiengesetz, Kommentar, München 1973ff.
Geyrhalter, Volker, Gänßler, Peggy: Perspektiven nach Überseering – wie geht es weiter?, NZG 2003, 409ff.
dies.: „Inspire Art" - Briefkastengesellschaften „on the Move", DStR 2003, 2167ff.
dies.: Kurzkommentar zu den Schlussanträgen in der Rechtssache Inspire Art, EWiR 2003, 569ff.
Goode, Roy: Principles of Corporate Insolvency Law, 2. A., London 1997.
Gore-Browne on Companies, Handbook on the Formation, Management and Winding up of Joint Stock Companies, vol. 2, 44. A., Bristol 2003.
Görk, Stefan: Das EuGH-Urteil in Sachen "Centros" vom 9. März 1999: Kein Freibrief für Briefkastengesellschaften!, GmbHR 1999, 793ff.
Goette, Wulf: Die GmbH nach der BGH-Rechtsprechung, 2.A., München 2002.

Grabitz, Eberhard/Hilf, Meinhard: Das Recht der Europäischen Union/ Maastrichter Fassung, Altband I, Loseblatt, München.
dies.: Das Recht der Europäischen Union, Band I, Loseblatt, München.
Grantham, Ross: Directors' Duties and Insolvent Companies [1991] 54 MLR 576ff.
ders.: Judicial Extension of Directors' Duties to Creditors [1991] JBL 1ff.
Grasmann, Günther: System des internationalen Gesellschaftsrechts, Außen- und Innenstatut der Gesellschaften im internationalen Privatrecht, Verlag neue Wirtschafts-Briefe Herne, Berlin 1970.
Greaves, Rosa/Hannigan, Brenda: Gratuitious Transfers and financial assistance after Brady [1990] 10 Co Law 135ff.
Griffin, Stephen: Personal Liability and Disqualification of Company Directors, Oxford, Portland 1999.
ders.: Holding Companies and Subsidiaries - The Corporate veil [1991] 12 Co Law 16ff.
von der Groeben, Hans/Schwarze, Jürgen: Kommentar zum Vertrag über die Europäische Union und zur Gründung der Europäischen Gemeinschaft, Band 1, 6.A., Baden-Baden 2003.
Großerichter, Helge: Ausländische Kapitalgesellschaften im deutschen Rechtsraum: Das deutsche Internationale Gesellschaftsrecht und seine Perspektiven nach der Entscheidung „Überseering", DStR 2003, 159ff.
Großfeld, Bernhard : Die Sitztheorie in der Europäischen Union - Ein mutiger Schritt des EuGH, RIW 2002, Heft 12, „Die erste Seite".
Grunewald, Barbara: Die unbeschränkte Haftung beschränkt haftender Gesellschafter für die Verletzung von Aufklärungspflichten im vorvertraglichen Bereich, ZGR 1986, 580ff.
Grundmann, Stefan: ECLR – Wettbewerb der Regelgeber im Europäischen Gesellschaftsrecht – jedes Marktsegment hat seine Struktur, ZGR 2001, 783ff.
ders.: Ausbau des Informationsmodells im Europäischen Gesellschaftsrecht, DStR 2004, 232ff.
Haas, Ulrich: Die Gesellschafterhaftung wegen „Existenzvernichtung", WM 2003, 1929ff.
Habersack, Mathias/Verse, Dirk A.: Wrongful Trading - Grundlage einer europäischen Insolvenzverschleppungshaftung?, ZHR 168 (2004), 174ff.
Hachenburg, Max/Barz, Carl-Heinz/Kluge, Volker/Hohner, Georg: Gesetz betreffend die Gesellschaften mit beschränkter Haftung (GmbHG), 8. A. Berlin, New York 1992ff.
Hahn, Carl: Die gesammelten Materialien zur Konkursordnung, Berlin 1881.
v. Halen, Curt Christian: Das Gesellschaftsstatut nach der Centros-Entscheidung des EuGH, 2001.
ders.: Das Internationale Gesellschaftsrecht nach dem Überseering-Urteil des EuGH, WM 2003, 571ff.

Halpern, Paul/Trebilcock, Michael/Turnbul, Stuart: An Economic Analysis of Limited Liability in Corporation Law [1980] 30 U Tor LJ 117ff.
Hannigan, Brenda: Company Law, London, Edinburgh 2003.
dies.: Annotated Guide to the Companies Act, London, Edinburgh 2001.
dies.: Limitations on a Shareholders' Right to Vote: Effective Ratification Revisited [2000] JBL 493ff.
Happ, Wilhelm/Holler, Lorenz: "Limited" statt GmbH? Risiken und Kosten werden gern verschwiegen, DStR 2004, 730.
Häsemeyer, Ludwig: Insolvenzrecht, 3. A., Köln, München 2003.
v. Hayek, Friedrich A.: Recht, Gesetzgebung und Freiheit, Eine neue Darstellung der liberalen Prinzipien der Gerechtigkeit und der politischen Ökonomie, Bd. I, München 1980.
ders.:. Die Verfassung der Freiheit, Tübingen 1971.
Heiße, Matthias: Die Beschränkung der Geschäftsführerhaftung gegenüber der GmbH, Köln 1988.
Henze, Hartwig: Handbuch zum GmbH-Recht, Höchstrichterliche Rechtsprechung, 2. A., Köln 1997.
Hess, Harald/Obermüller, Manfred: Insolvenzplan, Restschuldbefreiung und Verbraucherinsolvenz, 3. A., Heidelberg 2002.
Hicks, Andrew: Advising on wrongful trading: Part 1 [1993] 14 Co Law 16ff.
ders.: Advising on wrongful trading: Part 2 [1993] 14 Co Law 55ff.
ders.: Wrongful trading-has it been a failure? [1993] 8 Ins L & P 134ff.
ders.: Disqualification of Directors - 40 Years On [1988] JBL 27ff.
ders.: Disqualification of Directors: No Hiding Place for the Unfit?, London 1998.
ders.: Director Disqualification: Can it Deliver? [2001] JBL 433ff.
ders.: Disqualification of Directors: No Hiding Place for the Unfit?, London 1998.
Hicks, Andrew/Drury, Robert/Smallcombe, Jeff: Alternative Company Structures for the Small Business, London 1995.
Hirsch, Alexander/Britain, Richard: Artfully Inspired - Werden deutsche Gesellschaften englisch?, NZG 2003, 1100ff.
Hirt, Hans C.: The Wrongful Trading Remedy in UK Law: Classification, Application and Practical Significance, ECFR 1/2004, 71ff.
Hirte, Heribert: Die organisierte „Bestattung" von Kapitalgesellschaften: Gesetzgeberischer Handlungsbedarf im Gesellschafts- und Insolvenzrecht, ZInsO 2003, 833ff.
Höfling, Barbara Sabine: Das englische internationale Gesellschaftsrecht, Heidelberg 2002.
Hopt, Klaus J./Wiedemann, Herbert: Großkommentar zum Aktiengesetz, Lfg. 1, Einleitung, 4.A., Berlin, New York 1992.

Horn, Norbert: Deutsches und europäisches Gesellschaftsrecht und die EuGH-Rechtsprechung zur Niederlassungsfreiheit - Inspire Art, NJW 2004, 893ff.
Howarth, David: Textbook on Tort, London, Dublin 1995.
Hüffer, Uwe, Aktiengesetz, Kommentar, 5. A., München 2002.
James, Glen: Practitioner's Guide to Directors' Duties and Responsibilites, 2. A., Glasgow 2003.
Jarass, Hans D.: Voraussetzungen der innerstaatlichen Wirkung des EG-Rechts, NJW 1990, 2420ff.
Kallmeyer, Harald: Tragweite des Überseering-Urteils des EuGH vom 5.11.2002 zur grenzüberschreitenden Sitzverlegung, DB 2002, 2521ff.
Kallmayer, Harald: Vor- und Nachteile der englischen Limited im Vergleich zur GmbH oder GmbH&Co.KG, DB 2004, 636ff.
Keay, Andrew R.: McPherson's Law of Company Liquidation, London 2001.
Keenan, Denis: Smith & Keenan's English Law, 11. A., London 1995.
Kegel, Gerhard/Schurig, Klaus: Internationales Privatrecht, 9.A., 2004.
Kersting, Christian: Rechtswahlfreiheit im Europäischen Gesellschaftsrecht nach Überseering, NZG 2003, 9ff.
Kersting, Christian/Schindler, Clemens Philipp: Die EuGH-Entscheidung „Inspire Art" und ihre Auswirkungen auf die Praxis, RdW 2003, 621ff.
Kieninger, Eva-Maria: Niederlassungsfreiheit als Rechtswahlfreiheit, ZGR 1999, 724ff.
Kindler, Peter: Auf dem Weg zur Europäischen Briefkastengesellschaft? Die „Überseering"-Entscheidung des EuGH und das internationale Privatrecht, NJW 2003, 1073ff.
ders.: Niederlassungsfreiheit und Scheinauslandsgesellschaften? Die „Centros"-Entscheidung des EuGH und das internationale Privatrecht, NJW 1999, 1993ff.
ders.: „Anerkennung" der Scheinauslandsgesellschaft und Niederlassungsfreiheit /zu BGH, 1.7.2002 – II ZR 380/00), IPRax 2003, 41ff.
ders.: „Inspire Art" - Aus Luxemburg nichts Neues zum internationalen Gesellschaftsrecht, NZG 2003, 1086ff.
Knapp, Andreas: Überseering: Zwingende Anerkennung von ausländischen Gesellschaften?, DNotZ 2003, 85ff.
Knobbe-Keuk, Brigitte: Umzug von Gesellschaften in Europa, ZHR 154 (1990) 325ff.
Koller, Ingo/Roth, Wulf-Henning/Morck, Winfried: Handelsgesetzbuch, 4.A. 2003.
Kölner Kommentar zum Aktiengesetz, Band I (§§ 1–94 AktG), 2. A., Köln 1989ff.
Konzen, Horst: Geschäftsführung, Weisungsrecht und Verantwortlichkeit in der GmbH&Co, NJW 1989, 2977ff.
Koppensteiner, Hans-Georg: GmbH-rechtliche Probleme des Management Buy-Out ZHR 155 (1991) 97ff.

ders.: Internationale Unternehmen im deutschen Gesellschaftsrecht, Frankfurt/Main 1971.
Kropholler, Jan: Internationales Privatrecht, 4. A., Tübingen 2001.
Korner, Matthias: Das Kollisionsrecht der Kapitalgesellschaften in den Vereinigten Staaten von Amerika unter besonderer Berücksichtigung von Pseudo Foreign Corporations, München 1989.
Kübler, Bruno M./Prütting Hanns: Kommentar zur Insolvenzordnung (Loseblatt), Köln 1999ff.
Lackhoff, Klaus: Die Niederlassungsfreiheit des EGV - nur ein Gleichheits- oder auch ein Freiheitsrecht?, Berlin 2000.
Larenz, Karl: Lehrbuch des Schuldrechts, Bd. I, Allgemeiner Teil, 14. A., München 1987.
Larenz, Karl/Canaris, Claus-Wilhelm: Lehrbuch des Schuldrechts. Zweiter Band. Besonderer Teil, 2. Halbband, 13. A. 1994.
Lawall, Lars: Verdeckte Gewinnausschüttung und Geschäftschancenlehre im GmbH-Recht NJW 1997, 1743ff.
Leible, Stefan: Niederlassungsfreiheit und Sitzverlegungsrichtlinie, ZGR 3-4 (2004), 531ff.
Leible, Stefan/Hoffmann, Jochen: Wie inspiriert ist „Inspire Art"? EuZW 2003, 677ff.
dies.: „Überseering" und das (vermeintliche) Ende der Sitztheorie, Anmerkung zu EuGH, Urteil vom 5.11.2002 (Überseering), RIW 2002, 925ff.
Leisner, Walter: Der mündige Verbraucher in der Rechtsprechung des EuGH, EuZW 1991, 498ff.
Lidbetter, Andrew: Company Investigations and Public Law, Oxford, Portland 1999.
Lutter, Marcus: Die Auslegung angeglichenen Rechts, JZ 1992, 593ff.
ders.: „Überseering" und die Folgen, BB 2003, 7ff.
Lutter/Hommelhoff, GmbH-Gesetz, Kommentar, 15. A., Köln 2000.
Lorenzetti, Diego/Strnad, Oliver: Umfassende Reform des GmbH-Rechts in Italien, GmbHR 2004, 731ff.
Lowry, John P.: Directorial self-dealing: constructing a regime of accountability [1997] 48 ILQ 211ff.
Lowry, John P./Edmunds, Rod: Negligent misstatement - principle of incorporation - personal liability of company directors [1998] 77 Can Bar R 467ff.
Mayson, Stephen W./French, Derek/Ryan, Christopher L.: Company Law, 20. A., Oxford, New York 2003-2004.
Mankowski, Peter: Kurzkommentar zu OLG Celle, Beschl. v. 10.12.2002, EWiR 2003, 703ff.
Maul, Silja/ Schmidt, Claudia: Inspire Art - Quo vadis Sitztheorie?, BB 2003, 2297ff.

Meilicke, Wienand: Der GmbHR-Kommentar zu Inspire Art, GmbHR 2003, 1271ff.

Merkt, Hanno: Unternehmensleitung und Interessenkollision ZHR 159 (1995), 423ff.

ders.: Die Gründungstheorie gewinnt an Einfluß, Anmerkung zu BGH, Urteil vom 13.03.2003 - VI ZR 370/98 - Überseering, und BGH Urteil vom 29.01.2003 - VIII ZR 155/02 - US-Gesellschaft, RIW 2003, 458ff.

ders.: Das Centros-Urteil des Europäischen Gerichtshofs -Konsequenzen für den nationalen Gesetzgeber, Gesellschaftsrecht in der Diskussion 1999, 111ff.

ders.: US-Amerikanisches Gesellschaftsrecht, Heidelberg 1991.

ders.: European Company Law Reform: Struggling for a More Liberal Approach, ECFR 1/2004, 3ff.

Merz, Hans: Vom Schikaneverbot zum Rechtsmißbrauch, ZfRV 1977, 162ff.

Meyke, Rolf: Die Haftung des GmbH-Geschäftsführers, 3.A., Köln 2002.

Michalski, Lutz/Dannecker, Gerhard: Kommentar zum Gesetz betreffend die Gesellschaften mit beschränkter Haftung (GmbH-Gesetz), Band 1, München 2002.

Micheler, Eva: Gläubigerschutz im englischen Gesellschaftsrecht, Reformvorschläge mit Implikationen für Europa, ZGR 3-4 (2004), 324ff.

Millett, P.: Shadow Directorship- A Real or Imagined Threat to Banks [1991] Insolv P 14ff.

Mithani, Abbas: Director's Disqualification, Loseblatt, London 1998ff.

Mock, Sebastian/Schildt, Charlotte: Insolvenz ausländischer Kapitalgesellschaften mit Sitz in Deutschland, ZInsO 2003, 396ff.

Moser, Rudolf: Festgabe für Bürgi, Lebendiges Aktienrecht, Zürich 1971.

Mülbert, Peter O./Schmolke, Klaus Ulrich: Die Reichweite der Niederlassungsfreiheit von Gesellschaften - Anwendungsgrenzen der Artt. 43ff. EGV bei kollisions- und sachrechtlichen Niederlassungshindernissen, ZVglRWiss 100 (2001) 233ff.

Müller, Gerd: Zur Haftung des Gesellschafter-Geschäftsführers aus culpa in contrahendo und aus § 64 I GmbHG, ZIP 1993, 1531ff.

Müller, Hans-Friedrich: Insolvenz ausländischer Kapitalgesellschaften mit inländischem Verwaltungssitz, NZG 2003, 414ff.

Müller, Welf/Ahrenkiel, Björn: Beck'sches Handbuch der GmbH, 3.A., München 2002.

Münchener Handbuch des Gesellschaftsrechts, Band III, Gesellschaft mit beschränkter Haftung, 2. A., München 2003.

Münchener Kommentar zum Bürgerlichen Gesetzbuch, Band 10, Internationales Privatrecht, Einführungsgesetz zum Bürgerlichen Gesetzbuche (Art. 50-237), 3.A., München 1998.

Münchener Kommentar zum Bürgerlichen Gesetzbuch, Band 11, Internationales Handels- und Gesellschaftsrecht, Einführungsgesetz zum Bürgerlichen Gesetzbuche (Art. 50-237), 3.A., München 1999.
Münchener Kommentar zur Insolvenzordnung, Band 1, §§ 1-102, InsVV, München 2001.
Muscat, Andrew: Liability of the Holding Company for the Debts of its Insolvent Subsidiaries, Aldershot, Brookfield (USA) 1996.
Nakajima, Chizu: Lifting the veil [1996] 17 Co Law 187ff.
Nerlich, Jörg/Römermann, Volker: Insolvenzordnung, Kommentar, Loseblatt, München 2004.
Neuhaus, Paul Heinrich: Abschied von Savigny? RabelsZ 46 (1982), 4ff.
Neumayer, Karl H.: Betrachtungen zum internationalen Konzernrecht, ZVglRWiss 83 (1984), 129ff.
Nestele, Heinz Bernhard: Grenzen der Rechtsfähigkeit juristischer Personen, Tübingen 1966.
Nolan, Richard: The veil intact [1995] 16 Co Law 180ff.
ders.: Disqualifying Directors [1994] 15 Co Law 278ff.
Oditah, Fidelis: Wrongful trading [1990] LMCLQ 205ff.
ders.: Misfeasance proceedings against company directors [1992] LMCLQ 207ff.
Oakley, A.J.: Parker and Mellows: The Modern Law of Trusts, 7. A., London 1998.
Ong, Kingsley T.W.: Disqualification of directors: A faulty regime? [1998] 19 Co Law 7ff.
Ottersbach, Karin: Rechtsmißbrauch bei den Grundfreiheiten des Europäischen Binnenmarktes, Baden-Baden 2001.
Paefgen, Walter G.: Gezeitenwechsel im Gesellschaftskollisionsrecht-Anmerkung zu EuGH, Urteil vom 5.11.2002 (Überseering), WM 2003, 561ff.
ders.: Auslandsgesellschaften und Durchsetzung deutscher Schutzinteressen nach „Überseering", DB 2003, 487ff.
Palmer's Company Law, Loseblatt, 25. A., London, 1992ff.
Palmer's Corporate Insolvency, Loseblatt, London 1996ff.
Paulus, Christoph G.: Änderungen des deutschen Insolvenzrechts durch die Europäische Insolvenzverordnung, ZIP 2002, 729ff.
ders.: Zuständigkeitsfragen nach der Europäischen Insolvenzverordnung, Zugleich Besprechung High Court of Justice Leeds, Beschl. v. 16.5.2003 - No 861-876/03, ZIP 2003, 1725ff.
Pavlova-Mirtcheva, Rumyana: Gründung und allgemeine Merkmale der GmbH in Bulgarien, GmbHR 2004, 786ff.
Payne, Jennifer: Company Capital: the need for reform [2000] 21 Co Law 62ff.
dies.: Lifting the Corporate Veil: A Reassessment of the Fraud Exception [1997] 56 CLJ 284ff.

Pennington, Robert R.: Company Law, 8. A., London, Edinburgh 2001.
ders.: Directors' Personal Liability, Oxford 1987.
Pettet Ben. G.: Developments in the law of financial assistance for the purchase of shares [1988] 3 JIBL 96ff.
ders.: Limited Liability - A Principle for the 21st Century? C.L.P. [1995] 48(2) 125ff.
Pettit, Philip H.: Equity and the Law of Trusts, International Student Edition, 9. A., London, Edinburgh 2001.
Pickering, Murray A.: The Company as a separate Legal Entity [1968] 31 MLR 481ff.
Polley, Notker: Wettbewerbsverbot und Geschäftschancenlehre, Eine Untersuchung am Beispiel der Geschäftsleitung von US-Corporation und deutscher GmbH, Baden-Baden 1993.
Posner, Richard A.: Economic Analysis of Law, 6. A., New York 2003.
Prentice, Dan: Erosion of principle of limited liability by making directors personally liable for company debts [1990] 10 OJLS 265ff.
ders.: Corporate Personality, Limited Liability and the Protection of Creditors, in: Rickett, Charles E.F./Grantham, Ross B., Corporate Personality in the twentieth century, S. 99ff., Oxford 1998.
Prime, Terence/Scanlan, Gary/Martindale, Richard: The Law of Private Limited Companies, London, Dublin 1996.
Raiser, Thomas: Recht der Kapitalgesellschaften, 3. A., München 2001.
ders.: Die Haftungsbeschränkung ist kein Wesensmerkmal der juristischen Person, in: Festschrift für Marcus Lutter, S. 637ff, Köln 2000.
Rehberg, Markus: Der Versicherungsabschluß als Informationsproblem: Die Gewährleistung freier Produktwahl in der Privatversicherung, Baden-Baden 2003.
ders.: Inspire Art: Europäische Niederlassungsfreiheit zwischen Mißbrauch und nationalem Regelungsanspruch, European Legal Forum 2004, 1ff.
Rehm, Gebhard: Aufklärungspflichten im Vertragsrecht, München 2003.
Riedemann, Susanne: Das Auseinanderfallen von Gesellschafts- und Insolvenzstatut, „Inspire Art" und die Insolvenz über das Vermögen einer englischen „limited" in Deutschland, GmbHR 2004, 345ff.
Riegger, Bodo: Centros - Überseering - Inspire Art: Folgen für die Praxis, ZGR 3-4 (2004), 510ff.
Robinson, Chris: By the time I get to Phoenix... [1996] 12 Ins L&P 160ff.
Rogers, W.V.H.: Winfield & Jolovicz on Tort, International Student Edition, Hongkong 2002.
Röhricht, Volker: Die GmbH im Spannungsfeld zwischen wirtschaftlicher Dispositionsfreiheit ihrer Gesellschafter und Gläubigerschutz, in: Festschrift aus Anlaß des fünfzigjährigen Bestehens von Bundesgerichtshof, Bundesanwalt-

schaft und Rechtsanwaltschaft beim Bundesgerichtshof, S. 83ff., Köln, Berlin 2000.

Röhricht, Volker/Graf v. Westphalen, Friedrich: Handelsgesetzbuch, 2. A., Köln 2001.

Roth, Günther H.: Unterkapitalisierung und persönliche Haftung, ZGR 1993, 170ff.

ders.: Zur „economic analysis" der beschränkten Haftung, ZGR 1986, 371ff.

ders.: Gläubigerschutz durch Existenzschutz, NZG 2003, 1081ff.

Roth, Wulf-Henning: Gründungstheorie: Ist der Damm gebrochen?, ZIP 1999, 861ff

ders.: „Centros": Viel Lärm um Nichts?, ZGR 2000, 311ff.

ders.: Internationales Gesellschaftsrecht nach Überseering (zu EuGH, 5.11.2002 – Rs. 208/00 Überseering BV/Nordic Construction Company Baumanagement GmbH (NCC)), IPRax 2003, 117ff.

Roth, Günther H./Altmeppen, Holger: GmbHG, Kommentar, 4. A. 2003.

Rowedder, Heinz, Schmidt-Leithoff, Christian: Gesetz betreffend die Gesellschaften mit beschränkter Haftung, 4. Auflage, München 2002.

Sandrock, Otto: Die Konkretisierung der Überlagerungstheorie in einigen zentralen Einzelfragen, in: Festschrift für Günther Beitzke, S. 669ff, Berlin, New York, 1979.

ders.: Die multinationalen Unternehmen im Internationalen Privatrecht, BerGesVR 18 (1978), 169ff.

ders.: Ein amerikanisches Lehrstück für das Kollisionsrecht der Kapitalgesellschaften, RabelsZ 42 (1978), 227ff.

ders.: Deutschland als gelobtes Land des Kapitalgesellschaftsrechts?, DB 2002, 1601ff.

ders.: BB-Forum: Nach Inspire Art - Was bleibt vom deutschen Sitzrecht übrig?, BB 2003, 2588ff.

ders.: Sitzrecht contra Savigny? Zum angeblichen Chaos im internationalen Gesellschaftsrecht, BB 2004, 897ff.

ders.: Die Schrumpfung der Überlagerungstheorie - Zu den zwingenden Vorschriften des deutschen Sitzrechts, die ein fremdes Gründungsrecht überlagern können, ZVglRWiss 102 (2003), 447ff.

Sandrock, Otto/Austmann, Andreas: Das Internationale Gesellschaftsrecht nach der Daily Mail-Entscheidung des Europäischen Gerichtshofs: Quo vadis?, RIW 1989, 249ff.

Sappideen, Razeen: Fiduciary Obligations to Corporate Creditors [1991] JBL 365ff.

Savirimuthu, Joseph/Scott, Anne: Corporate Nullification: A Health Warning for Company Directors! [1998] 49 NILQ 94ff.

Schanze, Erich/ Jüttner, Andreas: Anerkennung und Kontrolle ausländischer Gesellschaften – Rechtslage und Perspektiven nach der Überseering-Entscheidung des EuGH, AG 2003, 30ff.
dies.: Die Entscheidung für Pluralität: Kollisionsrecht und Gesellschaftsrecht nach der EuGH-Entscheidung „Inspire Art", AG 2003, 661ff.
Schmidt, Karsten: Gesellschaftsrecht, 4. A., Köln, Berlin 2002.
ders.: Konkursverschleppungshaftung und Konkursverursachungshaftung, ZIP 1988, 1497ff.
ders.: Die Eigenkapitalausstattung der Unternehmen als rechtspolitisches Problem, JZ 1984, 771ff.
ders.: Zur Durchgriffsfestigkeit der GmbH: Grenzen der Gesellschafter- und Geschäftsführerhaftung gegenüber Dritten nach dem BGH-Urteil vom 13. April 1994, ZIP 1994, 837ff.
Schmitthoff, Clive M.: Salomon in the shadow [1976] JBL 305ff.
Schnichels, Dominik: Reichweite der Niederlassungsfreiheit, Baden-Baden 1995.
Scholz, Kommentar zum GmbH-Gesetz, Band I-II, 9. A., Köln 2000/2002.
Schön, Wolfgang: Die Niederlassungsfreiheit von Kapitalgesellschaften im System der Grundfreiheiten, in: Festschrift für Marcus Lutter, S. 685ff, Köln 2000.
ders.: Der „Rechtsmißbrauch" im Europäischen Gesellschaftsrecht, in: Festschrift für Herbert Wiedemann, S.1270ff., München 2002.
ders.: Zur „Existenzvernichtung" der juristischen Person, ZHR 168 (2004), 268ff.
Schönke, Adolf/Schröder, Horst: Strafgesetzbuch, Kommentar, 26. A., München 2001.
Schulz, Martin: (Schein-)Auslandsgesellschaften in Europa – Ein Schein-Problem?, NJW 2003, 2705ff.
Schumann, Alexander: Die englische Limited mit Verwaltungssitz in Deutschland: Kapitalaufbringung, Kapitalerhaltung und Haftung bei Insolvenz, DB 2004, 743ff.
Schurig, Klaus: Die Gesetzesumgehung im Privatrecht. Eine Studie mit kollisionsrechtlichen und rechtsvergleichenden Aspekten, in: Festschrift für Murad Ferid, S. 375ff, Frankfurt/Main 1988.
Sealy, Leonard Sedgewick: The director as trustee [1967] CLJ 83ff.
ders.: "Proper Purposes" in Corporate Decisions [1985] 15 Mon LR 265ff.
ders.: Directors' Duties Revisited [2001] 22 Co Law 79ff.
ders.: Directors' Duties - An Unnecessary Gloss [1988] CLJ 175ff.
ders.: Directors "Wider" Responsibilities - Problems Conceptual, Practical and Procedural [1987] 13 Mon LR 164ff.
ders.: Personal Liability of Directors and Officers of Insolvent Companies: A Jurisdictional Perspective (England), in: Ziegel Jacob S., Developments in International and Comparative Corporate Insolvency Law S. 485ff.

Serick, Rolf: Zur Anerkennung der Liechtensteinischen Treuunternehmen in Deutschland, RabelsZ 23 (1958), 624ff.

Sinclair, Neil/Vogel, David/Snowden, Richard: Company Directors: Law and Liability, London 1997ff.

Smid, Stefan/Rattunde, Rolf: Der Insolvenzplan: Handbuch für das Sanierungsverfahren nach dem neuen deutschen Insolvenzrecht mit praktischen Beispielen und Musterverfügungen, Stuttgart, Berlin 1998.

Sonnenberger, Hans Jürgen/ Großerichter, Helge: Konfliktlinien zwischen internationalem Gesellschaftsrecht und Niederlassungsfreiheit, Im Blickpunkt: Die Centros-Entscheidung des EuGH als gesetzgeberische Herausforderung, RIW 1999, 721ff.

Spindler, Gerald/Berner, Olaf: Der Gläubigerschutz im Gesellschaftsrecht nach Inspire Art, RIW 2004, 7ff.

dies.: Inspire Art - Der Europäische Wettbewerb um das Gesellschaftsrecht ist endgültig eröffnet, Anmerkung zu EuGH, Urteil vom 30.9.2003 - Rs. C-167/01, Inspire Art, RIW 2003, 949ff.

Stapelfeld, Ait: Die Haftung des GmbH-Geschäftsführers für Fehlverhalten in der Gesellschaftskrise, Bremen 1990.

v. Staudinger, J.: Kommentar zum Bürgerlichen Gesetzbuch mit Einführungsgesetz und Nebengesetzen, Band 11 EGBGB/IPR, Internationales Gesellschaftsrecht, 13. Bearb., Berlin 1993.

Streinz, Rudolph/Burgi, Martin: EUV/EGV, Vertrag über die Europäische Union und Vertrag zur Gründung der Europäischen Gemeinschaft, München 2003.

Sudhoff, Heinrich/Sudhoff, Martin: Rechte und Pflichten des Geschäftsführers einer GmbH und einer GmbH&Co, 14. A., Köln 1994.

Summerer, Wolfgang: Der Schadensersatzanspruch der Neugläubiger aus § 823 II, 64 I GmbHG, Tübingen 1999.

Telfer, Thomas G.W.: Risk and Insolvent Trading, in: Rickett, Charles E.F./Grantham, Ross B., Corporate Personality in the twentieth century, S. 127ff., Oxford 1998.

Lord Templeman: Company Law Lecture - Forty Years on, Developments in company law over the past 40 years [1990] 11 Co Law 10ff.

Thümmel, Roderich C.: Persönliche Haftung von Managern und Aufsichtsräten, 2.A., Stuttgart, München 1998.

Tolley's company law, 3. A., Croydon 1990ff.

Trunk, Alexander: Internationales Insolvenzrecht, Systematische Darstellung des deutschen Rechts mit rechtsvergleichenden Bezügen, Tübingen 1998.

Ulmer, Michael J.: Harmonisierungsschranken des Aktienrechts, Heidelberg 1998.

Ulmer, Peter: Von „TBB“ zu „Bremer Vulkan“ - Revolution oder Evolution?, ZIP 2001, 2021ff.

ders.: Schutzinstrumente gegen die Gefahren aus der Geschäftstätigkeit inländischer Zweigniederlassungen von Kapitalgesellschaften mit fiktivem Auslandssitz, JZ 1999, 662ff.
ders.: Gläubigerschutz bei Scheinauslandsgesellschaften, NJW 2004, 1201ff.
ders.: Anmerkung zu BGH, Urteil vom 24.6.2002 - II ZR 300/00, JZ 2002, 1049ff.
Verhoeven, Thomas : GmbH-Konzernrecht: Der Erwerb von Anteilen der Obergesellschaft, GmbHR 1977, 97ff.
Vietz, Nadja: Die neue „Blitz-GmbH" in Spanien, GmbHR 2003, 26ff.

Wachter, Thomas: Ende der Wegzugsbeschränkungen in Europa, GmbHR 2004, R 161ff.
ders.: Errichtung, Publizität, Haftung und Insolvenz von Zweigniederlassungen ausländischer Kapitalgesellschaften nach "Inspire Art", Rechtspraktische Anleitung und Wegweisung, GmbHR 2003, 1254ff.
Walters, Adrian: Enforcing Wrongful Trading - Substantive Problems and Practical Disincentives, in: Rider, Barry A.K., The Corporate Dimension, Bristol 1998.
ders.: Limited Liability v Negligence, Williams v Natural Life Health Foods Ltd [1996] 17 Co Law 247ff.
Weatherill, Stephen/Beaumont, Paul: EU Law, 3. A., London, New York 1999.
Weller, Marc-Philipe: „Inspire Art": Weitgehende Freiheiten beim Einsatz ausländischer Briefkastengesellschaften, DStR 2003, 1800ff.
ders.: Scheinauslandsgesellschaften nach Centros, Überseering und Inspire Art: Ein neues Anwendungsfeld für die Existenzvernichtungshaftung, IPRax 2003, 207ff.
ders.: Das internationale Gesellschaftsrecht in der neuesten BGH-Rechtsprechung (zu BGH 29.01.2003, VIII ZR 155/02 und BGH 13.03.2003, VII ZR 370/98), IPRax 2003, 324ff.
ders.: Einschränkung der Gründungstheorie bei mißbräuchlicher Auslandsgründung? (zu AG Hamburg, 14.5.2003 -67g IN 358/02), IPRax 2003, 520ff.
Werlauff, Erik: Ausländische Gesellschaft für inländische Aktivität, ZIP 1999, 867ff.
Wessels, Johannes/Beulke, Werner: Strafrecht Allgemeiner Teil, 30. A. 2000.
Westermann, Hans-Peter: Haftungsrisiken eines „beherrschenden" GmbH-Gesellschafters, NZG 2002, 1129ff.
Wiedemann, Herbert: Gesellschaftsrecht: Ein Lehrbuch des Unternehmens- und Verbandsrechts, Band 1, München 1980.
ders.: Internationales Gesellschaftsrecht, in: Festschrift für Gerhard Kegel, Frankfurt/Main 1977, S. 187ff.
Wilhelm, Jan: Zurück zur Durchgriffshaftung - das „KBV"- Urteil des II. Zivilsenats des BGH vom 24.6. 2002 NJW 2003, 175ff.

Wolff, Martin: Private International Law, Aalen, 2. Auflage, 1977.
Wrenbury, Henry Burton/Buckley, Baron: Buckley on the Companies Acts, 15. A., London 2000ff.
Ziegel, Jacob S.: Creditors as Corporate Stakeholders: The Quiet Revolution - An Anglo-Canadian Perspective [1993] 43 UTorLJ 511ff.
Ziemons, Hildegard: Freie Bahn für den Umzug der Gesellschaften nach Inspire Art?!, ZIP 2003, 1913ff.
Zimmer, Daniel: Internationales Gesellschaftsrecht – Das Kollisionsrecht der Gesellschaften und sein Verhältnis zum Internationalen Kapitalmarktrecht und zum Internationalen Unternehmensrecht, Heidelberg 1996.
ders.: Nach „Inspire Art“: Grenzenlose Gestaltungsfreiheit für deutsche Unternehmen?, NJW 2003, 3585ff.
ders.: Mysterium „Centros“: Von der schwierigen Suche nach der Bedeutung des Urteils des Europäischen Gerichtshofs, ZHR 164 (2000), 23ff.
ders.: Wie es Euch gefällt? Offene Fragen nach dem Überseering-Urteil des EuGH, BB 2003, 1ff.
ders.: Grenzüberschreitende Rechtspersönlichkeit, ZHR 168 [2004] 355ff.
Zimmermann, Annette: Das Rechtsmißbrauchsverbot im Recht der Europäischen Gemeinschaften, Münster 2002.
Zöller, Richard/Geimer, Reinhold: Zivilprozeßordnung mit Gerichtsverfassungsgesetz und den Einführungsgesetzen, mit internationalem Zivilprozeßrecht, EG-Verordnungen, Kostenanmerkungen, Kommentar, 24. A., Köln 2004.
Zuleeg, Manfred: Demokratie und Wirtschaftsverfassung in der Rechtsprechung des Europäischen Gerichtshofs, EuR 1992, 21ff.

Sachregister

Anerkennung von Gesellschaften, *s. Gründungs-, Sitztheorie, Gesellschaftsstatut*
Anfechtungstatbestände
- deutsches Recht 179ff.
- englisches Recht 172ff.
  -- Avoidance of Floating Charges 178
  -- Extortionate Credit Transac tions 178
  -- Preferences 176f.
  -- sonstige 178
  -- Transactions at an undervalue 174ff.
  -- Transactions defrauding creditors 177f.

Annual Return 167
Articles of Association 54
- Table A 59ff., 66, 73, 76, 78

Auditors 66, 70, 116, 168

Board of directors 55, 121f., 125f., 144, 147f.
Bilanzrichtlinie 16, 31, 65, 167

Centros-Entscheidung des EuGH 1, 6, 12ff., 17, 48, 190, 204, 219, 223, 228, 231
Companies House 165, 167
Constructive Trustee 146, 148
Culpa in Contrahendo 131, 224f.

Delaware-Gesellschaften 45, 47, 236
Director
- De facto director 106f., 109, 127, 131, 134, 138, 140, 143, 158, 164, 186f., 201, 203, 206, 213, 222
- De iure director 89, 106, 127, 131, 134, 137f., 140, 143, 186f., 202
- Shadow director 89, 106, 109, 121ff., 131, 134, 137, 140, 143, 157, 164, 186, 201, 203, 213, 222, 234

Directors' Duties
- Duty of care, skill and diligence 139, 151
- Fiduciary Duties 139, 143ff.
  -- Conflict of Interest 146ff.,
  -- Duty to act bona fide in in terests of company 139, 143ff.,
  -- Geschäftschancenlehre 102, 146ff.,
  -- Proper purpose doctrine 145ff.
- Pflichtverletzung 139ff., 146ff., 149f.
  -- Anspruchsinhaber 140ff.
  -- Disqualifizierung 158f., 165
  -- Genehmigung 148ff.
  -- Haftungsausschluß 122, 148ff.

Disqualifizierung
- Antragsberechtigung 161f.
- Auslandssachverhalte 162f.
- CDDA 1986 154ff.
  -- Disqualifizierungstatbestände 156ff.
  -- Unfitness 157ff.
  -- Regelungsziel 154f.
- Disqualification Undertakings 162
- Personaler Anwendungsbereich 155f.

- Territoriale Anwendbarkeit 162f.
- Zuständigkeit 161f.

Differenzierungstheorie
- Inhalt 9f.
- Europarechtskonformität 48

Eigenkapitalersatzrecht
- Anwendung auf Auslandsgesellschaft 209ff.
- deutsches Recht 209ff.
- englisches Recht 184, 186, 190

Erwerb eigener Anteile, *s. auch Kapitalerhaltung*
- englisches Recht 75ff.
  -- Finanzierung 76ff.
  -- Grundsatz 76
  -- Offenlegungspflichten 77f.
  -- Verbundene Unternehmen 79f.
  -- Versicherungen 77
  -- Verstoß 78f.
- deutsches Recht 80f.

Europäische Richtlinien, *s. Publizitätsrichtlinie, Sitzverlegungsrichtlinie, Verschmelzungsrichtlinie, Zweigniederlassungsrichtlinie,*

Existenzvernichtender Eingriff
- Anwendung auf Auslandsgesellschaft 193ff.
- deutsches Recht 105ff.
- englisches Recht 105ff.,

Financial assistance 81ff., *s. auch Kapitalerhaltung*
- Ausnahmetatbestände 82ff.
- Verstoß 84ff.
- Whitewash procedure 86

Firmenrecht
- Anwendung auf Auslandsgesellschaft 225ff.
- deutsches Recht 225ff.
- englisches Recht 225ff.

Foss v Harbottle 143

Fraudulent Trading, 108ff., *s. auch Haftungsdurchgriff*
- Haftung 111f.
- Subjektive Anforderungen 110ff.
- Strafbarkeit 108

Geschäftsführerhaftung
- deutsches Recht 153, 193ff.

Gesellschafterbeschluß
- englisches Recht
  -- Einfacher 66f.
  -- Qualifizierter 73

Gesellschaftsstatut, *s. auch Anerkennung von Gesellschaften*
- Anerkennung 3ff.
- Bestimmung 44ff.
  -- Gründungstheorie 44ff.
  -- Sitztheorie 3ff.

Gewinnausschüttung, 62ff., *s. auch Kapitalerhaltung*
- englisches Recht 62ff.
  -- Anspruch auf Gewinn 66,
  -- Berechnungsgrundlage 64ff.
  -- Distributable Profits 77, 87
    --- Accumulated, realised profits and losses 65
  -- Haftung bei unzulässiger Ausschüttung 67ff.
  -- Undistributable reserves 65
  -- Zulässigkeit im common law 64
  -- Zulässigkeit nach CA 1985 64ff.
- deutsches Recht 67f., 86f., 192, 200, 201, 215

Gründungstheorie, 44ff., *s. auch Anerkennung von Gesellschaften, Gesellschaftsstatut*
- eingeschränkte 7f.

-- Inhalt 7f.
-- Europarechtskonformität 48

Haftung des directors, s. *Directors' Duties*
Haftung der Gesellschafter
- englisches Recht 88ff.,
-- Grundsatz 88f.
-- De facto directors 89, 105f., 127f., 131, 134, 138, 143, 157
-- Shadow directors 89, 105f., 115, 122f., 127f., 133, 134f., 143
- deutsches Recht 106f.
Haftungsdurchgriff
- deutsches Recht 106f.
- englisches Recht 88ff.
-- Common law 91ff.
--- Adams v Cape 91ff.
--- Agency relationship 92, 98ff., 109, 137, 139, 140, 201
--- Façade test 93, 99ff.
--- Salomon v Salomon Ltd 89ff.
--- single economic unit (Unternehmensgruppen) 93, 92ff.
-- Statute Law 107f.
--- Fraudulent trading, s. *dort*
--- Misfeasance 131f.
--- Phoenix companies 132ff.
--- Misdescription of com pany 136
--- Steuerrecht 107
--- Wrongful trading, s. *dort*
Handelsregister
- Auslandsgesellschaft 225ff.

Inspire Art-Entscheidung des EuGH 1, 7, 11, 14ff., 18, 23, 26, 29, 33, 37f., 190f., 227, 229, 231, 235
Insolvenzhaftung, s. *auch Haftungsdurchgriff*
- Anwendung auf Auslandsgesellschaft 216ff.
- deutsches Recht 216ff.
- englisches Recht 108ff.
Insolvenzantragspflicht
- Anwendung auf Auslandsgesellschaft 216ff.
- deutsches Recht 216ff.
- englisches Recht 216ff.
Insolvenzverordnung, Europäische 210

Jahresabschluß 65f., 66, 70f., 72, 117, 167, 184, 233

Kapitalaufbringung, s. *auch Share Capital*
- englisches Recht 54ff.
-- Ausfallhaftung 59
-- Einlagefähigkeit 56f.
-- Erfüllung Einlageforderung 57ff.
-- Forfeiture 59f.
-- Gründungsaufwand 57f.
-- Verdeckte Sacheinlage 58f.
- deutsches Recht 58ff.
Kapitalerhaltung
- englisches Recht 62ff.
-- Erwerb eigener Anteile, s. *dort*
-- Financial assistance, s. *dort*
-- Gewinnausschüttung, s. *dort*
-- Kapitalherabsetzung, s. *dort*
- deutsches Recht 86
Kapitalherabsetzung 73ff., s. *auch Kapitalerhaltung*
- Gerichtsbeteiligung 73ff.

- Gläubigerbeteiligung 74f.
Kapitalschutzrichtline 51, 64, 183
Kombinationslehre 10
- Inhalt 10
- Europarechtskonformität 48

Lifting (piercing) of the corporate veil, s. *Haftungsdurchgriff*
Liquidation
- Anfechtungstatbestände 172ff.
- Verfahrensarten 173

Memorandum of association 54
Mindestkapitalsystem
- Anwendung auf Auslandsgesellschaft 190ff.
- deutsches Recht 51f., 183ff.
- englisches Recht 51ff.

Mißbrauch der Niederlassungsfreiheit 37ff.
- Mißbrauchskonstellationen 41f.
- Struktur 39ff.

Misdescription of company, s. *auch Haftungsdurchgriff*
Misfeasance, s. *auch Haftungsdurchgriff*

Name der Gesellschaft, s. *auch misdescription of company*
- Nichtangabe des Zusatzes „limited" 136, 208

Niederlassungsfreiheit
- Eingriff 27
- Primäre 19f.
- Rechtfertigung von Eingriffen 28ff.
  -- Art. 46 I EG 28
  -- Gläubigerschutz 28ff.
  -- Mißbrauch 37ff.
  -- Verhältnismäßigkeit 28ff.
- Schutzbereich 18ff.
  -- Einschränkung 21ff.
    --- Keck-Rechtsprechung 25f.
  -- Kollisionsrecht 22ff., 36,
  -- Materielles Recht 22f., 36
  -- Gesellschaftsstatut 3ff., 21ff., 36, 40f., 43f., 48
  -- Verkehrsrecht 222ff., 230
- Sekundäre 19f.
- Ziele 26

Officers 170
Ordre Public 7
- Anerkennung von Gesellschaften 7
- Europarechtskonformität 48
- Kollisionsrecht 7, 22, 25, 190, 191, 196, 197, 212, 218, 219

Phoenix companies, s. *auch Haftungsdurchgriff*
Preferences, s. *auch Anfechtungstatbestände*
Public company 51
Publizitätspflichten
- Deutsches Recht 225ff.
- Englisches Recht 225ff.

Publizitätsrichtlinie 195, 200, 227

Race to the bottom, s. *Wettbewerb der Gesellschaftsrechte*
Registered office 54, 77f., 163, 189, 207
Registrar of Companies 58, 74, 84, 156, 165, 167, 227

Sacheinlage
- Deutsches Recht 58f.
- Englisches Recht 58f.

Scheinauslandsgesellschaft 4, 14, 41, 199, 207, 217, 218, 223, 225

Share Capital 53ff.
- Authorised capital 55
- Issued capital 55f.
- Paid-up capital 56

Sitztheorie, s. *auch Anerkennung von Gesellschaften, Gesellschaftsstatut*
Sitzverlegungsrichtlinie 43, 236
Sonderanknüpfungen 7f., 14, 22, 25, 190, 191, 196, 197, 212, 218, 231, 236
Strafvorschriften 229

Transparenzrichtlinie 236
Transactions at undervalue, s. *auch Anfechtungstatbestände*
Transactions defrauding creditors s. *auch Anfechtungstatbestände*

Überlagerungstheorie
- Inhalt 8f.
- Europarechtskonformität 48

Überschuldung, Haftung wegen
- Anwendung auf Auslandsgesellschaft 216ff.
- deutsches Recht 216ff.
- englisches Recht 113ff.

Überseering-Entscheidung des EuGH 1f., 4, 11, 13ff., 19, 21, 24, 28, 38, 44, 49, 204, 209
Unterkapitalisierung
- Anwendung auf Auslandsgesellschaft 208ff.
- deutsches Recht 107, 208f.
- englisches Recht 118ff.

Unternehmensprüfungen
- Department of Trade and Industry 166, 169f.
- Tätigwerden 170f.
- Durchführung 170f.,
- Folgen 170f.

Unterpariemission 56, 57, 58, 88, 183

Veil of Incorporation, s. *Haftungsdurchgriff*
Verschmelzungsrichtlinie 236

Wettbewerb der Gesellschaftsrechte 44f., 47, 235ff.
Wiedemann
- Inhalt 10
- Europarechtskonformität 48

Winding up 56, 108, 112, 114f., 119, 131 , 133, 137, 157f., 171ff.
Wrongful trading, *113ff.*, *s. auch Haftungsdurchgriff*
- Haftungsausschluß 122f.
- Haftungsumfang 125ff.
- Sorgfaltsmaßstab 115ff.
- Subjektive Anforderungen 115ff.
- Unterkapitalisierung 118ff.
- Zielsetzung 113

Zivilrecht, allgemeines
- Anwendung auf Auslandsgesellschaft 222ff.

Zweigniederlassung 12f., 16, 19ff., 27, 30, 207, 225ff.
Zweigniederlassungsrichtlinie 16, 17, 18, 20, 30, 33, 225ff.

FSC
www.fsc.org
MIX
Papier | Fördert gute Waldnutzung
FSC® C083411

Kolibri 360 GmbH
Ferdinand-Jühlke-Straße 7
99095 Erfurt, Deutschland
produktsicherheit@kolibri360.de

Druck:
CPI Druckdienstleistungen GmbH
im Auftrag der
Kolibri 360 GmbH
Ferdinand-Jühlke-Str. 7
99095 Erfurt